世界で一番やさしい

茶室設計 最新版

桐浴邦夫＝著 | 有斐斎 弘道館＝監修

30

CONTENTS

CONTENTS

カバー・表紙デザイン……刈谷 悠三（ネウシトラ）
DTP……ユーホーワークス
印刷・製本……大日本印刷
編集協力……鈴木健二（中央編集舎）

本書は、「110のキーワードで学ぶ 30 世界で一番やさしい茶室設計」を増補改訂したものです。

第1章
茶室の魅力

001 自由な造形

ポイント 茶室は自由な造形だ。しかし茶室計画の基本や、その造形の秘められた意味を知れば、大きく世界が拡がる

A氏邸を訪ねて

その主人は障子の戸を開けると、私たちを小さな部屋に招き入れた。そこには半畳の琉球畳が6枚敷かれており、壁面に取り付けられた障子越しの丸窓から、北向きの柔らかな光が差し込んでいた。私を驚かせたのは、床柱に、腰のところに曲がりをもった、普通ならば点前座《てまえざ》の中柱にでも使用すれば良さそうなサルスベリの細い丸太が立てられていたことだ。

主人は、私たちのために茶を点《た》てはじめた。いわゆる「型」としての点前《てまえ》はまったくなく、茶碗に茶をすくって入れ、鉄瓶《てつびん》から湯を注ぎ、そして茶筅を振って、茶を点てた。この茶室は、茶に対してまったく素人のA氏が自宅の一郭に自由につくったものである。若いときの待庵《たいあん》（→216ページ）の体験が、茶室という造形に目覚めさせたのだという。林産地に足繁く通い、自分で好きな材料を集めて、大工につくらせたものである。いわゆる茶の湯のルールには則っていないが、じつにさわやかな茶室の体験であった。

型から自由へ

茶室は本来自由である。近年のもので公表されている茶室としては、藤森照信が長野県茅野市に設計した空中に浮かぶ茶室、高過庵《たかすぎあん》が有名である。そこで茶が飲めれば形は自由でよい。むしろ楽しくつくり、楽しく利用できれば、それが何よりもすてきなことだ。

ただ、プロの設計者が設計依頼を受けて茶人のために建てる茶室は、自由とばかりはいっておれない。その基本の「型」を知らなければならない。さらには茶の湯そして茶室の造形に秘められた意味の理解が深まれば、なお素晴らしいことだ。「守破離」の言葉のように、基本を知った上で最後に離れることがあってもいいと思う。この講義が、その一助になればと思うしだいである。

堀川の茶室

京都堀川の流れの上に1日だけ姿を現した茶室二畳。木の骨組に紙張りの屋根をのせた学生作品。

高過庵

この建築を茶室とよぶかどうか疑問もあろうが、茶室建築の拡がりを感じてほしい。

A氏邸

プロが見ると疑問符がつくかもしれないが、茶に対して素人のA氏が楽しみながら作成した。

002 日本的なものとして

ポイント 茶室は、小さく、素朴につくられる。通常の建築の発展とはまったく逆である。さらに平等、もてなしという心を形で表現した

日本独特の形態

茶室の魅力はその独特な造形にある。まずその大きさである。通常可能ならば、より大きいもの広いものを求めるのが常であろう。しかし茶室はまったく逆である。より小さいものへとそのベクトルは向かっている。十八畳という広い座敷で茶を楽しんでいた時代から、それを囲って四畳半が生まれたと伝えられている。さらには二畳敷という、これ以上縮めようのない空間を生み出した。客のためそして亭主のために用意された2枚の畳敷である。

さらには素朴なものへ向かう力もある。建築、とりわけ西洋の寺院の壁は、画家たちにとっては大きなキャンバスであり、存分にその腕を揮《ふる》った。また彫刻で満たした。しかし茶室のそれはキャンバスであることを嫌い、自然の土、そしてその上に部分的に貼られた紙のみで構成されたものである。

すなわちそれは、空間、つまり壁や天井で囲われた「なにもない」ところをつくるための手段なのである。壁は何かを主張するものではなく、その「なにもない」ところのまわりを構成する要素にすぎないのである。

平等ともてなしと

茶の湯の考えには、平等ということ、そしてもてなしということが重視されている。いずれも心の問題であるが、それを形として表現した茶室は、いかにも日本的な造形である。

刀掛は、武士のステータスシンボルである刀を、茶室の外に置くように仕向けた装置である。また躙口《にじりぐち》という何人も頭を下げないと入れない形態を入口に採用し、平等を表現した。さらに他の者への思いやりという心を、形に表したという側面もある。客により良い場所を提供するため、床の間の位置や天井の形態を工夫し、一方、亭主の座る位置を謙虚な場所と表現するため、小さく囲うなどした。

表千家不審菴《ふしんあん》

素朴なたたずまいであり、躙口と刀掛が設けられている。

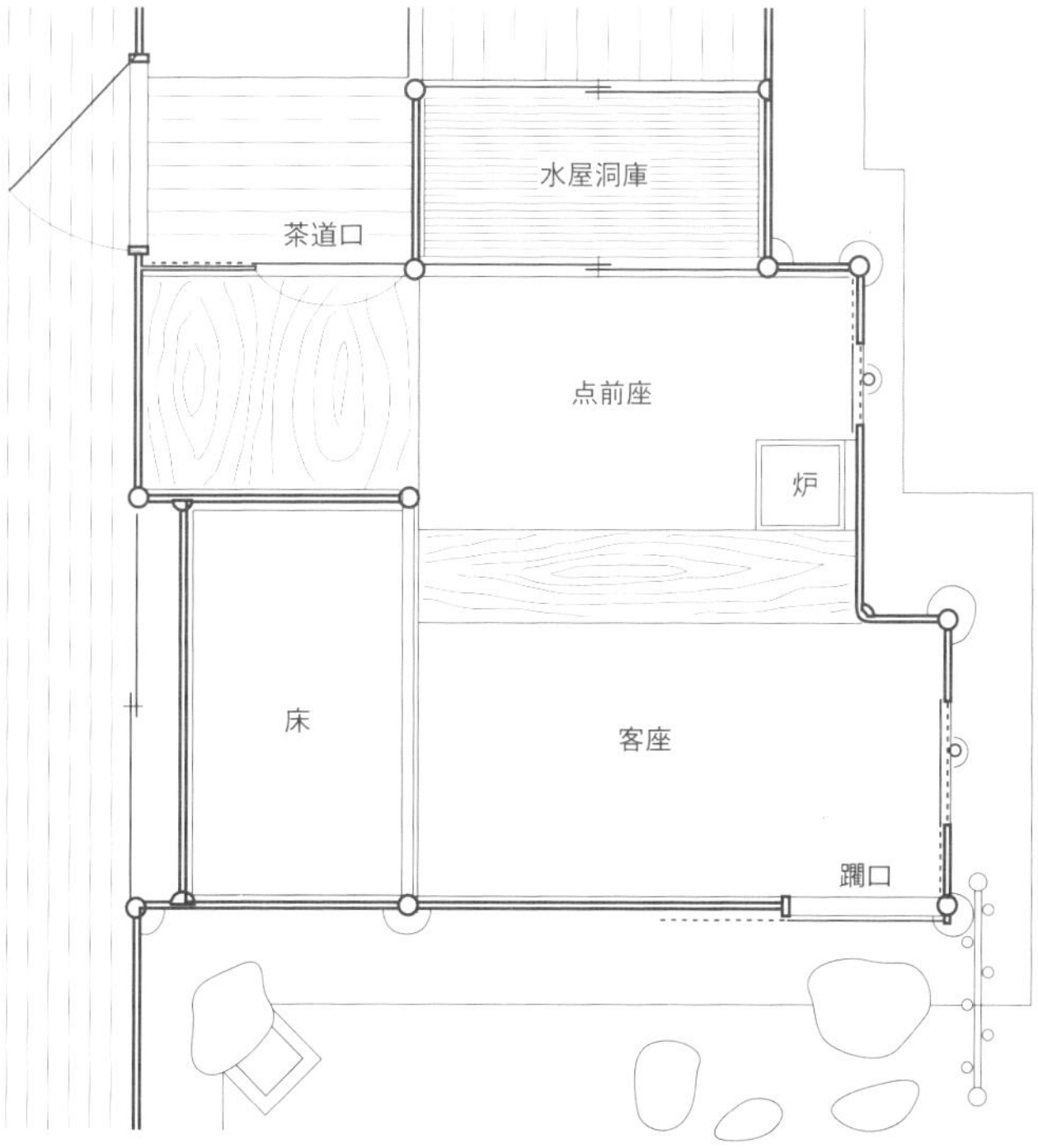

武者小路千家官休庵《かんきゅうあん》

畳2枚の極小の平面。客座が丸畳（丸一畳）、点前座が大目畳（長さが3/4）となり、床の間も客座側に取り付いている。客をもてなすことを形で表現したもの。

003 自然の中に

ポイント 四季折々の美しい自然に囲まれた日本。茶室はその自然を最大限取り入れた建築。人工物と自然との接点に位置する

人工的な形・自然の形

なるべく自然のままの木材を集め、自然のままの土を壁とした建築、それが茶室といえる。

一般に建築は、自然と相対するものという考え方がある。そもそも自然から身を守るためのシェルターとして建築が生まれ、発展してきたという経緯がある。ギリシアやローマの神殿やキリスト教の教会堂、イスラム教のモスク、ヨーロッパやインド・中国の宮殿、ラマ教の寺院、エジプトやマヤのピラミッド、そして東洋諸国やわが国の仏教建築など、挙げればきりがない。もちろんそのすべてを自然に抗するものというつもりはないが、それらは人類の英知を結集し、自然界には無い、人工的な形態を創造してきたものである。

日本の住宅建築においては、書院造が、自然材料を人工的に加工し、より幾何学的な形態を造り上げた。押板（床の間）や違棚などの座敷飾りは縦と横の線で構成される。正方形を並べた格天井。木目が真っ直ぐ平行に並んだ柾目の美しい角柱。また壁や建具は真っ白な紙に時には彩画が施され、複雑な意匠の彫刻欄間が部屋境を飾る。木という自然材料を使いながら、最大限に人工的につくられた建築である。

自然と人工の間

茶室は、もちろん自然そのものではなく、明らかな人工物である。しかしその人工物に自然を取り入れることに苦心したのが、草庵の茶室である。極力人工的な要素を排除しようとした形とみることができる。人工的な瓦ではなく、草や樹皮、木を割った板など、植物をそれとしてみせる屋根。柱には自然そのままに近い細い丸太を使用する。藁すさがちりばめられた土の壁。床の間も床柱や床框などフリーハンドの線で構成される。自然を表現した人工物、それが茶室である。

タージ・マハル

1653年、インド・アグラ。人びとは自然に抗する形で建築をつくり、美しく優れた造形を生みだしてきた。

パリ・ノートルダム大聖堂

1250年、フランス・パリ

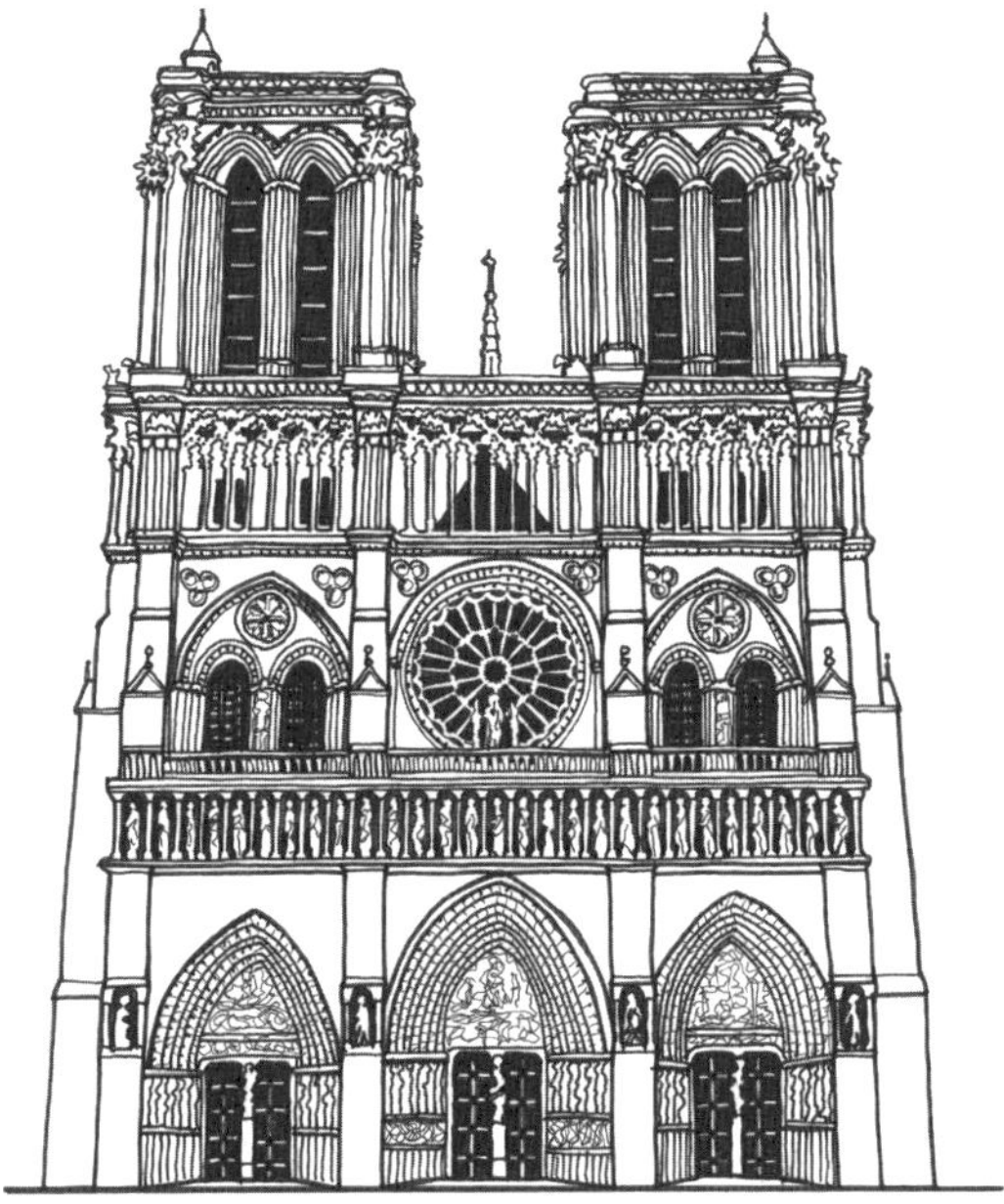

茶室

人工物としての存在をギリギリまでに削ぎ落とし、自然を取り入れようとした建築が茶室である。床の間には、あまり加工しない自然のままの木を使用し、壁面や場合によっては天井まで土を塗りつける。人がつくったものではあるが、人工的なものを拒否し、自然を強く感じさせる。そしてその奥の壁面には、花（植物）を掛ける。その特別な空間は平等を表現し、もてなしを演出し、その後の日本建築に大きく影響を与えた。

004 世界を驚かせた平等空間

ポイント 自然は一方で、人びとに大いなる試練を与えることもある。その自然のもと、日本人は世界を驚かせる優れた空間を生みだした

美しい自然と自然の脅威

自然の形、として茶室を紹介してきた。日本は四季折々の美しい自然に囲まれた国、ということができるが、その自然は一方で人びとに大きな試練を与えることもある。地震や台風そして大雨など、これほど自然の脅威に曝される国は地球上多くない。ユーラシア大陸の為政者達は、時に強大な帝国を築き上げ、向かうところ敵なし、であったかも知れない。そして自然は征服するもの、できるものであった。しかし日本ではそういうわけにはいかない。周囲の人びとを屈服させることはできても、地震や台風の前には無力感を感ぜざるを得なかったであろう。

中世に芽生えた平等空間

慕帰絵詞という絵巻物がある（↓55ページ）。その中に連歌の会を描いた部分があり、板敷の部屋の中に同じ種類の畳を部分的に敷いて、連歌の参加者が座っている様子が描かれている。連歌は茶の湯と同じく中世の芸能のひとつで、同じ畳に車座《くるまざ》になることで、参加者は平等であった。

ロドリゲスのみた茶の湯

茶の湯が隆盛を極めた桃山時代、日本にやって来たポルトガル人、ジョアン・ロドリゲスは驚嘆の目を持って日本の茶の湯をみていた。彼は中国の事情にも詳しいが、共通点として、茶によるもてなしを観察していた。しかしその違いも指摘する。それは日本においては身分差にかかわらず、茶室の中では、平等に茶で客をもてなすというのである。現代にも通ずる平等という考え方の形での表現であった。それは十六世紀の世界においてきわめて特異なものだったに違いない。

おそらくそれは、人間の考えや行いなどは、大自然のもとでは取るに足らないものという考え、すなわち自然というものが、人を超えた存在として位置付けられていたことによろう。

二条城二の丸御殿

書院造の建物は、木という自然材料を使用しているが、
人工的な美しさをみせる。それは、社会秩序の表現でもある。

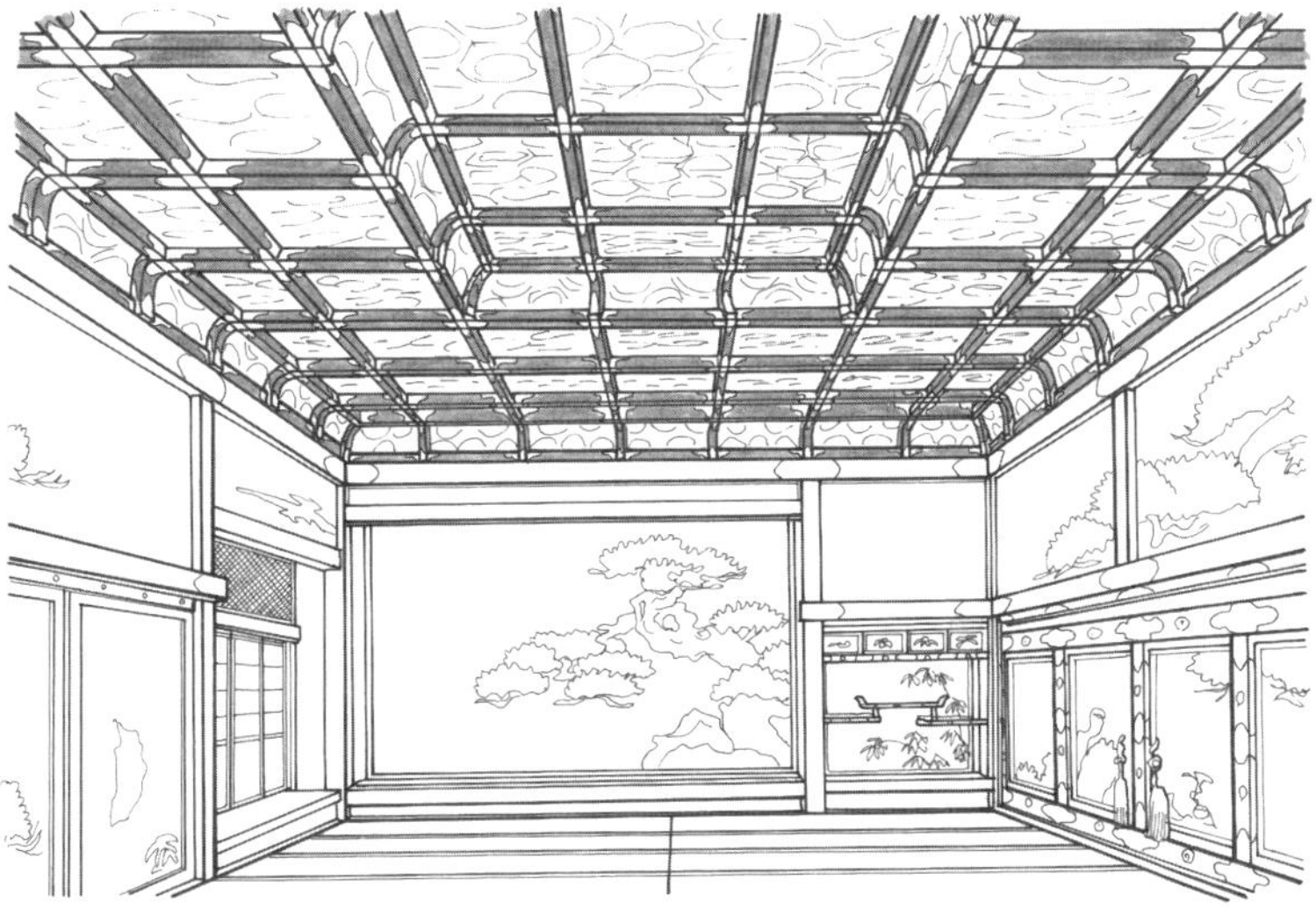

西芳寺湘南亭

材料に、丸太を直接使用し、広縁の天井は土である。
周囲の自然（庭園）と一体化がはかられる。
人智を越えた自然の姿は、平等を表現する。

005 モダンデザインとして

ポイント 茶室や数寄屋に潜んでいた近代的要素が、近代の建築家によって再発見された

世界的視野の中で

近代の日本は西洋の影響を大きく受けてきた。その結果日本の多くの伝統文化は衰退するが、茶の湯も例外ではなかった。しかし浮世絵に西洋人たちが着目するように、茶室やその影響を受けた数寄屋建築も彼らの注目するところとなってきた。西洋では、茶室や数寄屋が近代住宅に大きく影響を与えた、との書籍も発刊され、その影響を受けた建築家も少なからずいた。

桂離宮

1933年、ドイツの建築家ブルーノタウトは、来日してまもなく、桂離宮を訪れる。そして「泣きたいほど美しい」といった。桂離宮は江戸時代のはじめにつくられ、茶室建築の技術や意匠が応用された数寄屋の別荘建築である。昭和に入って多くの建築家が注目するが、世界の建築がモダニズムへと舵を切る、まさにその時であった。

桂離宮を形容する言葉として、簡素、という言葉がよく使用される。また自然との調和、ということが注目される。装飾はあるのだが、それぞれが簡潔な表現となっており、また建物内部と外部の自然（庭）とが一体感をもっている、と説明されることが多い。

壁面の大きい閉鎖的なヨーロッパ建築が、歴史から脱皮して近代化されていく過程には、簡素であることや、自然との関係が大きく注目される。数寄屋はまさにそのお手本となったものであり、桂はその代表でもある。

簡素な表現、開放的な茶室

茶室そのものもまた、この時期、大きく注目を浴びた。それは不要なものを削ぎ落とした簡潔な表現であり、いかめしさや中心性を嫌ったところにある。そして、とりわけ開放的なものに光が当たった。たとえば西芳寺の湘南亭である。簡素な表現に、開放的な構成を加えて庭園との関わりを深くしたところが好まれたようだ。

桂離宮古書院 室内から縁を介して庭の自然が一体化している。

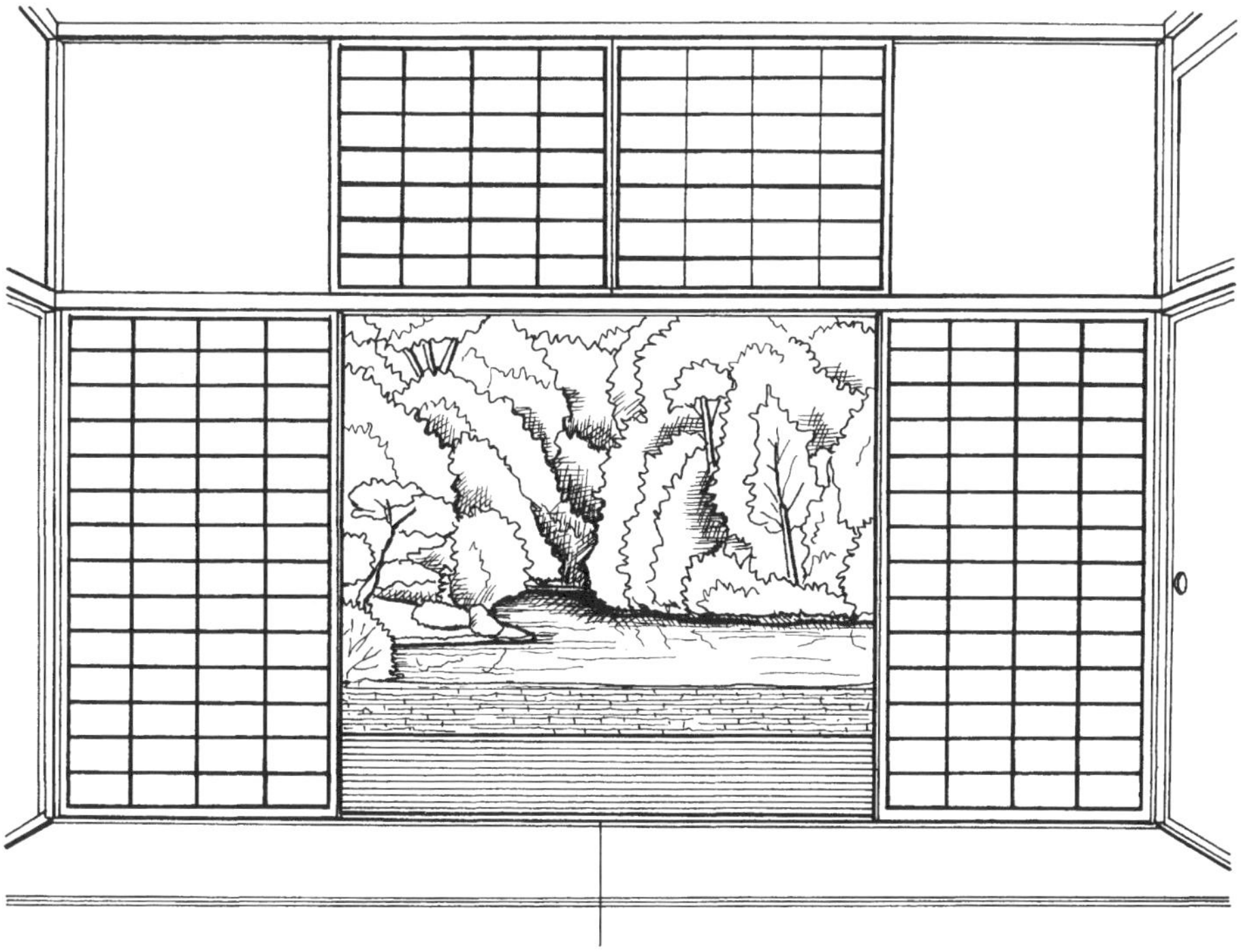

西芳寺湘南亭 茶室には珍しくベランダ（広縁）が付いており、庭と室内が一体化している。

006 写しと歴史を学ぶということ

ポイント 写しは必ずしもコピーではなく、創造でもある。歴史を学ぶことは新たな境地を生み出す源泉だ

写し

写しとはもとの形（本歌）を模造する意味をもつが、一方では、必ずしも正確に写し取るだけではなく、創作の方法のひとつとしてある。また復元的考察の一環としてつくられたものも、広義では写しと呼ばれることがある。

和歌の世界の本歌取りのように、本歌に少しの変化を加えることによって、表現に奥行きが増し、その性格を大きく変化させることがある。使い手も本歌を知ること、つまり歴史を知ることによって鑑賞に深みを増す。

具体的な手法はさまざまである。窓の大きさや位置、柱の材種や太さや加工法、天井の構成などを変える方法、あるいは平面そのものを変化させる場合もある。近代の数寄者や建築家たちは、写しを多くつくっていたが、そのままのコピーではない。創作としてあるいは復元的考察として、如庵《じょあん》（→222ページ）、あるいは表千家の残月亭（→126ページ）や裏千家の又隠《ゆういん》（→230ページ）など、さまざまな視点から写しがつくられている。

歴史を学ぶこと

茶室を簡単に説明するためには、今現在どのようにつくられているか、ということを示していけばよい。しかし本書は「世界で一番やさしい」と銘打ちながら、歴史的な事例がときおり出てきて、話を複雑にすることがある。

茶室の歴史は長い。今あたりまえだと思っていることも、400年前はそうではなかった、ということはしばしばである。茶室は複雑な制限が多くあると感じるかもしれない。しかしそれは固定されたものではなく、時とともに変わりつつある。

写しという創造行為も歴史を学ぶところからはじまる。歴史を学ぶことは、変化する形の本質を探ることであり、またその固定観念を打ち破り、新たな境地を生み出す源泉でもある。

如庵写し

大河内山荘
1941年建築
笛吹《うすい》 嘉一郎《かいちろう》

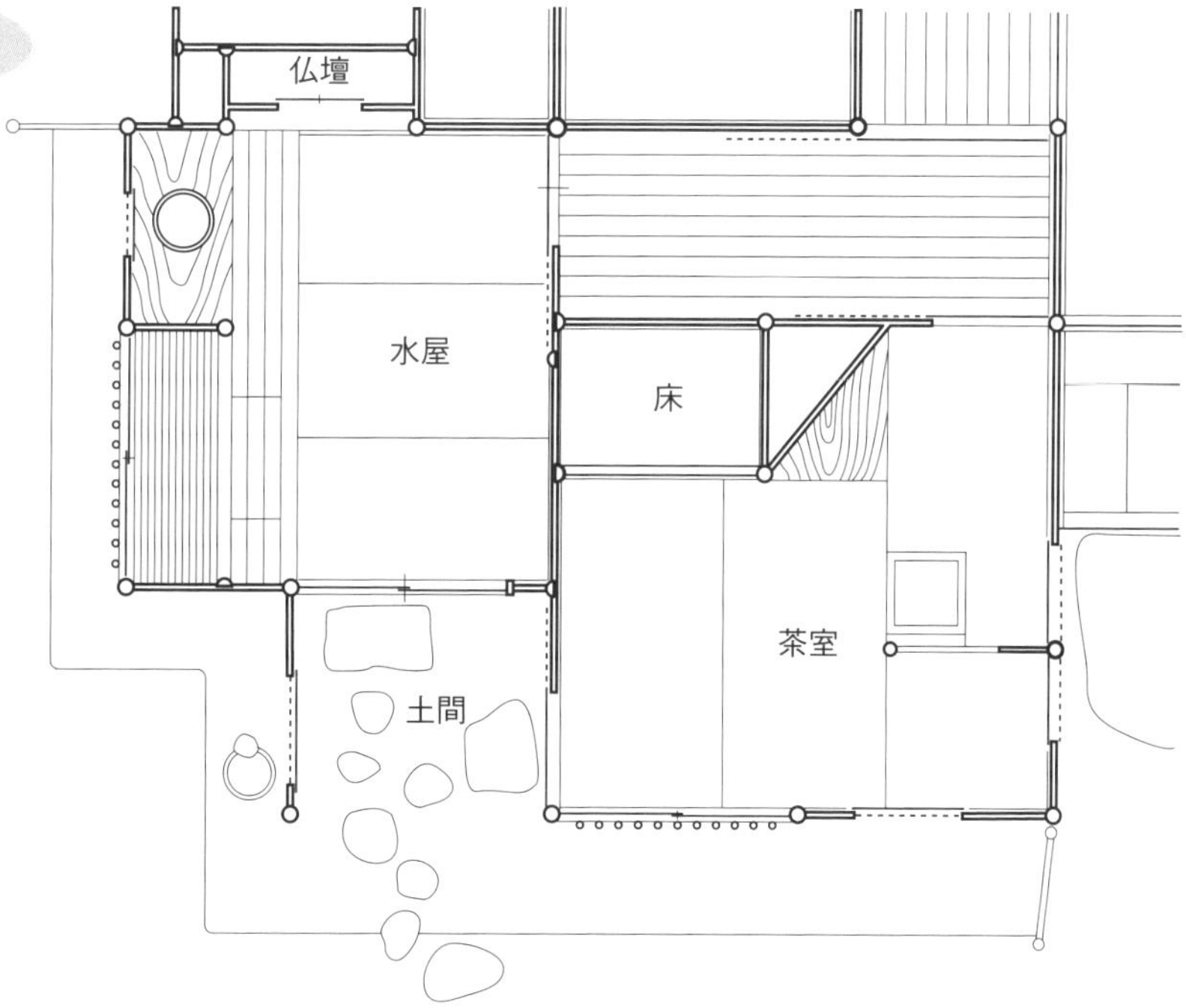

残月写し

蘆花浅水荘（山元春挙旧邸） 1923年
床柱の位置をずらすなど自由にアレンジしている

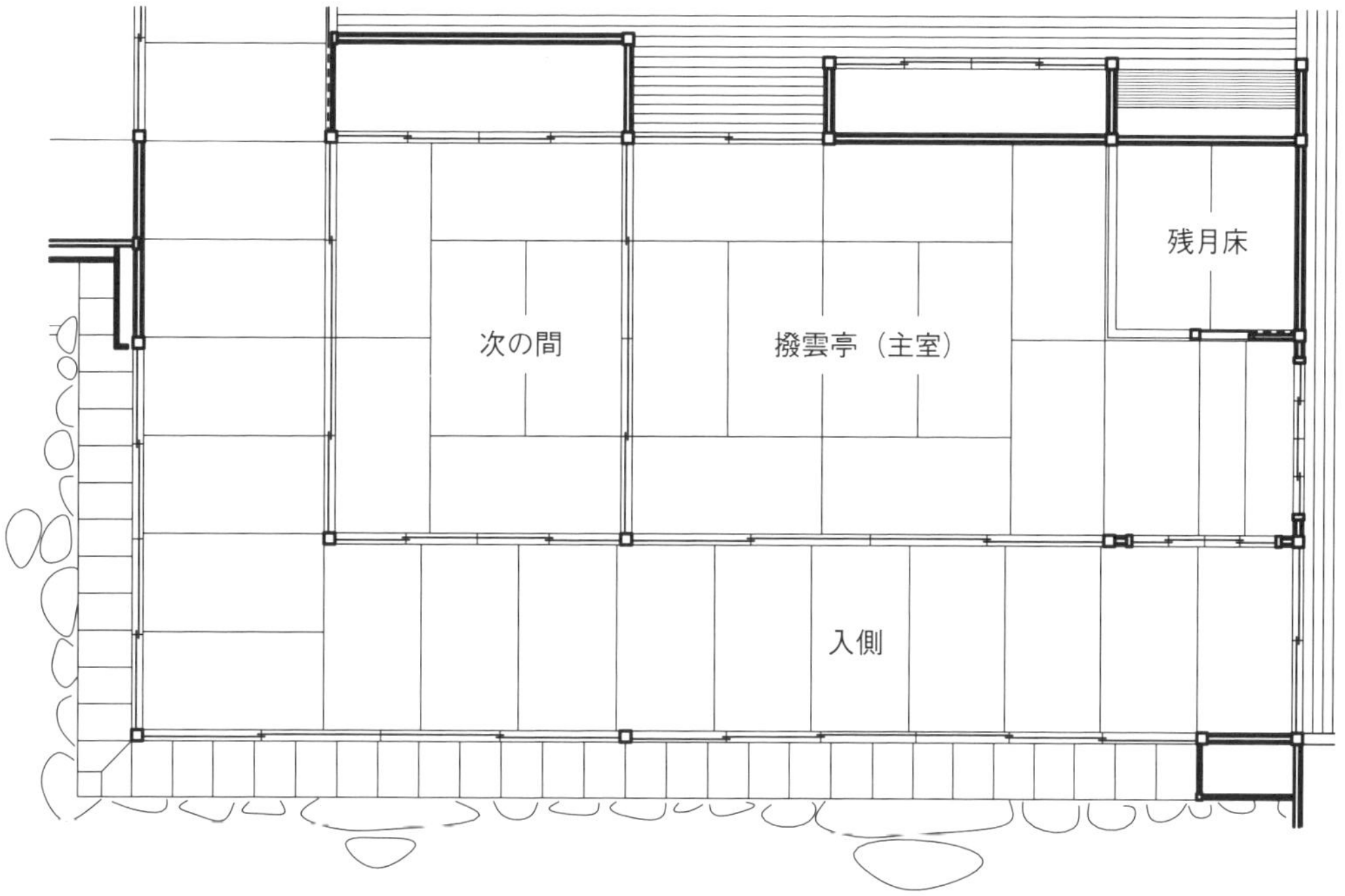

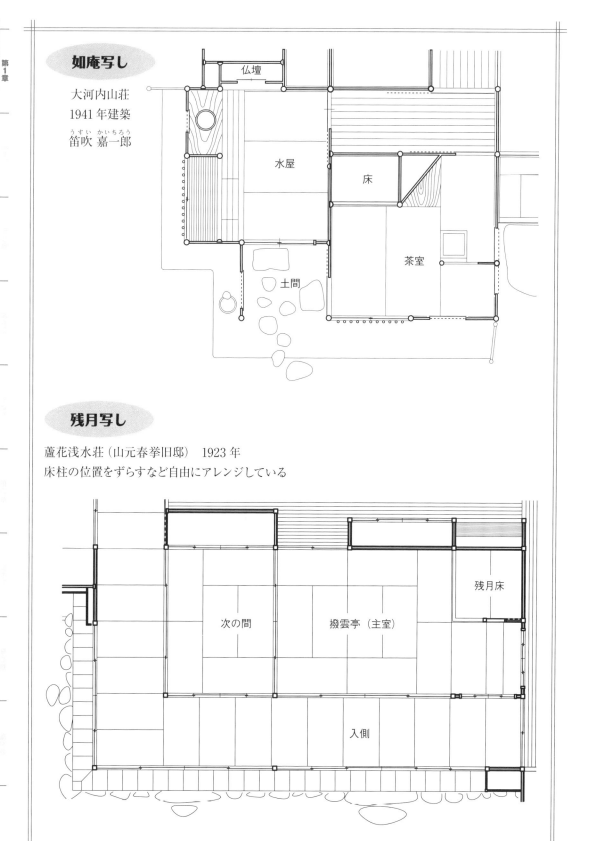

007 見立てと好み

ポイント　見立てとは本来の姿ではなく、別のものとしてみること。好みとは作者や表現形式を示す言葉である

桂川の籠花入れ

見立てとは、対象となるものを他のものになぞらえて表現することであり、日本伝統の文学や芸能にみられるものである。

現在、兵庫県の香雪美術館に所蔵されている桂籠花入は、千利休が桂川の川漁師が腰に提げていた魚籠《びく》を譲り受けて、花入れにしたものである。ここで利休は魚籠《うおかご》を花籠《はなかご》に見立てたのである。

茶室における見立て

躙口《にじりぐち》は客のために用意された小さな出入り口である。その起源には諸説あるが、利休が川漁師の小屋の小さな出入り口からヒントを得たものだと伝えられている。

また、下地窓は壁を塗り残してできる窓の形式で、農家の建築によく見られる形式であった。

いずれも土間床《ゆか》あるいは板敷きの粗末な建物の一部であって、座敷の接客空間に採用したことは画期的なことであった。

好み

茶の湯では、好みという言葉がよく使われる。ただ、この言葉は、きちっと定義されているものではない。いくつかの意味が含まれている。

ひとつは、その人が愛好したという意味。ひとつは、その作品の作者を示す言葉。ひとつは、その人の表現形式を示す言葉で、同時代や後世の他の人がつくったものも含まれる場合がある。茶室の場合、あとのふたつの意味で用いられることが多い。

また古人の作品を復元したものをいうこともあるが、現代はまだしも、江戸期においては、学術的な考察が不十分で、現代からみるととんでもないと思えるものもある。しかしそれらも、つくられた背景や事情があり、それらを知ることにより、大きく意味深いものになる。

千利休がみた淀川べりの小屋(イメージ)

躙口と下地窓

裏千家又隠《ゆういん》。

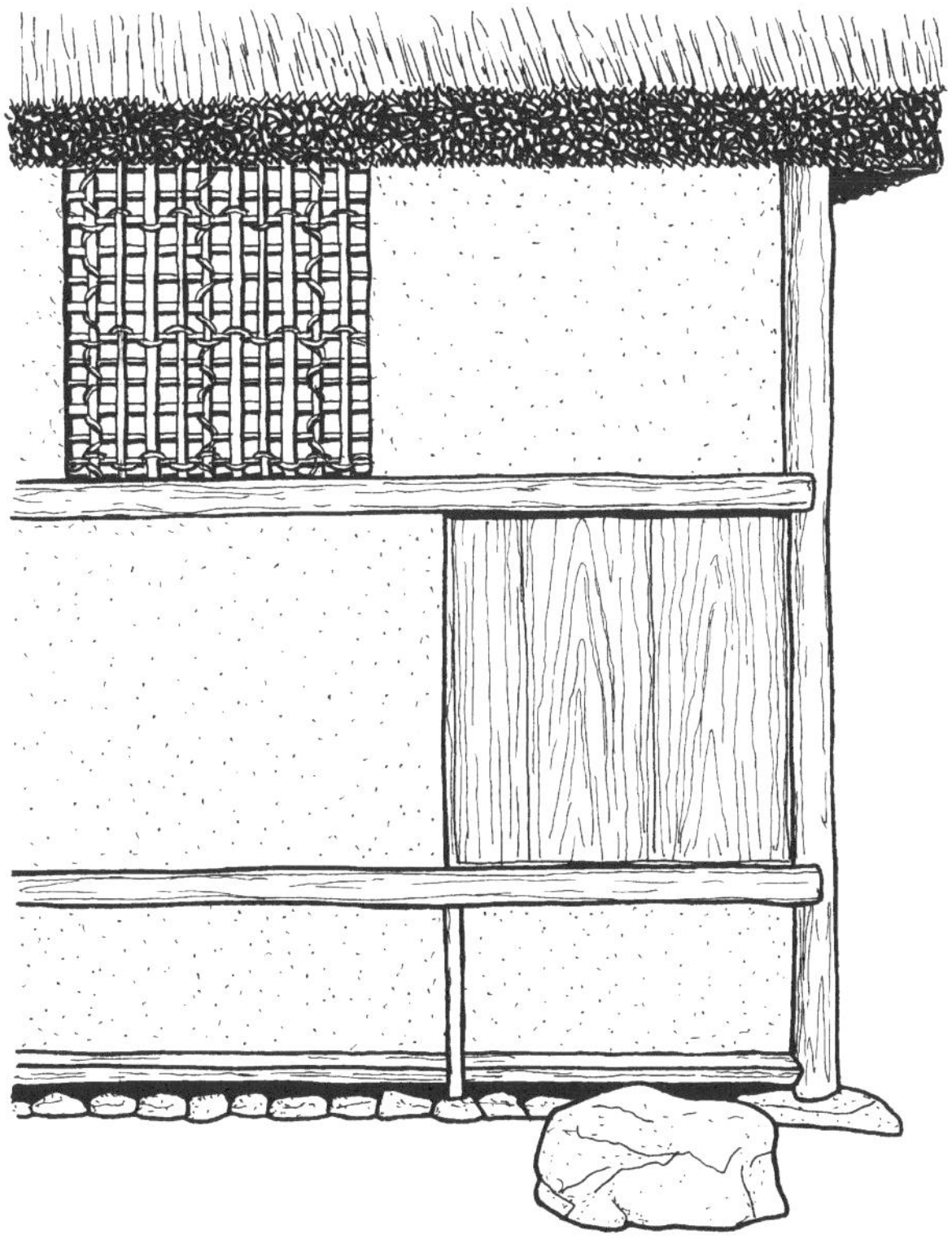

桂籠花入

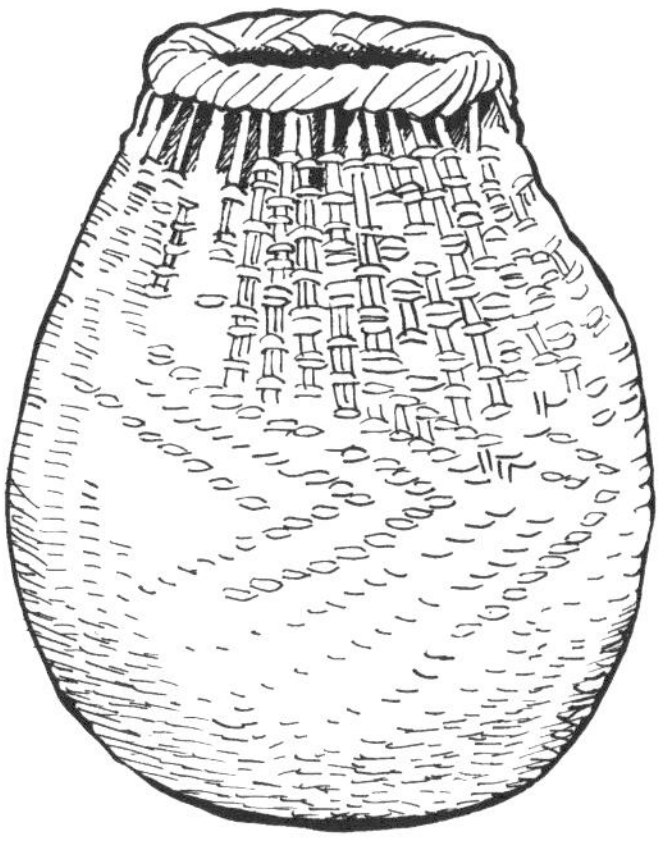

こらむ①

茶の流派で茶室に違いはある？

あるといえばあるといえるし、ないといえばそうもいえる。どちらかはっきりしてほしい、という声が聞こえてきそうだが、そのようにしかいえない。

あとで詳しく述べるが、現在の茶室の基本ができた頃、つまり桃山時代にはいわゆる流派などはなかった、ということである。すなわち流派として確立する以前に主な茶室はつくられていたということで、その意味では違いがないといえる。

千利休の孫である千宗旦は、その頃流行っていた小堀遠州らの茶室とは違って、利休の厳しさを伝える空間を提唱していた。そして宗旦の三男江岑《こうしん》宗左が不審菴《ふしんあん》表千家、四男仙叟宗室が今日庵《こんにちあん》裏千家、次男一翁宗守が官休庵《かんきゅうあん》武者小路千家を開いた。そして高弟の山田宗徧《そうへん》、杉木普斎《ふさい》らも町人たちに茶の湯を広めた。

また元禄の頃には、『茶道全書』や『南方録』が発行され、家元制度を確立するのに大きな意味をもった。これらが作用し、江戸期を通じて流派が固定化する方向に進んでいった。

では、どのような違いがあるのだろうか。一例を示しておこう。たとえば、炉の周りの畳の方向である。千家流は点前座《てまえざ》に対して縦に畳を敷くが、いわゆる武家流では、畳を横に敷く、といわれている。また点前座《てまえざ》周りの袖壁の下の壁留が、千家流の場合は竹で、武家流は削り木であり、二重棚が千家流では同寸で、武家流では上が大きい雲雀棚の形式である。

第2章
茶の湯とは

008 茶の湯の歴史をたどる〈1〉

ポイント 遣唐使によって茶が伝えられたが、本格的に茶が広まったのは鎌倉時代以降であった

中国の茶

茶の原産地は、中国の西南部、北部タイ、インドのアッサム地方と考えられる。照葉樹林地帯のなかの東亜半月弧と呼ばれる地域である。

茶を加工して飲用する以前は、茶の葉を食用にしたと考えられる。およそ2000年前の文献に「荼《と》」という字がみられるが、これは「茶」のことである。中国で茶が一般に飲用されるようになってから少なくとも2000年以上が経つ。

4~5世紀頃から茶は中国南部に急速に広まったと考えられる。8世紀後半、陸羽《りくう》が『茶経』を著す。このとき、茶は栄養補給の飲料から、精神性を伴う文化へと発展した。

日本への招来

日本へは、はじめ、遣唐使によって茶がもたらされた。平安時代の初期、『日本後紀』815年4月22日の条に、嵯峨天皇が近江の唐崎に行幸したとき、大僧都《だいそうず》永忠《えいちゅう》が自ら茶を煎じて天皇に奉った、との記事があらわれる。しかし平安時代には、一部の寺院で茶が飲まれていたようだが、大きな拡がりはみられなかった。

茶の拡がり

鎌倉時代になって、禅僧栄西《えいさい》によって再び日本に茶がもたらされた。栄西は茶の薬用を重視し、『喫茶養生記』を著した。

栄西が運んだ茶樹は明恵上人に受け継がれ、京都栂尾《とがのお》に茶園が開かれた。のちに栂尾の茶は本茶と呼ばれるようになり、他の地域産の非茶と呼ばれる茶とは区別された。

その後、大きな展開をみる。僧侶や貴族、そして武士、やがて庶民に至るまで、茶を飲む習慣が広まった。喫茶の普及は薬用から嗜好品としての茶の発展につながる。やがてそれは遊戯的な要素をもつようになり、闘茶《とうちゃ》というゲームが考え出された。

東亜半月弧

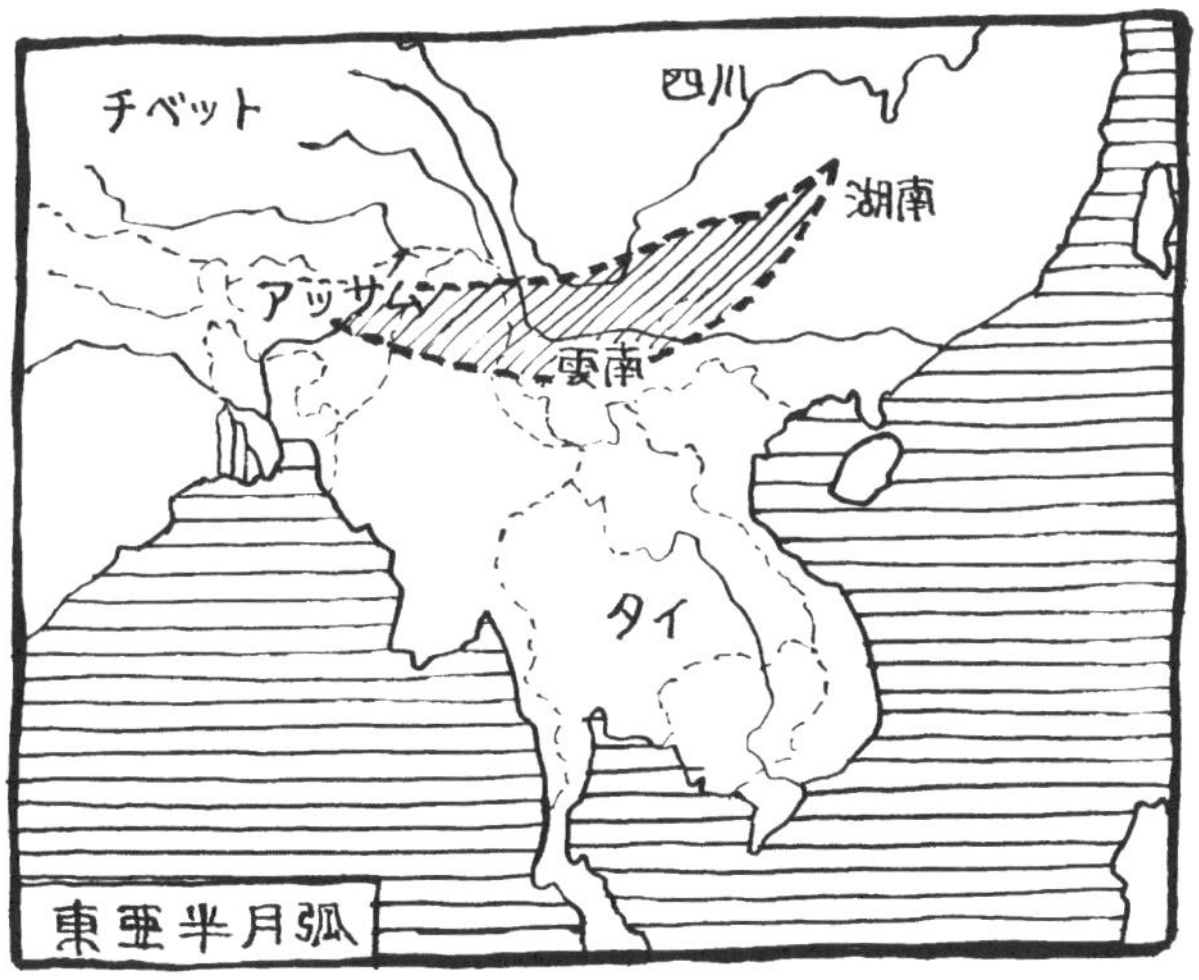

曲彔《ろく》

日本に茶が伝わった当初は、中国式に椅子に腰掛けて茶を飲んだ。

京都栂尾《とがのお》の茶園

高山寺にあり、日本で最初に開かれた茶園。

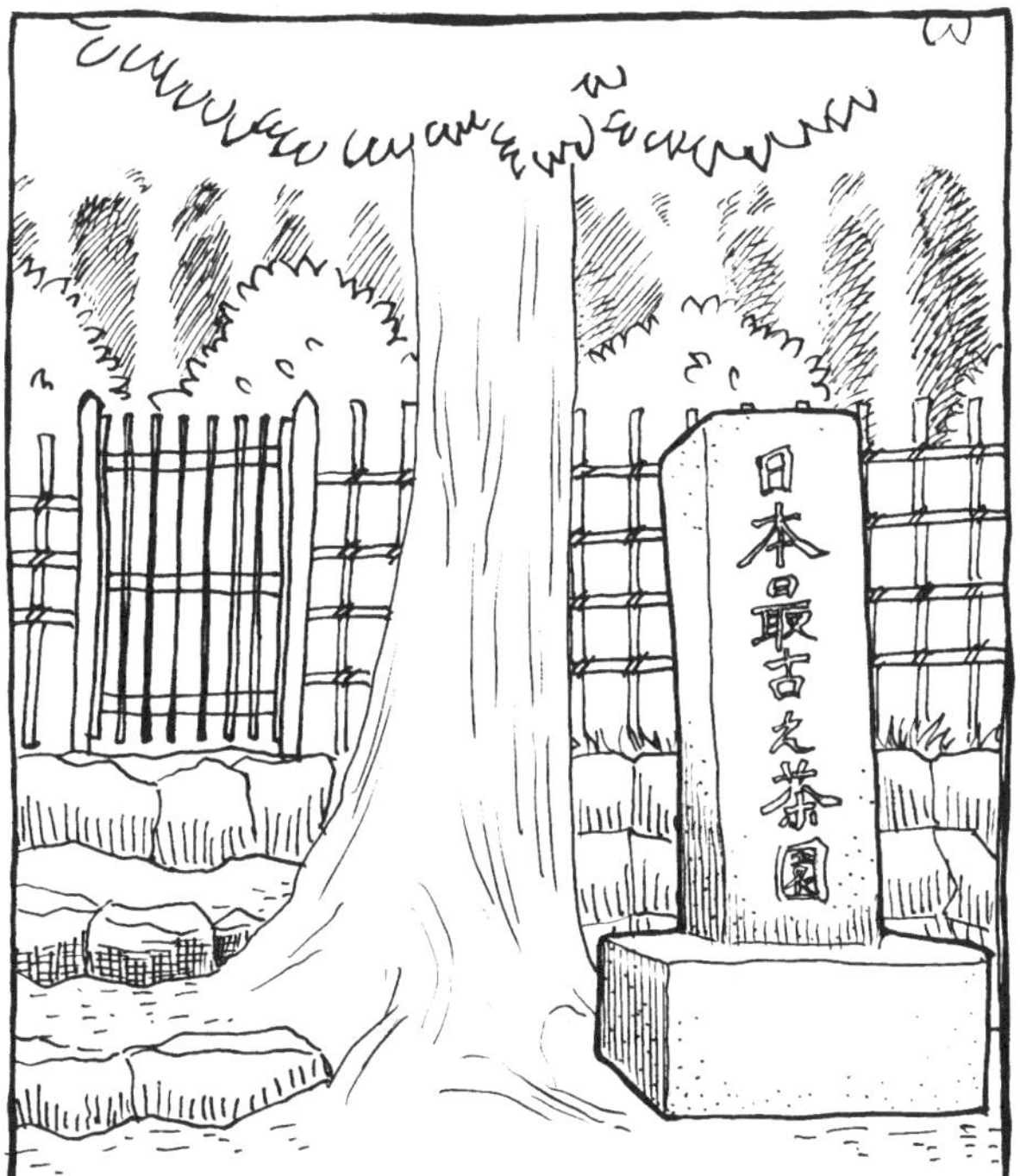

009 茶の湯の歴史をたどる〈2〉

ポイント 贅を尽くした茶が盛んになったが、その傾向に疑問を感じた人たちが、侘茶の世界を切り開いた

闘茶とバサラ

闘茶は、栂尾産の本茶とその他の地域産の非茶を飲み分けるゲームであった。14世紀から15世紀末頃まで盛んに行われたものである。

一方、南北朝の頃、闘茶とともに、唐物《からもの》とよばれた中国舶来の器物を収集し、それを身の回りに飾り付け、贅を競うものもいた。唐物荘厳《からものしょうごん》という。茶や花そして香を組み合わせた風流な集まりに、華美を尽くすような振る舞いをみせた。それを「バサラ」という。『太平記』に記された南北朝時代の佐々木道誉が特に有名である。

唐物の世界

贅を尽くした茶の集まりは、室町時代にも行われた。幕府はそれを禁止するが、簡単に収まるものではなかった。やがて、これらの唐物《からもの》を使用した喫茶の法式は、武家儀礼として取り入れられるようになり、その結果、唐物《からもの》の収集はますます盛んになった。特に足利義政によって蒐集された唐物名物《からものめいぶつ》は東山御物《ごもつ》とよばれた。将軍のまわりには、美術鑑定やその飾り付けを行う同朋衆《どうほうしゅう》がいて、彼らがそれを掌るようになり、一定のルールをもって飾ることが行われるようになる。名物《めいぶつ》の記録と飾り方を記録したものとして『君台《くんだい》観左右帳記《かんそうちょうき》』が残された。同朋衆《どうぼうしゅう》は会所の一室である「茶湯の間《ちゃのゆ》」などと呼ばれる場所で茶を点てたが、そこから座敷に茶を運ぶ形式が生まれた。

侘茶のはじまり

一方、室町時代には、侘茶《わびちゃ》が生まれる。一休宗純に参禅していた村田珠光《しゅこう》は、それまでの唐物《からもの》中心の豪華で完全なる道具の世界をやつし、粗末な侘びた和物の道具を取り合わせ、不完全なるもののうちの美を追究するようになった。連歌の美意識と禅の思想を茶の世界に実現しようとしたもので、自然の造形を採り入れたものであった。それを本数寄《ほんずき》ともいった。

君台観左右帳記《くんだいかんそうちようき》

押板や書院、違棚における飾りの方法を記している。

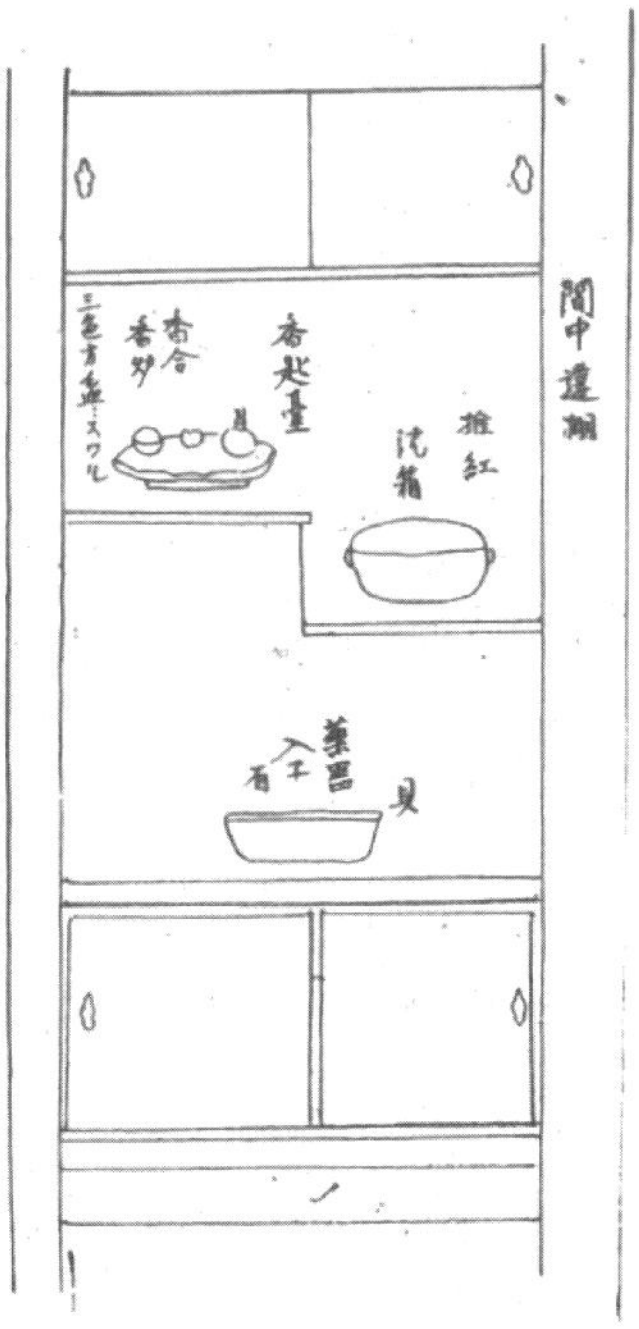

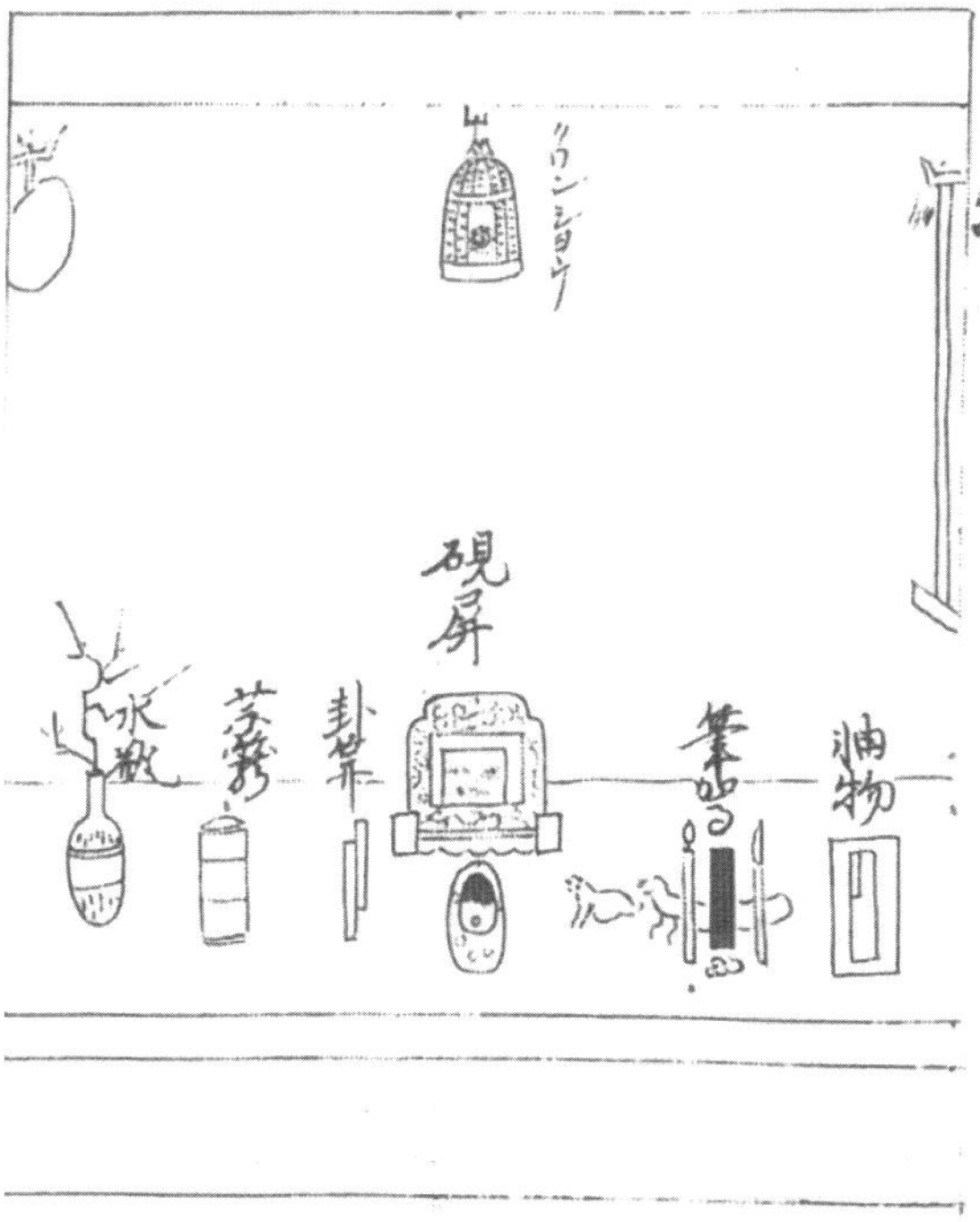

『君台観左右帳記の総合研究』より引用

慈照寺東求堂同仁斎《じしようじとうぐどうどうじんさい》

東求堂《とうぐどう》は、足利義政が建てた（1486年）山荘の一棟。その北東隅に四畳半の同仁斎《どうじんさい》がある。君台観左右帳記に似ている。ここで義政自身が茶を点て、客をもてなした。

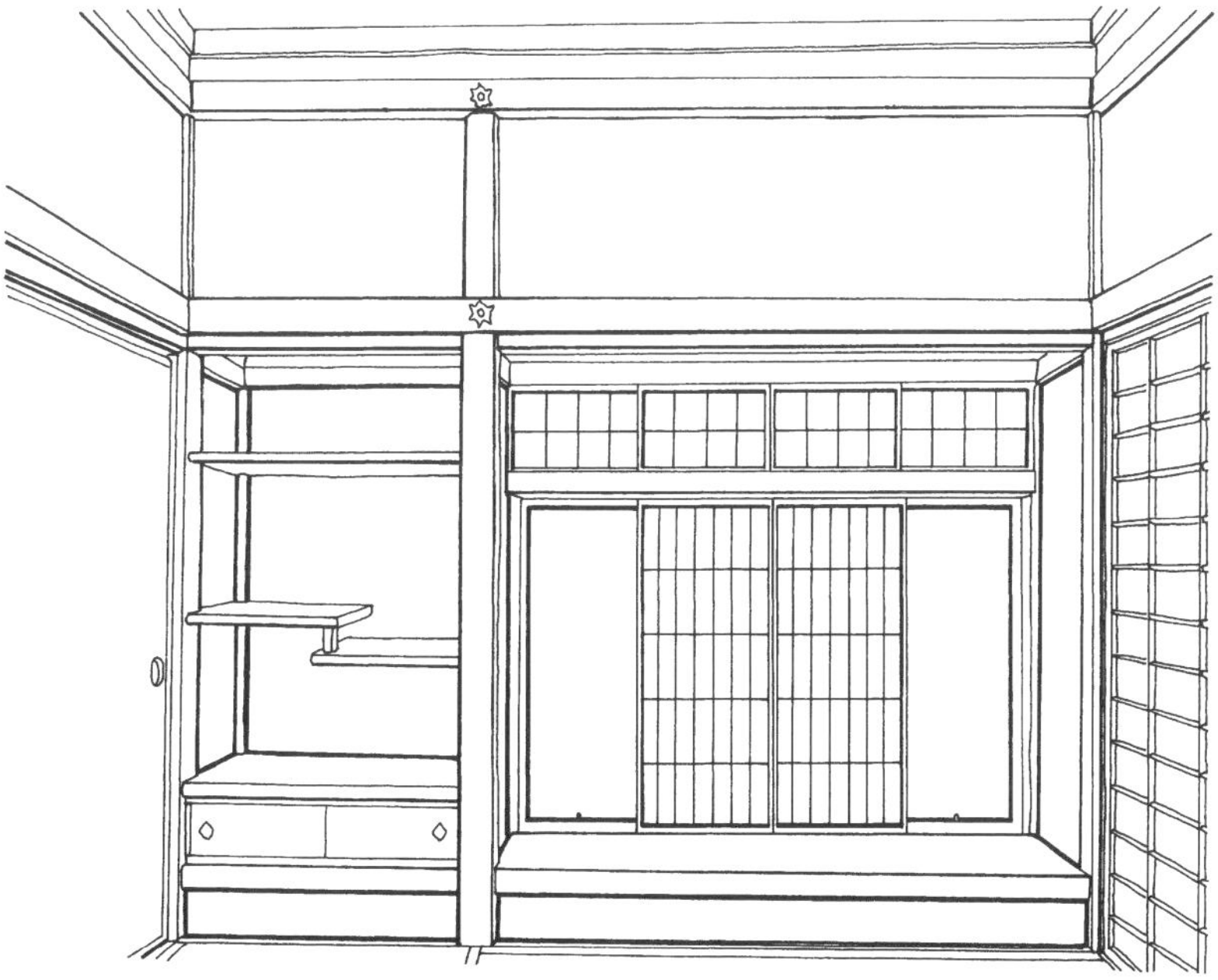

010 茶の湯の歴史をたどる〈3〉

ポイント 都市にあって、山中のたたずまいを実現しようとする「市中の山居」が流行った

侘茶の展開

16世紀になると茶の湯は、堺の町衆達の間に拡がりをみせた。

武野紹鷗《じょうおう》（→44ページ）は堺の富裕な商人であった。はじめ三条西実隆《さんじょうにしさねたか》に歌道を学ぶが、やがて茶の湯に主軸を移し、侘茶を極めるようになった。

この時期、山里を感じさせる空間を邸内に設けることが流行する。それを「市中の山居」（→68ページ）という。

千利休と豊臣秀吉

武野紹鷗《じょうおう》の弟子の千利休（→44ページ）は、茶の湯をほぼ完成の域まで高めた人物である。はじめは武野紹鷗《じょうおう》らの形式を受け継いでいたが、やがて極限の畳2枚敷いただけの極小の空間をつくり、無駄なもの一切をそぎ落とした。また中国製の唐物《からもの》に対して、それまで評価の低かった朝鮮製や日本製の焼物における美を見出した。見立てによって、茶の湯に新しい価値観を吹き込んだのである。

一方、織田信長、豊臣秀吉は堺の町衆との結びつきを強め、経済的な側面とともに、茶の湯を政治に利用した。それを「茶の湯御政道《ごせいどう》」という。

とりわけ秀吉は、関白就任の返礼として行った1585～1586年の禁中茶会、1587年には世の茶人をすべて集めたという北野大茶会を行うなど、政治に茶を利用した。

利休以後の茶

古田織部《おりべ》（→46ページ）は利休が大成させた茶を受け継ぎ、織部《おりべ》焼に象徴される大胆な美を主張した。当時の「かぶき」の時代を反映する。

小堀遠州（→48ページ）は寛永文化を担い、侘に加え装飾性や繊細さを表現した江戸時代的な美意識を表現した。それを「きれいさび」という。

利休の孫、千宗旦《そうたん》（→46ページ）は侘茶の伝統を守り、三千家の礎を築いた。家元制度は盤石のものとなり、さらに町人達の間にも茶の湯を拡げた。

北野大茶会

茶室の中で茶を点てる人、ゴザの上で茶を点てる人、傘の下で茶を点てる人など、多くの茶人が集まっている(「北野大茶湯図」全体とその部分)。

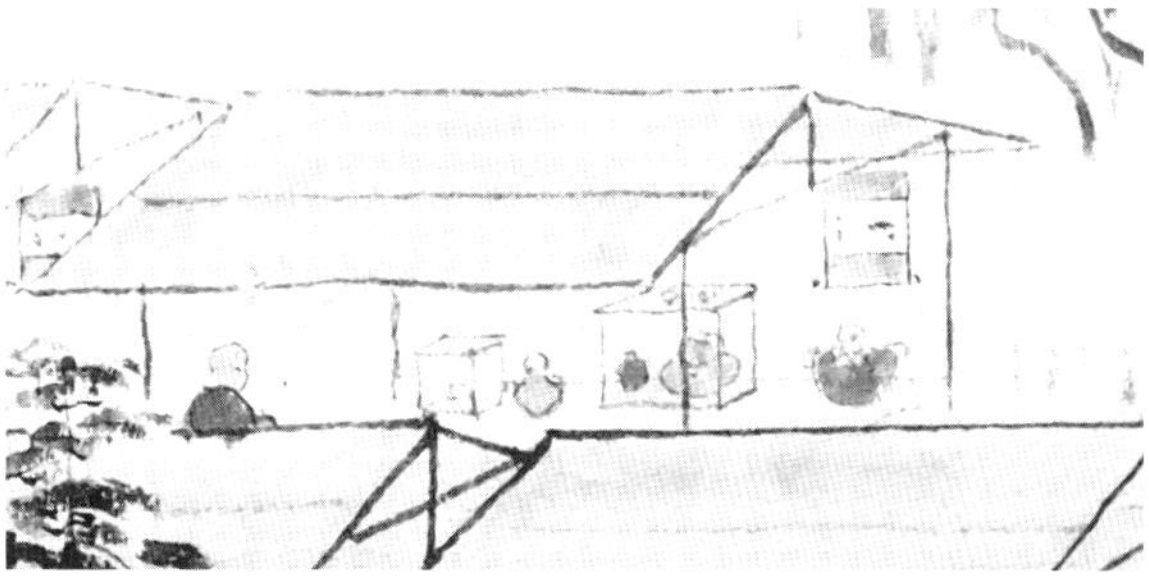

011 茶の湯の歴史をたどる〈4〉

ポイント 明治維新で没落した茶の湯が甦ったのは、意外にも西洋からの刺激がその一因であった

江戸時代の茶の湯

江戸時代には、家元制度が確立した。茶の湯の形式が固定化したが、安定して伝承されるようにもなった。

一方、茶の湯が遊芸化する傾向も現れ、それに対して厳しさを提唱するものもいた。井伊直弼《なおすけ》は一期一会の思想を説き、茶会のあと1人で茶を飲み、自分自身との対話を茶のなかに求めた独座観念を主張した。

近代の茶の湯

近代のはじめ、茶の湯は大きく打撃を受けた。それにはふたつの大きな要因がある。ひとつは西洋からの文化の流入により日本的な文化が顧みられなくなったこと。もうひとつは茶の湯を支えていた武士や寺院の没落による。

博覧会と茶

明治のはじめ、没落する茶の湯に対して一矢《いっし》報いたのは、博覧会であった。1867年、パリで博覧会が行われ、そこでは茶が注目されていたという。ヨーロッパにおいて、茶の消費量が大きくふくらんだときであった。

博覧会のシステムが文明開化の日本に伝えられるが、新奇な物品の展示と共に、茶は重要なデモンストレーションのひとつとなった。ときに茶室が移築されたり、立礼の茶が試みられたりもした。

数寄者の世界

明治も半ばになると、茶の湯を支える新たな層の勃興がみられる。欧米から日本文化の特異性そして近代性を知らされた彼らは、積極的に日本文化の保護に努めた。

仏教美術や浮世絵などとともに、茶道具や茶室建築までも収集した。彼らの行為は、経済的な目的としての側面も指摘されるが、窮地に陥っていた寺院において、散逸あるいは腐朽しようとしていた文化財や建築を救ったという意味で、大きな貢献であったといえる。

東京国立博物館　六窓庵

もと奈良の興福寺にあって、金森宗和の好みと伝えられる。明治になり、博物館長の町田久成らの尽力によって博物館内に移築され、1877 年、第一回内国勧業博覧会で披露された。

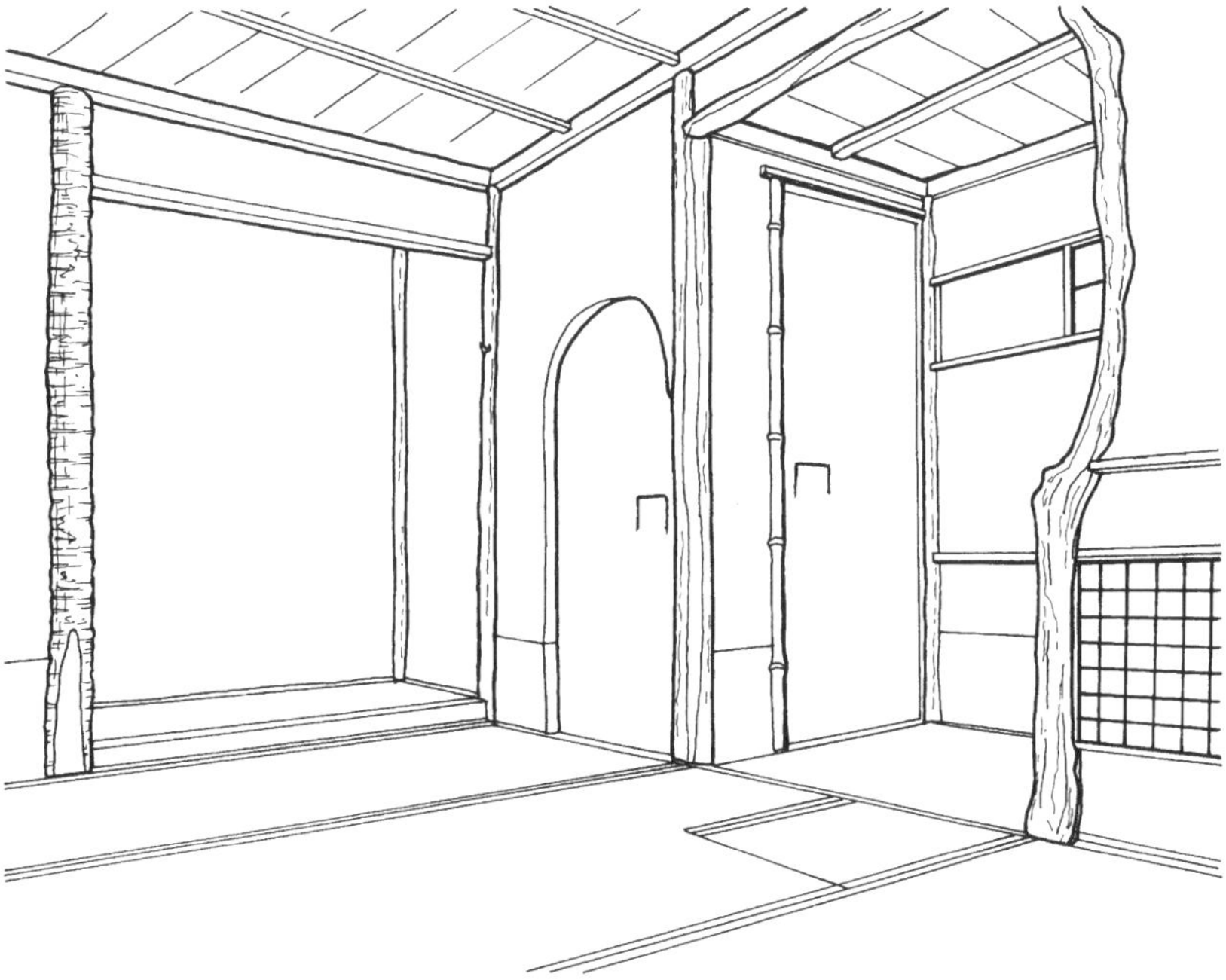

井上馨邸　八窓庵

もと奈良の東大寺四聖坊にあった茶室。明治になって、井上馨が東京麻布鳥居坂の自邸に移築した。のち戦災で焼失。

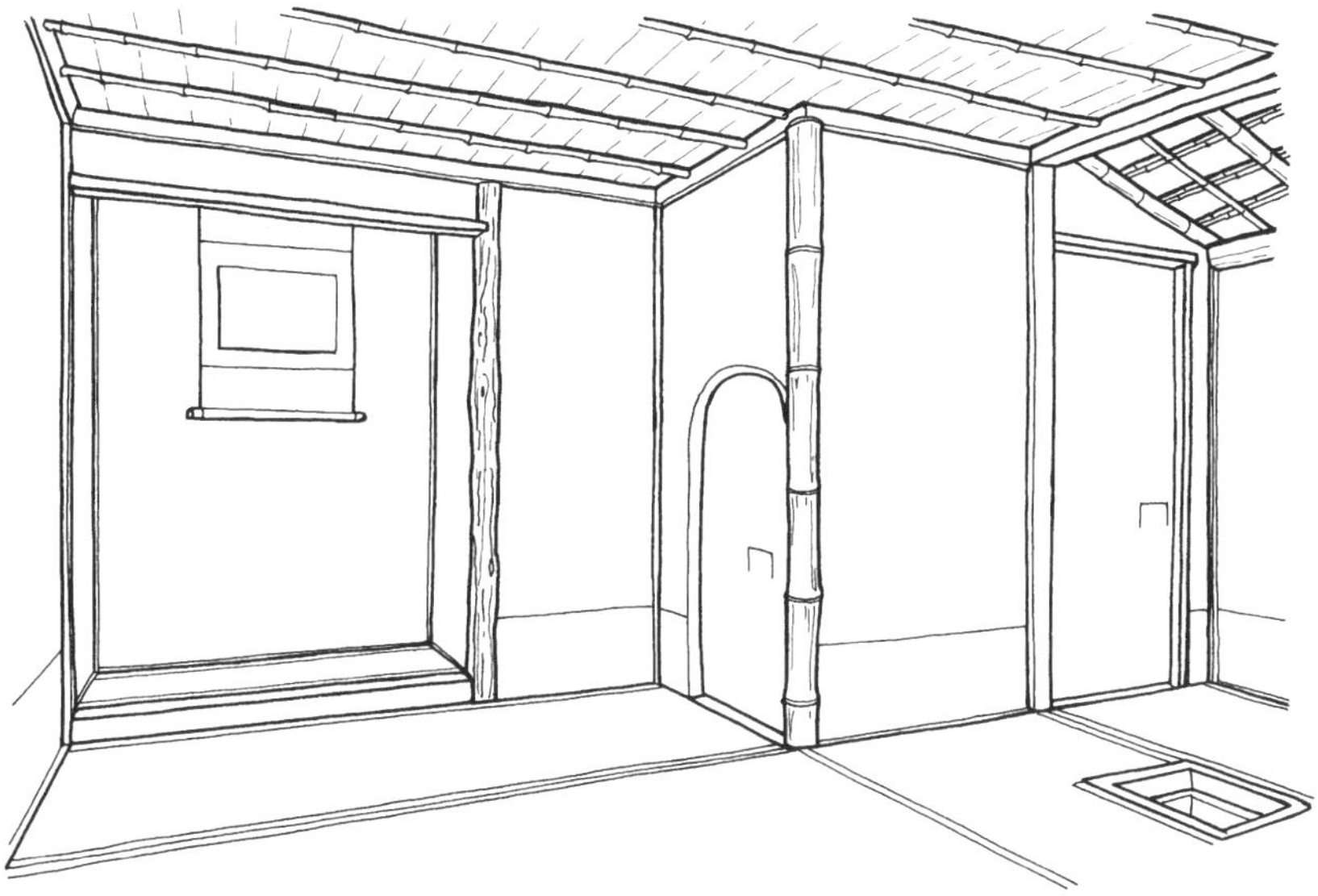

012 茶事と茶会

ポイント 現在では、食事を伴う正式なものを茶事、そうでない集まりを茶会と呼ぶことが多い

茶事と茶会

茶会そして茶事という言葉がある。はじめに簡単にそれらを説明しておこう。基本的には両者は同じものと考えて良い。つまり客を招いて茶を供する会合のことで、通常それは懐石を伴うものである。

ただし今日では、食事を伴う正式なものを茶事と呼び、そうでないものを茶会と呼ぶことが多い。それは以下の理由からである。

まずはじめに茶会という言葉が使用されていた。「ちゃかい」あるいは「ちゃのえ」と呼ばれていたようである。桃山時代の茶会は、現在のものに比べて整備されておらず、自由であった。やがて形式が整えられるようになった。あとで示す（↓32ページ）ような、正午の茶事、夜咄《よばなし》の茶事、口切りの茶事などで、ここに茶事という名称が正式なものを示すようになり、他の茶会と区別された。

大寄せの茶会

桃山時代や江戸時代の茶会においては、通常、客は1人から数人であった。しかし近代に入ってから数十から数百人を集めるような大寄せの茶会が行われるようになった。

この原型は豊臣秀吉の北野大茶会である。一説によると神社の拝殿だけで800人ほどが集まったという。また秀吉の醍醐の花見も茶会のひとつとして数えられる。

明治以後、秀吉への注目の高まりから、北野神社における茶会が復興された。東京の大師会や京都の光悦会など、大人数を集める茶会が定期的に開かれるようにもなった。

また各宗匠家の初釜、四季おりおりの定例茶会、利休や先達の忌日の茶会などが行われるようになった。さらには異なった流派の合同茶会として、同時に幾つもの席を設ける茶会も開催される。

洛陶会東山大茶会茶席の図

1921年、京都東山各所において大茶会が行われた。

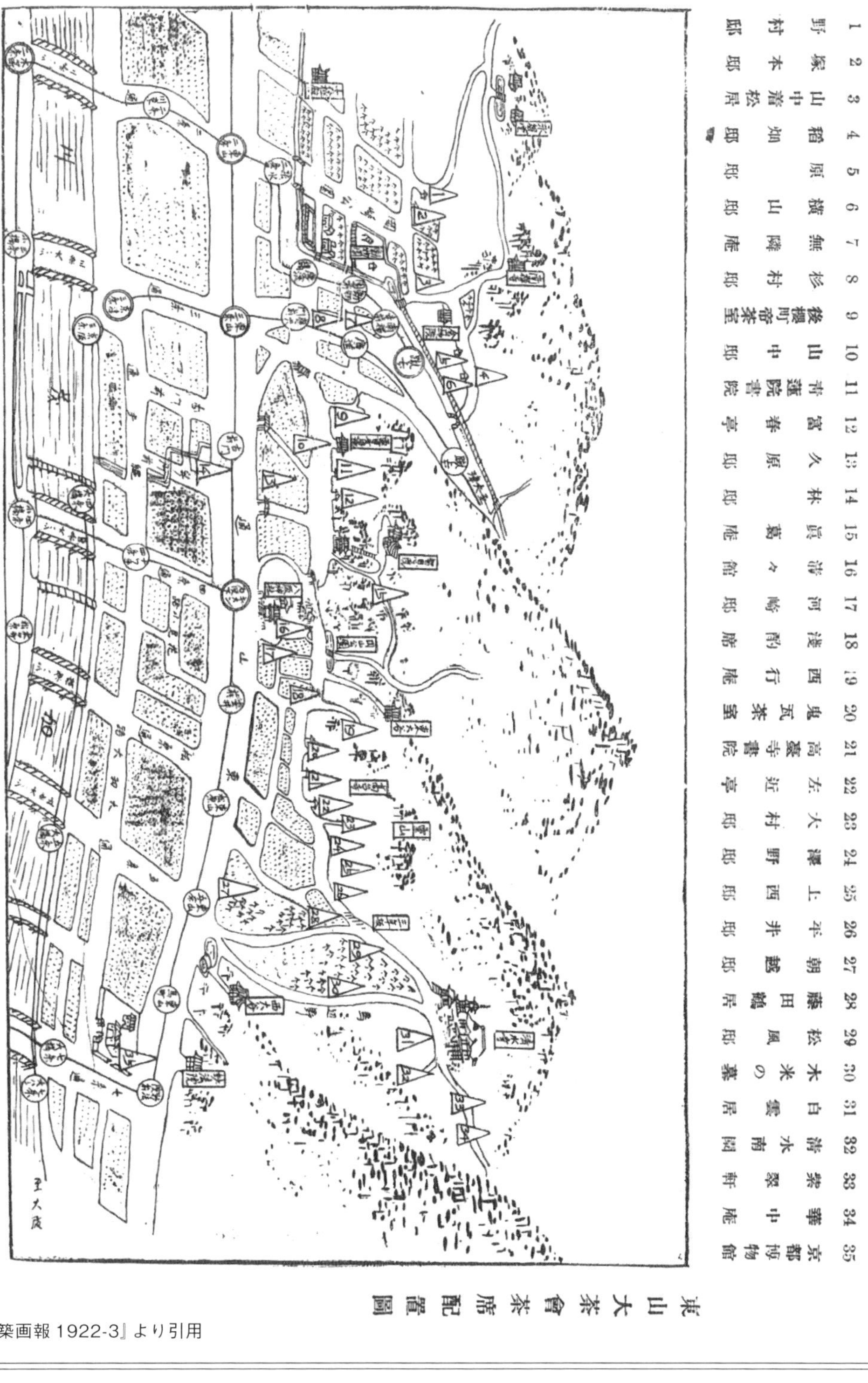

『建築画報 1922-3』より引用

013 茶事の種類

ポイント 正午の茶事はすべての茶事の基本形式とされるもので、初座と後座からなる

茶会の種類

茶事は、季節や時間、趣向によってさまざまな種類がある。一般に「正午の茶事」がその基本形式とされており、昼食時に二時《ふたとき》、つまりおよそ4時間かけて行われるもので、初座と後座よりなる。

「正午の茶事」を含め、茶事七式と呼ばれる形式がある。「夜咄《よばなし》の茶事」は一般には冬期、夕刻から行われるものである。「朝茶」は特に夏の早朝に行われるものである。同じ朝に行われるものでも、「暁《あかつき》の茶事」は、厳寒の夜明けの曙光《しょこう》を風情とするものである。「跡見《あとみ》の茶事」は、身分の上位の人の来席の跡、つまりそのときの道具類を拝見しようとするもの。「不時の茶事」は、予約を入れない、あるいは食事の時間を外すというふたつの意味がある。「口切りの茶事」は11月、新茶を詰めた茶壺の封を切って、その場で茶をひいて供するものである。

またそれ以外に次のようなものがある。一客一亭の「独客の茶事」、夜咄より早い時間にはじまる「夕ざりの茶事」。また、朝あるいは昼の食後に行われ、菓子の茶事あるいは菓子会ともよばれる「飯後《はんご》の茶事」は、「口切りの茶事」にかわって七式に数えることもある。

炉と風炉《ふろ》

茶室には炉が切られるが、その使用は通常11月から4月の冬期である。5月から10月の夏期においては風炉《ふろ》（→40ページ）が用いられる。

亭主・半東《はんとう》・正客・末客

亭主はその家の主のことで、茶事の場合、茶を点て接待する人のこと。半東《はんとう》は亭主を補助する役割である。

正客は、その茶事における賓客で、次客以下はそれに次ぐものとの意味がある。末客は一般に「お詰め」とも呼ばれ、最後尾に付くが、円滑な進行を助ける役割を担う。

茶室一例

この図は架空の平面で、筆者が説明のため作成したもので、それぞれの茶事（茶会）の主要な動線を記入した（詳しくはそれぞれの項目を参照）。

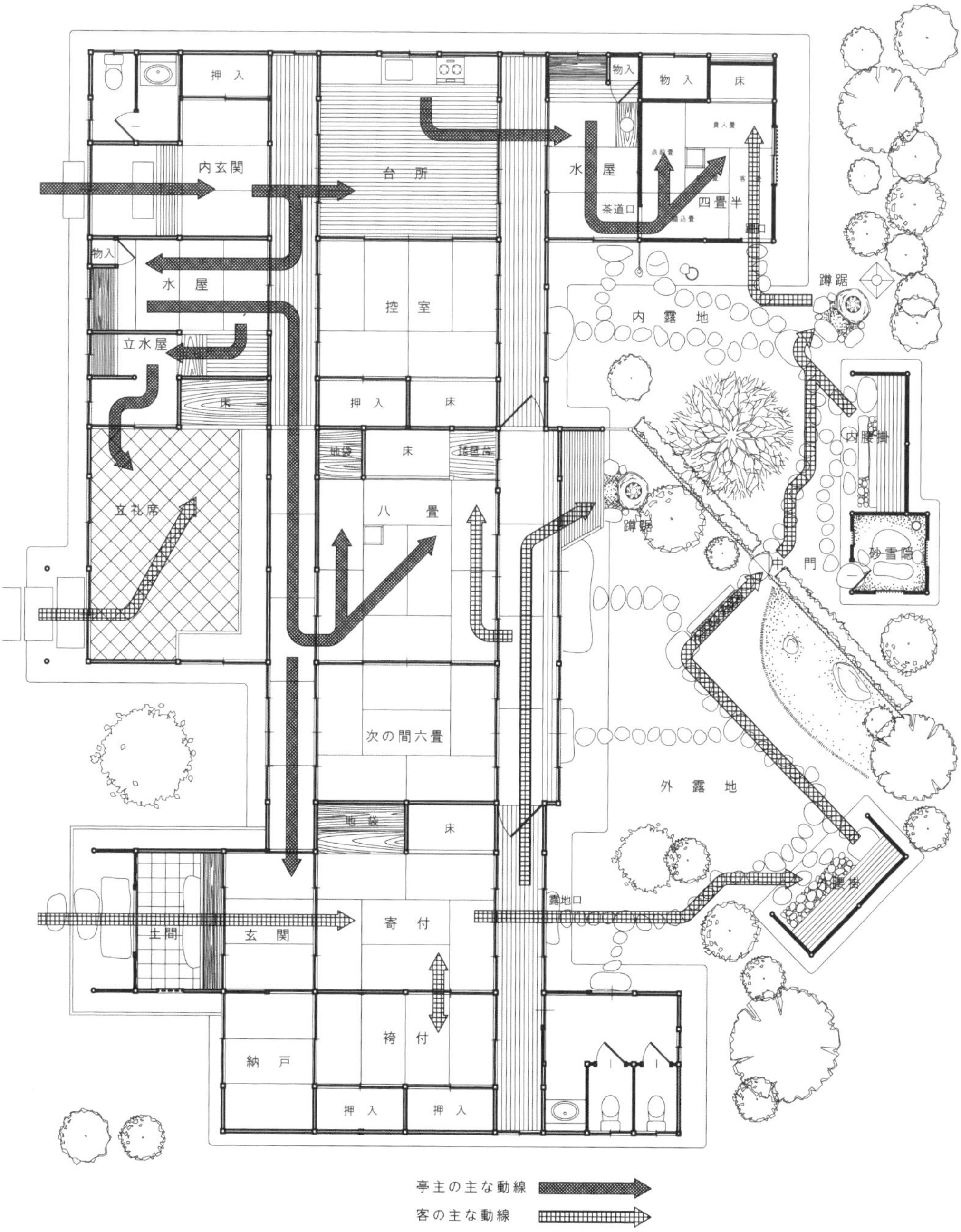

014 茶事〈1〉 はじまりから

ポイント 茶事は計画を立てることからはじまる。戸が少し開いて手掛りがあることが入室OKのサインである

茶事の準備と招待

茶事の一例を示しておこう。ここでは炉を使って行われる正午の茶事を元に説明したい。

茶事の始まりは、その計画を立てるところからである。亭主は、その目的や趣向、客組、日時を決め、案内状を書く。それに対して客は返事を書き、また前日に出向く場合もある。

その後、亭主は道具組の詳細を決め、前日より茶室と露地を清掃して準備を行う。

寄付と露地

招かれた客は定刻の少し前に、寄付《よりつき》に集合する。この時、その家の人に案内を請うことなく入室する。戸が少し開いて手掛りがあることがサインである。もしまだの場合は閉まっている。

寄付《よりつき》では客は服装を整え、全員そろったところで人数分だけ版木《はんぎ》を打つと、半東《はんとう》が白湯などを運んでくる。いただいたあと、露地の腰掛へと進む。

その寄付《よりつき》から露地に出るところには露地草履《ぞうり》が用意されている。また雨の場合は露地笠と露地下駄《げた》あるいは雪駄《せった》が準備される。なお雪駄《せった》は草履《ぞうり》の裏に皮を張ったもので、平安時代頃から使用されていた尻切《しきれ》という革製の草履《ぞうり》を、千利休が濡れた露地に使用するために改良したものと伝えられている。

その間、亭主は席中を掃き清め、香を焚き、蹲踞《つくばい》（↓80ページ）に水を張る。桶を水屋口に返し、中門から腰掛待合に進み、迎付けをする。

客は丁寧に受礼し、再び腰掛に着座し、しばらくして茶室へ向かう。外露地から中門を通り、内露地へ進む。内露地の蹲踞《つくばい》では、手を清め、口を清め、最後に柄杓《ひしゃく》の柄を清め、元の通りに置く。そして席に入る。

露地には関守石《せきもりいし》が置かれることがある。関守石《せきもりいし》があると、そこから先へは進めないというサインで、客の経路を指定する役割を担っている。

寄付

客が集まり、白湯などが出される。

腰掛

腰掛に着席し亭主の迎付けを待つ。この図では左が正客。

蹲踞

客は茶室に入る前、手と口を清める。

茶事の進行（客の動き）

寄付
↓
外腰掛（迎付け） ― 外露地
↓
中門
↓
蹲踞 ― 内露地
↓
茶室（初座）
↓
内腰掛（中立） ― 内露地
↓
蹲踞
↓
茶室（後座）
↓ ― 露地（内・外）
寄付

※ 図中の二重囲みは建物内部

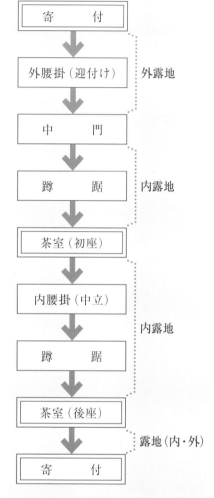

015 茶事〈2〉 初座と後座

ポイント 客は席入りのとき躙口から室内のようすをうかがう

席入り

躙口《にじりぐち》（↓162ページ）前の踏石に乗り、躙口《にじりぐち》をあけると、まずは茶室内のようす、床の間などをうかがい、扇子を進めて躙《にじ》り入る。そして躙口《にじりぐち》に向き直り、あとの客が入室しやすいように、草履《ぞうり》を重ねて戸尻に立てかける。

次に床前へ進み床の間を、そして点前座《てまえざ》を拝見する。一度仮座について、末客が床の間の拝見が終わると、正式な場所に着座する。通常、床の間の前が貴人畳つまり正客の座となる。

ちなみに末客は、入室すると躙口《にじりぐち》を軽く音を立てて閉め、掛金を掛ける。

初座

初座では炭点前《でまえ》が行われ、懐石が出される。本来は一汁三菜であって、質朴を旨とし、味噌仕立ての汁に、向付、煮物、焼物の三菜で構成され、それに強肴《しいざかな》が追加されることがある。また酒が出され、千鳥の杯事が行われる。なお、風炉《ふろ》の時期（夏期）では懐石のあと炭点前《でまえ》が行われる。

最後に菓子が出され、いただいたあと、床の間と炉を拝見して、躙口《にじりぐち》から退出する。

中立《なかだち》

客は腰掛に着座する。しばしの休憩である。このとき雪隠《せっちん》（トイレ）を使うことがある。

亭主は床飾りを花に変え、簾《すだれ》を巻き上げ、席を改める。準備ができると銅鑼《どら》などの鳴り物で客を迎える。

その後、客は蹲踞《つくばい》（↓80ページ）を使って、再び席入りする。

後座

後座では、濃茶と薄茶が出される。濃茶は一服を回し飲みする。「一座建立」の考えに基づいた考えである。そのあと、茶入や茶杓などの道具の拝見を行う。

最後には躙口《にじりぐち》から露地に降りるが、露地にて、亭主からの送り礼があるので寄付《よりつき》の方へ戻る。

席入り

客は躙口をあけ、一礼し席中をうかがう。

床の間拝見

客は躙口から入って、床の間に一礼し、拝見する。

席入りから着座までの動線（正客）

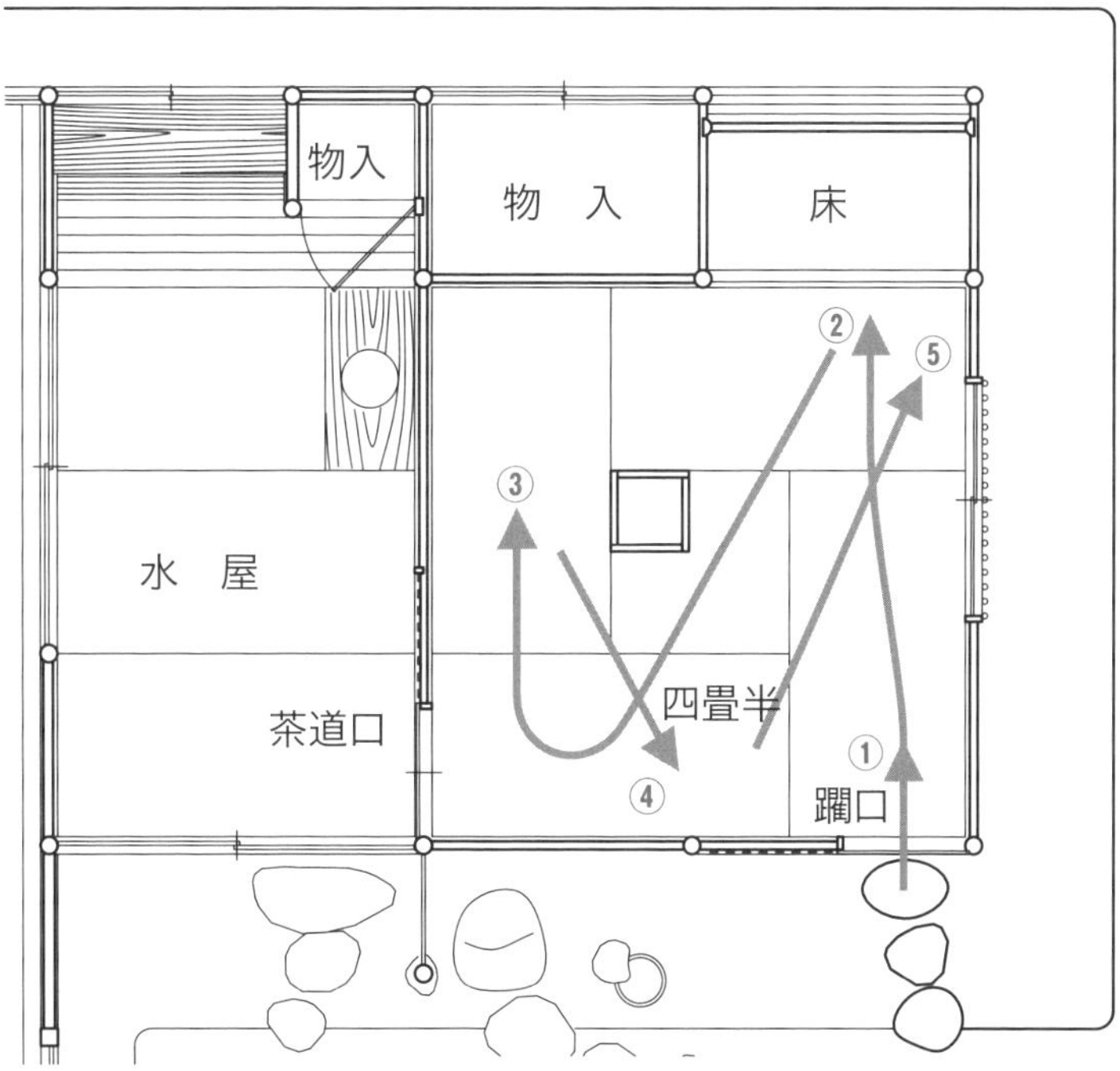

①はじめに躙口より席中をうかがう。このとき遠目に床の間を拝見。

②躙口より躙って入り、立って床前へ。着座して床の間を拝見。

③点前座に向かう。着座して道具類と炉を拝見。

④仮座に進み着座。

⑤末客が床の間拝見を終えると、貴人畳に移動し定位置に着席。

016 茶道具〈1〉

ポイント 名物は古来よりいわれのあるすぐれた茶道具のことを指していた。一般に大名物、名物、中興名物に分類される

名物

名物《めいぶつ》は古来よりいわれのあるすぐれた器のことを指していたが、とりわけ茶道具においては格付けの一種として扱われる。足利義政の東山時代に名を得たものを大名物《おおめいぶつ》、利休時代のものを名物《めいぶつ》、のちの遠州の選定によるものを中興名物《ちゅうこうめいぶつ》という。

これらは特に松平不昧が『古今名物《ここんめいぶつ》類聚《るいじゅ》』によって定めており、それがのちに大きく影響を及ぼしている。

茶碗

喫茶の茶碗としては、室町時代頃には、青磁、白磁あるいは天目《てんもく》（中国浙江省天目山の仏寺で使用されていたもの、福建省建窯で焼かれていた）など中国から伝えられた、いわゆる唐物《からもの》が主流であった。

やがて侘茶が流行すると、朝鮮で焼かれた高麗《こうらい》茶碗が使用されるようになる。日常雑器であったが、茶人の好みに合い、高麗《こうらい》物の最高峰といわれる井戸茶碗、白土の刷毛目《はけめ》が模様に見える刷毛目《はけめ》茶碗などがある。

日本においてもはじめは、天目《てんもく》を模したものが焼かれていたが、やがて侘茶に適したものがつくられるようになった。黄瀬戸、瀬戸黒、志野などである。そして長治郎の釜で楽茶碗が生まれる。その後唐津や、薩摩、萩などに釜が築かれ、また装飾豊かな織部《おりべ》焼、あるいは京においては仁清焼（御室焼）などがつくられた。

茶杓

抹茶をすくう匙《さじ》のことで、薬用の象牙の匙《さじ》を転用することからはじまったという。現在では一般的に竹が用いられ、無節のものを「真」の位に、元節《もとぶし》のものを「行」、中節《なかぶし》を「草」とするが厳密ではない。

また、象牙や塗のものは「真」、松や桜などの木製のものを「草」とみる。そして自ら削ることを侘茶の象徴的な行為とする。

茶碗の形

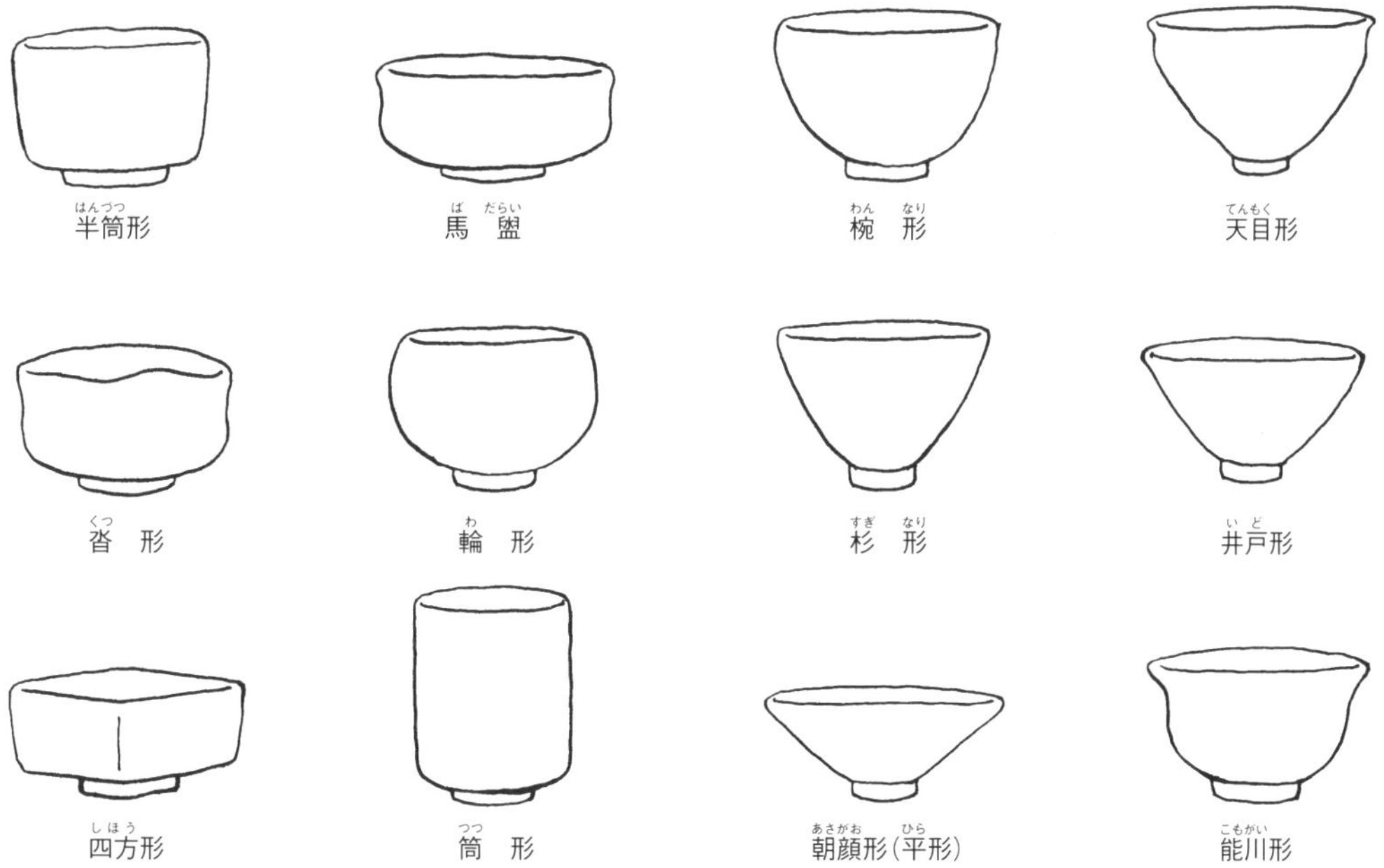

天目茶碗

形態は逆円錐状であり、高台が小さいので天目《てんもく》台（貴人台）に載せて使う。

茶　杓

上から無節（真）、元節（行）、中節（草）。

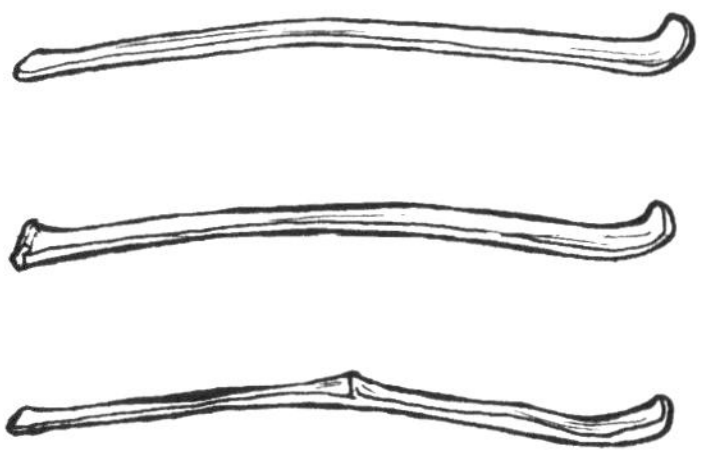

017 茶道具〈2〉

ポイント 台子を使用した茶の湯は格式が高いと位置付けられる

台子

諸道具をのせる棚の一種。中国の禅院で使用されていたものが鎌倉時代に日本に伝えられたといい、元は唐物《からもの》を飾るための棚であったが、やがて和物を飾ることも行われた。その経緯から台子《だいす》を使った茶の湯は格式の高いものと位置づけられている。

上下2枚の長方形の板を4本あるいは2本の柱で支えた直方体の構造をもつ。上の板を天井板（天板）、下を地板と呼ぶ。さまざまな種類があるが、真塗で4本柱のものを真台子《だいす》、桐の白木に柱が竹製のものを竹台子《だいす》、2本柱にした及台子《きゅうだいす》などがある。

茶入

抹茶を入れる容器のこと。濃茶を入れる容器は主として陶製で、濃茶入あるいは茶入と称し、薄茶の場合は漆器が多く、薄茶器あるいは薄器と称す。

薄器の代表的なものが棗《なつめ》で、植物のナツメの形状のもので、黒柿や黒檀《こくたん》などの堅木や漆塗りのものがある。

濃茶入の蓋には象牙が用いられ、蓋の裏は金箔張りが施されていることが多い。小型の茄子《なす》、肩が張り出した肩衝《かたつき》、横広の大海などの種類がある。また茶入を入れる仕覆《しふく》があり、名物裂《めいぶつぎれ》などでつくる。

釜

湯を沸かす金属製の器具のことで、鋳鉄《ちゅうてつ》製が多い。産地は鎌倉時代に明恵が鋳させたのが始まりという筑前芦屋、そして平安時代からの鋳物《いもの》製作を行っていた下野天明《しもつけてんみょう》が古くから知られていた。室町時代末期には京都三条釜座に京釜が誕生し、茶の湯とともに発展した。

風炉

釜の湯を沸かす火鉢状の道具をいう。中国から台子《だいす》などとともに伝えられた。素焼きに漆を塗ったり磨きをかけたりする土風炉《どぶろ》、唐銅《からかね》を使った唐銅《からかね》風炉《ふろ》、また鉄や板製のものもある。

竹台子

台子の柱や板には名称が付けられている。

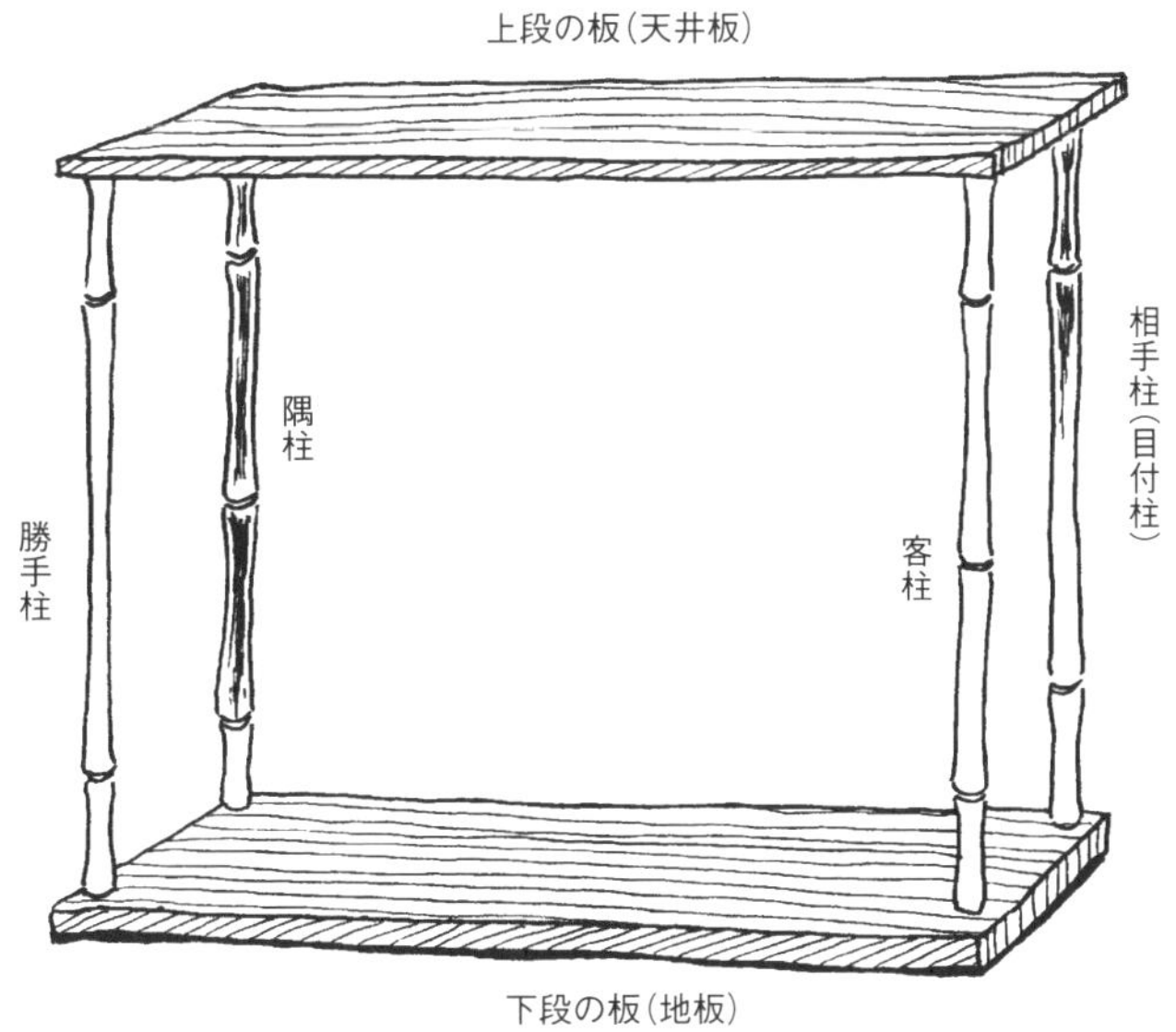

肩衝《かたつき》茶入

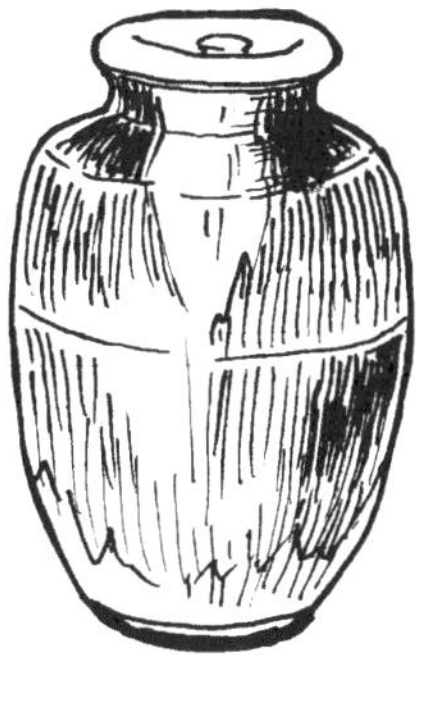

棗《なつめ》

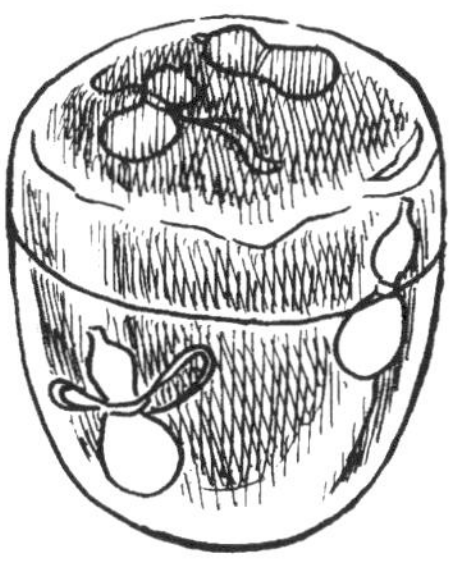

朝鮮風炉《ぶろ》と真形釜《しんなりがま》

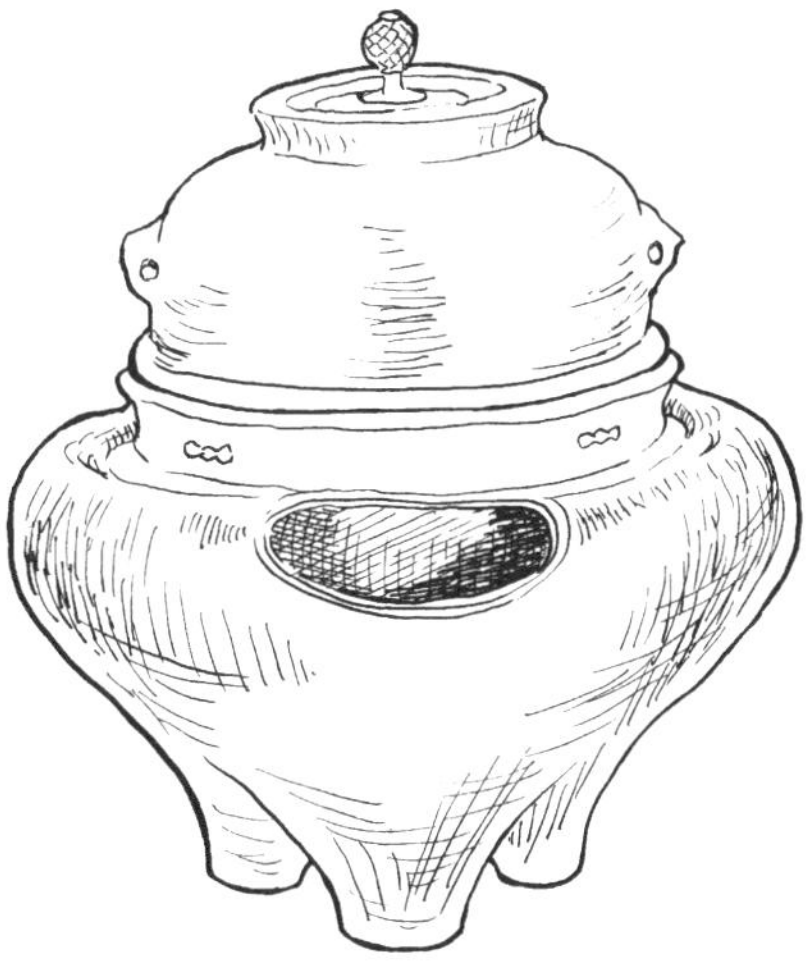

茶筅《せん》

抹茶に湯を注ぎ、かき混ぜたり練り合わせたりするために用いられる。奈良の高山が産地として知られている。

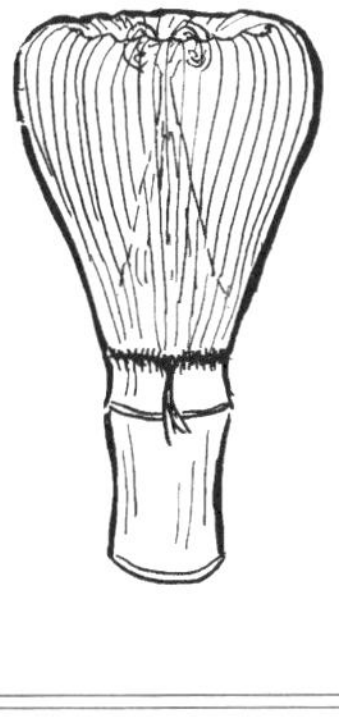

018 床の間の飾り

ポイント 侘茶の成立によって小さな床の間がつくられ、飾りの様相も一変した

室礼と床飾り

室内に飾りの装置として、押板、付書院、違棚が定着し、飾り付けが行われるようになったのは室町時代である。これは平安時代の部屋飾りの室礼《しつらい》の伝統を引いたものと考えられる。

室町時代においては、座敷飾りの主流は唐物《からもの》である。中国から伝えられた三幅一対などの仏画を掛け、花瓶、燭台、香炉の三具足を飾る形式であった。中央を本尊、両脇を脇絵と呼んでいた。

やがて侘茶が成立すると、道具類も唐物《からもの》から高麗《こうらい》物あるいは和物へと推移したが、床の間も幅が狭く、天井も低くなり、飾りの様相も変化した。それまで華やかな絵画が好まれていたが、禅味の強い墨蹟《ぼくせき》に、また胡銅《こどう》の花瓶から竹の花入れへと変化してきた。

掛物

掛軸あるいは掛幅ともいい、裂《きれ》や紙で表装した絵または書のことである。茶事では、通常は初座で掛けられる。

中国から仏教と共に平安時代頃伝わったというが、はじめは仏画が中心であった。やがて花鳥風月を表現したもの、そして書が好まれるようになった。侘茶では、禅僧の墨蹟《ぼくせき》のほか、古筆あるいは茶人の消息が好まれる。

花入と花

茶事では、後座に花が飾られる。設置する場所は、掛花入は床の間の中釘や床柱の花釘（↓150ページ）、釣花入は床の天井や落掛《おとしがけ》、置花入は床の上、などである。金属の物や唐物《からもの》青磁などを「真」、上釉のかかった和物の陶磁器を「行」、竹・籠・瓢《ひさご》や上釉のかからない陶磁器などを「草」とみなす。

茶の湯の花は中世の華道から生まれた抛入《なげいれ》をさらに自由にしたもので、楚々とした花が喜ばれる。

また正月には柳の枝を輪に結び、床の柳釘に掛けた青竹などの花入から長く垂らした結び柳が飾られる。

三幅一対の床飾り

三幅の軸の前に、花瓶、香炉、燭台の三具足を飾る。

正月の床飾り

下座の奥の隅から結び柳。

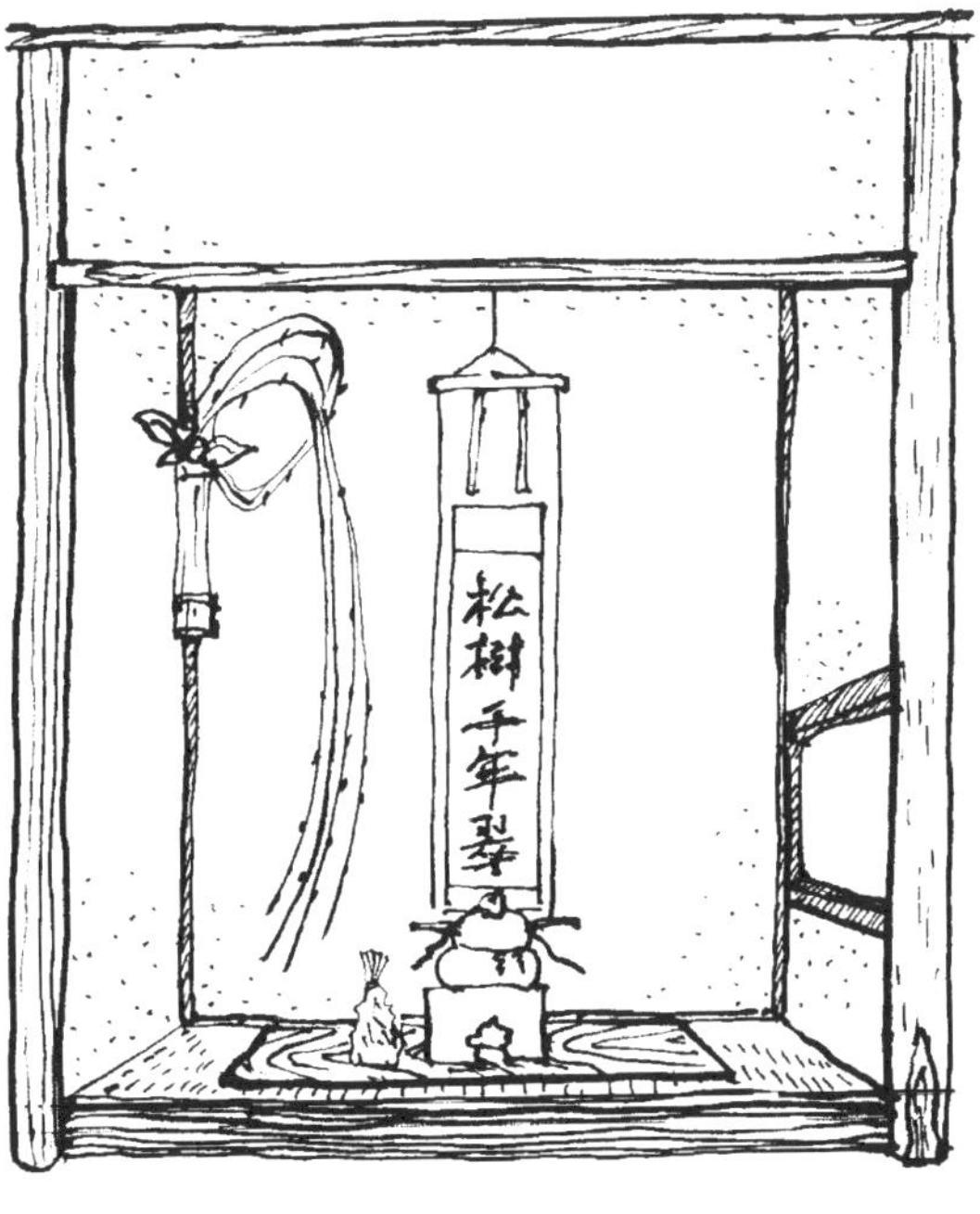

花　入

床の間、薄板の上に置かれた竹一重切《いちじゅうぎり》。

019 茶人についての基礎知識〈1〉

ポイント 武野紹鷗は富を築き、堺の茶の湯のリーダーとして、後進を育成した。その弟子のひとり千利休は侘茶を大成させた

武野紹鷗《じょうおう》（1502～1555）

名は仲材、通称新五郎、法名を紹鷗《じょうおう》と称す。武具商を営み、一代にして資産を成したと伝えられる。京にて三《さん》条 西実隆《じょうにしさねたか》より和歌を学び、やがて茶の湯にも心引かれるようになる。実隆《さねたか》死後、堺に戻る。

津田宗及、今井宗久、千利休らを育成するなど当時の堺の文化興隆に指導的役割を果たした。

千利休（1522～1591）

通称与四郎、法名宗易、居士号として利休を称す。

堺に魚問屋を営む千与兵衛の子として生まれ、武野紹鷗《じょうおう》について茶の湯を学び、徐々に頭角をあらわした。織田信長に茶頭の1人として取り立てられ、のち豊臣秀吉に仕える。

1582年の本能寺の変後、秀吉に従って山崎に移り、そこで二畳の待庵《たいあん》（→216ページ）を建てたと考えられる。

1585年、秀吉の禁中茶会に奉仕し、この時、正親町《おおぎまち》天皇より利休の居士号を賜った。翌年にも禁中茶会を行うが、この時、黄金の茶室（→218ページ）を披露した。なお天皇への接遇時に煌《きら》びやかな道具で荘厳《しょうごん》することは、室町時代においては一般的であった。

1587年、北野大茶会が行われるが、これが利休の最後の表舞台であった。

1591年、秀吉の命により切腹した。齢70歳。大徳寺三門上の利休木像の設置が引き金であった。天皇の勅使も通る門の上に雪駄《せった》履きの利休像は不遜だという理由である。しかしそれだけではないだろう。他には、豊臣政権下の権力闘争に巻き込まれた説、堺に対する博多商人の台頭説などが巷間に語られている。

利休は、侘茶の形式の茶会と点前《てまえ》を完成させ、独創的な茶室と道具を創造した。茶の精神性を深め、のちの茶の湯に大きな影響を与えた。

武野 紹鷗《じょうおう》

千 利休

020 茶人についての基礎知識〈2〉

ポイント 武家茶人にはデザインを重視する傾向が見られた。一方、千家では侘びを極める方向性に重きを置いた

古田織部（1544~1615）

通称を左介、名を重然《しげてる》といった。美濃に生まれた武将である。

信長および秀吉に従ったが、秀吉没後は茶の湯三昧の生活を行ったという。茶の湯は利休について学び、利休七哲のひとりとされている。二代将軍徳川秀忠の茶の湯指南を務め、大名たちの指導に当たった。

織部《おりべ》は美濃において好みの茶陶を焼かせていたが、それが織部《おりべ》焼と呼ばれるようになった。その中には、常形を逸した自由豪放な形を創造したことから、「へうげもの」とも呼ばれた。

代表的な茶室は藪内《やぶのうち》家の燕庵《えんなん》（→224ページ）。現在のものは忠実な写しを移築したものである。

織田有楽（1547~1621）

織田信長の弟。幼名を源五郎、のちに長益と称す。本能寺の変後は秀吉に従い、その没後は家康につき、冬の陣においては大坂方につき、夏の陣には京に隠棲した。

武将としては芳しくない評判もあるが、茶人としてあるいはデザイナーとしては優れた才能の持ち主で、建仁寺に如庵《じょあん》（→222ページ）を建てた。

千宗旦《そうたん》（1578~1658）

千家三代で、三千家の祖。字は元伯。父は千利休の後妻宗恩《そうおん》の連れ子の少庵、母は利休の娘亀女だという。遠州などに代表される「きれいさび」の時代になっていたが、一畳大目席を営むなど、侘茶を追求した。

利休切腹ののち、しばらく父少庵とともに、会津の蒲生氏郷のもとに身を寄せていたが、1594年に京に戻ることが許され、不審菴《ふしんあん》（→232ページ）を建てる。晩年、不審菴《ふしんあん》を三男江岑《こうしん》宗左に譲り、今日庵《こんにちあん》（→230ページ）、さらには又隠《ゆういん》（→230ページ）を建てた。のち次男一翁《いちおう》が武者小路千家、江岑《こうしん》が表千家、仙叟《せんそう》が裏千家をそれぞれ起こした。

古田 織部

織田 有楽

千 宗旦

021 茶人についての基礎知識〈3〉

ポイント 遠州の茶は草庵の茶と書院の茶の一体化をはかったもので、「きれいさび」と称される

小堀遠州（1579〜1647）

近江に生まれた武将。名は政一。江戸幕府の作事奉行として建築や土木、作庭を手がけた。

茶は古田織部《おりべ》に学び、3代将軍徳川家光に献茶を行ったところから、将軍家茶道師範と称されるようになった。遠州は草庵の茶と書院の茶の一体化をはかったもので、「きれいさび」と称される。より具体的な自然と建築とを結びつけたものである。王朝時代の幽玄と中世の侘が融合したものとして評される。また、千家の精神性を強く求める茶に対して、自由なデザインで、時代の秩序にしたがった茶の湯を志した。

建築家としての遠州の活躍は、内裏や伏見城本丸書院、二条城、江戸城や、茶室としては金地院八窓席、龍光院密庵席《みったんせき》など、また作庭家としては仙洞御所や孤篷庵の露地など、当時を代表するものを次々に成し遂げる。作風はのちの時代に大きな影響を与えた。

片桐石州（1605〜1673）

摂津茨木に生まれ、幼名を鶴千代、長じて長三郎貞俊、のちに石見守貞昌と改めた。

京都知恩院の作事奉行を行うなど、遠州の後継者として活躍した。また四代将軍家綱に召され御道具奉行を拝し、柳営茶道、つまり徳川幕府の茶道の規矩をつくった。のちに大和に慈光院を建て隠居した。

松平不昧《ふまい》（1751〜1818）

出雲松江藩の第七代藩主。名は治好、のち治郷と称す。

一七歳で藩主となり、また茶を学ぶ。藩政改革を行い、治水や新田開発などで財政を立て直した。禅を一九歳から学び、茶禅一味の茶風をつくった。隠居後、江戸品川の高台に大崎園（→236ページ）をつくり、大名や文人を集め数寄風流を興して楽しんだ。茶室は有沢家の一畳大目中板《なかいた》入りの菅田《かんでん》庵が著名である。

小堀 遠州

片桐 石州

松平 不昧《ふまい》

022 茶人についての基礎知識〈4〉

ポイント 近代の数寄者は、歴史的名作を移築し、農家を再生して数寄屋建築をつくった

益田鈍翁（1847〜1938）

佐渡に生まれ、幼名は徳之進、名は孝。維新後横浜で貿易商を営み、三井物産と合流し三井財閥を大成する。

1895年の弘法大師の忌日を期して発足した茶会、大師会の発足に尽力した。箱根の強羅公園に田舎家を移築、改修した茶室を建てた。

原三溪（1868〜1939）

岐阜県に生まれる。名は富太郎。横浜の原家の婿養子となり、製糸貿易を経営して財閥となった。

横浜の本牧に三溪園を開き、紀州徳川家の遺構臨春閣や月華殿、春草廬などを移築し、一大建築博物館をつくりあげる。

松永耳庵（1875〜1971）

長崎県壱岐に生まれる。幼名を亀之助、のち安左エ門。電力の事業を興し、またその再編に尽力した。

埼玉県の柳瀬村に多摩の民家を移築した山荘を営み、そこで茶の湯を楽しんだ。

小林逸翁（1873〜1957）

山梨県に生まれる。名は一三《いちぞう》。阪急の創始者。沿線を開発し、住宅と職場を鉄道で結び、リクリエーション施設をつくるという、当時の新しい都市計画の理念を採り入れた。

大阪池田の雅俗山荘に、数々の茶室とともに、立礼（→132ページ）を組み込んだ茶室即庵をつくった。

野村得庵（1878〜1945）

名は徳七。実業家として、野村財閥を築いた二代目である。大阪野村銀行、野村證券の他、野村合名会社、野村東印度殖産会社の社長、大阪瓦斯、福島紡績等の取締役を務めた。

茶の湯をはじめ、能楽や絵画にも習熟し、京都南禅寺近郊に別荘碧雲荘《へきうんそう》を建てた。書院や能舞台、茶室など17棟の建築群は重要文化財に指定され、小川治兵衛の庭園と調和した近代和風の邸宅である。

原 三溪

益田 鈍翁《どんのう》

松永 耳庵《じあん》

野村 得庵《とくあん》

小林 逸翁《いつおう》

こらむ②

千家十職

茶道具の作家のうち、特に千家が指定した十人十職の家系をいい、原形は江戸時代よりあったが、現在のものは明治中期頃に整えられた。

茶碗師：楽吉左衛門	轆轤を使用せず、手とへらだけで成形する「手捏《てづく》ね」と呼ばれる手法でつくる。
釜師：大西清右衛門	室町時代後期から続く茶の湯釜をつくる釜師。三条釜座に居を構える。
塗師：中村宗哲	塗師は漆芸家のことで、当初は蒔絵を施した家具などの製作も行っていたが、明治時代以降は茶道具の専業となった。
指物師：駒沢利斎	指物《さしもの》は木の板を差し合わせてつくる調度や工芸品の総称で、炉縁や棚、香合などを製作する。
金物師：中川浄益	もとは越後で甲冑や鐙をつくっていたというが、利休の依頼により薬罐《やかん》をつくったのを契機として、茶道具をつくりはじめた。
袋師：土田友湖	袋師とは茶道具の茶入の仕覆《しふく》や服紗《ふくさ》などをつくる職で、表千家の6代・覚々斎の時に千家の袋師となり、7代・如心斎のとき友湖の号を贈られた。
表具師：奥村吉兵衛	表具は経巻、書画などを保護・装飾することから始まった技術で、特に奥村家では書の軸装や風炉先屏風などを扱う。
一閑張細工師：飛来一閑	一閑張りは竹や木で組んだ骨組みに和紙を何度も張り重ねて形をつくり、あるいは木型などに和紙を張り重ねたもので、表面に柿渋や漆を塗ったもの。
柄杓師：黒田正玄	柄杓や香合、台子など竹を使った茶道具を製作する。
土風炉師：永楽善五郎	土風炉は土を焼いてつくった風炉のことで、永楽家では、素焼きの器に黒漆を重ね塗りした土風炉や、土器の表面を磨いた土風炉などをつくっている。

第3章

茶室と茶苑

023 日本建築と茶の湯空間

ポイント　高床の系譜にある日本建築には畳が敷かれ、平等が表現された。そして床の間には、自然が映しだされる

古代から中世の建築

飛鳥奈良時代に宮殿や寺院など優れた建築技術が大陸から伝えられたが、それは基壇に建つ土間形式の建築であった。一方、それ以前の日本には高床形式の建物があった。それは神社建築の形式であり、はじめは倉として使用されたと考えられる。その床を上げた形式の建築は、新しい技術に影響を受けることはあっても、飲み込まれることはなく、現代にまで続き、土間形式の建築とは大きな対比をみせる。

高床の建築が継承されたものに、平安時代に貴族住宅として完成された寝殿造がある。履き物を脱いで床に上がる形式だ。その高床の上に、畳を置き、身分に応じるため、畳の厚さや縁の種類などを変えていた。

やがてその畳は部屋の一部に並べられるようになり、さらに部屋全体に敷き詰められるようになった。書院造である。そうなると畳で身分差を表現できなくなるので、床を上げた上段、あるいは天井の意匠などによって空間の上下を表現するようになった。

中世から近世の建築

一方、中世の会所（連歌や茶の湯の集まりのためにつくられた建築）においては、同じ畳を敷き、あえて身分差を表現しないようにした。意図して平等な空間がつくられたのである。その考えは茶室に引き継がれる。

また床の間は、書院造の上段部分が変化して成立したと考えられるが、その考えに従えば、床の間は貴人の座ということである。しかし床の間に人が座ることはない。では、誰のための空間であろうか。そこは人智を越えた存在のために設けられた場所と考えることができる。つまり神あるいは仏、それは人がコントロールすることのできないもので、現代の言葉でいうと、「自然」のための空間、ということもできる。

寝殿造の内部

床《ゆか》が張られ、必要なところに置畳《おきだたみ》を敷いた。

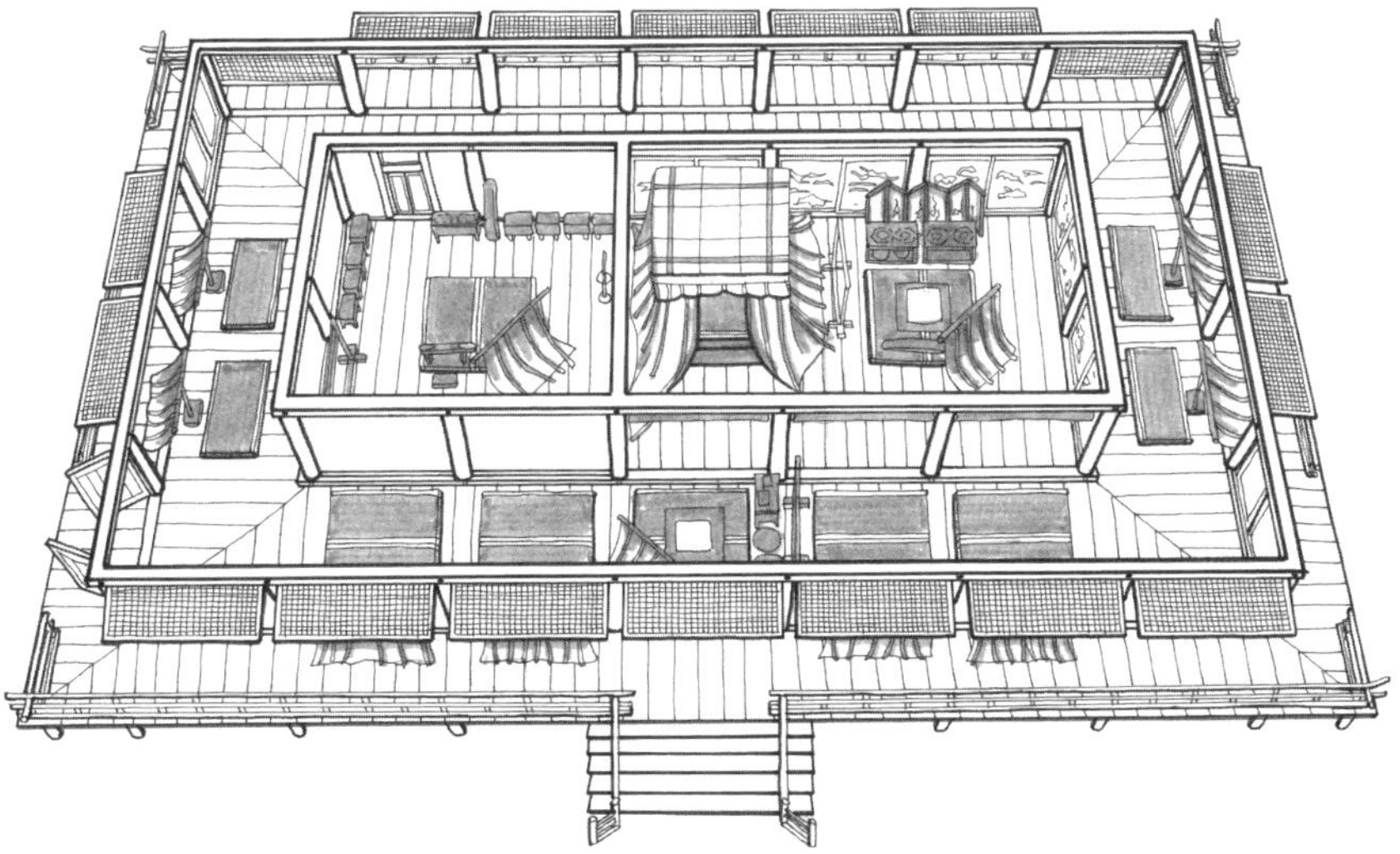

中世の会所

『慕帰絵詞《ぼきえことば》』には連歌会の様子が描かれている（下図）。畳がコの字型に敷かれているが、茶の湯も同じような場所で行われていた。じっさい、それぞれの人の間には身分差があったかも知れないが、それで忖度《そんたく》が行われるようでは、面白くない。かつての住宅では身分によって畳の種類を変えていたが、ここでは同じものを敷き、平等を表現したのである。その考え方が、のちに茶室にも受け継がれたと考えられる。

024 茶の湯空間のはじまり

ポイント 贅沢な座敷飾りが行われた会所と、素朴な庵、そのふたつの流れが合流して茶室を形づくる

会所

中世の会所は、連歌や茶が行われた場所として知られている。会所そのものの形は明らかではないが、その室内では贅沢な座敷飾りが行われていたことが伝えられている。

会所ははじめ、建物の中の1部屋のことを示していた。九間《ここのま》（十八畳）などとよばれる広い座敷であった。室町時代になると、独立した建物を示すようになった。たとえば足利義満の北山殿、いわゆる金閣寺には、現在の金閣の隣に二階建ての会所が建てられたという。その後、歴代の室町の将軍たちは奥向きの庭池に面して、会所を建てていたのである。

庵

出家した僧侶や、世俗を避けた隠遁者が住む建物を庵《あん》という。『方丈記』（1212年）に記された鴨長明の方丈などがよく知られている。

一方、室町時代の町家にも離れがつくられ、それを庵《あん》とよんでいた。はじめは隠居部屋、あるいは宗教行事などが行われていた空間と考えられるが、やがて茶の湯が行われるようになっていった。この庵《あん》は町家の敷地の奥まった所に建てられ、周りに樹木が植えられていたと考えられる。

また文化人においては、竹を利用した庵《あん》もつくることもあった。それは竹亭、竹丈庵《ちくじょうあん》などと呼ばれた。

茶室のはじまり

貴族や武士、僧侶、商人たちが茶によって交わるようになると、たがいの建築に変化が生じる。また思想的に侘の方向性も示されるようになった。つまり隠遁者の庵《あん》や、庶民の庵《あん》に影響を受け、支配者階層の住居においても、素朴な建物を建てるという変化が見え始める。はじめは広い座敷を屏風などで区切っていたが、やがて独立した小さな部屋が誕生した。そのような中、誕生したのが茶室であった。

会所

足利義教《よしのり》の室町殿の南向会所(筆者復元)。

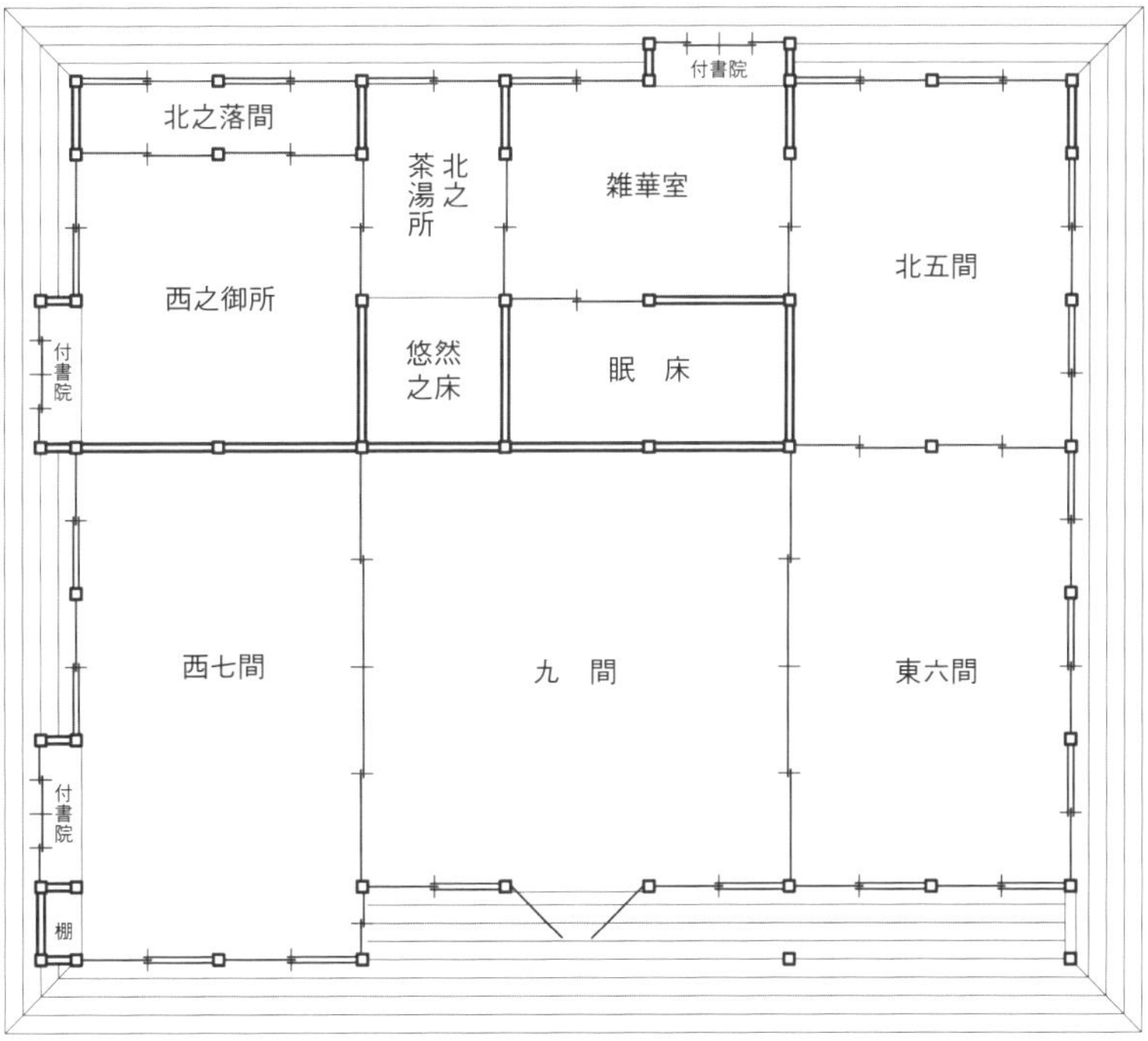

庵《あん》

町家の庵
町田家本洛中洛外図屏風(国立歴史民俗博物館蔵)に描かれた庵。中央竹林の左側。

『町田本洛中洛外図』より引用

竹丈庵《ちくじょうあん》
慕帰絵《ぼきえ》(西本願寺蔵)に描かれた覚如《かくにょ》の竹丈庵。庵としては規模が大きいと考えられる。

『暮帰絵(西本願寺)』より引用

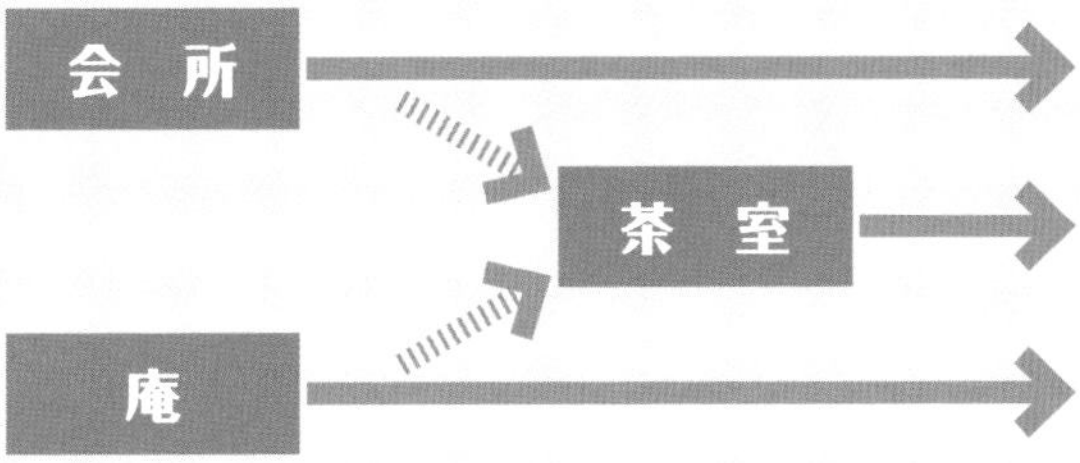

025 茶室の歴史をたどる〈1〉

ポイント 茶の湯が素朴さを求めるようになると、会所も屏風などで小さく区切られるようになり、そこから四畳半の座敷が生まれた

四畳半の茶室

茶の湯が素朴さを求めるようになると、支配者階級の会所（→56ページ）も屏風などで小さく区切られるようになった。一説によると十八畳の部屋を四分の一に区切って、四畳半の茶室が誕生したという。おそらく侘茶へ向かう道程で、より狭い空間であり、かつ方丈の大きさである四畳半が注目されたものと思われる。道具類は厳選されたものだけが飾られた。

やがて独立した部屋としての四畳半座敷が生まれた。足利義政は東山山荘に東求堂を建て、自ら茶を点てた。そして張付壁《はりつけかべ》（→158ページ）で、一間床をもった茶室が誕生する。ここでの飾りは、床の間の一ヵ所に絞られた。また入口は明障子《あかりしょうじ》と舞良戸《まいらど》の組み合わせで、縁側を経由して出入りしていた。窓はなく、したがって光線の方向は一方向で、そのため茶室の向きが重要視されていた。

武野紹鷗、侘数寄《わびすき》の茶室

堺の商人、武野紹鷗《じょうおう》は和歌や連歌の境地を茶の湯に導入したといわれている。紹鷗《じょうおう》のつくった四畳半茶室は山上宗二によって記録されている。

それによると、町家の一郭に坪の内（→68ページ）とともに茶室がつくられていた。床の間は一間で、床框《とこがまち》は栗の木、下地を薄く塗り、木目をみせる、掻《か》き合わせとよばれる塗りであった。また鴨居《かもい》の高さは通常より低いものであり、檜の角柱、張付壁《はりつけかべ》、上り口に簀子《すのこ》縁が付いており、北向であった。北向は、道具を安定した光の中で鑑賞するためである。

この紹鷗《じょうおう》の四畳半は、今井宗久や津田宗及あるいは千利休ら、当時の茶人たちに注目され、写しがつくられていた。ただ、のちには唐物《からもの》持ちの茶室として位置付けられ、やがて侘茶がさらに深化すると、「昔の四畳半」と呼ばれるようになった。

慈照寺東求堂

足利義政は、自ら茶を点てて、客に振る舞ったという。風光明媚な東山山麓に建てられた山荘で、舶来の道具を使って茶の湯をおこなった。この形式を本数寄《ほんずき》という。

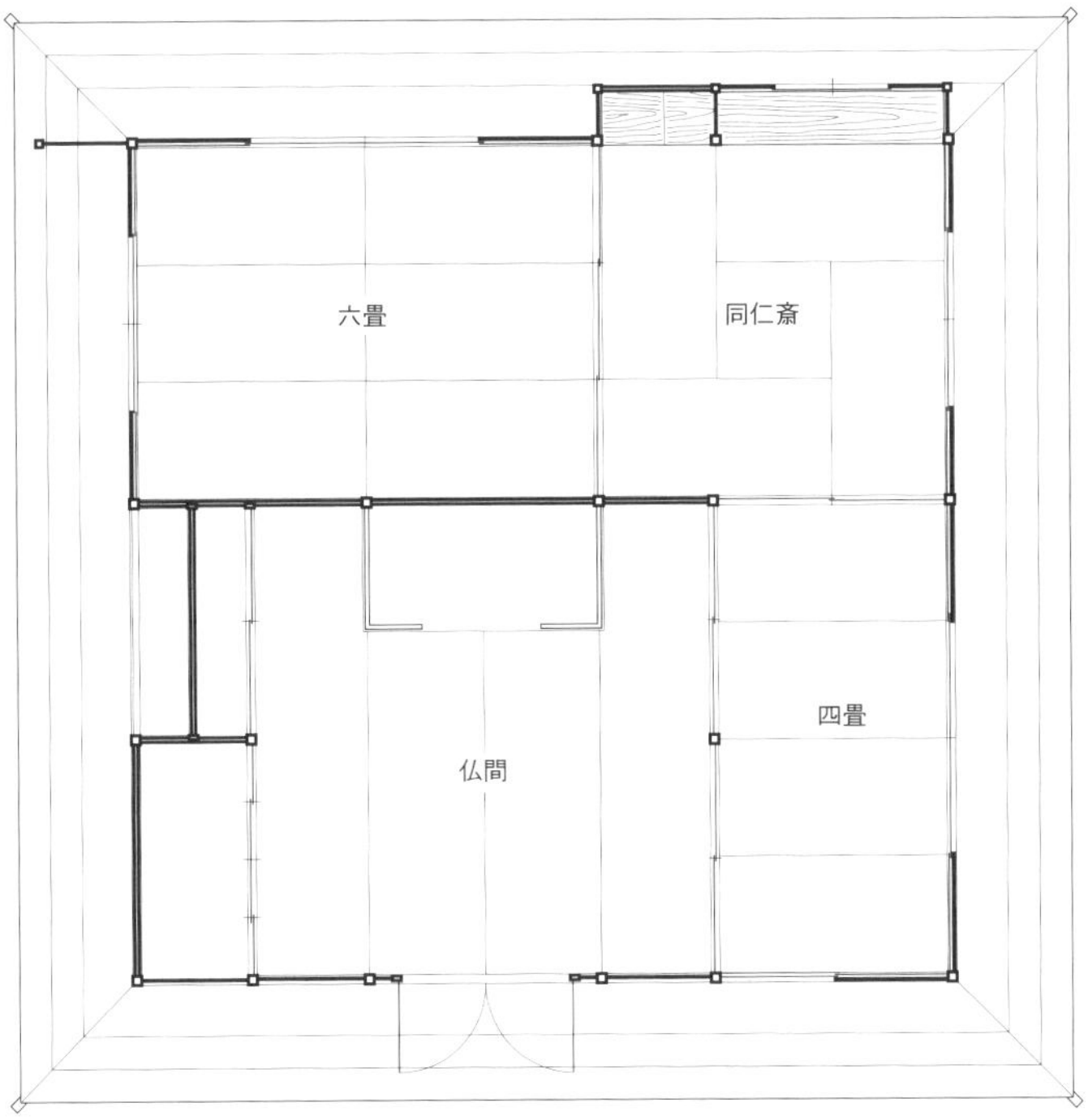

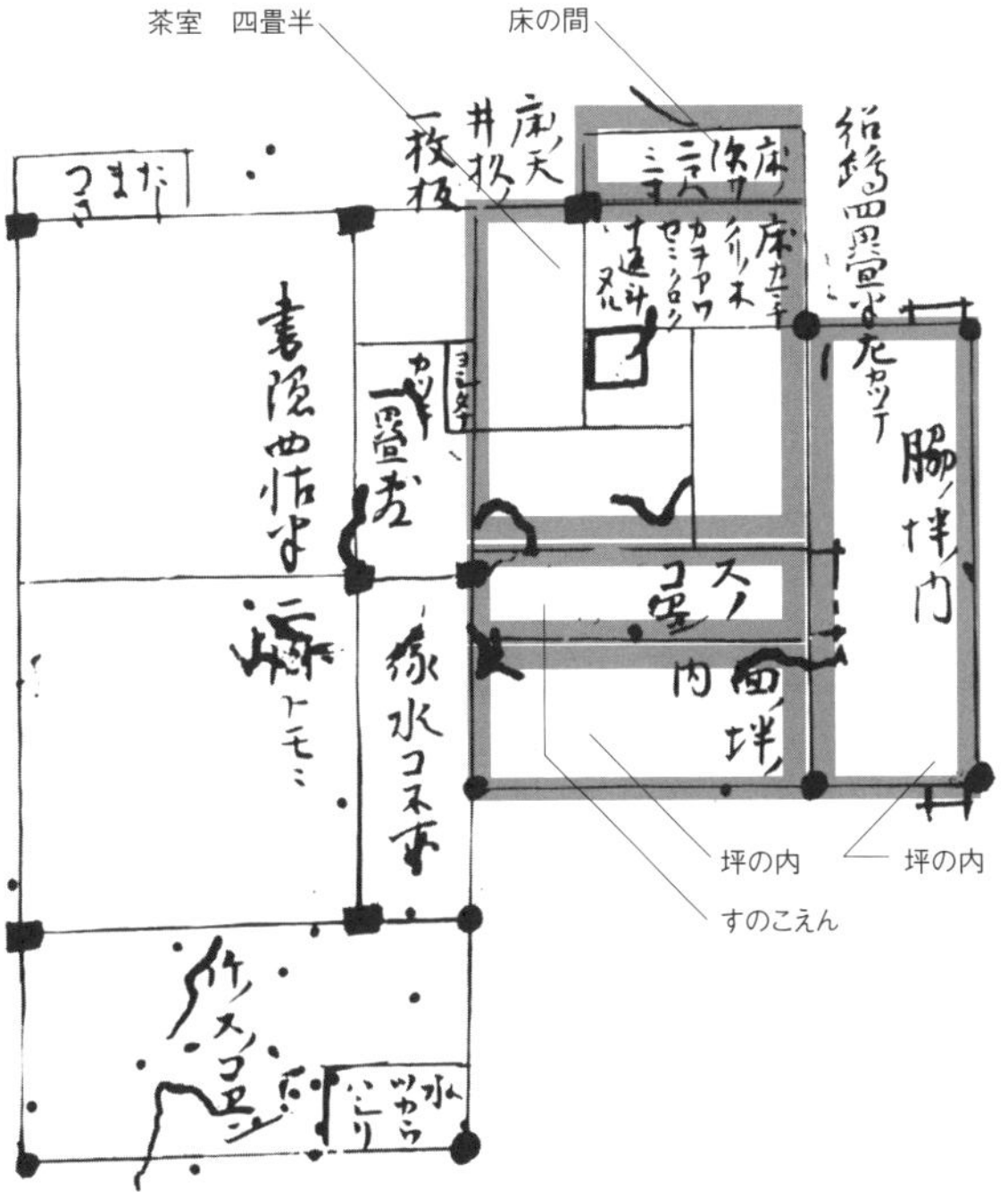

紹鴎《じょうおう》四畳半

『山上宗二記』より
茶室は北向で、北と西に坪の内が付設されている。義政の空間を理想としつつも、町なかで自然を感じる工夫を京や堺の町衆たちは考えていた。具体的な自然というより、坪の内によって、日常を断ち切って、心で自然を感じる空間をつくった。これを侘数寄《わびすき》の空間という。

026 茶室の歴史をたどる〈2〉

ポイント 千利休は紹鷗の四畳半を写し、さらなる侘びを追求した。そして四畳半を一回り縮め、二畳という茶室を生み出した

千利休の四畳半

千利休は武野紹鷗《じょうおう》の弟子であり、はじめは紹鷗《じょうおう》四畳半を基本としたものをつくっていた。

細川三斎の記録によると、堺屋敷の四畳半では間口が一間半で4枚の障子が建てられていた。松の角柱に色をつけず、壁は土壁であったが、床の間は鳥の子紙の張付であった。檜は格式の高い材料で、ここでは柱に松を使い、また土壁を採用するなど、紹鷗《じょうおう》の茶室を基本としながらも、少し侘びた手法が採り入れられたものとなっている。

のちの資料であるが、過渡期の四畳半を伝えるものがある。『片桐貞昌大工方之書』に一間床をもつ四畳半が記載されている。それまではさきの紹鷗《じょうおう》四畳半にもみられるように、坪の内と呼ばれる小さな庭を通って席入りしていたが、ここでは潜りから土間に入り、障子を立てた入口から茶室へ上がる形式となっている。坪の内に屋根を掛けた形態である。これは躙口《にじりぐち》が現れる以前の工夫とみられる。

千利休の侘茶室

現在妙喜庵《みょうきあん》にある待庵《たいあん》については後述（↓216ページ）するが、いつ誕生したのかは厳密には不明である。おそらく山崎の合戦（1582年）以後、あまり年月のたたないうちにつくられたものであろう。躙口《にじりぐち》の大きさが通常のものよりも大きく、また茶道口《さどうぐち》が引き違いの太鼓《たいこ》襖であること、炉が通常のものよりも小さいことなど、過渡期の姿を示している。

利休はこの時期、一足飛《いっそくと》びに二畳の空間をつくったと考えられる。正方形平面の四畳半を一回り縮めると二畳になる。

また、大目構え（↓186ページ）を生みだし、丸太の柱の採用、下地窓や連子窓を伴った土壁など、紹鷗《じょうおう》の書院風の茶室から、草庵風のものへと侘び空間を大きく深化させた。

利休聚楽《じゅらく》屋敷四畳半

はじめは紹鷗四畳半を踏襲していたが、やがて躙口《にじりぐち》や大目床《だいめどこ》(→152ページ) を備えた形式をつくりだした (中村昌生復元図を元に作図)。

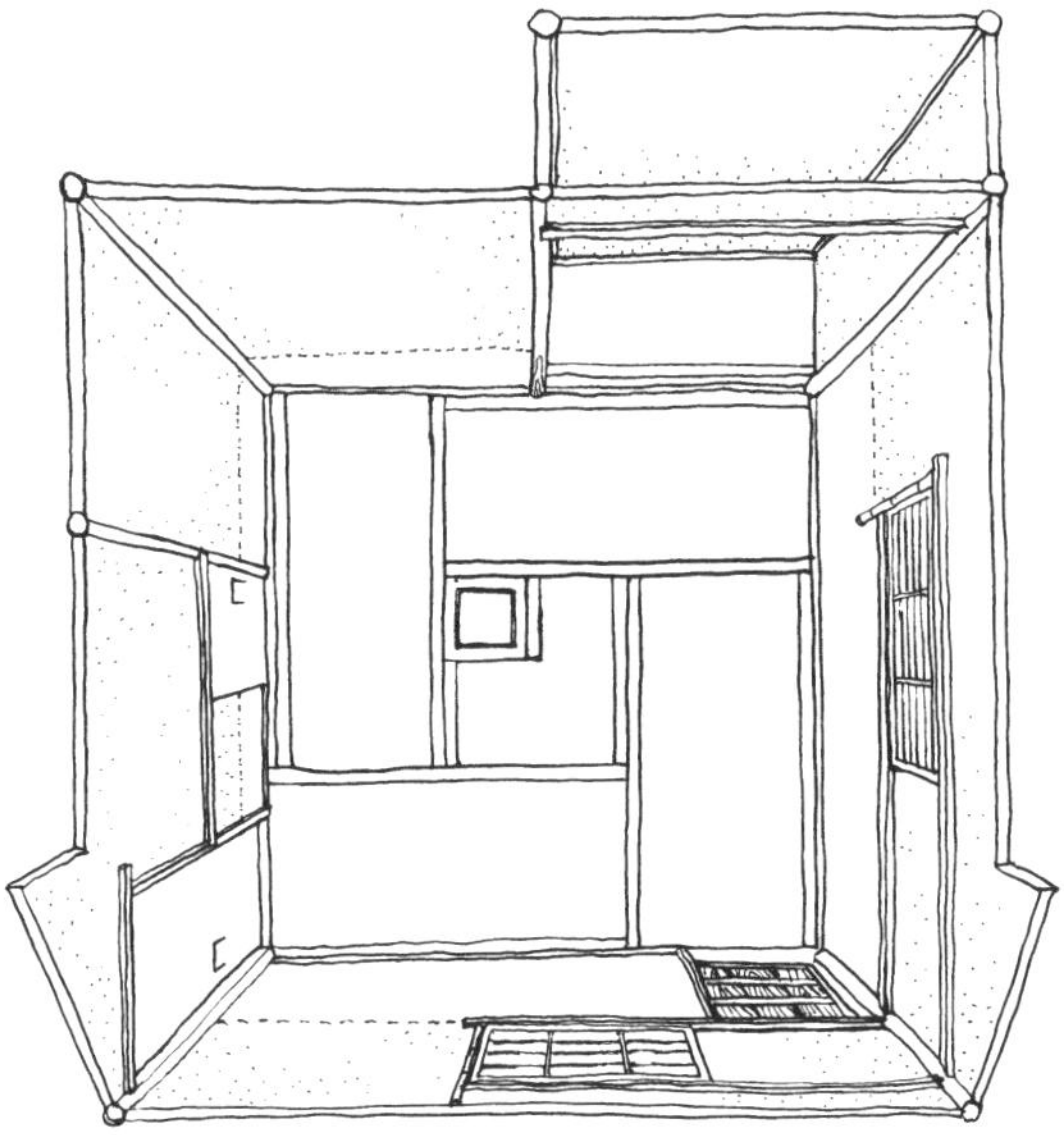

妙喜庵待庵

千利休がつくったとされる現存する唯一の遺稿。丸太で組み立てられ、土壁で囲われた空間は、侘数寄の空間である。閉鎖的な室内では、心の目で、無限に広がる自然を観照する。時に、床には一輪の花が掛けられる。

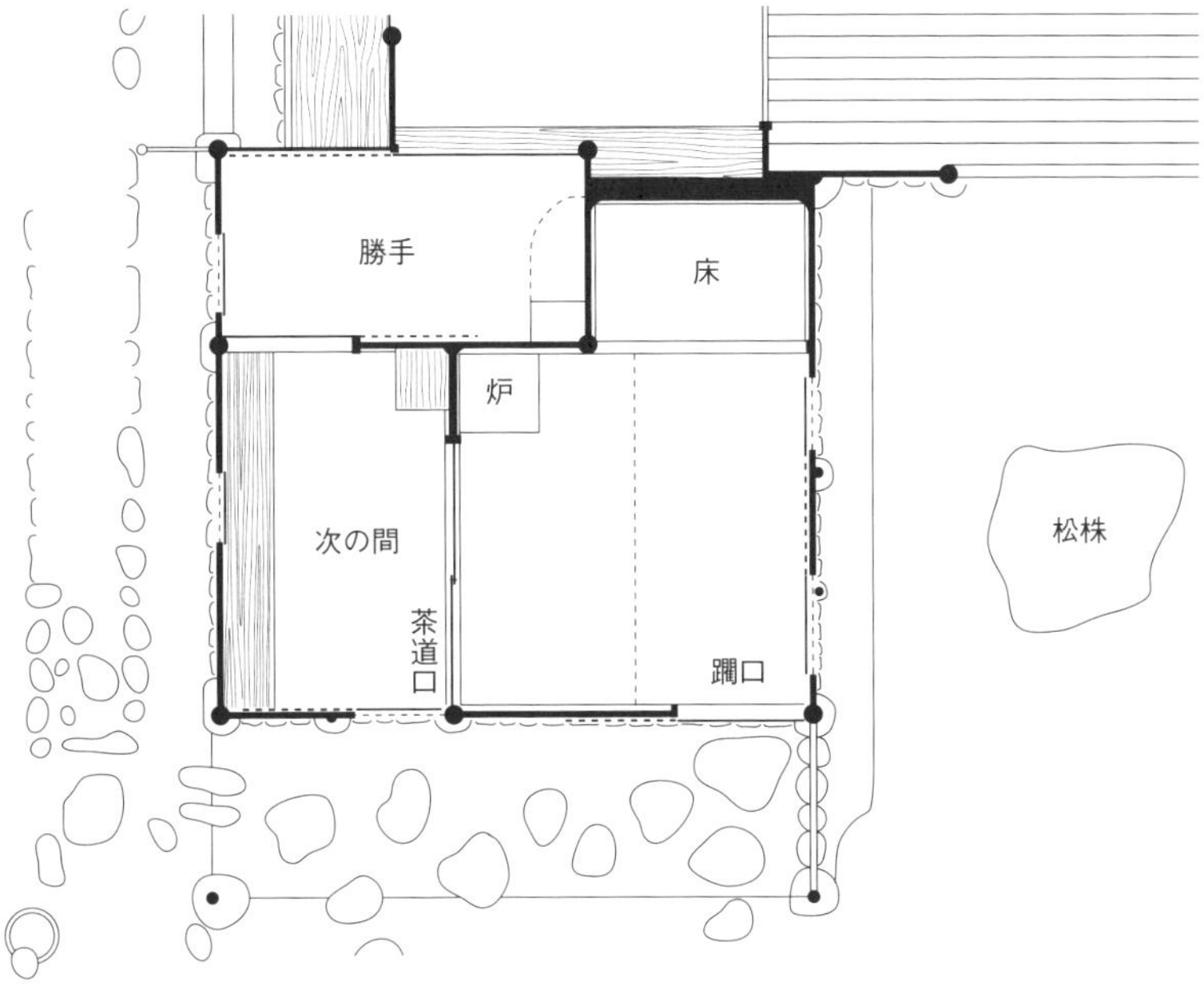

027 茶室の歴史をたどる〈3〉

ポイント 武家茶人の茶室は、利休の侘を元にするも、一方でデザインも重視した。そして書院と草庵の境を紛らかした

武家の茶室

利休のあと、古田織部《おりべ》、細川三斎、小堀遠州、織田有楽《うらく》、片桐石州ら武家茶人たちが活躍する。

利休が先鋭化した侘茶は、武家茶人によってその性格が緩められた。利休は三畳大目の茶室もつくっていたが、四畳半と二畳の使用が多かったという。それに対して武家茶人たちは、空間のゆとり、景色のおもしろさを優先し、三畳大目などを多く作成した。

織部《おりべ》は鎖の間（→120ページ）を多用した。小座敷での茶が終わると鎖の間に客を通し、料理を振る舞ったという。利休が技巧を表にあらわさなかったのに対し、織部《おりべ》は「景」としてデザインを重視していた。燕庵《えんなん》（→224ページ）の壁面と天井の組み立てなど優れた意匠である。大目構えは利休が創案したものであるが、織部《おりべ》ら武家茶人たちは点前座《てまえざ》を舞台として扱い、客からの視線を意識した組み立てとした。

きれいさび

遠州は織部《おりべ》の茶をさらに発展させた。たとえば躙口《にじりぐち》の位置を隅ではなく、客座の中央寄りにあけたことである。つまり客座を区別し、上下の対比を明らかにしたのである。江戸幕府の要職に就いていた立場もあってのことだろう。また書院座敷に草庵の手法を加味し「きれいさび」の空間を創出した。それは、建築と庭をより具体的に結ぶもので、美しく飾るということと、素朴な表現とを混在させ、新たな境地をつくり上げた。

利休の侘をもう一度確認し、遠州らの新しさと統合しようとする流れもあった。石州は、慈光院の茶室において、茅葺の建物に、借景として大きく拡がる風景を取り込んだ。

また江戸時代も半ばを過ぎた頃、松平不昧《ふまい》が登場する。不昧《ふまい》は、利休の厳しさを追求し、古典を基礎に求めたが、一方では新しい意匠も追求した。

大徳寺龍光院密庵《みったん》

小堀遠州好み。当初は別棟であったが、現在は書院に接続している。右は密庵床と呼ばれ、密庵禅師の墨蹟をかけるためのものであるが、反対側にも床が設けられている。

大徳孤篷庵忘筌《こほうあんぼうぜん》

小堀遠州好み。中敷居の下部は吹き放たれているが、生垣によってその外部とは区切られる。

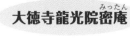

028 茶室の歴史をたどる〈4〉

ポイント 千家では利休の遺志を継ぎ、侘をさらに深化させせた。一方貴族たちは、秀逸な数寄屋建築を生み出した

千家と町人の茶室

武家茶人たちの流れに対して、千宗旦《そうたん》をはじめ千家では、利休の侘を受け継ぎ、さらに完成度を高める方向性を示していた。京に戻った少庵は、利休の聚楽屋敷にあった色付九間《ここのま》書院を原形にした座敷や三畳大目の茶室を建てた。利休がつくった待庵《たいあん》（→216ページ）が妙喜庵《みょうきあん》に再建されたのも少庵の時代と考えられる。

その子宗旦《そうたん》は利休の一畳半（一畳大目）の茶室を復興した。不審菴《ふしんあん》（→232ページ）である。その後一畳半は三畳大目に改められたが、また別に一畳大目（今日庵《こんにちあん》）をつくり、さらに四畳半（又隠《ゆういん》）をつくった（→230ページ）。いずれも簡素で不要なものを削ぎ落とそうと試みられたもので、利休の侘をさらに深化させようとしたものである。

宗旦《そうたん》の弟子に、藤村庸軒《ようけん》がいた。庸軒《ようけん》は、総屋根裏、室床《むろどこ》、点前座《てまえざ》を囲った宗貞囲の形式の非常に侘びた茶室澱看席《よどみのせき》（→116ページ）をつくった。

貴族の建築

小堀遠州らが活躍した寛永年間（1624〜1645年）は、貴族を中心として、武士や僧侶ら多くの文化人たちが交流していた。寛永文化あるいは寛永サロンという呼び名もある。

政治の中心を外れた貴族たちは、そのエネルギーを文化へと向けていた。後水尾上皇は修学院離宮をつくり、八条宮智仁《としひと》、智忠《としただ》親王は桂離宮をつくった。のちにいう数寄屋建築である。この別業は、彼らの住居や生活をベースにしながら、茶の湯で発達した新しい技術や意匠をふんだんに取り入れた建築となった。

外観は簡素につくりながら、内部は非常に技巧に富んで、また斬新な意匠が多用されたものであった。桂離宮御輿寄《おこしよせ》の延段と飛石の組み立て、新御殿の桂棚や松琴亭の市松文様など枚挙にいとまが無い。

西翁院澱看席

下図の点前座《てまえざ》の形式を宗貞囲《そうていがこい》という。
向切の炉を切る。

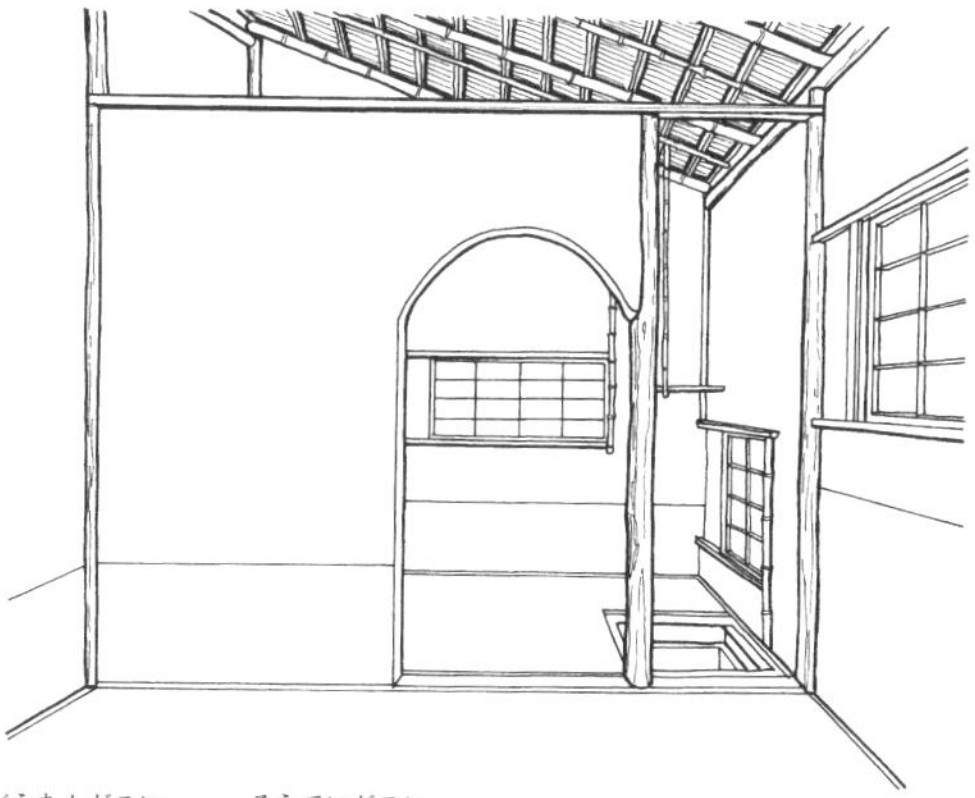

表千家点雪堂

下図の点前座《てまえざ》の形式を道安囲《どうあんがこい》という。
四畳半切の炉を切る。

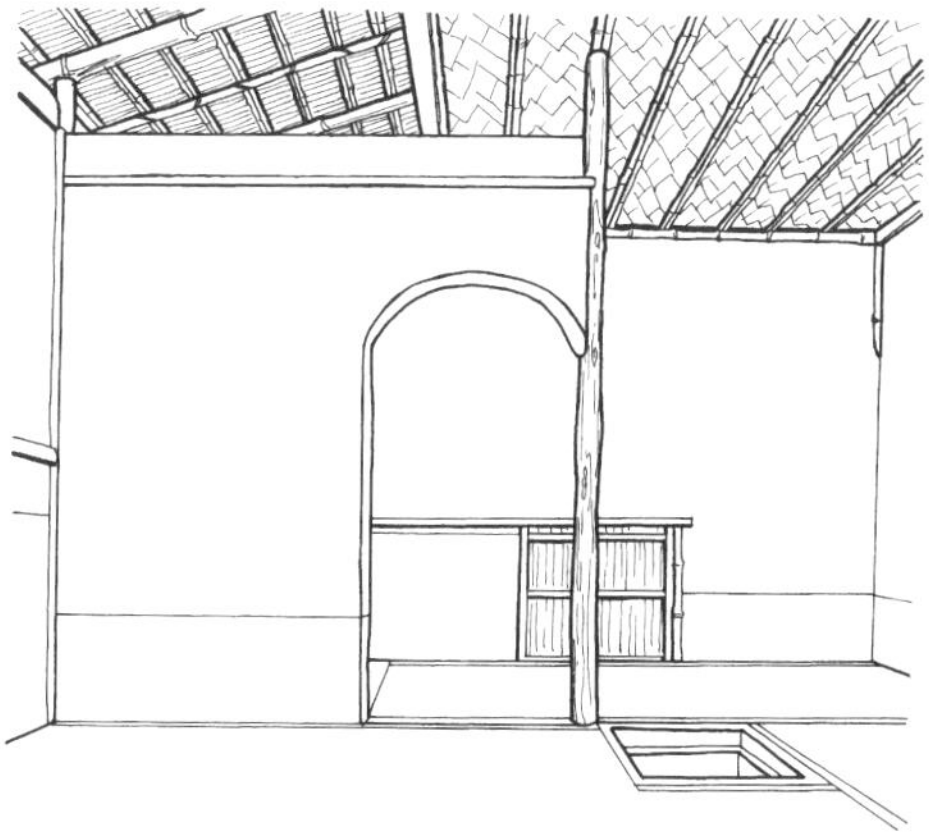

道安囲《どうあんがこい》と宗貞囲《そうていがこい》

道安囲とは、千道安が考案した形式と伝えられ、客座との間に火灯口をあけた壁を建てた点前座の形式で、四畳半切または大目切の炉をもつ。一方、宗貞囲は平野屋宗貞が好んだというもので、同様の壁を建てるが、向切の形式である。ただし、この壁そのものを道安囲と呼ぶこともあり、言葉としては両方の使用が認められる。また、宗貞がつくった宗貞囲の点前座の三畳向切下座床の形式を宗貞座敷ということもある。

桂離宮新御殿桂棚

さまざまな形の棚が組み合わされている。

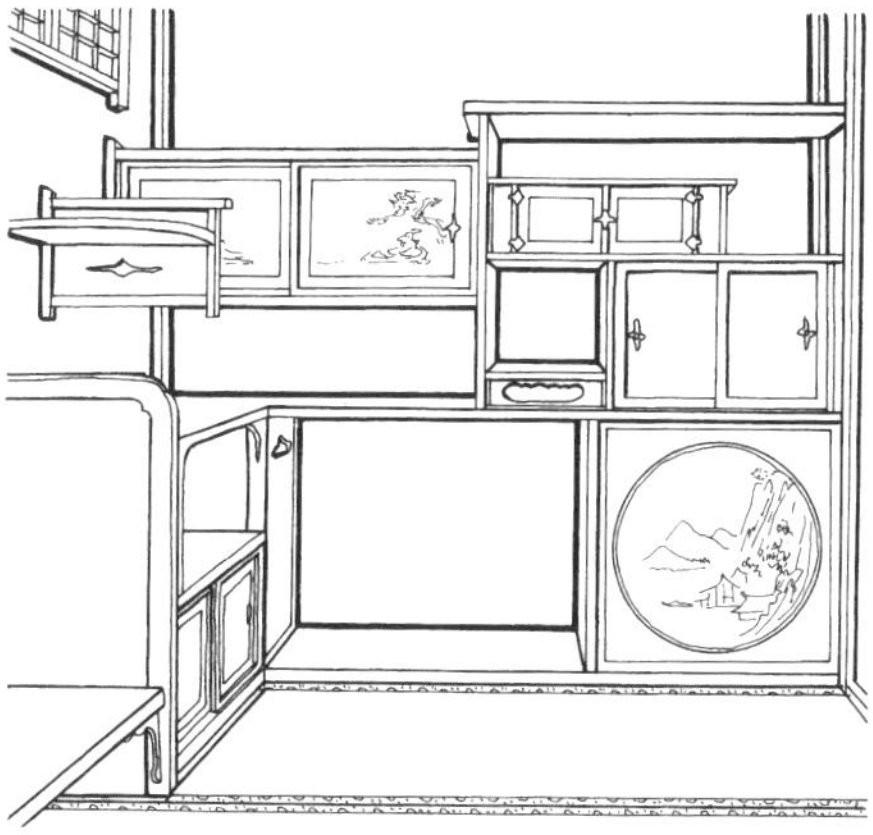

桂離宮松琴亭一の間の市松模様

紺と白の市松模様があざやかである。

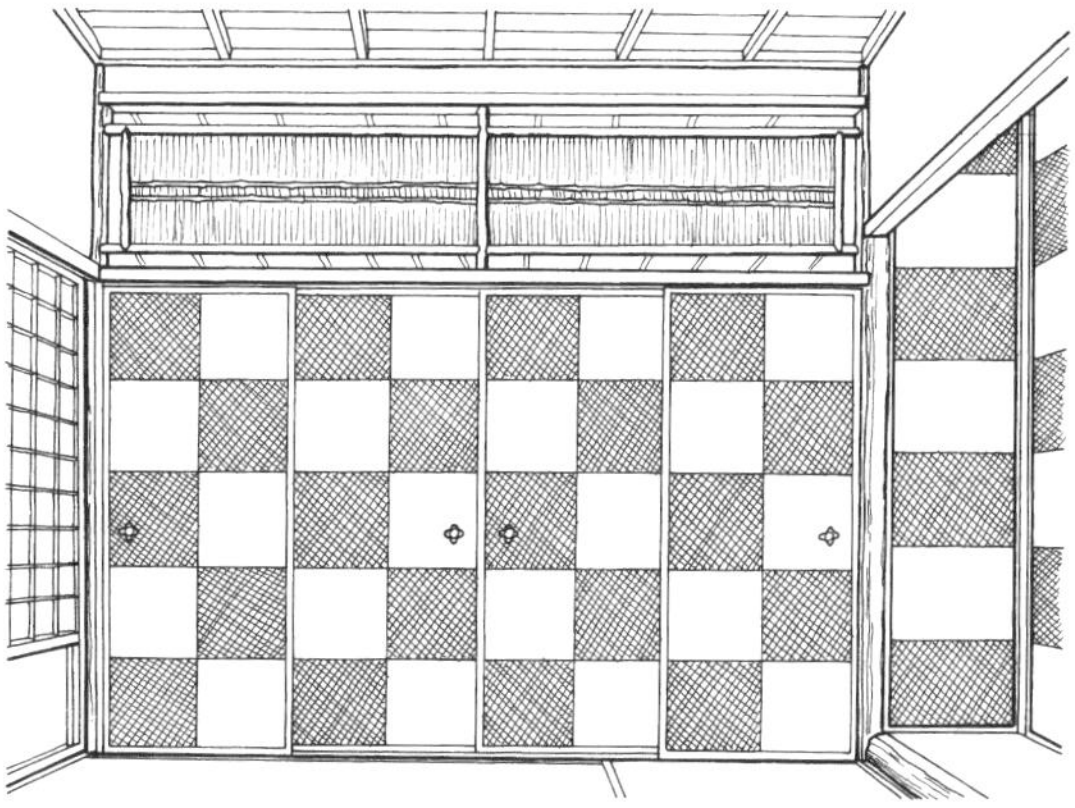

数寄屋建築

桂離宮が建てられた時期、小堀遠州の「きれいさび」の茶室などの影響を受け、貴族の美意識と相まって発展した。

029 茶室の歴史をたどる〈5〉

ポイント 不幸な歴史で幕を開ける近代の茶室は、新しい価値観の中、意外にも見直しが行われ、注目度を高めていく

近代のはじまり

近代のはじまりは、茶の湯にとって不幸な時代であった。価値観の変化によって、武家や寺院において茶室が維持できなくなり、多くのものが放出された。その後行方がわからなくなったものも多いと思われるが、古美術品のような扱いとして博物館に引き取られたものがあった。また、やがて新しく経済力を付けてきた近代の数寄者たちが、こぞってそれらを入手した。近代の始まりは茶室にとって移築とそれに伴う改築が主流であった。

近代茶室の盛栄

一方、閉鎖的な場所で行われていた茶の湯は、公の場所に社交施設が誕生して新たな展開を迎える。星岡茶寮《ほしがおかちゃりょう》（→240ページ）や紅葉館であった。いずれものちには飲食の施設へと変化するが、当初は社交施設であった。こういう場所で新たな茶の湯の担い手が育っていったものと思われる。

そして数寄者たちは、明治も終盤にさしかかると、積極的に彼らの茶室や、茶室を含んだ建築をつくるようになった。彼らの技術的側面を支えたのはいわゆる数寄屋建築家であった。このとき彼らは必ずしもルールに則らない斬新な茶の湯空間をつくり上げた。

大正から昭和初期にかけて、民家を利用した茶室が流行する。民家を移築し改修し、民家の古材を利用して茶室をつくった。益田鈍翁《どんのう》や松永耳庵《じあん》らが特に積極的であった。

新しいものを生み出す流れもあった。明治初期には立礼席（→130ページ）が裏千家の玄々斎《げんげんさい》によって考案され、博覧会で公開された。

昭和になって、建築家たちは、茶室や数寄屋の原理がモダニズムと大変似ていることに気がついた。大きな契機はブルーノ・タウトの桂離宮訪問であった。数寄屋にモダニズム的な新しさを取り入れることもあった。

白雲洞

大正時代のはじめ、益田鈍翁によってつくられた白雲洞は、茅葺の民家を再生した茶室である。のちに原三溪、そして松永耳庵に譲られた。

壁床（左）と点前座（右）

外観

アムステルダム派の建築

モダニズムにいたる直前に興った造形運動で、表現主義の一派。茅や煉瓦など古来の材料を使用して新しい造形を試みた。堀口捨己ら日本のモダニストたちに大きな影響を与えた。下図はベルヘン郊外の住宅。

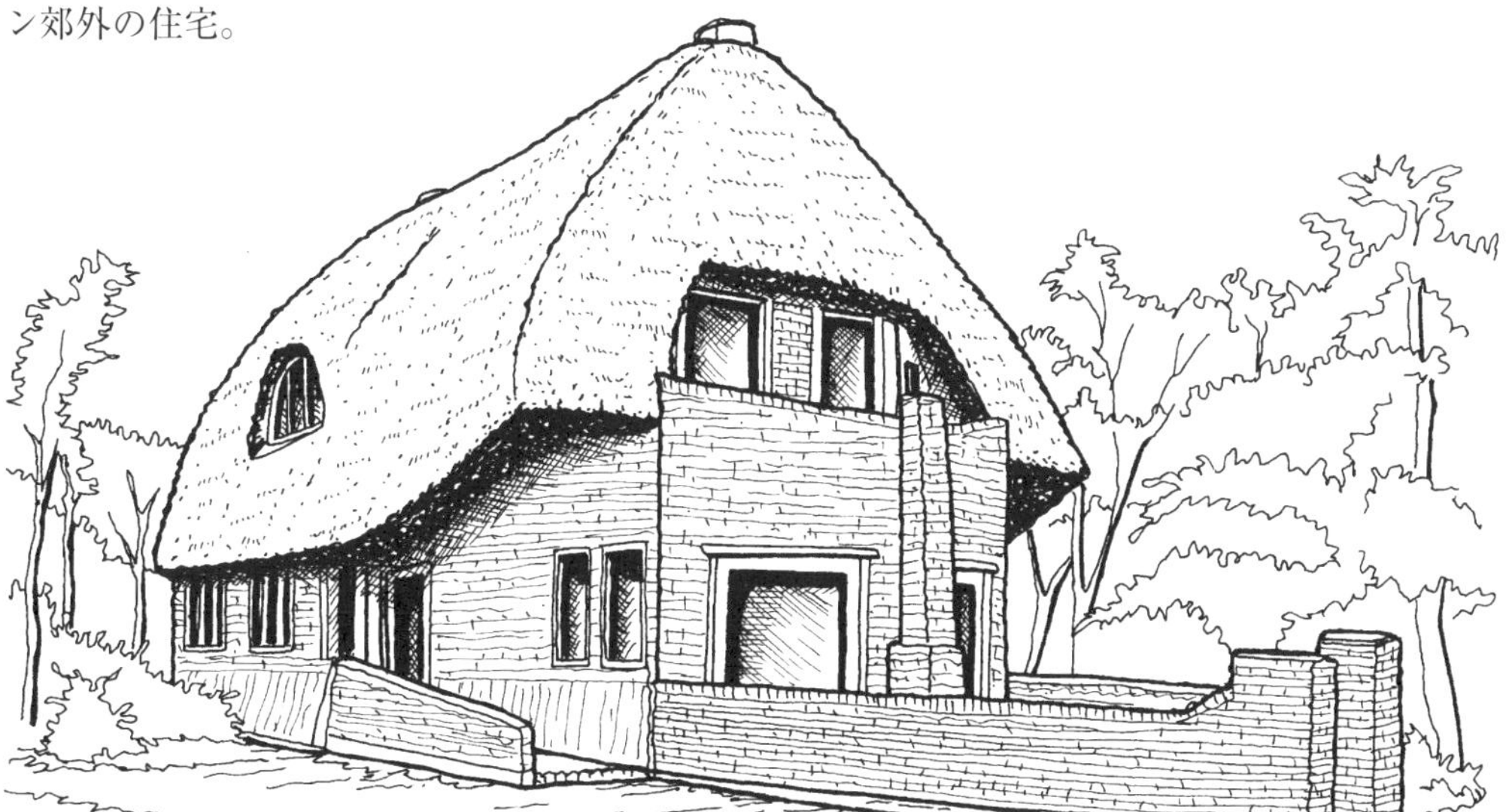

モダニズム（建築）

19世紀以前の様式建築を批判し、鉄、ガラス、コンクリートによる普遍的で国際性を有する建築をつくろうとする20世紀の建築様式。また19世紀末から20世紀初頭にかけて、アムステルダム派などさまざまな造形運動が起こり、それらはモダニズムにも影響を与えた。

030 茶室と露地

ポイント 都市の中心部において、山居の暮らしを表現することを「市中の山居」といい、16世紀前半に盛んに行われた

茶苑

茶室は、一般的には露地とともにあり、完結するものである。茶室と露地などを合わせ、茶の湯空間を総合したものを茶苑という。

市中の山居

ポルトガルから来た宣教師、ジョアン・ロドリゲスは、「市中の山居」という言葉を紹介している。それは16世紀、当時繁栄を極めた京や堺の町において、都市の喧噪から隔絶するかのように、屋敷の奥に設けられた空間のことである。あえて山中にある庵《いおり》がごとき建築を庭内に建て、質朴を旨とし、「物」によるのではなく、「心」の交わりとしての茶の湯を楽しんだものである。そこでは、丸太や土壁といったより自然を感じる素材による暗示によって、心の目で自然を楽しんだ。

坪の内

武野紹鴎《じょうおう》の屋敷には四畳半の茶室が設けられていたが、その前方に面《おもて》の坪の内、そして脇の坪の内という壁で囲われた細長い庭がつけられていた。それは茶室へのアプローチとして大きな役割を演じたものと思われる。

坪とは、建物や垣で囲われた空間を示す。平安時代の寝殿造に寝殿と対《たい》と渡殿《わたどの》で囲われた壺《つぼ》という庭があった。16世紀になって、さらに閉鎖的な坪の内が現れたのである。

「市中の山居」のイメージは、もちろん虚構であり、精神性を伴ったものである。さらに精神性を深め、植物もなく壁で囲われた小さな空間に、深山への道程をみるのが坪の内である。またそれは通路であることから路地（露地）とも呼ばれた。

坪の内は、紹鴎《じょうおう》および利休とその時代にはしばしば試みられたようであるが、侘びすぎだと考えられたためか、その後はあまりつくられていない。自然の景観の中に露地を表現しようとする方法が主流となっていく。

坪の内

『山上宗二記』に描かれている茶室には坪の内が備わる。

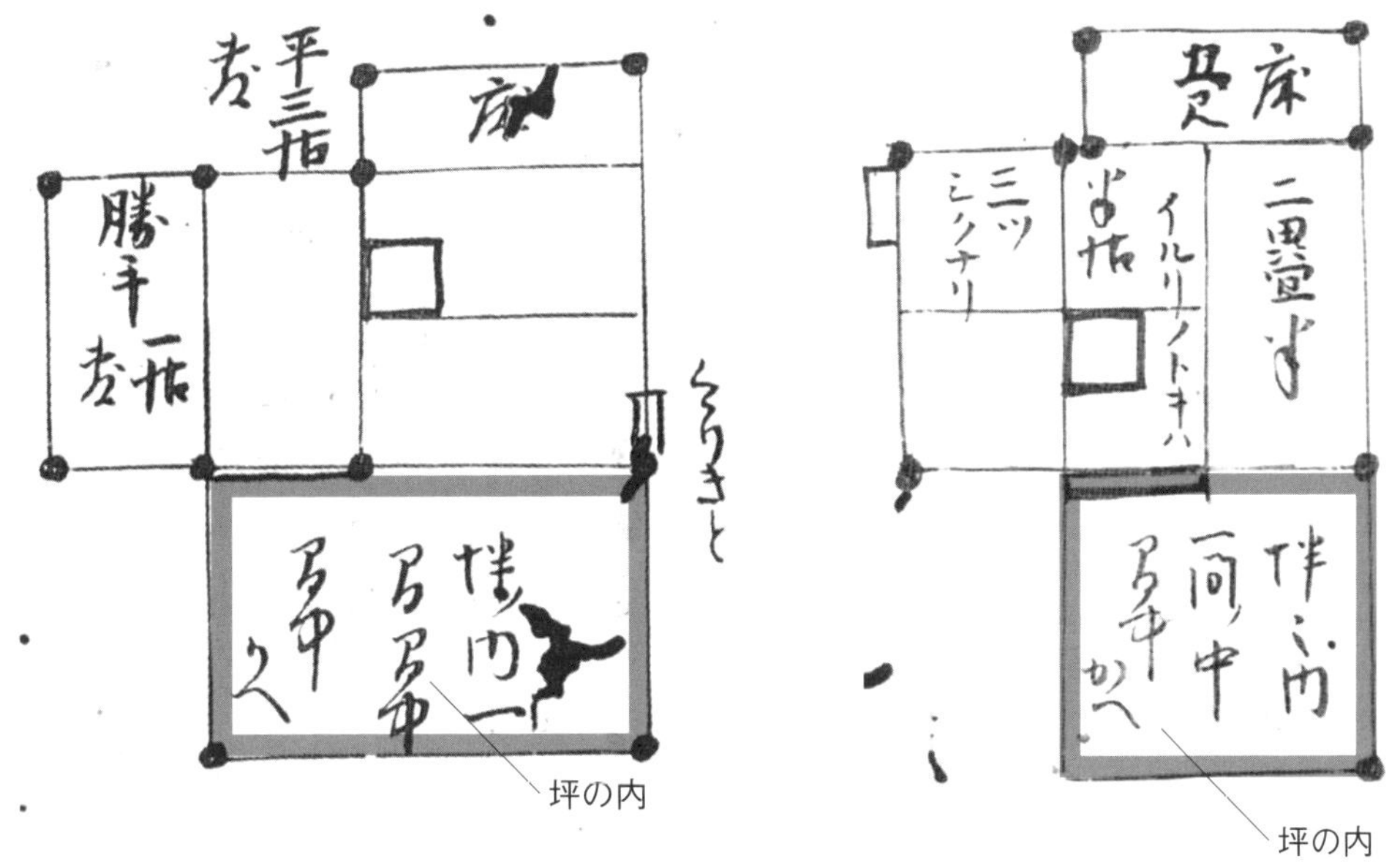

『洛中洛外図屏風』（歴博甲本）にはいくつかの坪の内が描かれている。町家の裏庭は日常生活も営まれる。風流な空間の外に坪の内を設けることによって、日常から切り離す。

031 門、玄関、寄付

ポイント 客が茶室に入る前の準備の場所として寄付がある。茶室への導入として、控えめなデザインが好まれる

門

千利休の聚楽屋敷を描写した一節に、門の屋根について「高くもなく、低くもなく、勾配は早くもなく、ぬるくもなく（『明記集』）」とある。ちょうど良いバランスにつくられているということである。ともすれば権力あるいは財力を有すると高慢になったり、あるいは逆にへりくだりすぎることもあるが、「らしい」形が重要であることを説いている。

玄関

玄関とは、玄妙なる道に入る関門であり、禅寺の方丈への入口との意味をもっていた。やがて武士の居宅での正式な入口、あるいは農家において、役人など特別な来客のための入口のことを呼ぶようになった。

もとは、外部に面して式台があり、両引きの戸が立てられ、内側に座敷が設けられた形式が代表的であった。近年では戸の内側に土間があり、上がり框を経てホールや廊下に繋がる形式が多い。

寄付

客が茶室に入る前の準備の場所として、寄付《よりつき》がある。複数の客が招かれた場合、その待ち合わせ場所という意味もあり、「寄付《よりつき》待合」と呼ばれることもある。また衣服を整えて準備をすることから「袴付《はかまつけ》」ともいう。一室として準備されることが多いが、ときによっては、寄付《よりつき》と袴付《はかまつけ》の2室用意される場合もある。衣服や鞄などを整理して置くために、乱れ箱（衣類などを入れる蓋のない浅い箱）を用意する。

場所は、茶の湯の施設としては玄関近くに一室設けられることが多く、一般の住宅の場合はアプローチのしやすい適当な一室があてられることがある。室内のデザインに決まったものはないが、一例としてあげるならば、全体的に簡素なデザインで、床の間は簡易な形態が好まれる。

玄関・寄付《よりつき》・露地の一例

玄関には畳が敷かれる。大寄せの茶会の場合、この部分に受付を置くことが多い。

寄付は玄関に近いところに設けられる。ここには袴付《はかまつけ》が併設されることもある。

露地（→ 68 ページ）への入口が露地口で、ここでは寄付の縁側がそれに相当する。

また、露地は外露地と内露地からなる。内腰掛は省略されることもある。

かつては、外露地には下腹雪隠《したばらせつちん》（実用的）、内露地には砂雪隠（飾雪隠）が設置されていた。

雪隠は、禅院において便所を清浄にすることが大切な修行とされるところから、その精神を表現したものである。

したがって、亭主はその場所を清浄にし、客はそれを拝見するものである。ただし現在では省略されることもある。

また、下腹雪隠を設置する場合、腰掛に併設されることもあるが、音が気にならないよう、腰掛から少し離して設けることも多い。

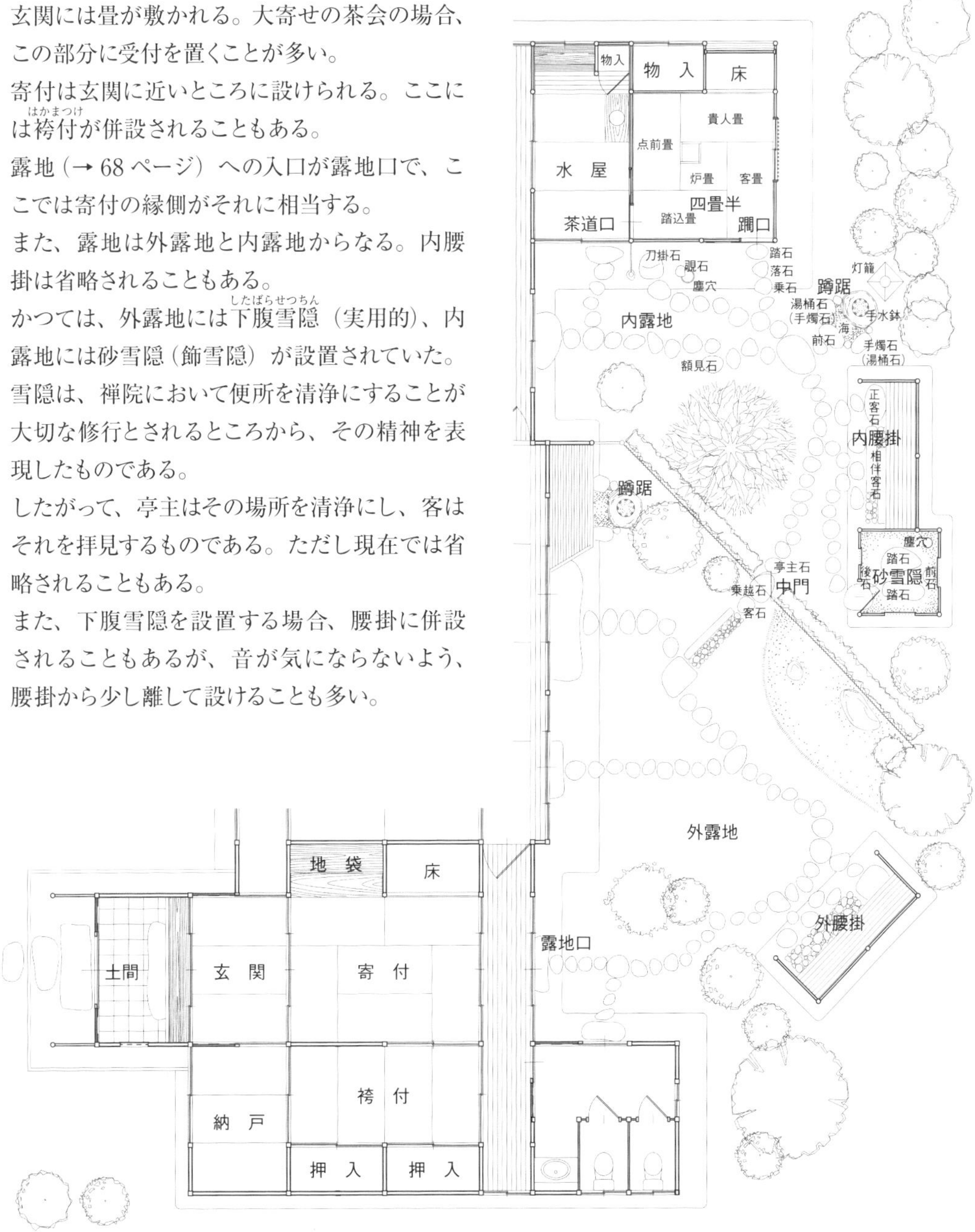

032 中門

ポイント 山里のイメージの外露地、深山のイメージの内露地、その境に中門が立てられる

外露地と内露地と中門

露地は外露地と内露地の二重露地となるものが多い。市中の山居（→68ページ）のイメージでいうならば、外露地は山里、内露地は深山を表現し、区切ることによって、山奥へステージを進めるということを象徴したものである。

中門は、外露地と内露地の境に立てられ、屋敷の門に比べ簡便なものである。2本の柱が立てられ、間に軽い扉が釣られ、屋根が付く場合と付かない場合がある。

中門の種類

枝折戸《しおりど》は、細い丸太や竹などの枠に、竹または木の枝を組んでつくった門で、屋根のない形式である。

猿戸《さるど》とは、猿、つまり簡便な木製の鍵を付けたとのことで、板戸に付けられたものが多い。ちなみに猿とは、掴《つか》むと離さない、という意味である。

網代戸《あじろど》は、竹や木を薄く削って斜めまたは縦横に編んだ網代を、木の枠に組んだ扉をもつものである。

簀戸《すど》とは、枝折戸を指すこともあるが、木の横桟に竹を疎らに縦に通した形式を指すこともある。

揚簀戸《あげすど》は、別名、半蔀《はじとみ》、撥木戸《はねきど》とも呼ばれ、簀戸をはね上げて棒で支える形式のことである。

梅見門《ばいけんもん》は、切妻造の簡便な屋根をもった形式で、竹格子の両開き扉が付けられていることが多い。

網笠門《あみがさもん》は、屋根が網笠を連想させる起りをもった形態で、両開きの扉が付けられる。

また屋根葺き材料あるいは葺き方による種類の別もある。茅葺門、竹葺門、檜皮《ひわだ》葺門、柿葺《こけらぶき》門、小瓦葺門、大和葺門などである。

特殊なものに、中潜りがある。潜りが設けられた塀が門の代わりとなるもので、坪の内の入口の名残、あるいは躙口《にじりぐち》の先駆けの形態ともみられるもので、表千家の露地にある。

網代《あじろ》戸

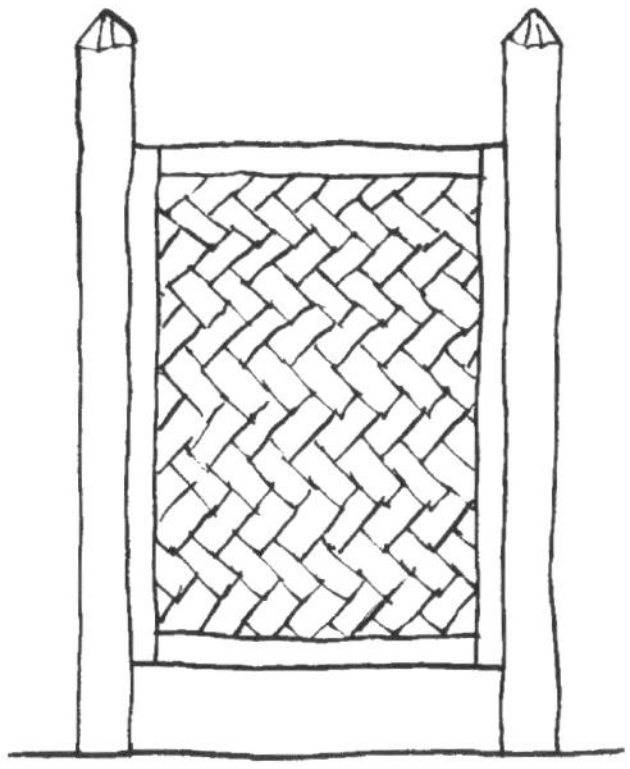

猿《さる》　戸

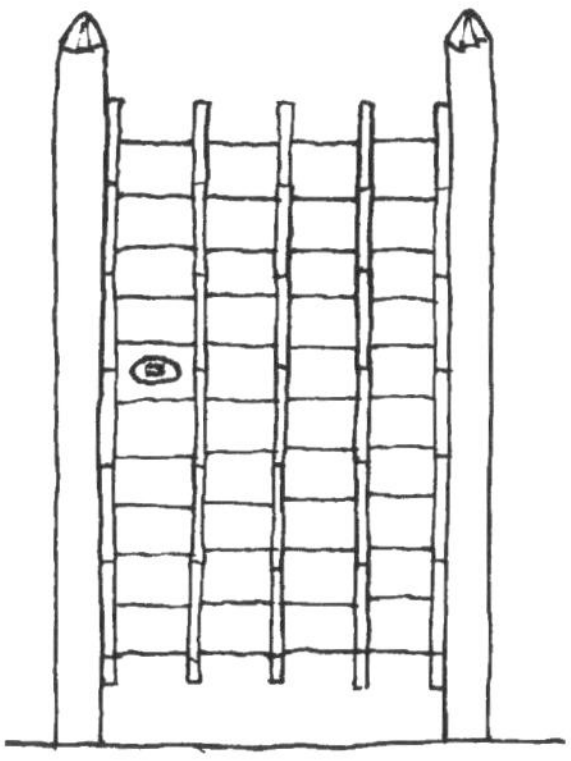

枝折《しおり》戸

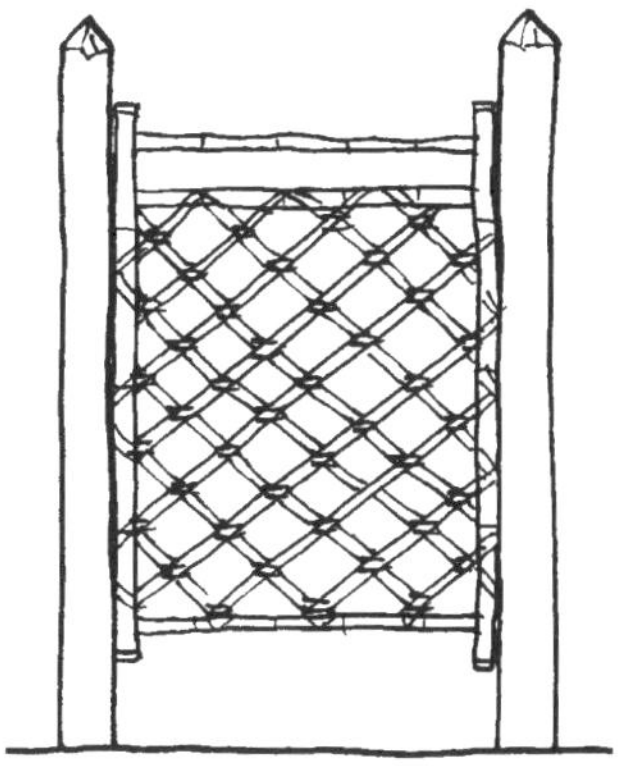

梅見《ばいけん》門

揚簀《あげす》戸

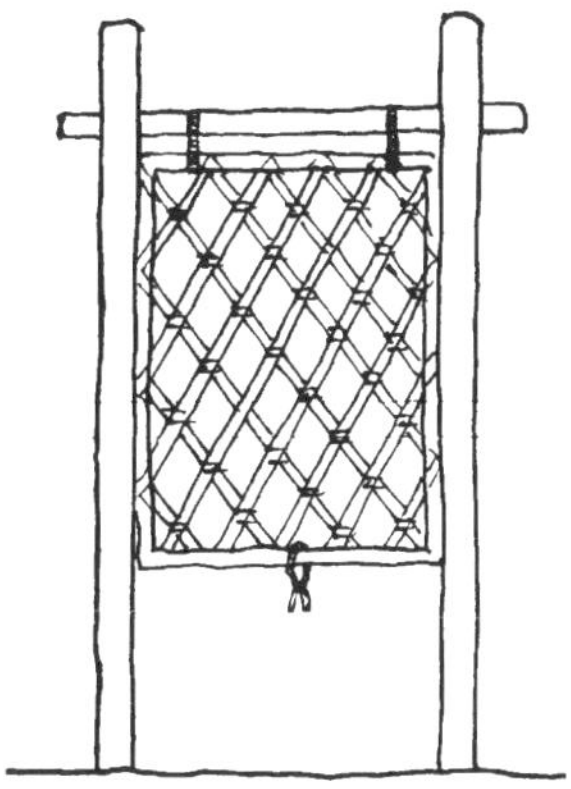

簀《す》　戸

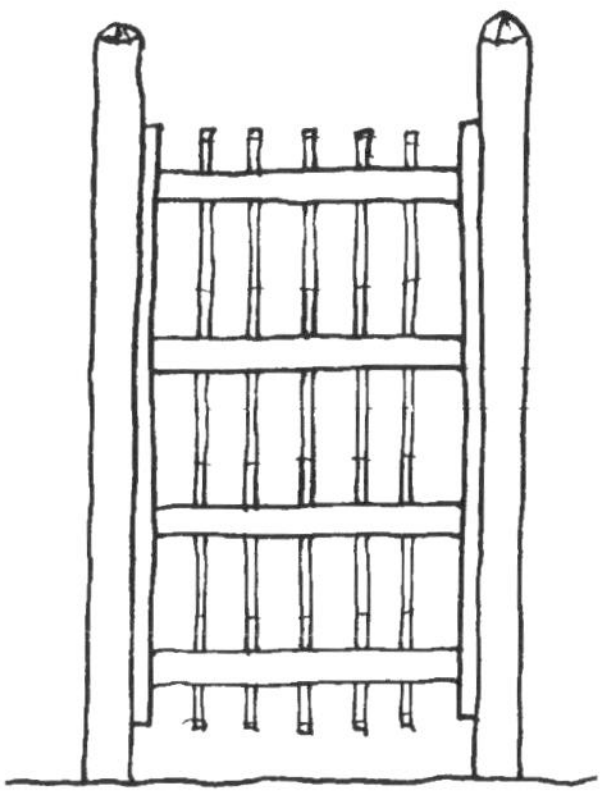

中潜り

茅葺門

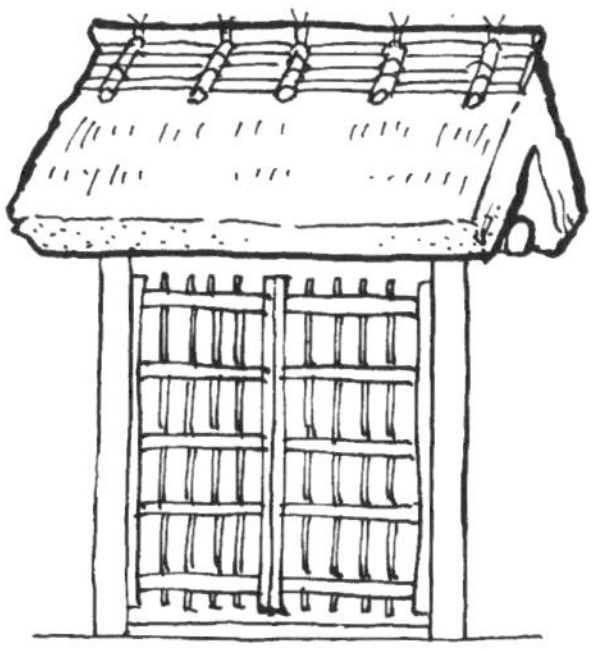

網笠《あみがさ》門

033 腰掛

ポイント 少し遠くに中門が見え、蹲踞の気配が感じられる場所が腰掛に適している

腰掛の用途

腰掛は露地につくられ、亭主の迎付けを待つ場所であり、中立のとき休息する場所である。二重露地の場合、外露地に外腰掛、内露地に内腰掛が設けられるが、外腰掛だけの場合もある。反対に内腰掛だけの場合は亭主の迎付けができなくなるので、外腰掛は不可欠である。なお、寄付《よりつき》の縁が外腰掛を兼用する場合もある。

腰掛の位置と形態

外腰掛は露地口（寄付《よりつき》から露地への入口）から中門の間の外露地に設けられるが、露地口の近くや少し進んだ場所に設けられることが多く、中門の真横などは使いにくいものとなる。少し遠くに中門が見えて、さらには蹲踞《つくばい》（→80ページ）の気配が感じられるところ、できれば茶室そのものが直接見えないような場所が理想だと考えられている。また方向は露地における客の動線に沿ったものがよい。

内腰掛は中門から蹲踞《つくばい》までの間の内露地に設けられるもので、やはり客の動線に沿ったものがよい。

腰掛の大きさは、客の数、つまり茶室の大きさによるが、四畳半ならば最大5人の客を考えればよい。1人あたりの幅を1尺5寸とすると、5人で7尺5寸、それに余裕をみて8尺から9尺程度、つまり一間半というのがひとつの目安であろう。

腰掛の形は、長方形のものあるいは時折L字型のものもある。屋根は片流れに短い折り返し（招き）を付けたものが多い。足元には踏石が据えられ、およそ1尺4寸5分の高さに縁甲板《えんこういた》を張る。板の種類を変えることもある。奥行きは、1尺5寸あれば座ることができるが、余裕をみて1尺8寸程度にすることが多い。背にある土壁には湊紙二段の腰張りが貼られる。

また末客側には飾り箒《ほうき》として、棕櫚《しゅろ》の露地箒《ぼうき》を掛ける。

藪内家の割腰掛

中潜りの右に貴人席、左に相伴席を設ける。この場合、貴人席を象徴的なものとしてあけておくこともある。

裏千家の外腰掛

竹が敷かれたところが正客席。材料の仕上げからは、竹は低く扱われるが、大ぶりの正客石が据えられている。

また、貴人席の奥が砂雪隠となり、末客側には棕櫚《しゅろ》箒が掛けられている。ここでは空間の上下を紛らかした表現となっている。なお、実際の使用では円座が敷かれる。

武者小路千家の外腰掛

右半分が畳敷き、左半分が板敷きとなっている。足元は右が正客石、相伴客石が一枚ではなく、ふたつになる。空間の上下を徐々に変化させている。

1尺=10寸=100分≒303mm

034 飛石、敷石、畳石、延段

ポイント　利休は、わたりを六分、景色を四分、織部は、わたりを四分、景色を六分といった。実用とデザインのバランスの問題である

飛石

千利休は「わたりを六分、景色を四分」といったそうであるが、これは実用面を六分、景観美を四分という意味で、織部《おりべ》はその逆だという。いずれにせよ実用面と美しさを兼ね備えなければならない。

通常自然石を使用するが、ときに切石を使用することもある。打ち方としては、直打、大曲、二連打、三連打、四連打、二三連打、三四連打、雁掛、千鳥掛、七五三打、筏打《いかだ》などの種類がある。また木の葉が風で飛び散ったさまを表現した木の葉打というのもある。これらは歩きやすさを考慮しなければならない。目安として石の大きさは1尺程度、間隔は4寸程度ともいわれる。また地面からの高さは1寸程度が適当である。

なお、飛石の基準は躙口《にじりぐち》にあり、一番近いところの石が踏石、次が落石、そして乗石と続く。

敷石、畳石、延段

畳石とは敷石ともいい、石を敷き詰めたものを示す。特に園路状、つまり道になった形式を示す場合も多い。延段とは、広義では園路状の畳石のことをいうこともあるが、一般には短冊形の石を中間に設けたデザインの畳石を、他の玉石敷や氷紋《ひょうもん》敷などと区別するために呼ぶことが多い。

畳石は、飛石を中心とした園路に変化をもたせたり、人の流れが滞る恐れのある場所に設けられることが多い。

その種類は石の種別や形、あるいは組み合わせのデザインなどにより、さまざまのものがある。寄石敷は加工石や玉石など様々な石を組み合わせたものである。切石敷は正方形や矩形に加工した切石を使用したもの。玉石敷は自然の玉石を使用したものである。またデザインとしては、市松敷、霰零《あられこぼ》し、霰崩《あられくず》し、切石敷、一二三石《ひふみいし》敷などがある。

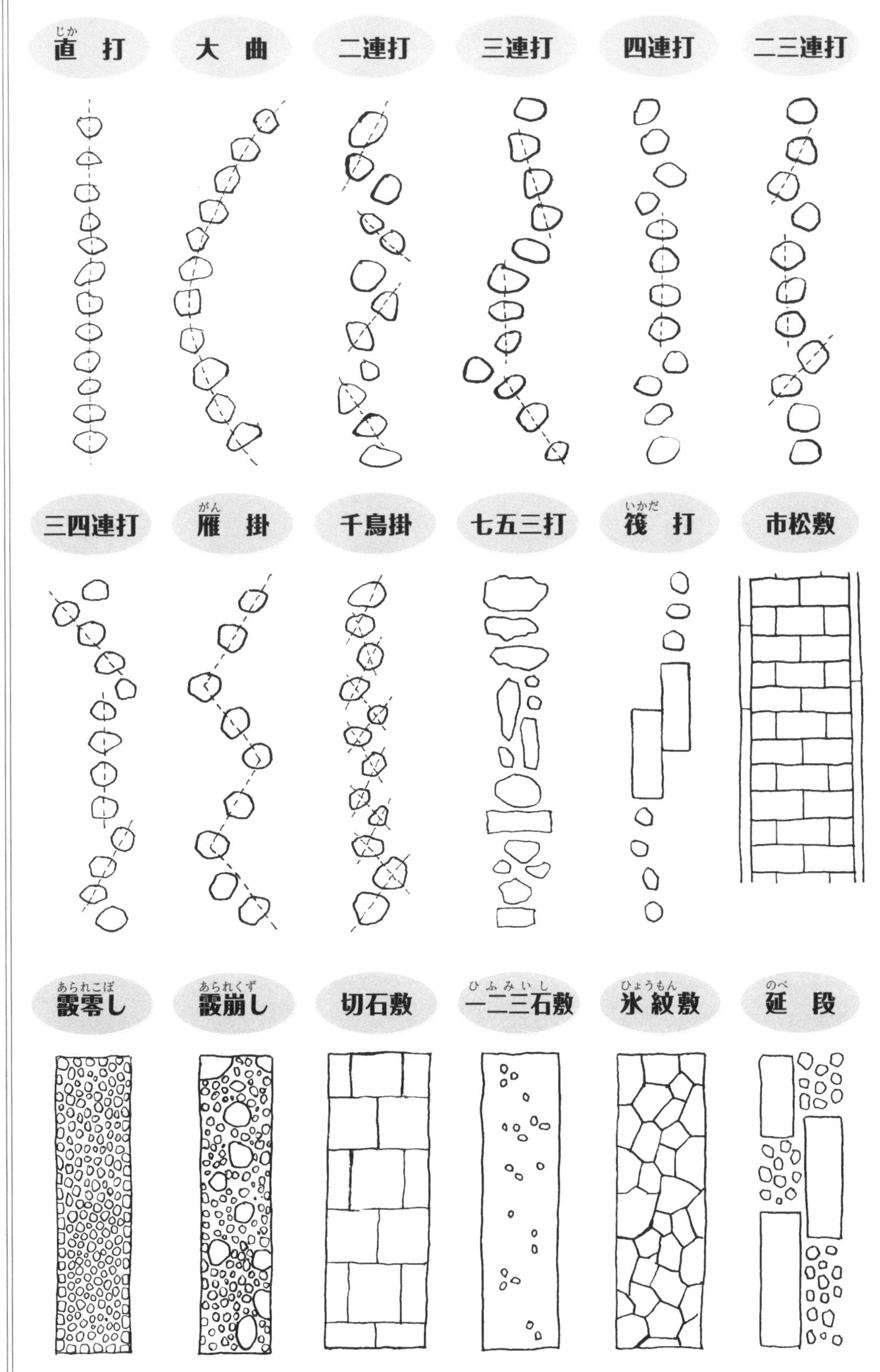
直《じか》打
大曲
二連打
三連打
四連打
二三連打
三四連打
雁《がん》掛
千鳥掛
七五三打
筏《いかだ》打
市松敷
霰零《あられこぼ》し
霰崩《あられくず》し
切石敷
一二三石《ひふみいし》敷
氷紋《ひょうもん》敷
延《のべ》段

035 役石

ポイント 重要な個所に据えられる石を役石という

腰掛まわり

腰掛の足元には、正客のための正客石（貴人石）と、次客石あるいは相伴客《しょうばんきゃく》石とよばれる次客以下のための石が据えられる。

正客石は次客以下の石と比べて、やや大きく、少し高く（5分程度）、そして客の進む方向の前方に据えられることが多い。これはすぐに正客の位置が見分けられるようにするためである。次客以下では、一石ずつ打たれる場合と、長石あるいは畳石の形式にする場合とがある。

中門付近

中門は迎付けの場であるので、亭主と客がそれぞれ立つ場所に役石が打たれる。

中門の内側には亭主のための亭主石、外側には正客の立つ客石、そして次客以下のために畳石が設けられることが多い。また亭主石と客石との間にやや大ぶりの乗越《のりこえ》石が設置される。略式として亭主石と乗越石が兼用される場合もある。

額見石

客は飛石を伝って躙口《にじりぐち》へと進むが、途中、内露地には扁額を見るための額見石が打たれることがある。物見石といういいかたもある。通常の飛石よりやや大ぶりのものが多いが、大きすぎると嫌みになる場合もある。

躙口《にじりぐち》回り

躙口《にじりぐち》回りには通常三石あるいは二石の役石が打たれる。躙口《にじりぐち》に一番近い石が踏石といい、茶室の床高にもよるが、5寸程度の高さであり、次の落石は3寸5分程度、乗石は2寸程度である。もっとも寸法には幅があり、ここに示した寸法は一例である。

躙口《にじりぐち》に近いところで、刀掛（↓210ページ）の下に刀掛石がある。刀掛石は二段になっているものが多い。これは刀掛が上にあることから上への運動を視覚的に表現したものと思われる。

腰掛まわりの役石

腰掛には正客石と相伴席石がある。ここでは砂雪隠《すなせつちん》が併設されており（別の建物とすることもある）、踏石、前石、後石などの役石が設置される。

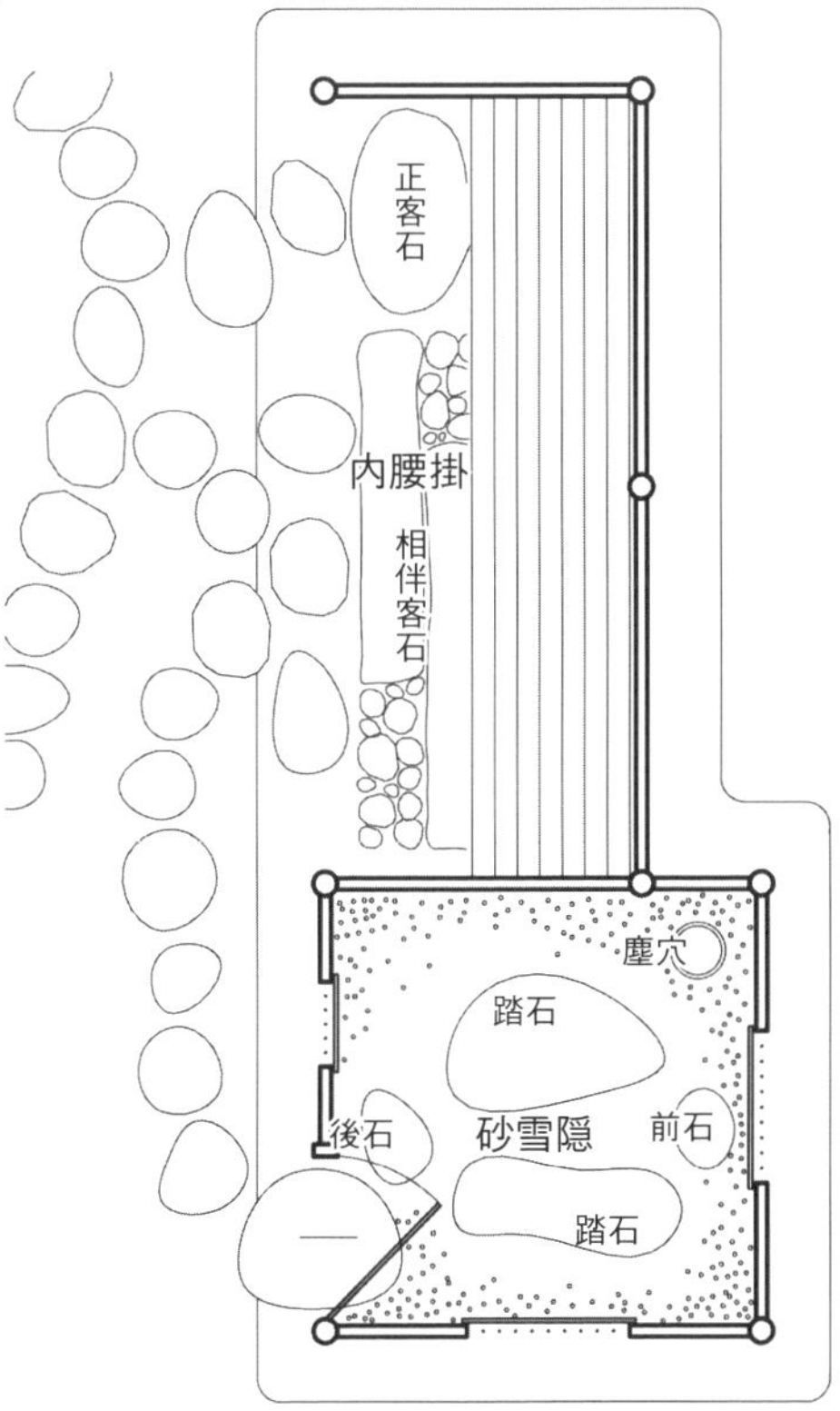

中門付近の役石

中門の下の乗越《のりこえ》石を挟んで内露地側に亭主石、外露地側に客石が据えられる。
また、客石側には、客の動きが滞ることがあるので、畳石が設けられることが多い。

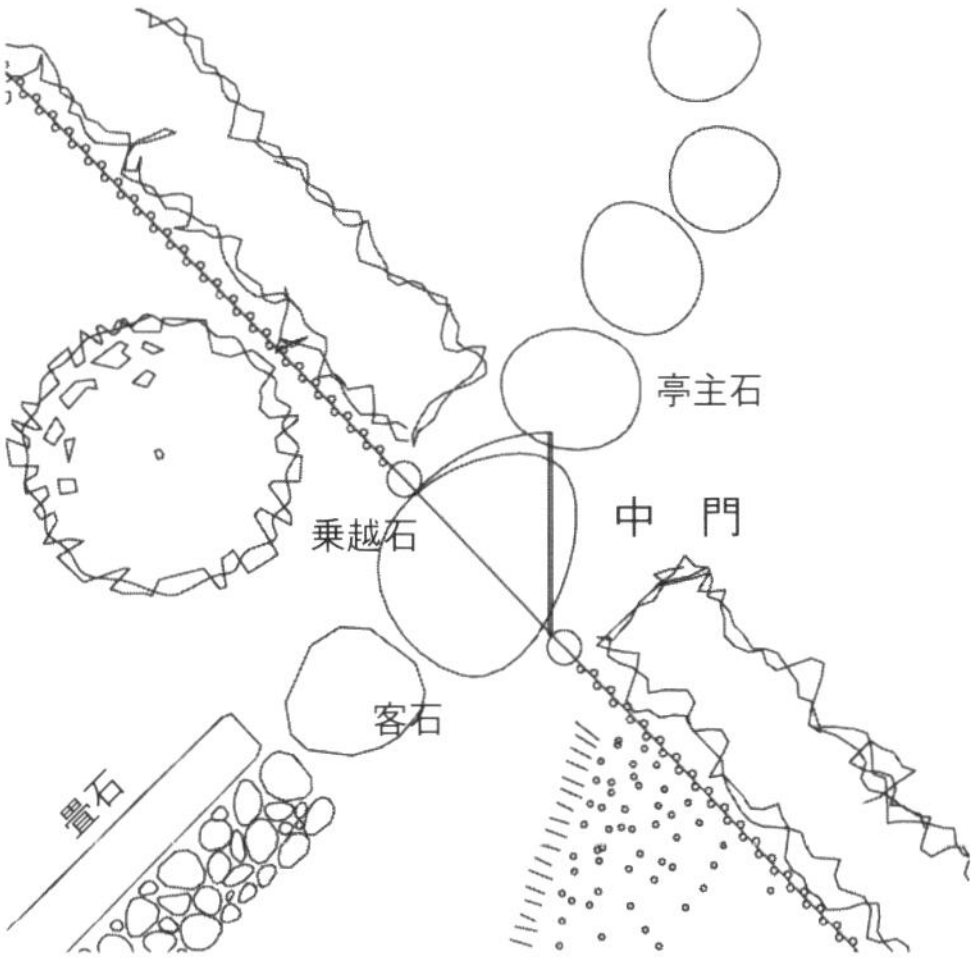

躙口まわりの役石

躙口の外には、踏石、落石、乗石が据えられる。また、刀掛の下には刀掛石、扁額がよく見える場所には額見石が打たれる。

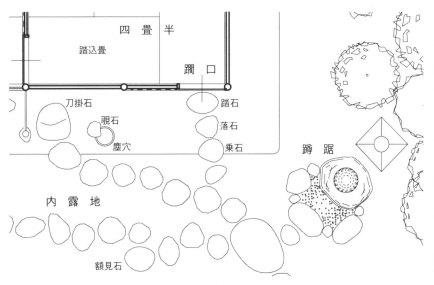

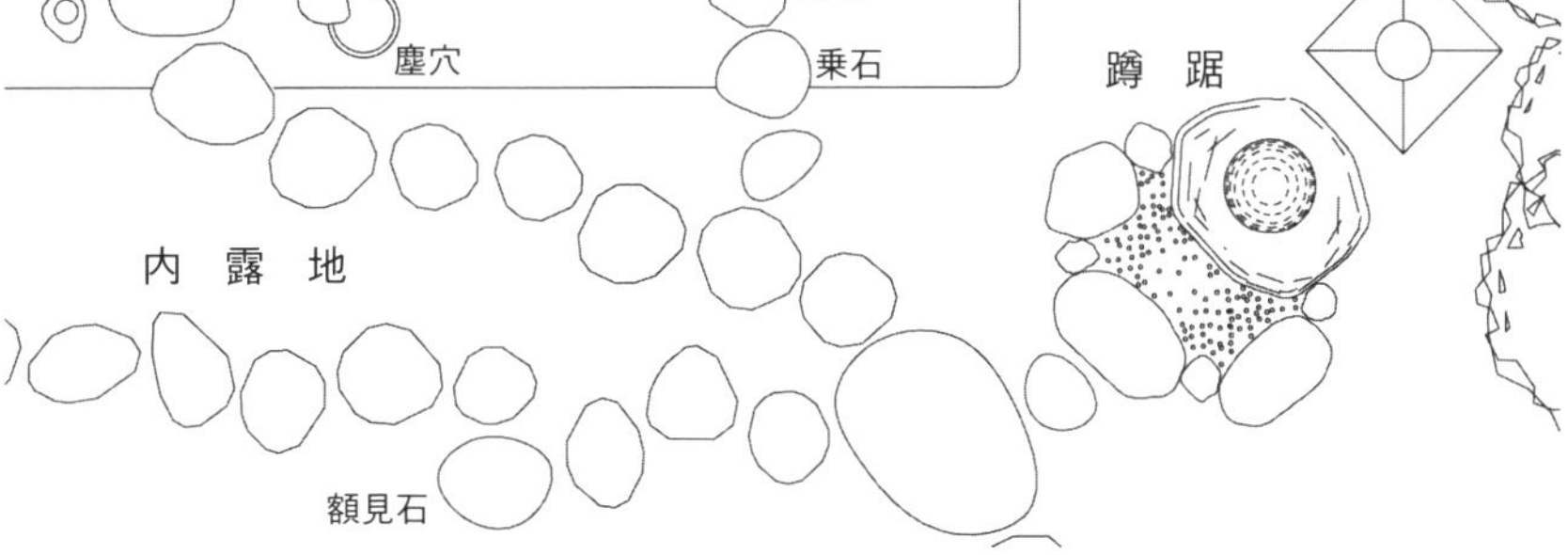

036 蹲踞の構成

ポイント 手水鉢はもともと単独で設置されていた。やがて蹲踞の形式が生まれた

手水鉢

手水鉢《ちょうずばち》は、神前や仏前で口をすすぎ、身を清めるための水を確保するための器のことをいい、やがて茶の湯にも使用されるようになった。はじめは手水鉢《ちょうずばち》が単独で存在していたが、江戸時代になって役石を組みあわせた蹲踞《つくばい》が誕生した。

手水鉢《ちょうずばち》は土間や縁の近くなどに設けられ、立ったままか、少し腰をかがめて使用するものであった。

種類はさまざまあるが、自然石を利用したものや、打ち捨てられた灯籠や塔の部分を利用したもの、特にデザインされた創作品などがある。

蹲踞

蹲踞《つくばい》は、手水を使うときに「つくばう」姿勢を取るところからきた名称で、低い手水鉢《ちょうずばち》と手燭《てしょく》石と湯桶《ゆおけ》石、人が乗る前石とそれに囲われた海と呼ばれる部分からなる。

手水鉢《ちょうずばち》は低く、目安として地上から二尺くらいの高さといわれるが、石の形によって幅がある。手水鉢《ちょうずばち》には亭主が井戸で汲んできた手桶の水を注ぐのが本来だといわれるが、近年では水道を引いて筧《かけひ》で注ぐことも行われる。

その前にある海には、ゴロタ石や瓦などを敷き、水がかりの部分には水掛石《みずかけいし》などを置く。常時水が流れている場合は排水口から然るべき場所へ排水できるようにする必要があるが、そうでない場合は栗石や砂利によって土中に浸透させる。また土中に瓶《かめ》を伏せ、水琴窟にすることもある。

海の左右に手燭《てしょく》石と湯桶《ゆおけ》石（流派によって左右が逆）がある。手燭《てしょく》石は、夜咄《よばなし》の時など手燭《てしょく》を置くための石で、湯桶《ゆおけ》石は、冬期、水が冷たいとき、客が湯を利用できるように湯桶《ゆおけ》を置くための石であり、いずれも上面がなるべく平らなものにする。湯桶《ゆおけ》石と手燭《てしょく》石は1尺4～5寸程度であるが、湯桶《ゆおけ》石の方が若干高く据えられる。

袈裟《けさ》形手水鉢《ちょうずばち》

宝塔の塔身を利用したもの。周囲の文様が袈裟に似ている。

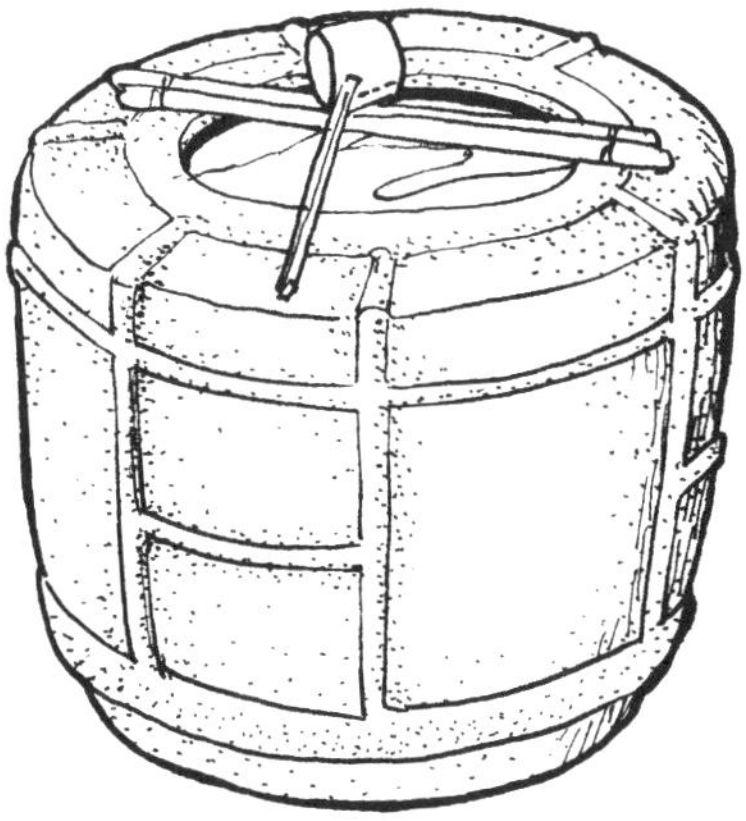

銀閣寺形手水鉢《ちょうずばち》

ほぼ立方体の形をしており、水穴は円形で、四方に格子や幾何学的な模様が刻まれている。本歌は銀閣寺にある。

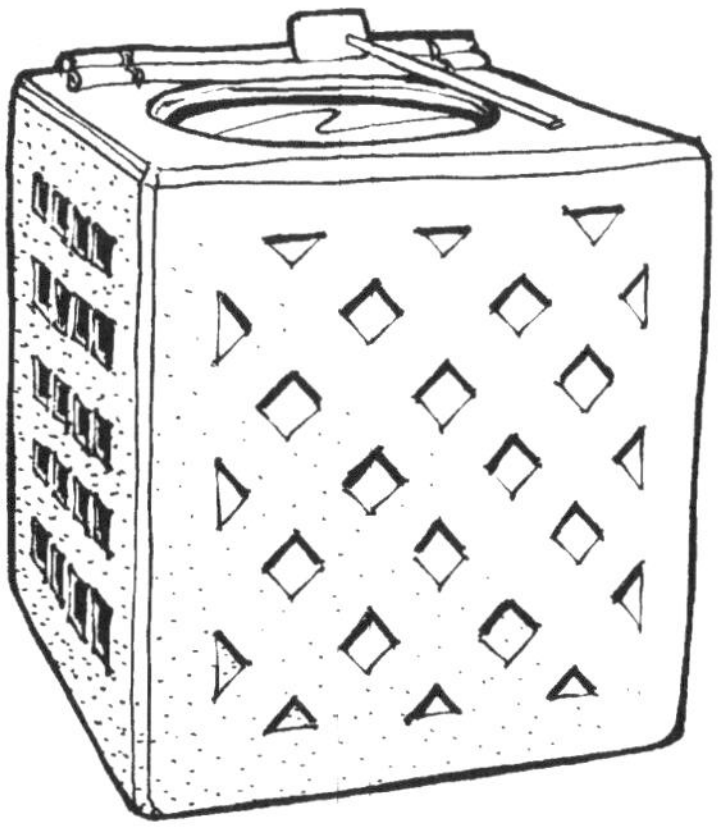

布泉《ふせん》形手水鉢《ちょうずばち》

下部に円形の台があり、上部に臼形の手水鉢が乗っており、中央に方形の水穴があく。本歌は大徳寺孤篷庵にある。

蹲《つく》　踞《ばい》

手水鉢と湯桶《ゆおけ》石と手燭《てしょく》石と前石が海を囲う。流派によって湯桶石と手燭石が逆になることもある。また夜間の使用に備え、灯籠が近接して設置される。

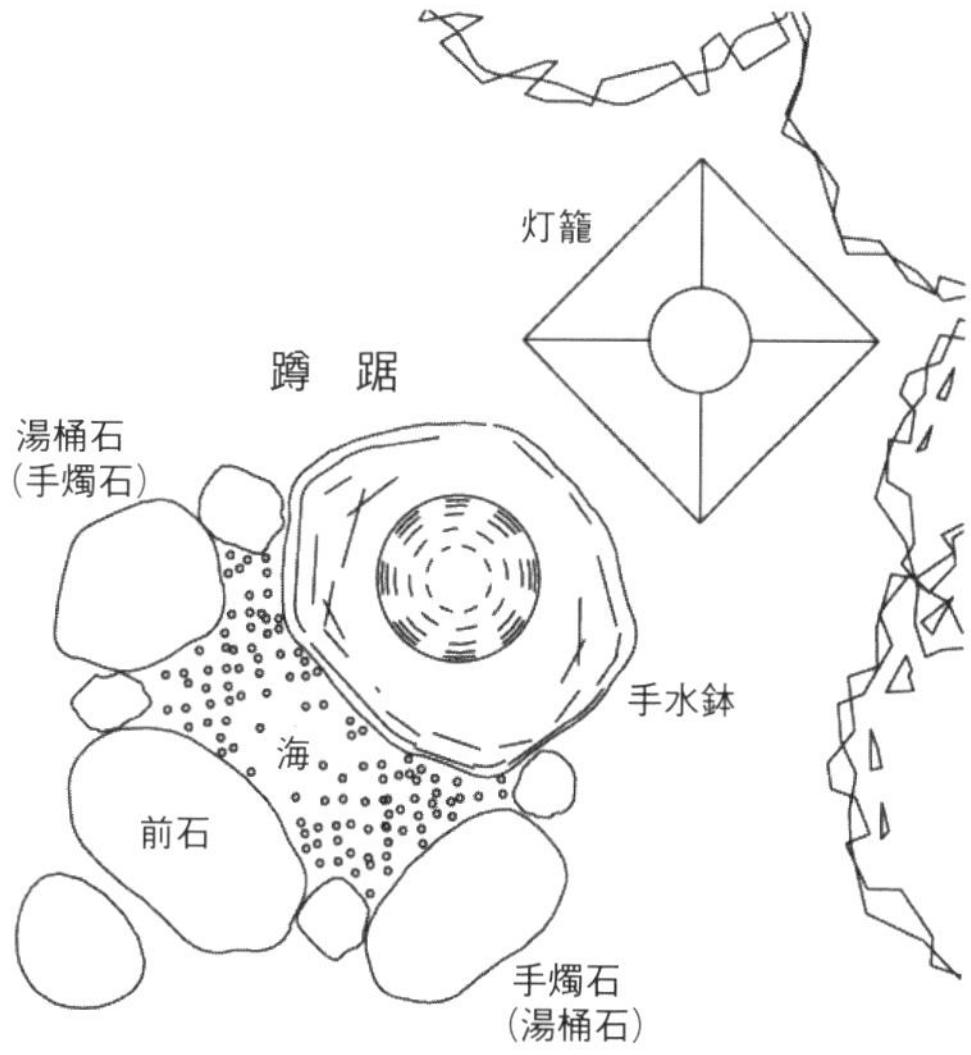

037 土塀と垣根

ポイント 坪の内では土塀が立てられ、露地の誕生により垣根が用いられるようになった

土塀

茶室の初期の庭として坪の内（→68ページ）が設けられていたことは、これまでにも示してきたが、そこでの塀は垣根ではなく、土塀であった。おそらくその時代には侘びた姿として土塀が使用されていたものと思われる。

露地と垣根

垣根は、「限る」あるいは「囲う」というところからきた名称だと考えられる。坪の内がやがて露地へと変化するとき、その仕切りに垣根が使用されたものであろう。

垣根の種類

垣根にはさまざまな種類があり、名が付けられている。寺院の名称や、材料、あるいは形態からが付けられたものがある。主なものを記しておこう。

四つ目垣は、透かし塀の一種で、竹を格子状に粗く組んだ形式で、四つ目つまり正方形の透かしが見えることからの名称である。

建仁寺垣は竹を半分に割ったものを縦に隙間なく並べ、横に数通りの割竹を両面から押さえた形式である。

大徳寺垣は竹の小枝を縦に並べて束ね、横に割竹を通して押さえる形式である。

光悦寺垣は、竹を細く割ったものを丸く束ね、これを半月形のゆるやかな曲線にして、下部に竹の菱格子を組んだ形式である。

寺院名ではないが、桂垣というものもある。自然のままの竹を折り曲げてつくったものである。

黒文字垣は、材料を名称にしたものである。袖垣に用いられる。

竹穂垣は、竹穂つまり竹の枝を集め、太い割竹で固定した形式である。

網代垣は形態からきた名称で、竹を叩いて平たくしたものを網代に組んだ形式である。

檜垣《ひがき》は、檜の薄板を利用して網代に組んだものをいう。

建仁寺垣

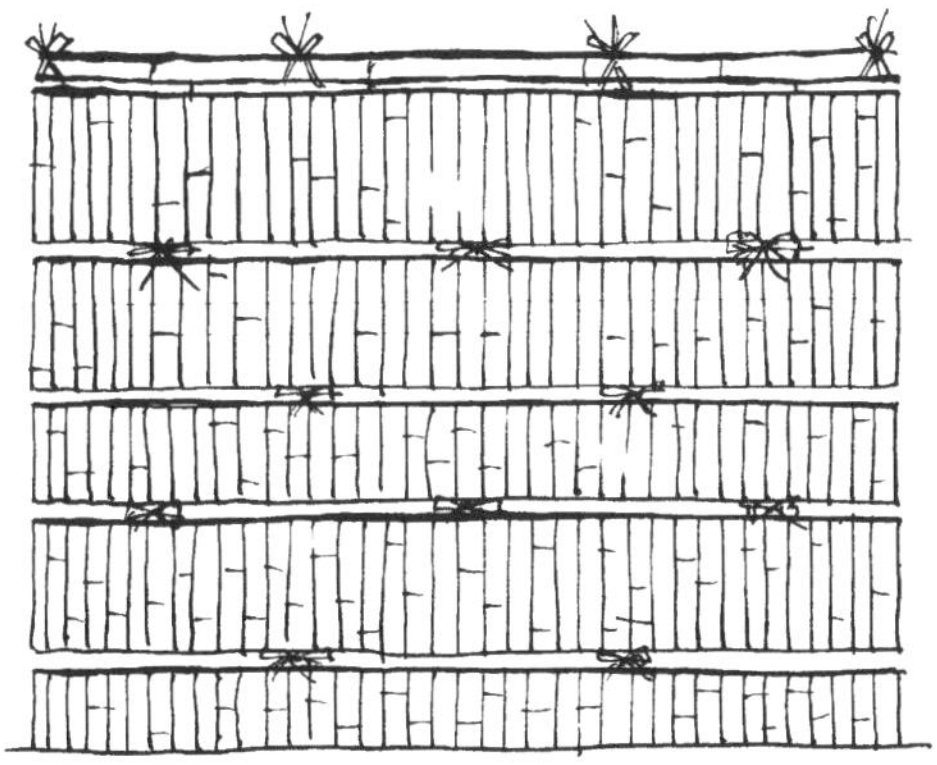

四つ目垣

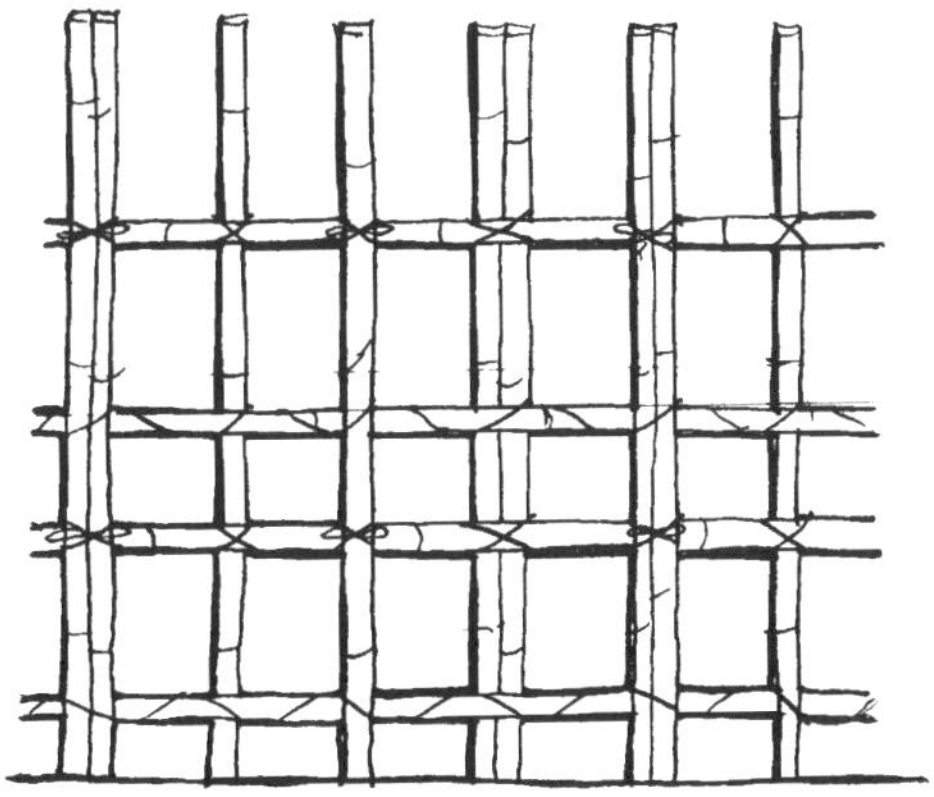

光悦寺垣

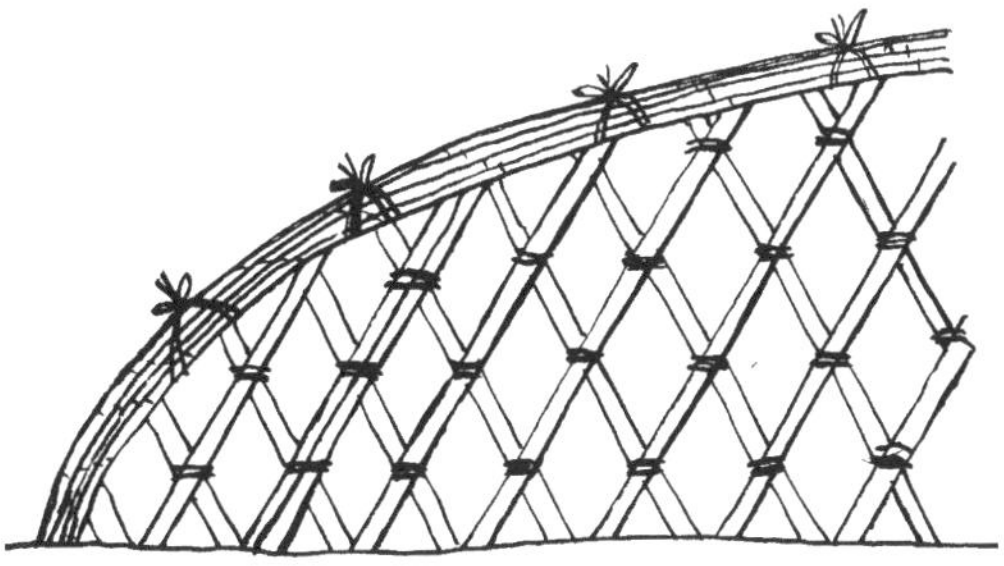

大徳寺垣

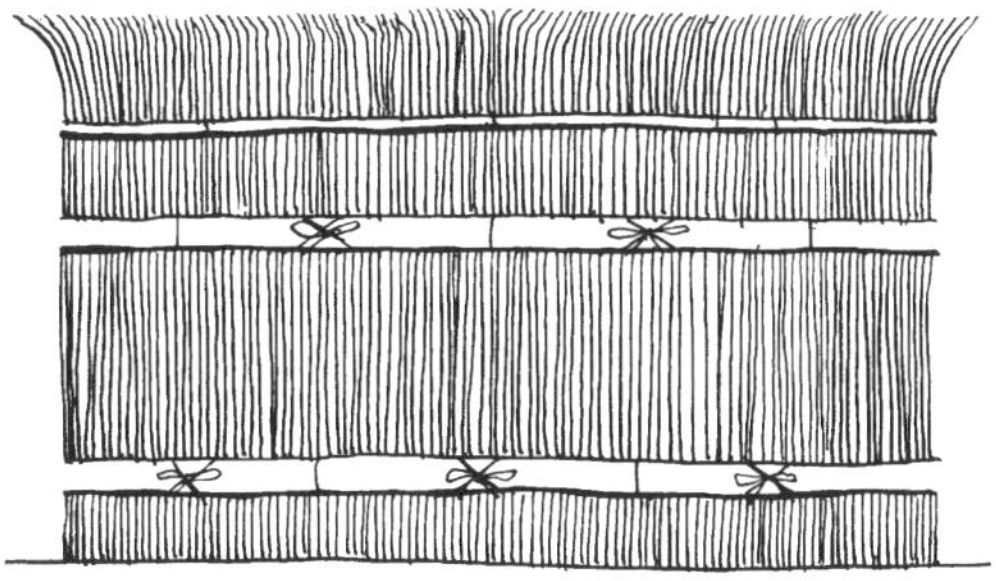

網代垣

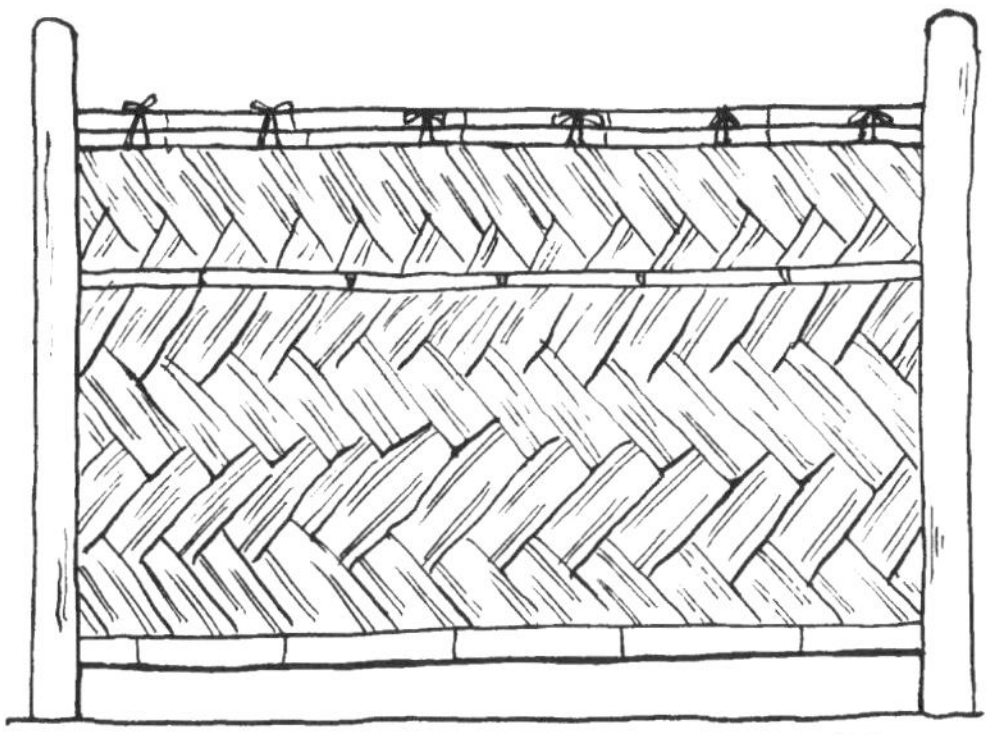

竹穂垣

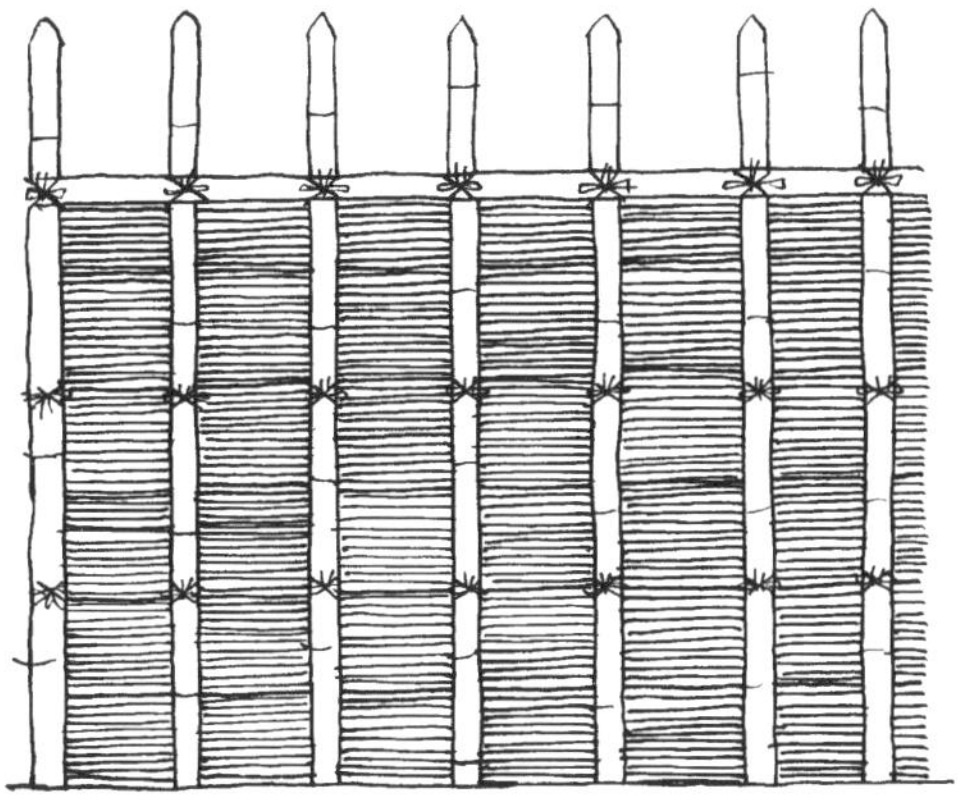

038

石灯籠

ポイント 石灯籠が庭園に設置されるようになったのは、茶の露地に使用されてからのことだと考えられる

石灯籠と露地

石灯籠は文字どおり石でできたともし火の籠《かご》であり、もとは社寺における外部の照明器具であった。それが庭園に設置されるようになったのは桃山時代に露地に使用されて以降だと考えられる。茶の湯において石灯籠が使用されるまでは、行灯《あんどん》や手燭《てしょく》、手灯籠であった。そして露地に採り入れられたのは、利休が鳥辺野を通りかかったとき、石灯籠の残り火が面白く思って採用したものだ、と伝えられている。

露地における石灯籠の設置される場所は、蹲踞《つくばい》（↓80ページ）の近くはほぼ定番といえようが、それ以外は特に決まっているものではない。

石灯籠の各部

石灯籠は、上から宝珠《ほうじゅ》、請花《うけばな》、笠、火袋、中台、竿、基礎からなる。

火袋には長方形の窓、火口《ひぐち》があけられているが、日月の火窓、つまり円窓と三日月形の窓があけられていることも多い。蹲踞《つくばい》などでは実用面を考え、火口を向ける必要がある。

石灯籠の種類

石灯籠の種類もさまざまであり、形や社寺の名称あるいは好みからきたものなどがある。幾つか挙げておこう。

春日形は、もっとも一般的な形で、傘は六角形、円形断面の竿は長く、火袋が高い位置にある。

織部《おりべ》形は、古田織部《おりべ》が創案したものといわれている。竿の部分にアルファベットのような記号を陰刻してあり、下部の竿の部分に地蔵尊を陽刻している。これが隠れ切支丹《きりしたん》の尊像ともみられ、また四角形部分が多く、それが十字架をイメージしたものとされ、キリシタン灯籠とも呼ばれる。

雪見形は、もとは浮見の語が変化したものといわれる。丈が低く、笠が大きく、短い3本足をもつ。

琴柱《ことじ》形は、足が2本のもので、金沢の兼六園のものがよく知られている。

織部形灯籠(キリシタン灯籠)

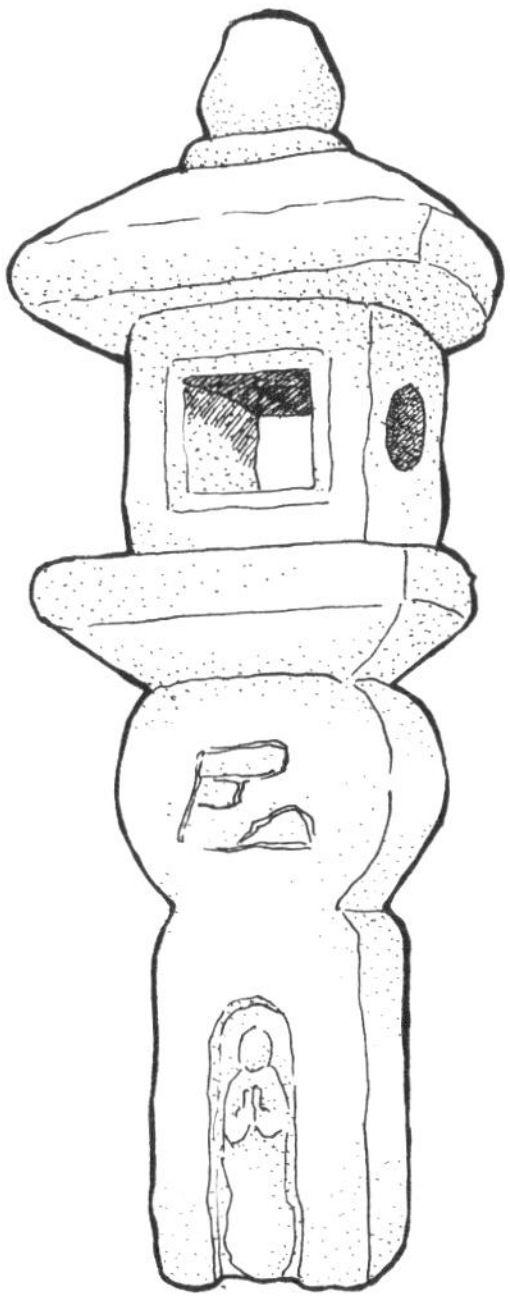

春日形灯籠

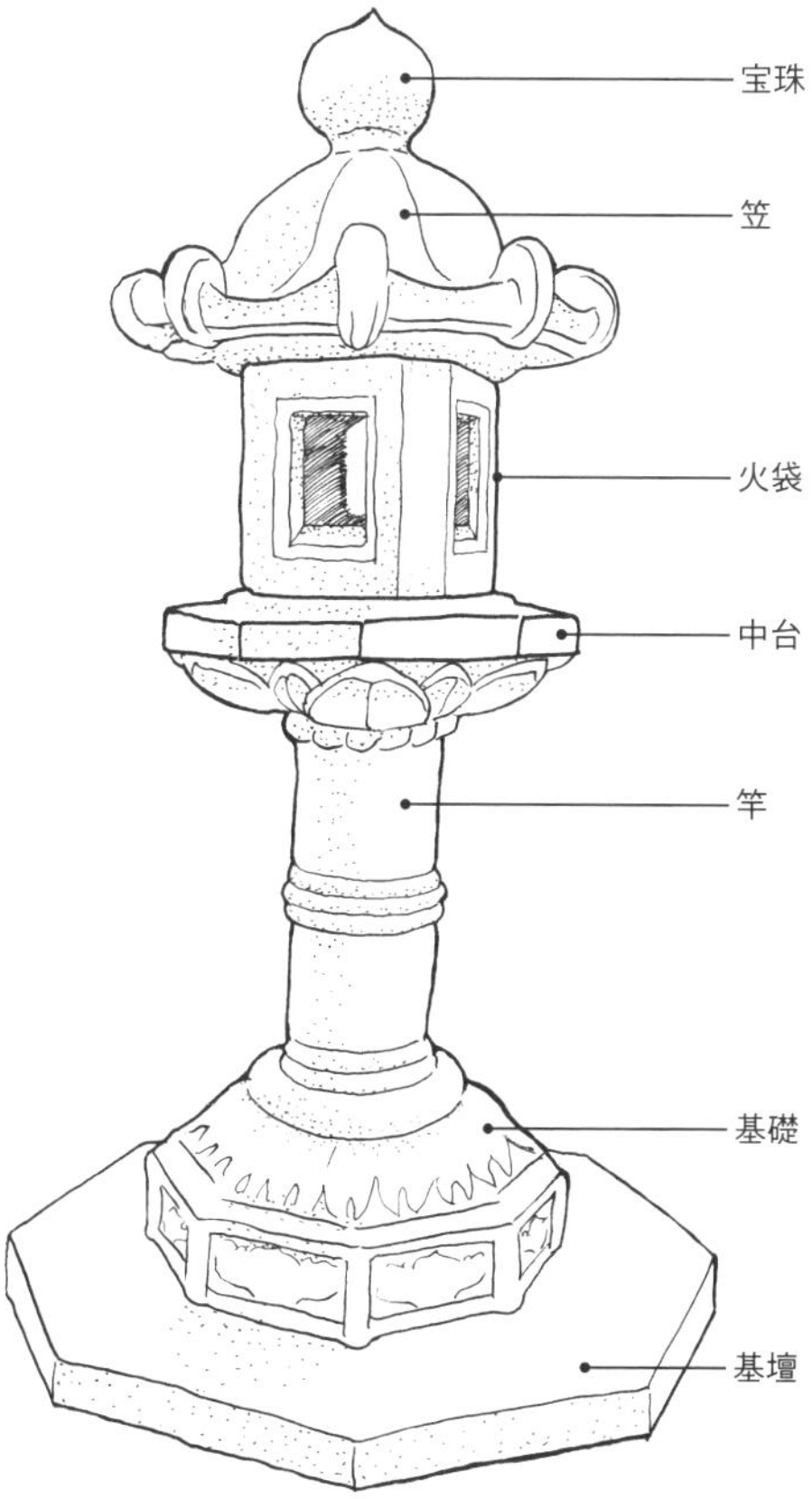

琴柱形灯籠

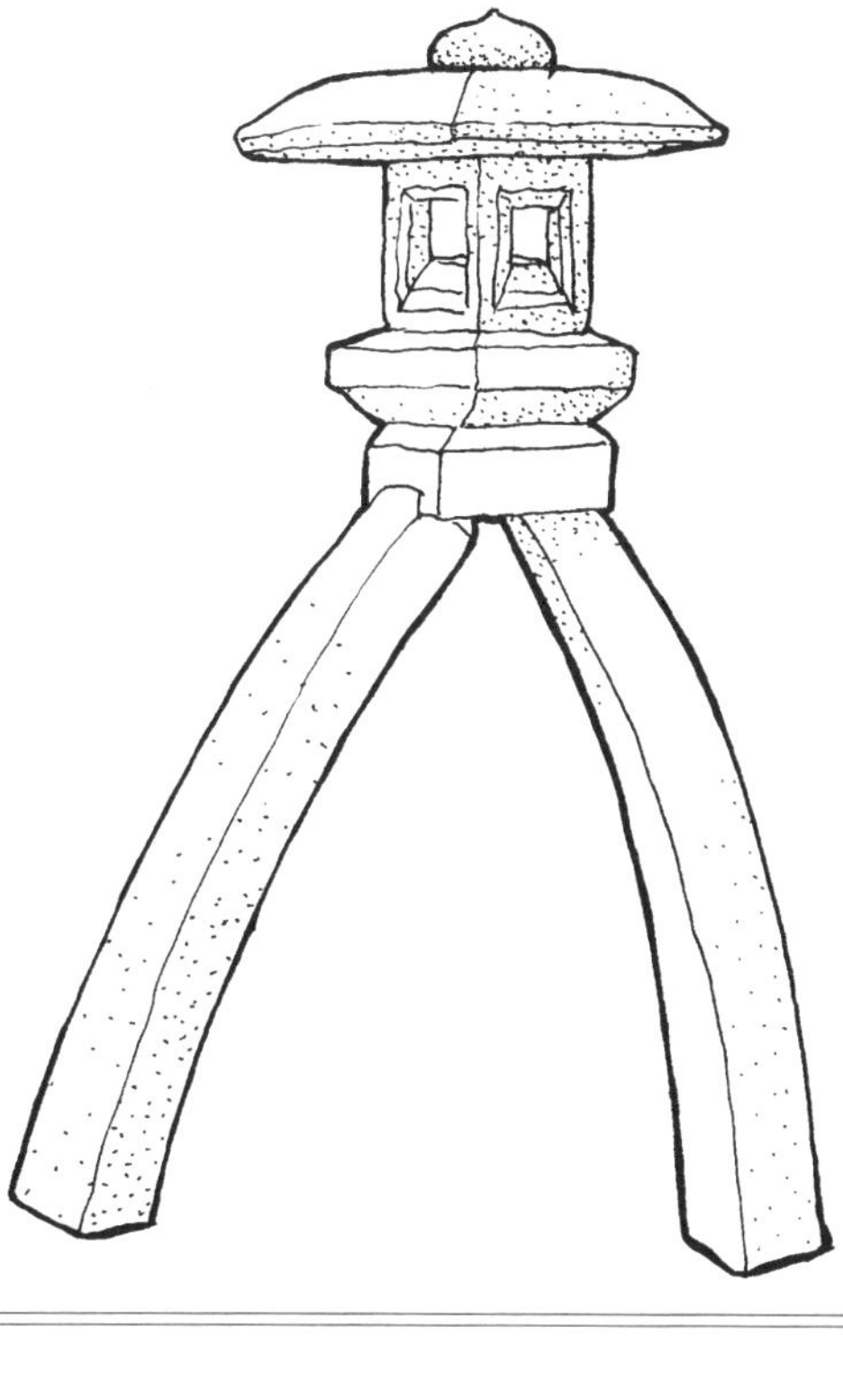

雪見形灯籠

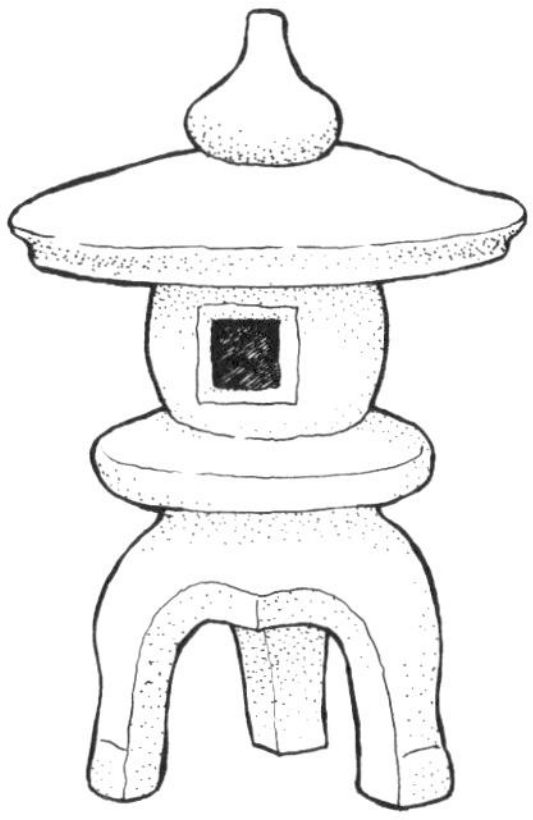

こらむ③

茶会のできる部屋、できない部屋

タイトルを「茶会のできる部屋、できない部屋」としたが、まずはじめに「できない部屋はない」といっておこう。つまり茶の湯は本来自由であり、その時々に応用を利かせながら楽しめば良いのである。逆に、完璧にできる部屋（空間、露地を含めた茶苑）というのもあまりない。その意味でこのタイトルは少しおかしい。しかしここでいっておかねばならないのは「できないとはいえないが、茶会が行いにくい茶室がある」ということである。

さて、それではどのような茶室が茶会を行いにくいのであろうか。

大きな問題としてあげられることは、客と亭主の動線の問題である。茶の湯は人をもてなすひとつの道理である。客は寄付《よりつき》から露地を通って茶室に入る。また亭主は懐石の準備を台所でそして点茶の準備を水屋で行う。この動線が交錯していると、大変気まずいものとなる。さらに茶室内部で、亭主の出入口である茶道口《さどうぐち》から点前座《てまえざ》への動線、客の入口である躙口《にじりぐち》から客座への動線が交差していると、じつにややこしいことになってしまう。

そして、茶室から直接台所や水屋が見えるのも興ざめである。もっとも水屋は隣にあることが多いので、どうしても見えてしまう場合があるが、そのときは屏風などを用いて目隠しをする必要がある。やはり楽屋裏はみせない方がいいだろう。

さらにいうならば、光線の問題がある。客が壁を背にして着席し、亭主が大きな開口部を横に点前《てまえ》を行った場合、客からは亭主がシルエットになって、点前《てまえ》がよくわからない。

最後に、以前はコンクリート製の茶室は道具が傷むといわれていた。が、近年、もろさがその美しさでもある楽焼きの窯元、楽吉左衛門氏がコンクリート製の茶室をつくった（→250ページ）ので、解禁されたともいえよう。結局は考え方しだいということである。

第4章

茶室の間取り

039 間取りについての考え方

ポイント 「広間」「小間」という呼び名は、単なる広さの問題だけでなく、その性格をも示したことばである

広間と小間

　茶室の歴史を辿ると四畳半がひとつの基準となっていることがわかる。四畳半は方丈の大きさであり、茶を飲む空間であった慈照寺東求堂《じしょうじとうぐどう》（１４８６年）の同仁斎《どうじんさい》は四畳半であった。その後16世紀になると盛んに使用され、武野紹鷗《じょうおう》や千利休らも好んでつくる大きさであった。原則として四畳半より広い部屋を広間、四畳半より狭い部屋を小座敷あるいは小間（この項目では「小間」を使用）と呼ぶ。では四畳半はどちらなのかというと、どちらでもあり得るというのである。四畳半は通常、あえて広間あるいは小間とはいわない。また例外的に四畳半大目という座敷もあるが、これは小間の扱いである。

　広間、小間という呼び名は、単なる広さの問題と、その茶室の性格も示しているので、複雑になる。つまり小間は草庵として考えられ、そこで行われる茶は侘茶であり、広間は書院として考えられ、そこで行われる茶は、書院茶として格式の高い茶の湯を意味する。そして四畳半は使い方によっていずれにもなり得る、というのである。もっともあくまでも原則としてということであるので、例外や判断のつきにくいものは多数存在する。

台子と書院茶

　道具としての台子《だいす》は先に（↓40ページ）説明したが、間取りにおける台子《だいす》の意味するところは、先の広間と小間に関連する。台子《だいす》の点前《てまえ》は、あらかじめ道具類をセッティングしたもので、その使用は格式の高い茶の湯、つまり唐物《からもの》を飾った室町時代の茶にその源流を求めたものとなる。その台子《だいす》を飾ることが可能かどうかということが、書院茶と侘茶を分けることになる。それは畳の大きさや炉の切り方と関連する。つまり丸畳（まる一畳の畳という意味）で四畳半切（↓92ページ）が書院茶の原則となる。

台子荘《だいすかざり》の一例

左から道安風炉《どうあんぶろ》と肩衝筒釜《かたつきつつがま》、杓立《しやくたて》に柄杓火箸《ひしやくひばし》、手前に建水《けんすい》、水指《みずさし》。天板の上には棗《なつめ》。右手前水指の前に仕覆に入った茶入。

炉の台子点前

四畳半切（→92ページ）本勝手における台子の点前。点前座が丸畳（→90ページ）なので、台子を設置することができる。

040 畳

ポイント 茶室に敷かれる畳は、通常の大きさの丸畳、半畳の畳、そして長さがおよそ四分の三の大目畳が使用される

畳の発生

現代、和室といえば畳敷きの部屋をさすことが多い。しかし歴史的にみれば部屋の中に畳が敷き詰められるのは中世、室町時代頃からである。

平安時代頃は板敷きの上に座具として畳を敷いていた。やがて部分的に敷かれ、そして敷詰めが行われるようになった。それが座敷の誕生である。はじめは寺院や上級の武士や貴族の屋敷に限られていた。庶民の住宅に畳が敷かれるのは江戸時代になってからであるが、茶室においては室町時代末頃から敷き詰められていたと考えられる。

畳の大きさ

畳には、地域によって大きさが違うものがある。中京間や大津間、田舎間などがあるが、茶の湯に使用されるものは基本的に京間である。

京間畳の基本寸法は6尺3寸×3尺1寸5分である。その大きさを丸畳といい、半分のものを半畳、そして長さがおよそ四分の三の大目畳もある。大目畳は台目畳とも書かれるが（↓134ページ）、通常は点前座《てまえざ》に用いられる畳である。これは亭主の謙虚さの表現として客の畳より小さいものを用いるという意味がある。また格式ある台子《だいす》の点前《てまえ》を拒否し、侘びた運び点前《てまえ》のみを行うための最小限の面積つまり居前《いまえ》という亭主がすわる場所と、運んだ道具を置く場所（この部分を道具畳という）を合わせた最低限の大きさでもある。

畳の名称

茶室の畳にはその敷く位置によって名称がある。亭主が点前《てまえ》を行う畳が点前《てまえ》畳。客がすわる畳が客畳。客の中でもより上位の客が座る位置が貴人畳と呼ばれている。炉が切られた畳が炉畳、茶道口《さどうぐち》から亭主が第一歩を踏込む畳を踏込畳という。

なお茶室の畳は、5月から10月が風炉《ふろ》の季節、11月から4月が炉の季節で、全部敷変えられるものである。

点前畳の大きさ

大目畳では道具畳部分が狭くなる。

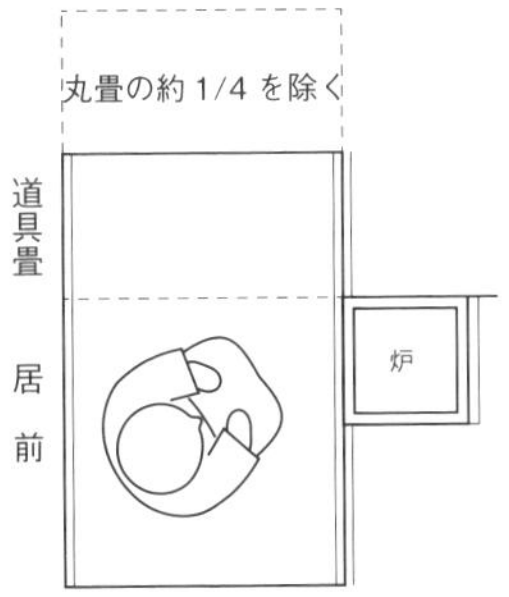

点前畳（大目畳）

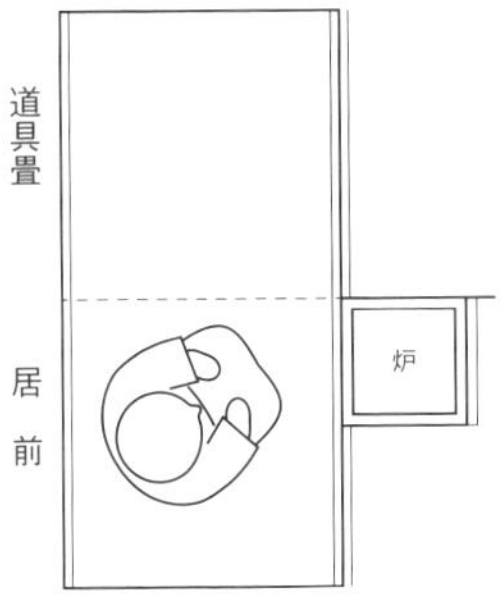

点前畳（丸畳）

畳の大きさ

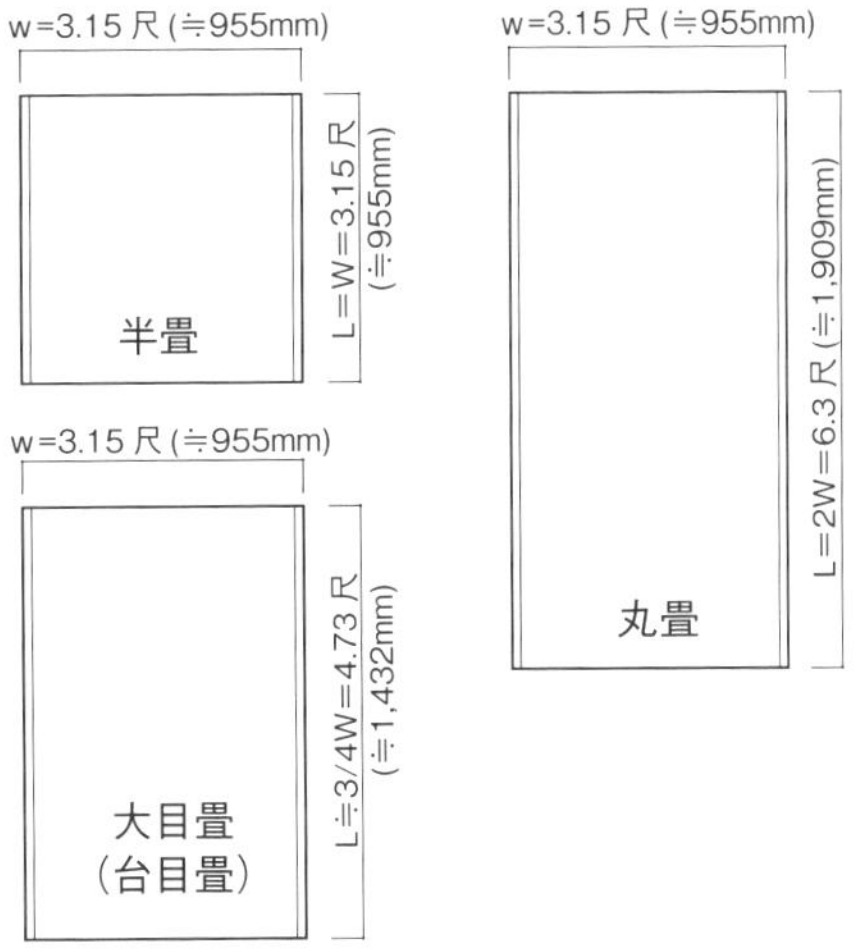

茶室の畳は、丸畳（通常の一畳）、半畳、そして大目畳が使用される。大目畳は、近年では台目畳と書くことも多い。本書では歴史的に古いと考えられる大目畳と記す。点前畳（点前座ともいう）が大目畳では、道具畳部分が小さくなり、侘茶が行われる空間となる。また、客畳より小さくすることで、亭主の謙虚な気持ちを表現する。

四畳半の畳　風炉の季節

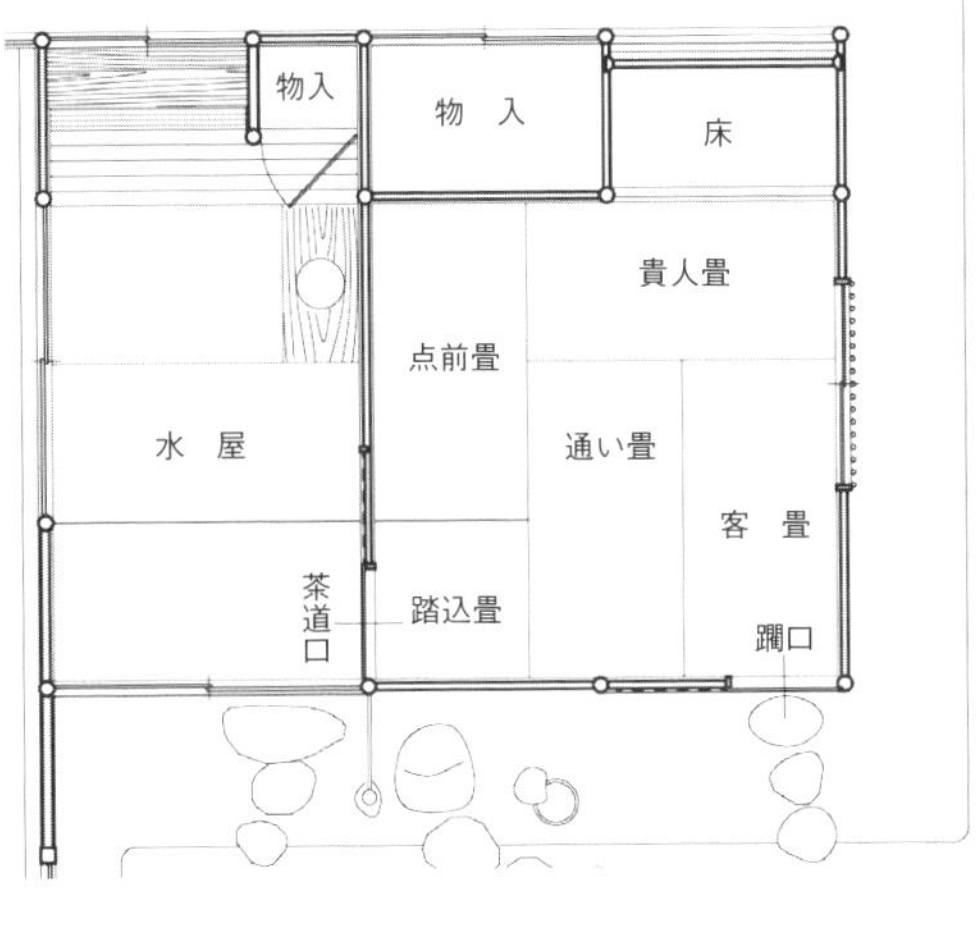

四畳半の畳　炉の季節

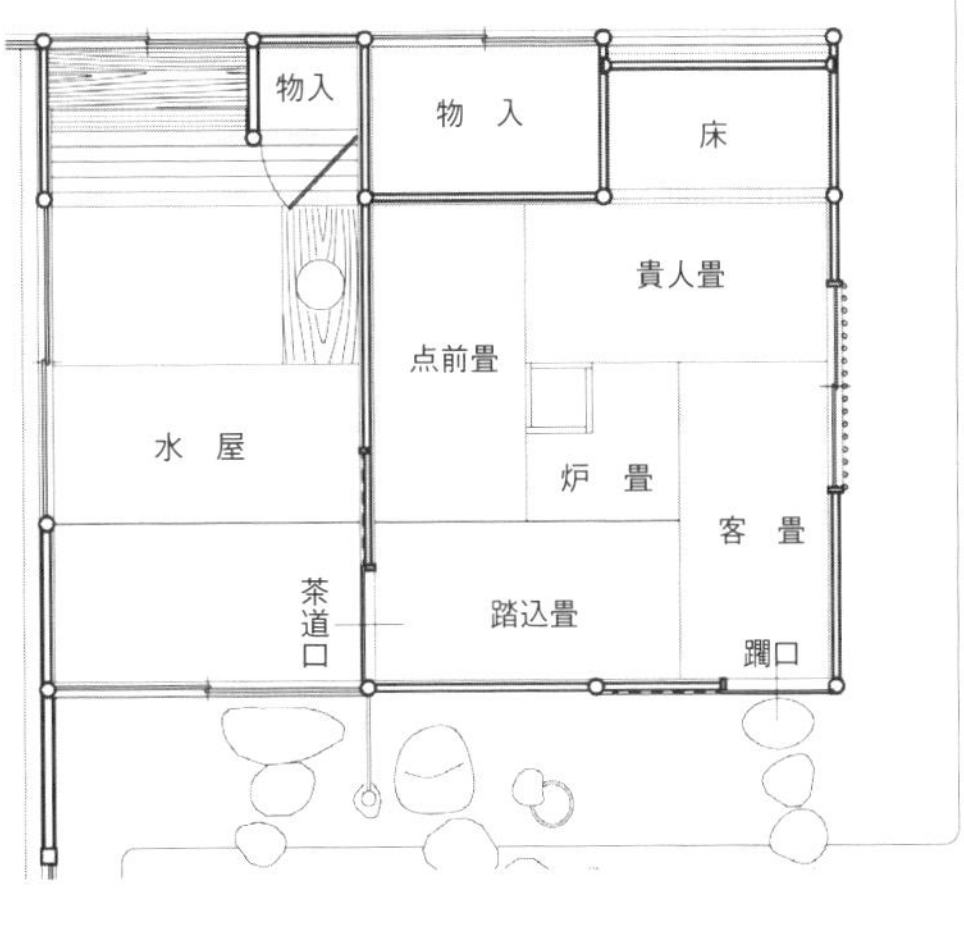

041 炉の切り方〈1〉

ポイント 茶室における八炉とは点前座と炉との位置関係を示したもので、点前の方法にも違いが生ずる

八炉とは

八炉とは、江戸時代後期にいいだされたもので、炉の切り方に8つの種類があるということである。炉の切り方とは、点前畳《てまえ》と炉との関係をいうもので、それによって、亭主の着座する位置から、その点前《てまえ》の方法も変わる。

大きく本勝手と逆勝手に分類される。本勝手とは亭主から見て客が右側に位置する形式で、逆勝手はその逆、つまり亭主からみて客が左にくる形式である。それぞれ4種類あり、合計で8つになる。通常、茶の湯の稽古の多くは本勝手の点前《てまえ》に費やされるのため、本勝手の茶室が好まれる傾向にある。

ここでは、本勝手の4つについて説明する。逆勝手の平面では、炉の位置が逆になる。

点前座《てまえざ》の外に炉が切られる出炉と、点前座《てまえざ》の畳の内に炉が切られる入炉に分類される。

四畳半切・大目切

四畳半切は、出炉の一種で、亭主の座る居前《いまえ》の前方、つまり道具畳に半畳の余裕があるものをいう。通常は四畳半、あるいは六畳や八畳などの広間に設けられる（広間切）ことが多いが、一方まれではあるが、三畳や四畳の小座敷に設けられる（下げ切）こともある。

大目切も出炉であり、亭主の座る居前《いまえ》の前方、つまり道具畳に四分の一畳程度の余裕があるものをいう。一般に大目畳が用いられることが多いが、丸畳であっても道具畳部分が四分の一畳程度のものは大目切に分類され、上げ大目切と呼ばれることもある。

向切・隅炉

向切は入炉の一種で、点前座《てまえざ》の亭主の前方右側に炉が設けられる形式である。また隅炉は入炉の一種で、点前座《てまえざ》における亭主の前方左側に炉が設けられる形式である。

本勝手の炉の切り方

炉の切り方は点前畳と炉の位置の問題である。出炉の場合、道具畳が半畳あるものが四畳半切で1/4畳ほどのものは大目畳である。なお、炉畳の畳の方向は流派によって違う。

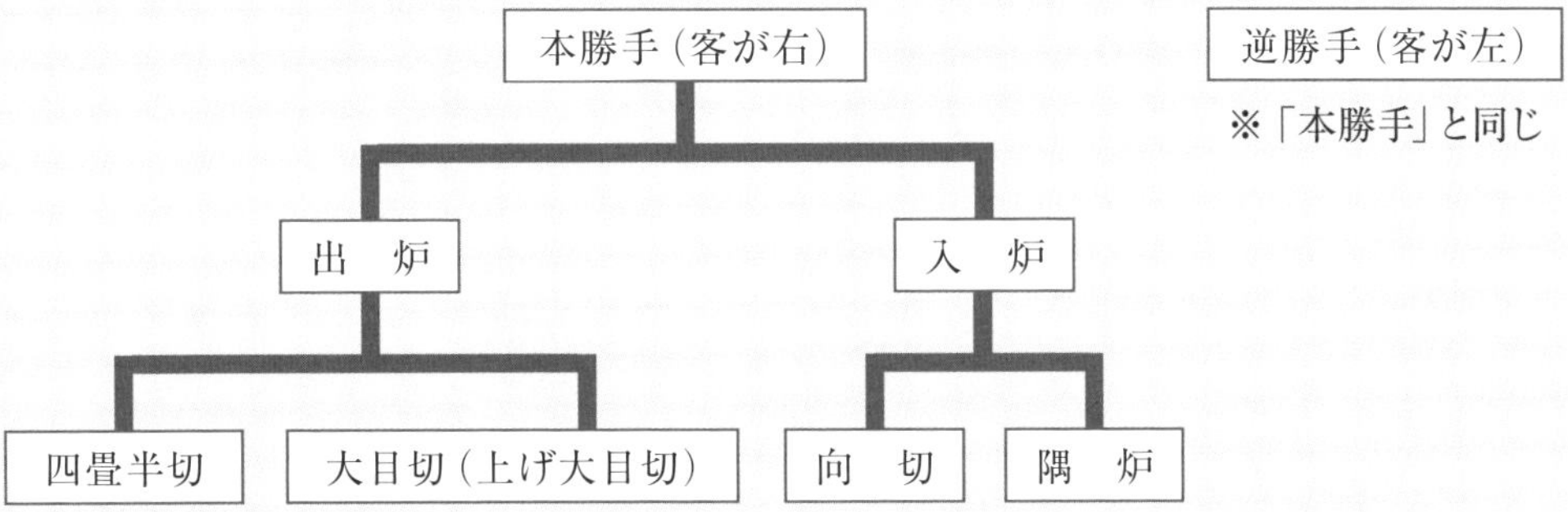

「四畳半切」には「下げ切」および「広間切」とよばれるものもある。「大目切」は「台目切」とも書かれる。点前座が大目畳と丸畳の場合があり、特に丸畳の場合は「上げ大目切」あるいは「上げ切」と呼ぶ。「四畳半切（下切）」と似ているので要注意。また「向切」や「隅炉」においても、大目畳と丸畳が使用されるが、この場合、特別な呼称はない。「向切」と「隅炉」の場合は、炉の先に小板（1寸8分程度、55mm程度）を入れることが多い。

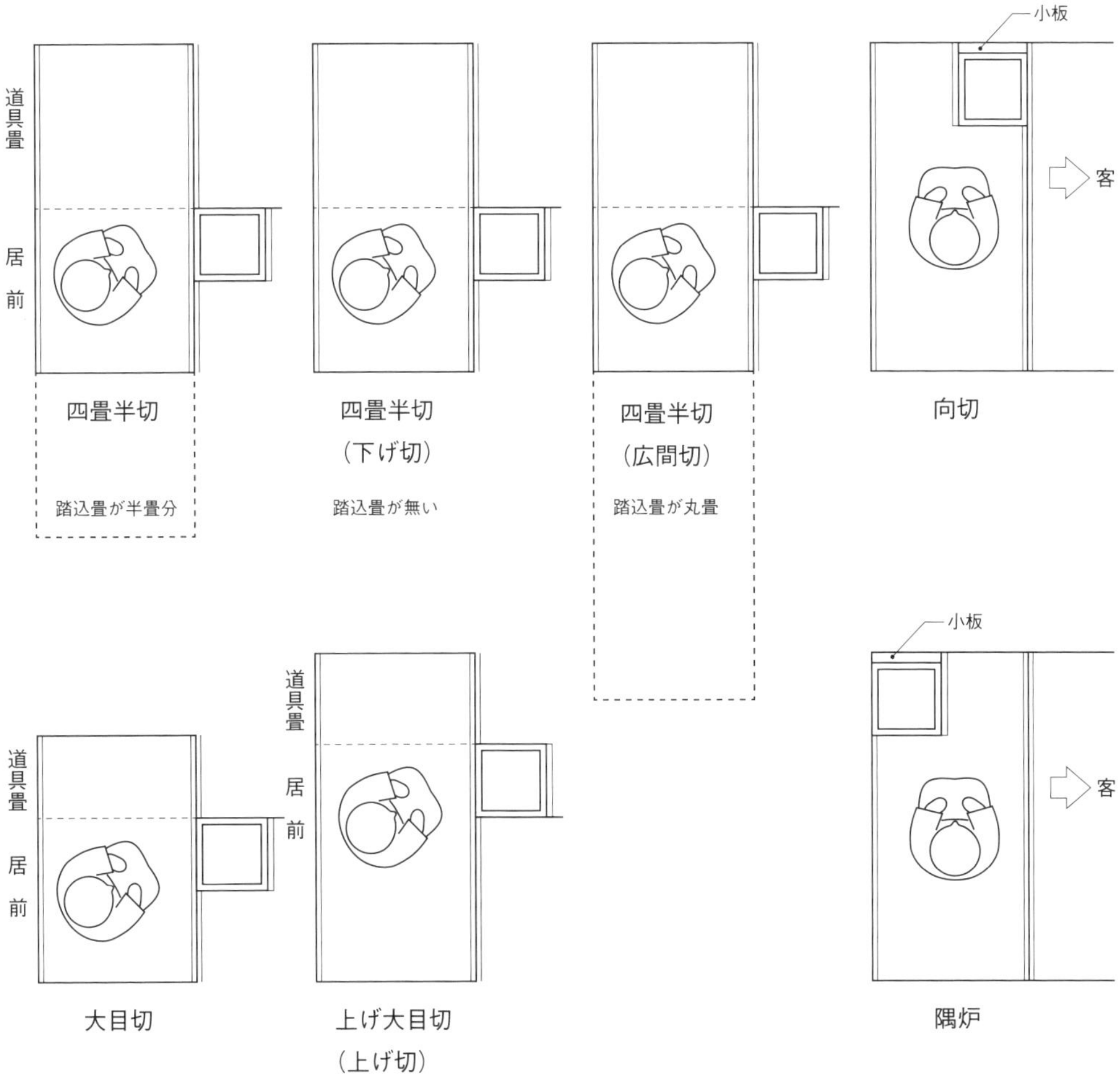

042 炉の切り方〈2〉

ポイント 炉の切り方には、それぞれに性格の特徴があり、その理解を深めて選択したい

炉の選択

先に八炉を示したが、それらについて、もう少し詳しく見ていきたい。まず、八炉はカタログに載った商品のように適当に自由に選べるものではない、ということを承知いただきたい。つまりそれぞれに特徴があり、その理解を深めることが大切である。

現在、一般的には本勝手がつくられることが多い。しかし複数の茶室をもつ寺院や邸宅などの茶苑には、逆勝手の茶室が彩りを添えている場合もみられる。

出炉の選択

四畳半切は、点前座《てまえざ》内の道具畳の面積が半畳あることによって、台子《だいす》を使用した点前《てまえ》を行うことが出来る形式である。

逆に大目切では台子《だいす》を使った点前《てまえ》は不可能である。台子《だいす》は、より格式の高い茶の点て方であり、その意味で、大目切はより侘びた手法といえる。丸畳であっても侘の表現として、上げ大目切が用いられることがある。また台子《だいす》が使用できるのは四畳半切のみであるため、広間では四畳半切の炉が基本となる。

入炉の選択

茶室の中で最小のものは亭主のための畳と客のための畳、つまり畳2枚が敷かれたものである。二畳あるいは一畳大目である。その二畳敷の場合、向切にすると客の目の前に炉がきて、窮屈に感じることも多い。板畳（↓102ページ）を用いて少しのゆとりをもたせたものもある。隅炉ならば、狭いながらも、客の前に少しの余裕ができて使いやすいものとなる。

一方、平三畳や平四畳の場合は、隅炉にすると亭主と客との距離が遠く感じることがある。

もちろん考え方しだいという側面も大きく、茶室の性格によっては先に述べた内容と違う場合もある。

三畳の炉

三畳の場合、隅炉や向切では客と亭主の間が少し遠く感じる。大目切および四畳半切（下げ切）では近く感じる。なお、図の「→」は亭主の炉（火・湯）への意識。

二畳の炉

二畳の場合、向切だとやや窮屈な感じがあるが、隅炉では少し余裕がでる。

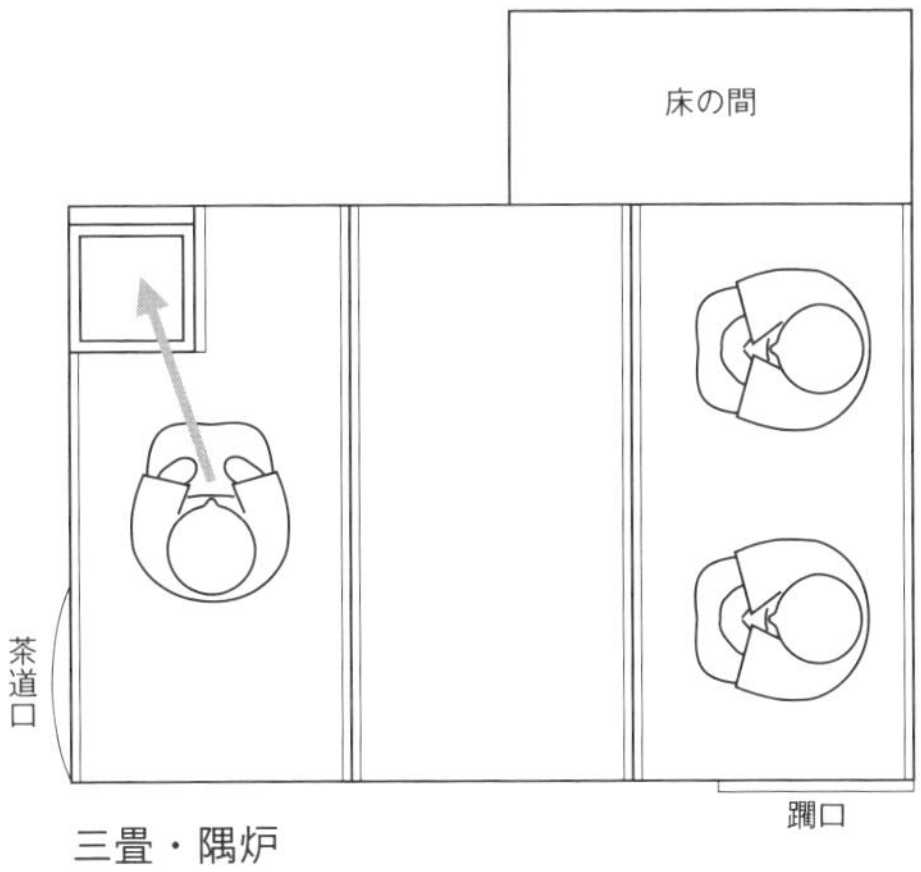

三畳・隅炉

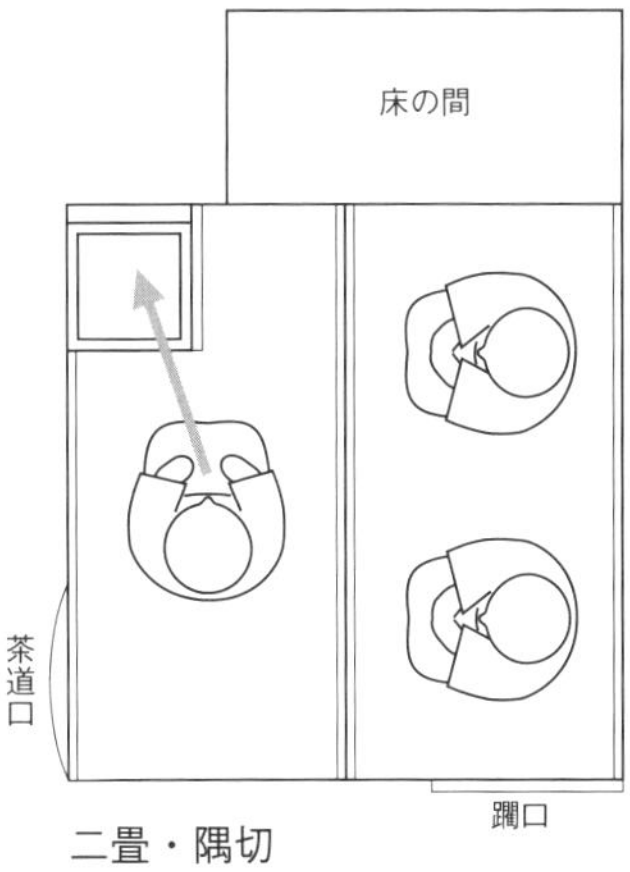

二畳・隅切

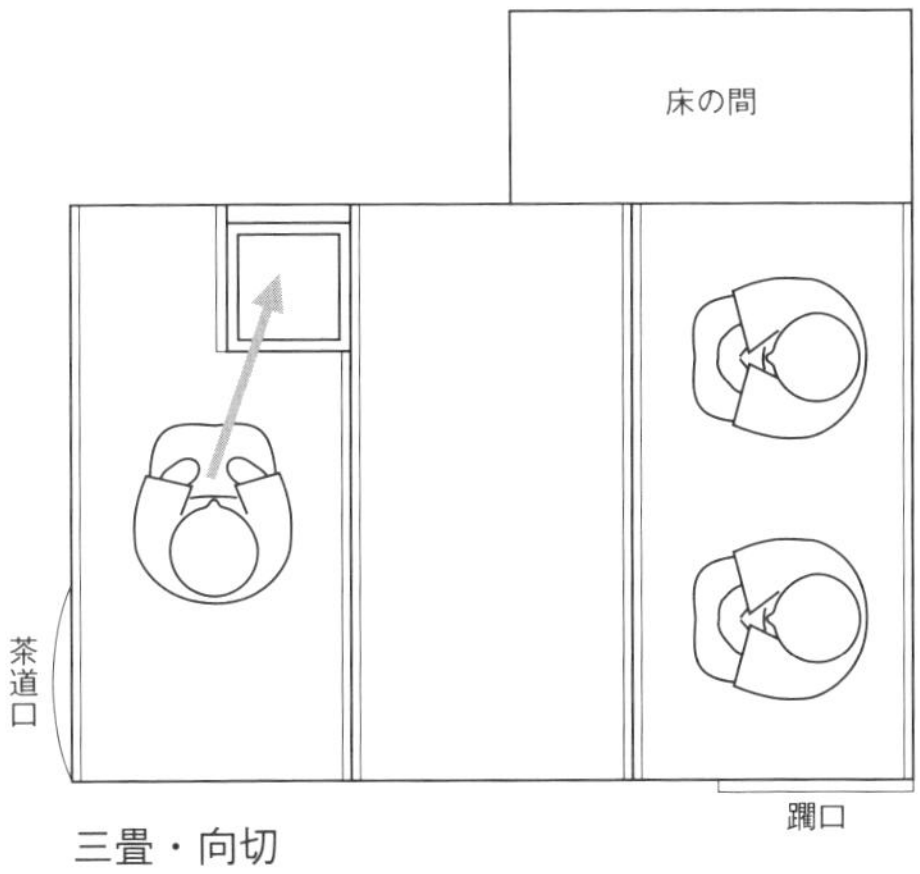

三畳・向切

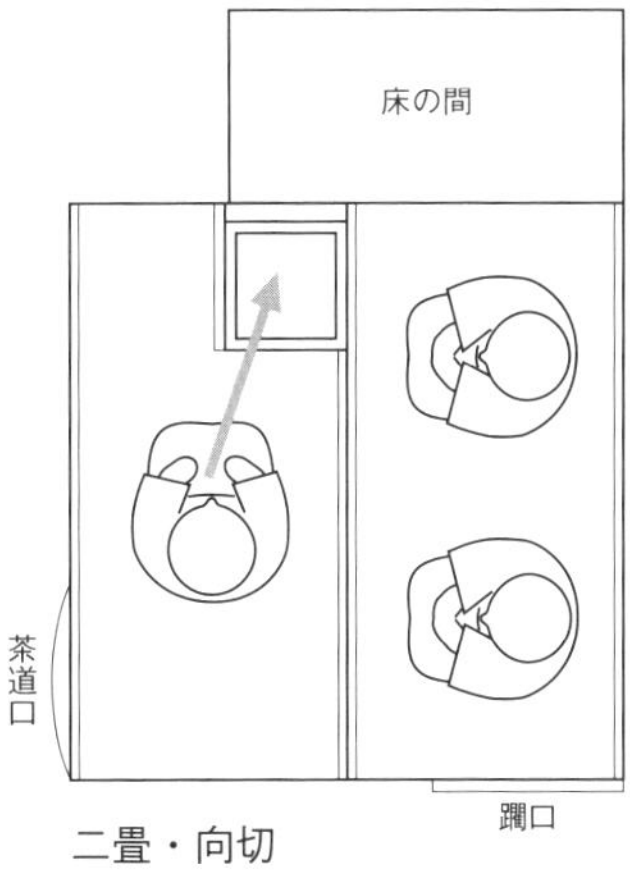

二畳・向切

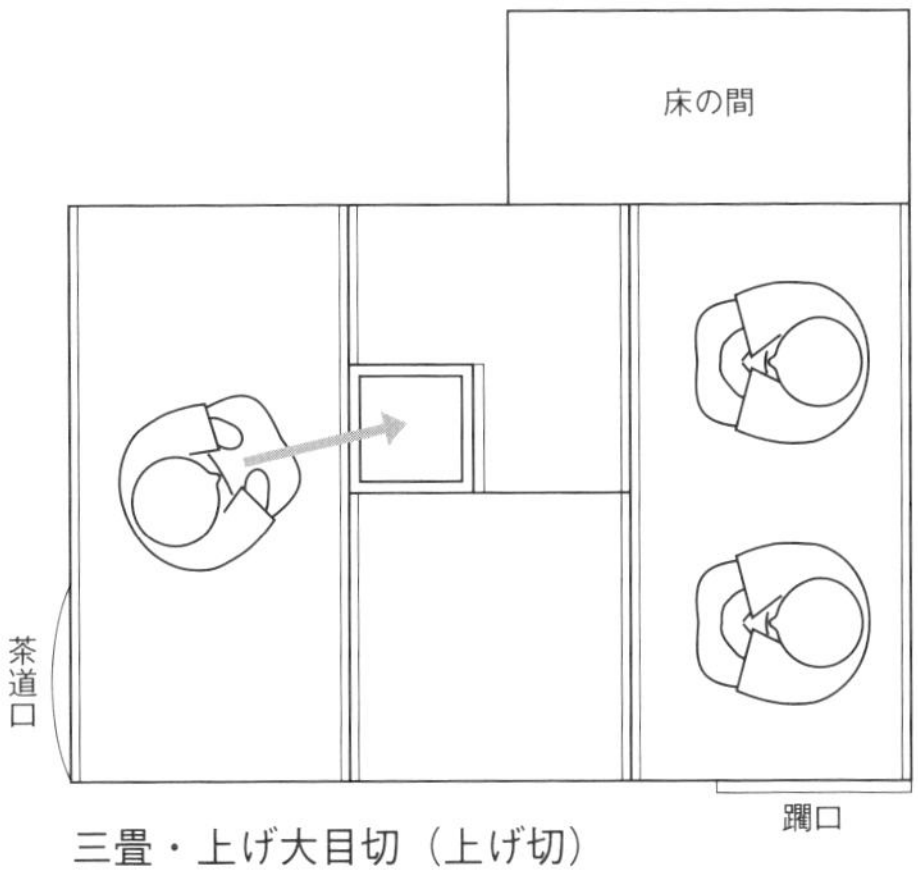

三畳・上げ大目切（上げ切）

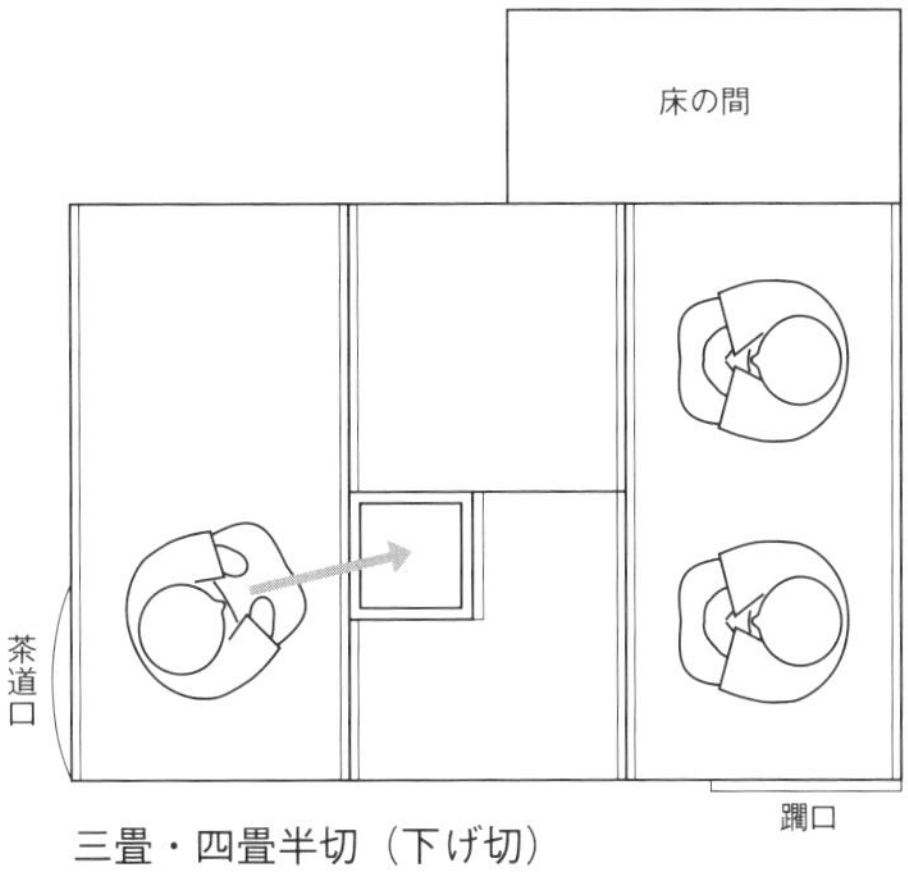

三畳・四畳半切（下げ切）

043 床の間の位置とその呼び方

ポイント 床の間は、貴人が着座した上段と飾りの空間が一体化したものに由来すると考えられ、空間の上位を表現する

床の間の位置

茶室の床の間は、その位置によって名前が付けられており、茶室の性格にも影響を与えている。

床の間は、貴人が着席していた上段と、飾りのための空間が一体化したものに由来すると考えられている。すなわち床の間は、空間の上位を表現するものである。そしてそれは客をもてなすという観点から、客座側に設けられることが一般的である。

上座床・下座床

客座側に設けられた床の間において、亭主からみて前方にあるものが上座床、後方にあるものが下座床とよばれる。

通常、床の間の前が貴人座（正客座）となる。したがって、下座床の場合、極端に正客が亭主の後になってしまう場合、炉付き正客といって、床の間の位置とは無関係に炉の近くに正客が着座する場合もある。

亭主床・風炉先床

一方、床の間は室内の景色としての意味合いも大きい。亭主側、勝手付《かってつき》（客と反対側）に設けられたものは、亭主床という。空間の上下という視点でこれをみると、床の間は上位を表現するが、勝手付《かってつき》は下位を表現する。空間の上下を紛らかしていると考えることができる。さらに客から点前座《てまえざ》をみた場合、その構成する景色のひとつとして役割も大きい。

点前座《てまえざ》の前方、風炉先《ふろさき》に設けられた床の間を風炉先《ふろさき》床とよぶ。客からみると点前座《てまえざ》と床の間が並ぶことになり、これも景色としての意味が大きい。

躙口との関係

茶事における席入りの際、客は躙口《にじりぐち》から室内の様子をうかがうことになっているが、このとき、床の間がその重要なポイントである。躙口《にじりぐち》の正面など、見やすい位置にあることは、使いやすい茶室の条件となる。

床の間の位置

亭主の動線によって上座床、下座床が決まる。亭主床、風炉先床は、点前座（点前畳）の位置との関係で付けられた名称である。

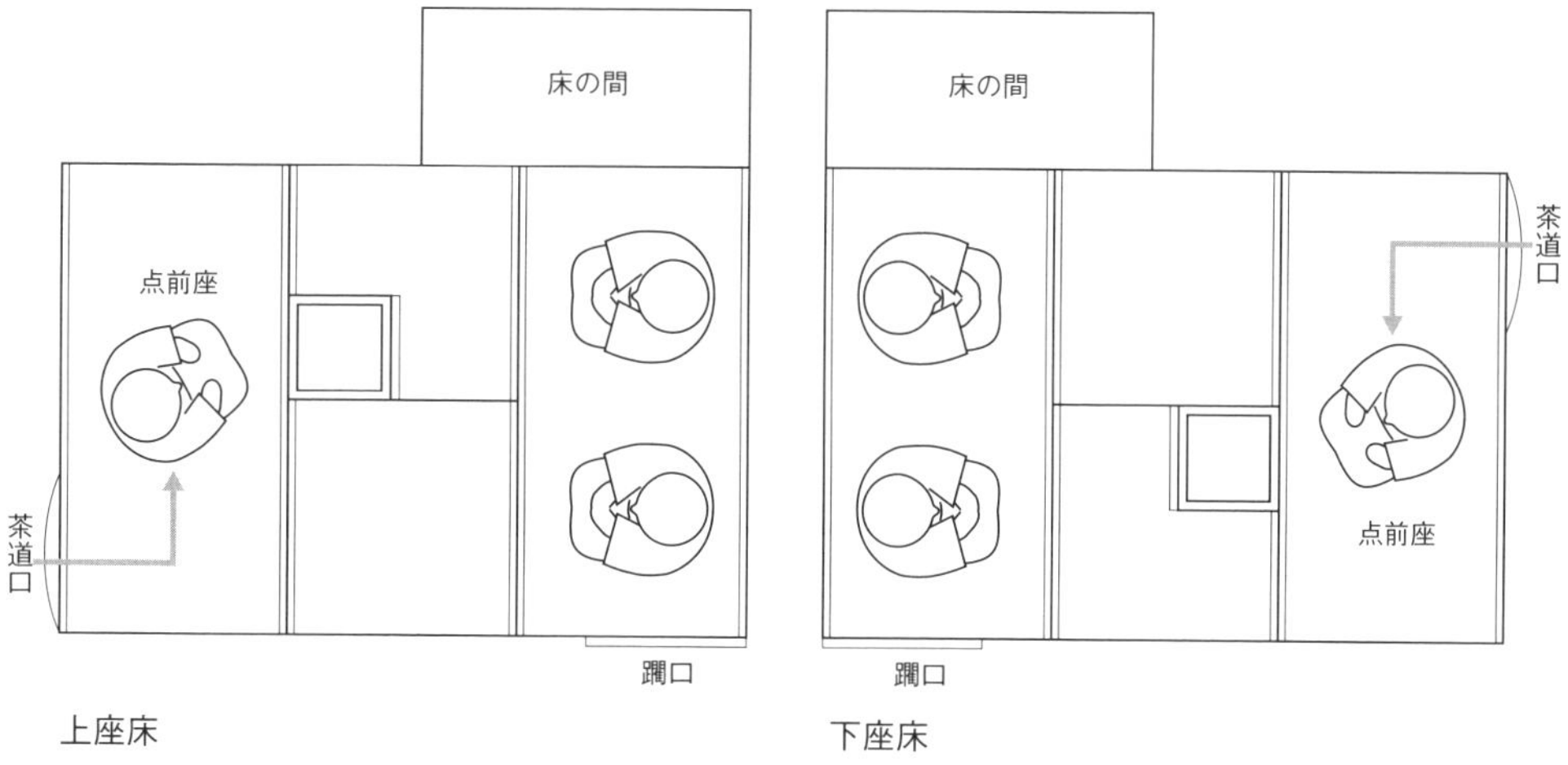

この場合、亭主は茶道口から入り、左に90°向きを変え、さらに右斜め前を向いて着座する。したがって、上座床は亭主の動線から見て前方客座側、下座床は後方客座側に位置する。

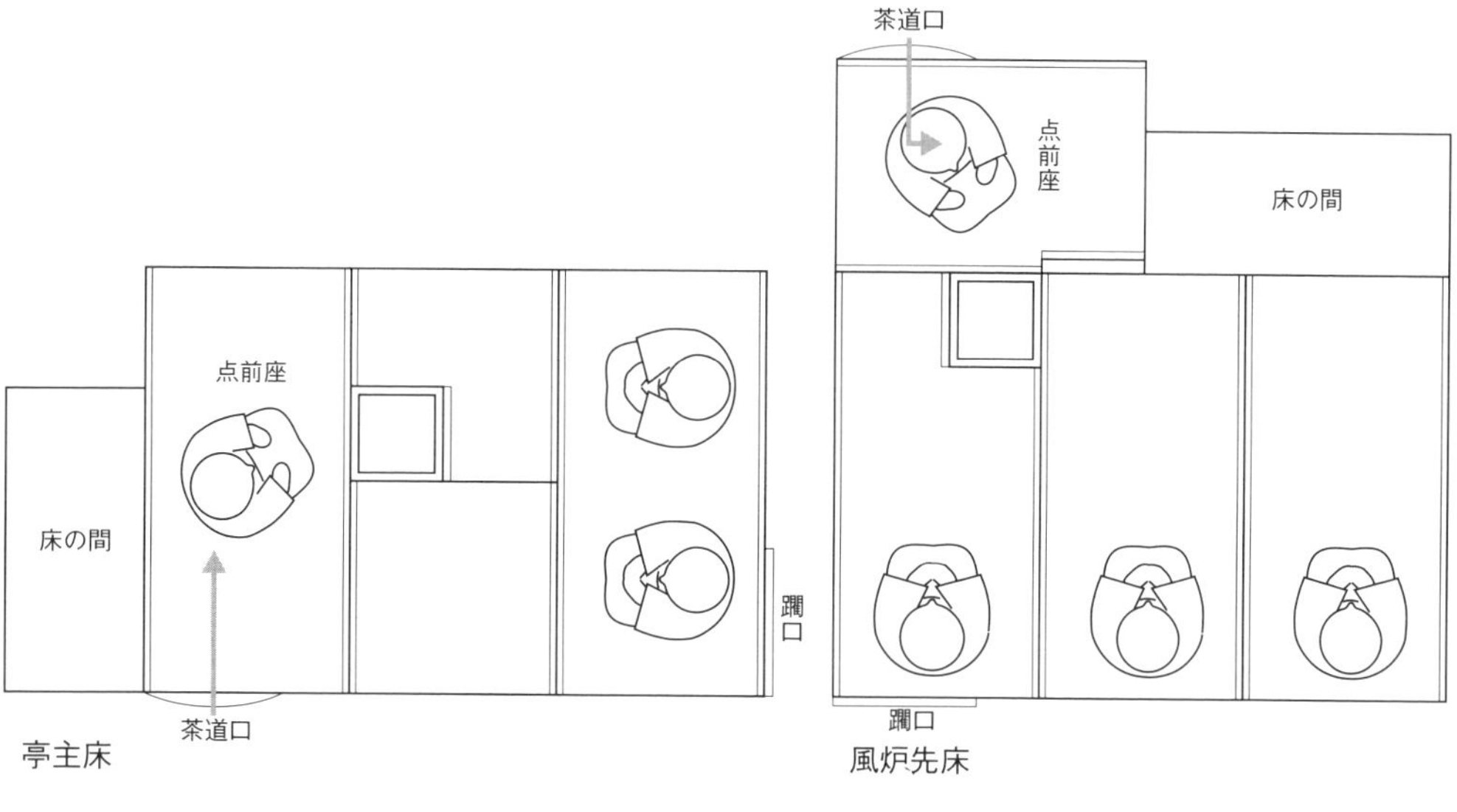

亭主床は、点前座の勝手付、すなわち客と反対側に床の間がある。
風炉先床は、点前座の風炉先、すなわち前方に床の間がある。

044 出入口の種類と動線〈1〉躙口、貴人口

ポイント 躙口、貴人口の配置は茶室の性格による

客の出入り口

茶室の出入り口で、客のために用意されたものは、躙口《にじりぐち》と貴人口である。躙口《にじりぐち》は躙《にじ》り入る（体を小さくして入る）という動作から付けられた名称であり、侘茶空間の基本ともいえる要素である。また貴人口は貴人、つまり身分の高い人を招くために設けた出入り口であり、その意味から格式の高い茶の湯空間に向く出入り口であり、広間においては基本である。

躙口《にじりぐち》と貴人口をどのように配置するのか、あるいは両方必要なのかということは、茶の湯空間の性格を考える上で重要な要素となる。

躙口・貴人口の考え方

小座敷の茶室には、躙口《にじりぐち》があれば良い、貴人口は不要であるという考え方がある。これは侘を追求した茶室の考え方である。

一方、小座敷においても、躙口《にじりぐち》とともに貴人口を設ける場合がある。理由はさまざまである。じっさい貴人を迎えるために設けるという場合以外に、茶室であっても多用途の空間として使用したい場合、開放的な空間をつくりたい場合、室内を明るくしたい場合、などが考えられる。特に明治以後、茶室の暗い空間は非衛生的であるなどと批判された時期があり、ことさら明るくするために、貴人口が好んで設けられたこともあった。

また小座敷でも貴人口だけの茶室もある。侘びすぎるのを嫌う場合や、部屋に茶室以外の用途を意図したものなどである。

躙口・貴人口と動線

躙口《にじりぐち》は床の間の正面が使いやすい（→96ページ）。席入りの際の視線と動線を考えてのことである。また露地からのアプローチを考えると、貴人口は躙口《にじりぐち》に隣り合うことになり、戸の引きしろなどの構造を考えると、矩折《かねおり》（直角）に設ける場合が多い。

躙口と貴人口の位置

まず躙口の位置を考えると、床の間の正面にあるのが理想的である。

次に貴人口の位置であるが、躙口に並べる方法と矩折れに設置する方法が考えられる。貴人口の幅は4尺5寸（1,364mm）程度、躙口の幅は2尺1寸（636mm）程度、それに引きしろを加えると4尺3寸（1,303mm）程度。さらに方立（戸当りに付けられた厚い竪板）などを加えると、4.5+4.3+α≒9（2,727mm）つまり一間半あればその壁面に躙口と貴人口が並んで付けることが可能である。

ただし、貴人口が茶道口に近くなり、使い勝手を考えると図のように矩折れになることが一般的である。また近年では貴人口の外に雨戸をたてることが多く（桃山・江戸期のものにはあまりない、深い庇によりある程度保護していた）、その場合、戸袋が必要となる。

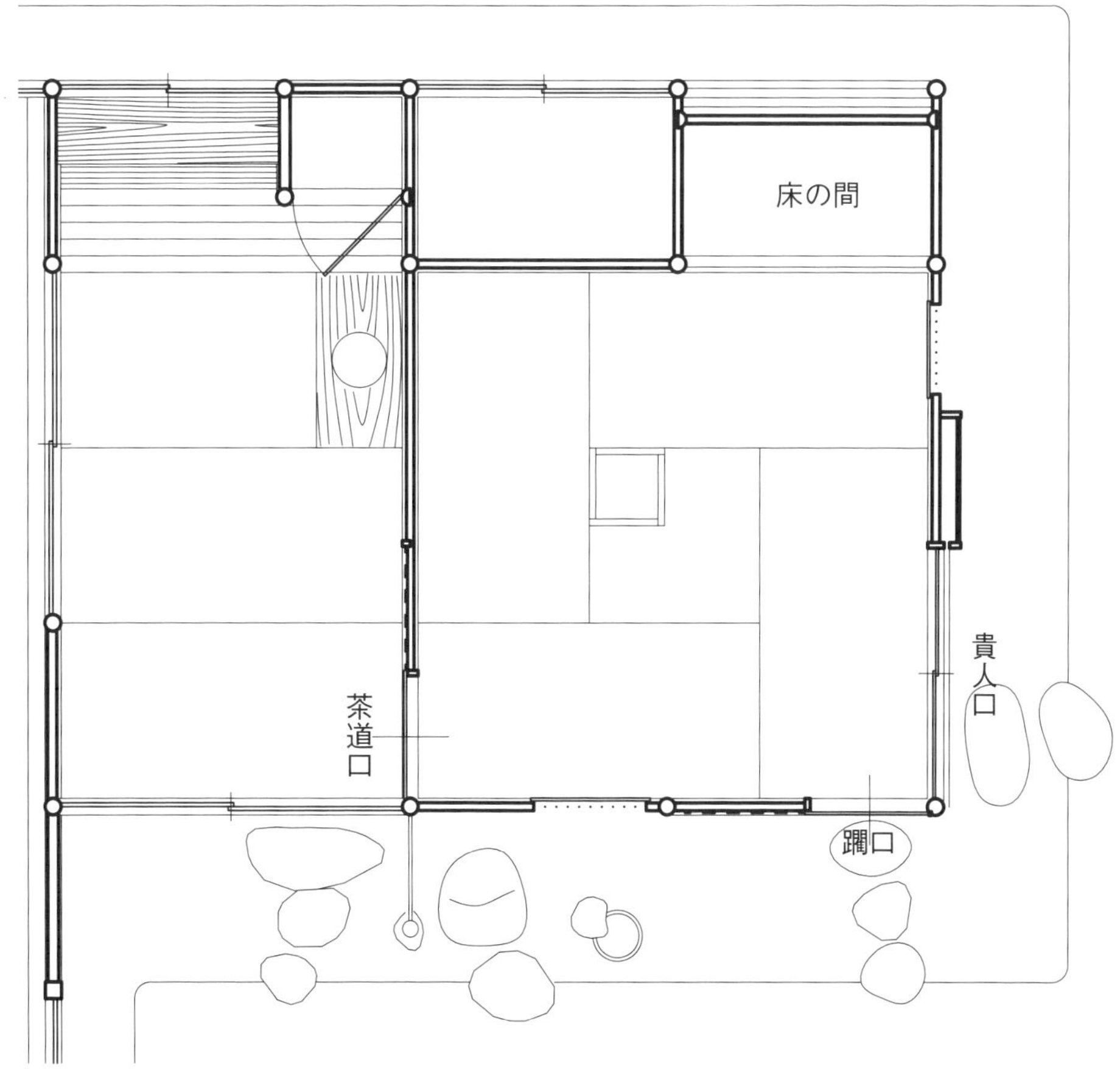

045 出入口の種類と動線〈2〉茶道口、給仕口

ポイント 亭主の出入口は茶道口が基本である。しかし給仕に不便をきたすときには給仕口を設ける

亭主の出入り口

茶室において、亭主の出入り口は茶道口《さどうぐち》である。また別に給仕口《きゅうじぐち》が設けられる場合がある。

給仕口《きゅうじぐち》とは、懐石や菓子などを客に給仕するとき、茶道口《さどうぐち》からだけでは動線に無理がある場合に設けられるものである。

茶道口・給仕口の考え方

侘茶の考え方に、不要なものを取り除くというものがある。その考え方から、給仕口《きゅうじぐち》はどうしても必要なときのみ設ける、というのが基本である。

しかし一方、デザイン上のおもしろさ、あるいは茶室の使い勝手の多様さを狙って、茶道口《さどうぐち》とは別に給仕口《きゅうじぐち》をあける場合もある。さまざまあって良いのだが、茶室にどのような性格を考えているか、によって違ってくる。

茶道口・給仕口と動線

茶道口《さどうぐち》は亭主が点前座《てまえざ》へ向かうための入口である。このときの亭主の動線の基本は、まっすぐ進むか、あるいは入室直後に一度直角に折れて点前座《てまえざ》に進むかのどちらかである。直進してから折れ曲がることや、何度も曲がることはあり得ない。ただ例外的に、戻り点前《てまえ》というものがあって、点前座《てまえざ》で180度回転するものもある。一般的には、水屋から点前座《てまえざ》の動線の中で、茶道口《さどうぐち》の位置はおよそ決まってくる。

次に、給仕口《きゅうじぐち》を設けなければならない場合はどのような場合であろうか。基本的な考え方としては、点前座《てまえざ》の前方の道具畳（→91ページ）部分、および炉、炉の脇の茶碗や道具類を出す場所など、そのようなところには、足を踏み入れない方がよい。茶道口《さどうぐち》から入って客座までの動線に先に挙げた部分が含まれる場合、給仕口《きゅうじぐち》を設ける必要がある。

給仕口《きゅうじぐち》は茶道口《さどうぐち》に隣り合うことが多いが、離れた場所に設けられることもある。

給仕口を設ける例

a、c、d、eの点前座の構えを大目構え（→186ページ）という。
大目構えの場合、炉の脇に中柱と袖壁がたち、また、反対側では狭いアキ（1尺7寸5分、530mm）しかなく、炉に火が熾り釜が掛けられているときは通りにくい（茶碗や道具類を並べるために清潔にしておきたい場所でもある）。このようなとき給仕口が設けられる。なお、bでは茶道口から給仕もできる。

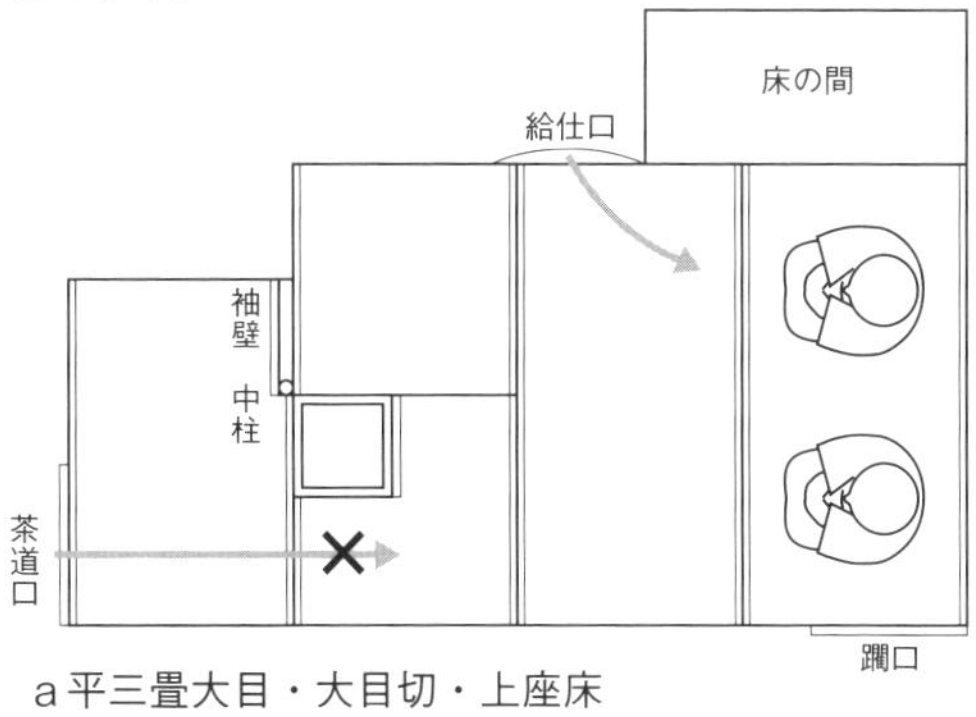

a 平三畳大目・大目切・上座床

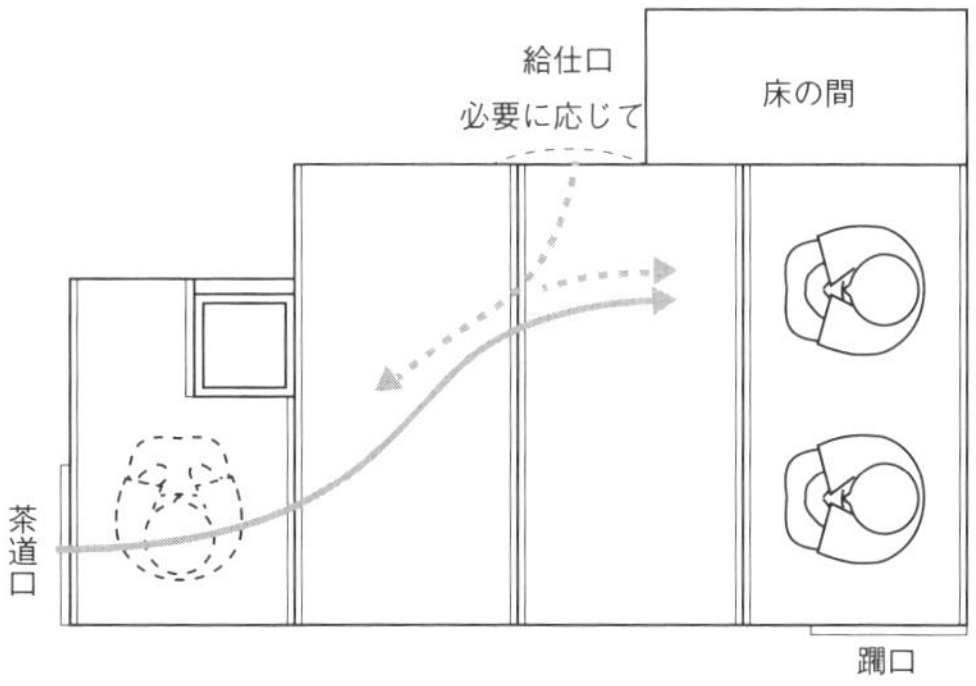

b 平三畳大目・向切・上座床

茶の湯本来の姿として、すべて亭主と客とで茶事が進行するときは、茶道口から給仕ができるので、給仕口は不要。しかし、お運び* を考えるならば、亭主が点前座に着座しているので、別に給仕口を設けることもある。

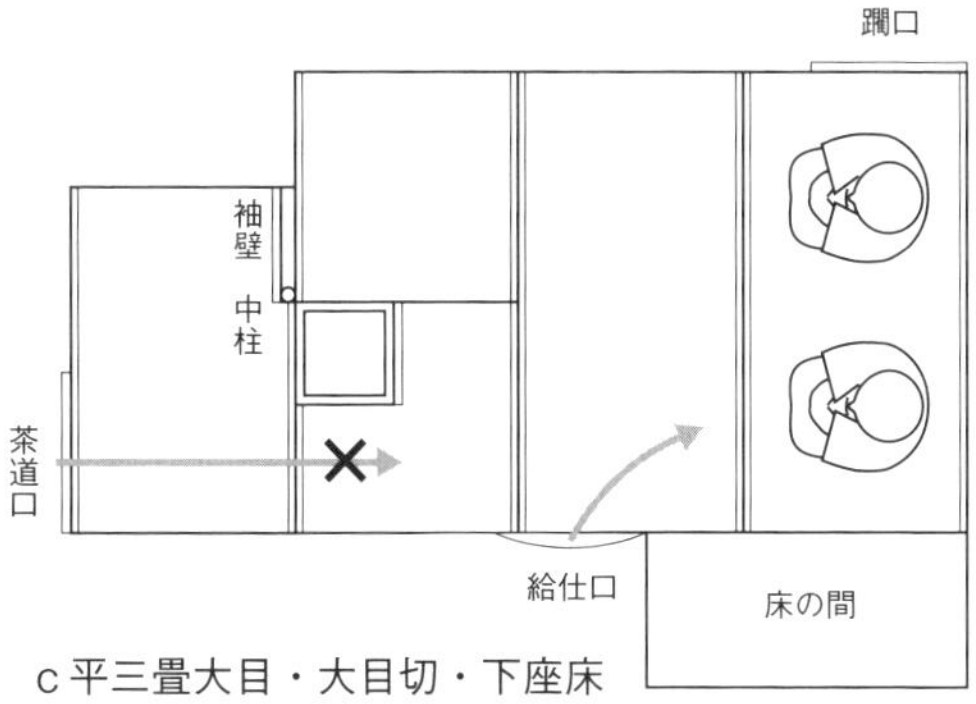

c 平三畳大目・大目切・下座床

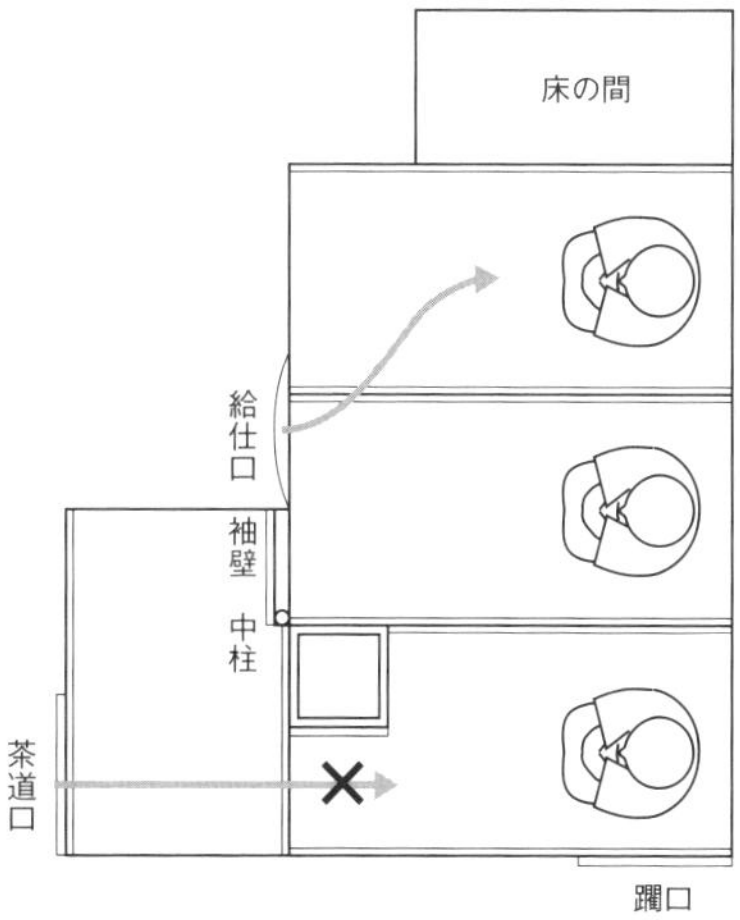

d 深三畳大目・大目切・上座床

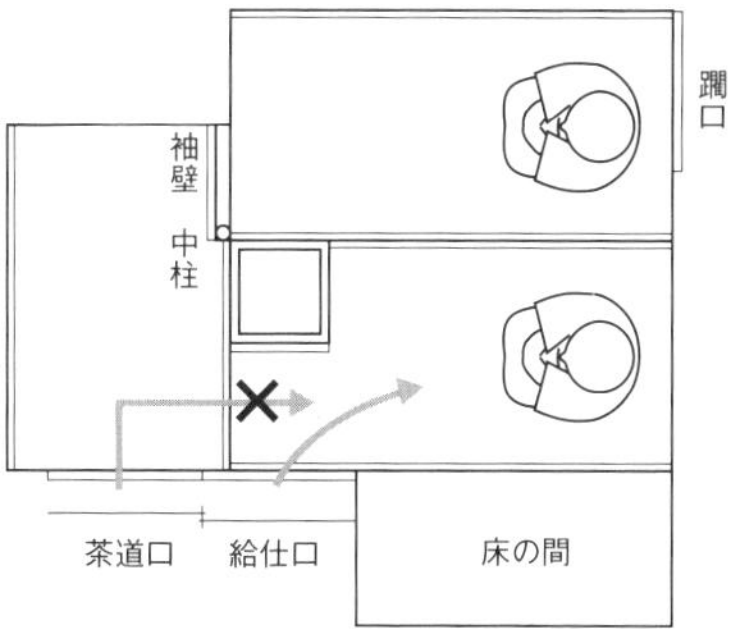

e 二畳大目・大目切・下座床

左側を開けると茶道口、右側を開けると給仕口。両方同時に開けることはないので引違の建具とすることができる。なお、この場合、半東が客に茶をもっていくことは難しくなる。

お運び：亭主の点てた茶、あるいは水屋で点てた茶を「半東」あるいは「お運び」が客に出すこと。亭主が点てた茶は、客が直接取りに行くのが本来であるが、亭主を手伝う半東が、客に持っていくこともある。また人数の多いときなど、水屋で点てた茶を直接客に持っていくこともある。

046

板畳

ポイント　茶室は、畳の大きさを基準として、極限に狭くつくられた空間である。少し大きさに変化を付けたいとき、板畳が有効である

板畳とは

　茶室には板畳が使用されることがある。板畳は畳のように扱われる板のことである。通常、丸畳、大目畳、半畳だけで茶室の床《ゆか》が構成されるのであるが、何らかの理由によって、板畳がそれらの畳に加わることがある。空間を使いやすくするため、また大きさの微調整や平面の形を整えるため、などの理由がある。

　茶室は極限に狭くつくられた空間であるので、それを少し変化させるには、この板畳が大変有効である。

板畳の種類

　前板と脇板はそれぞれ、床の間の前と脇に敷くことによって、床の間周辺からの給仕を円滑にする目的がある。また大目床の場合、平面の形を整える役割もある。

　鱗板《うろこいた》は、織田有楽《うらく》がつくった茶室如庵《じょあん》に採用されている板畳で、やはり給仕を円滑にする目的がある。茶道口《さどうぐち》から客座への動線を確保するために設けられたものである。また、斜めの壁を設けることは、デザインのおもしろさを表現したという側面もある。

　向板《むこういた》は一畳大目の席など大目畳の前方に敷く板で、併せると丸一畳となり、平面の形を整える役割がある。点前座《てまえざ》に大目畳を使うのは、亭主の空間により謙虚な意味付けを行うためである。また床の間がない場合、花を飾る場所として使用されることもある。

　中板《なかいた》は、亭主と客との間に敷かれる板畳で、幅が1尺4寸、すなわち炉の幅であり、炉を挟んで亭主と客との間の距離の調整に使われる。また広義で次の半板《はんいた》のことを示す場合もある。

　半板《はんいた》は中板《なかいた》よりも幅の狭い板畳で、微妙な距離の調整に使われる。通常、出炉（四畳半切・大目切）の場合は中板《なかいた》が、入炉（向切・隅炉）の場合は半板《はんいた》が設けられる。また半板《はんいた》は「なかいた」と呼ぶこともある。

板畳

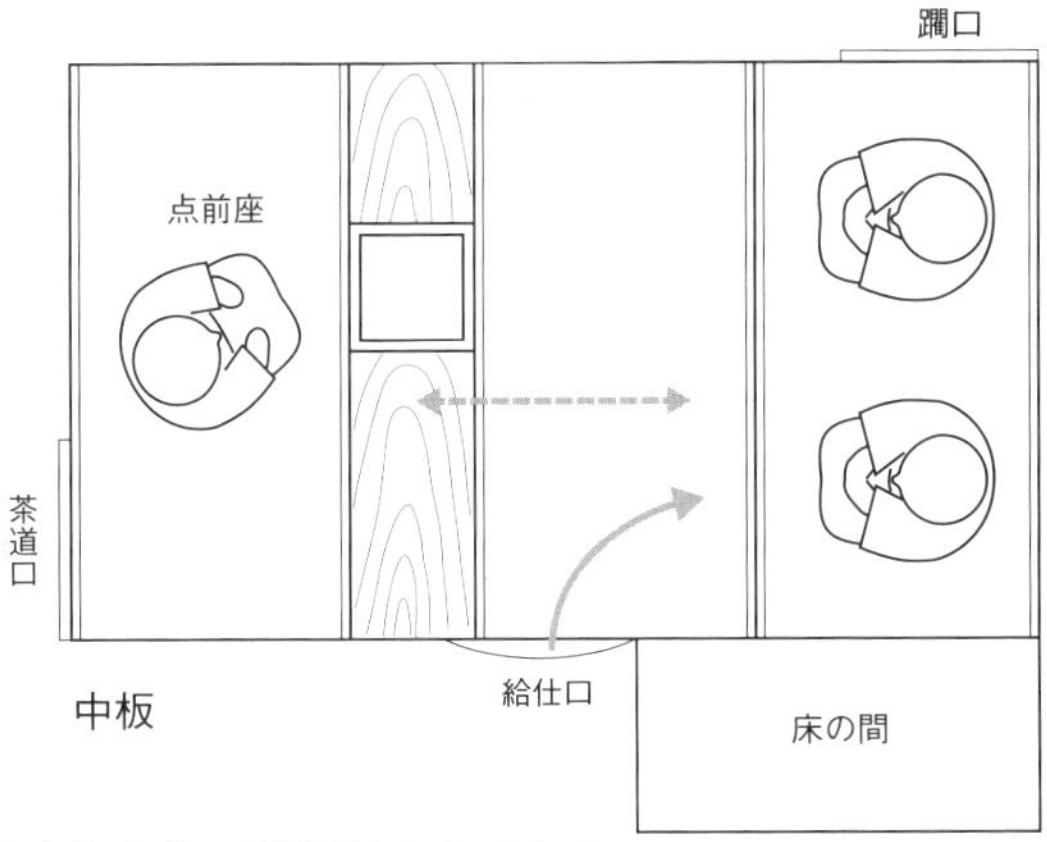

中板

亭主と客との距離がややひらく。

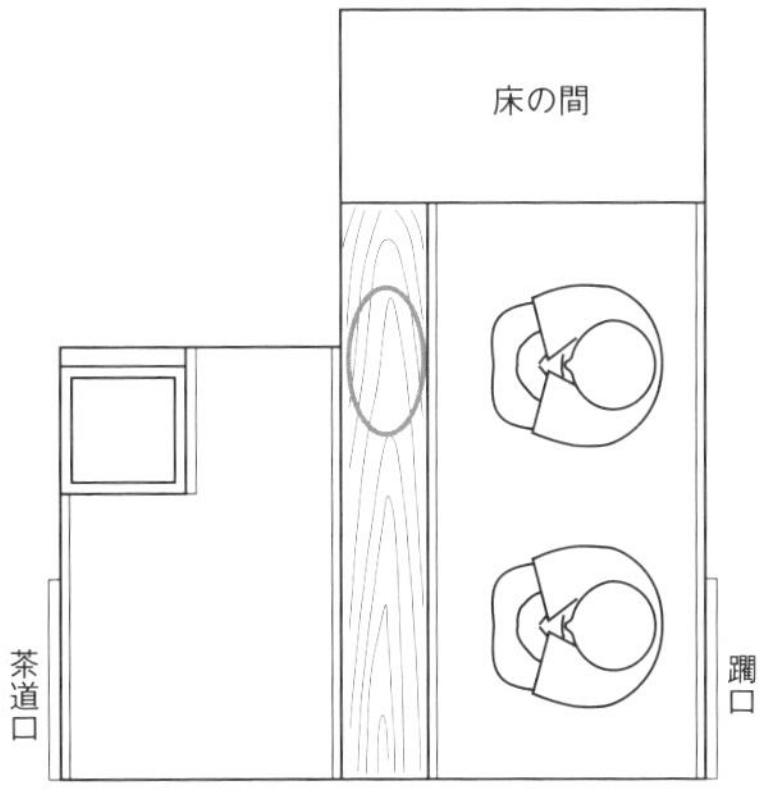

半板（中板ともいう）

正客の前に少しゆとりが生まれる。

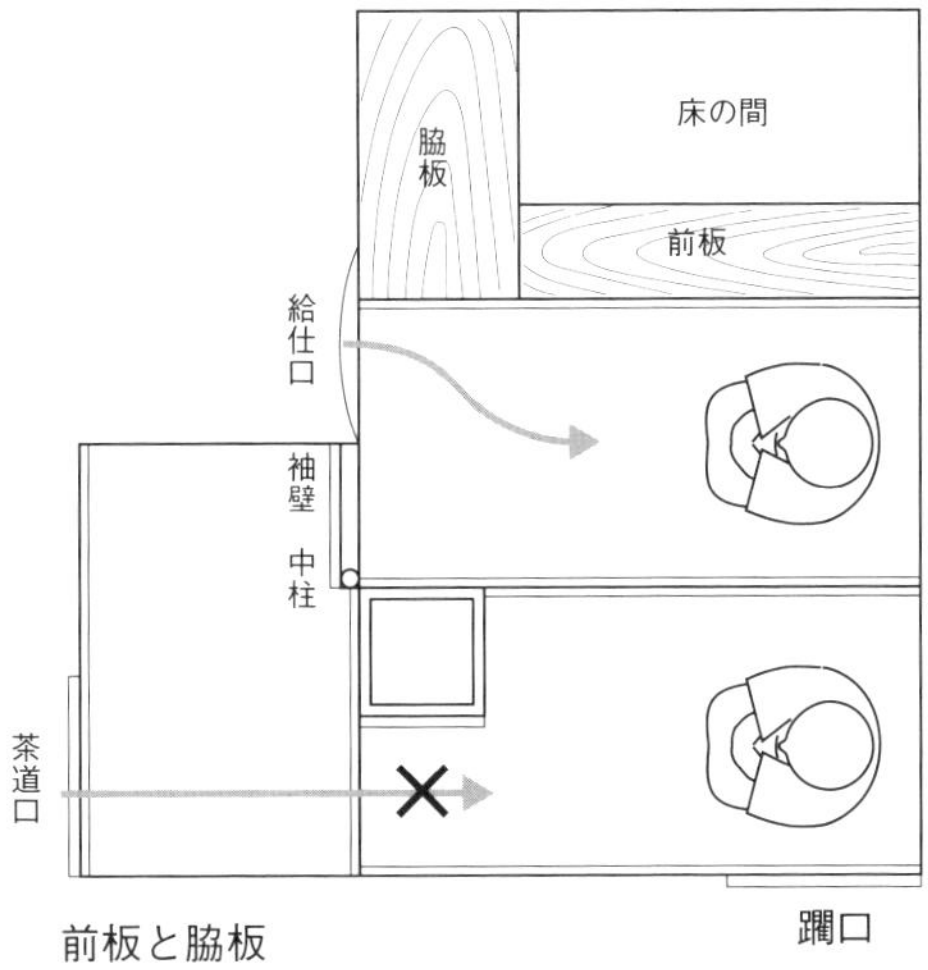

前板と脇板

茶室の形が整い、給仕口を設けやすく、給仕の動線を確保しやすい。

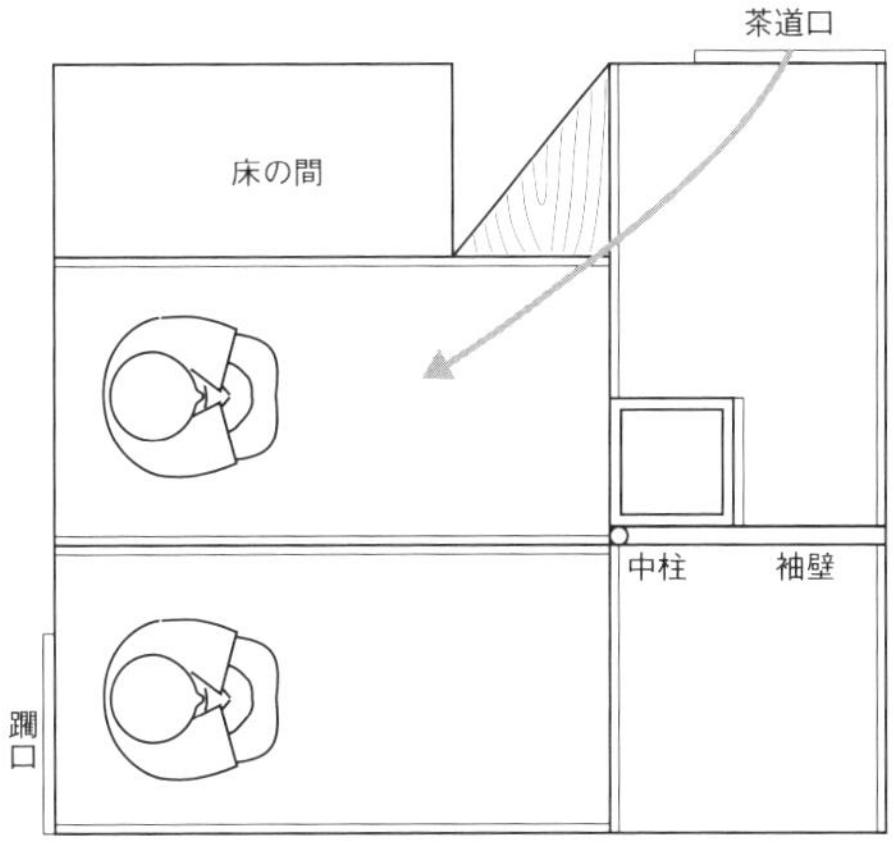

鱗板

茶道口からの給仕の動線が確保される。

→ は給仕の動線を示す

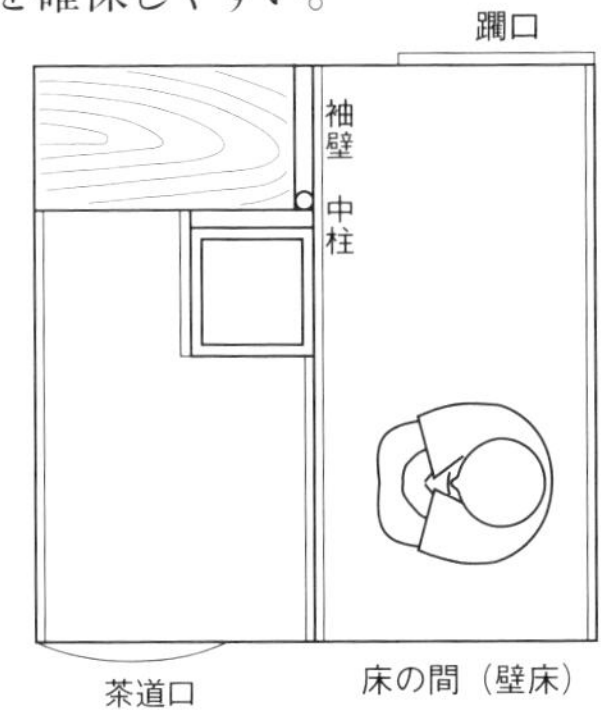

向板

一畳大目向板の場合、客座は丸畳であるが、正式に客として迎えることができるのはひとりである。一般に客畳が丸畳ならば2 ～ 3 人座ることができるが、この場合は、客の前に余裕がないので、複数の客を迎えることができない。また床の間は、客の近くに設けることを考えると、必然的に下座床となる。

047 水屋と台所の位置

ポイント 水屋は茶室に近いほうが使い勝手がよいが、その視線や音には配慮が必要である

水屋と台所について

部屋としての水屋（→192ページ）は亭主が点茶の準備を行うところで、水屋流し（狭義の水屋、以後、流し）と道具類を置く棚と物入れなどからなる。

台所は、茶事を行う場合には必要な施設で、懐石の準備を行うところである。一般家庭の台所と基本的には同じで、兼用される場合も多い。

水屋の位置

部屋としての水屋は、茶室の横に設置されることが多い。亭主は水屋で控えており、懐石の時などのタイミングを計るには、近い方がよい。また茶道具は傷みやすいものも多く、したがって離れた場所から運ぶには少し抵抗もある。しかし、さまざまな事情で茶室から遠いところにつくらなければならないときは、茶室の近くに道具類を置く仮置棚などを設け、仮置きのできる場所を確保しておくと良い。

一方、水屋が近くにあっても、流しが茶室の壁面の裏に位置している場合などは、その音が気になることもある。流しを茶室の壁面から離すなど、注意が必要である。

また、客座から茶道口《さどうぐち》や給仕口《きゅうじぐち》を開けたとき、直接流しが見えないようにする配慮も必要である。どうしても見える場合は、屏風を立てるなどして視線を遮るようにする。

台所の位置

かつて台所は、茶室から遠く離れた場所であることが多かった。特に茶の湯専用というものはなく、寺院だと庫裡《くり》など、通常の調理場が使用されることが多かった。

しかし、炊飯器やコンロ、さらに電子レンジなどコンパクトな器具が使用されるに従い、茶室の近くに設けられることも多くなった。一方、衛生面を考えるとある程度の明るさは必要である。茶室からの視線や茶室への音、光などに注意を要する。

茶室・水屋・台所の位置関係

水屋は茶室の隣、台所はその隣にあると、動線としては理想的である。しかし客からの視線には注意を払わなければならない。

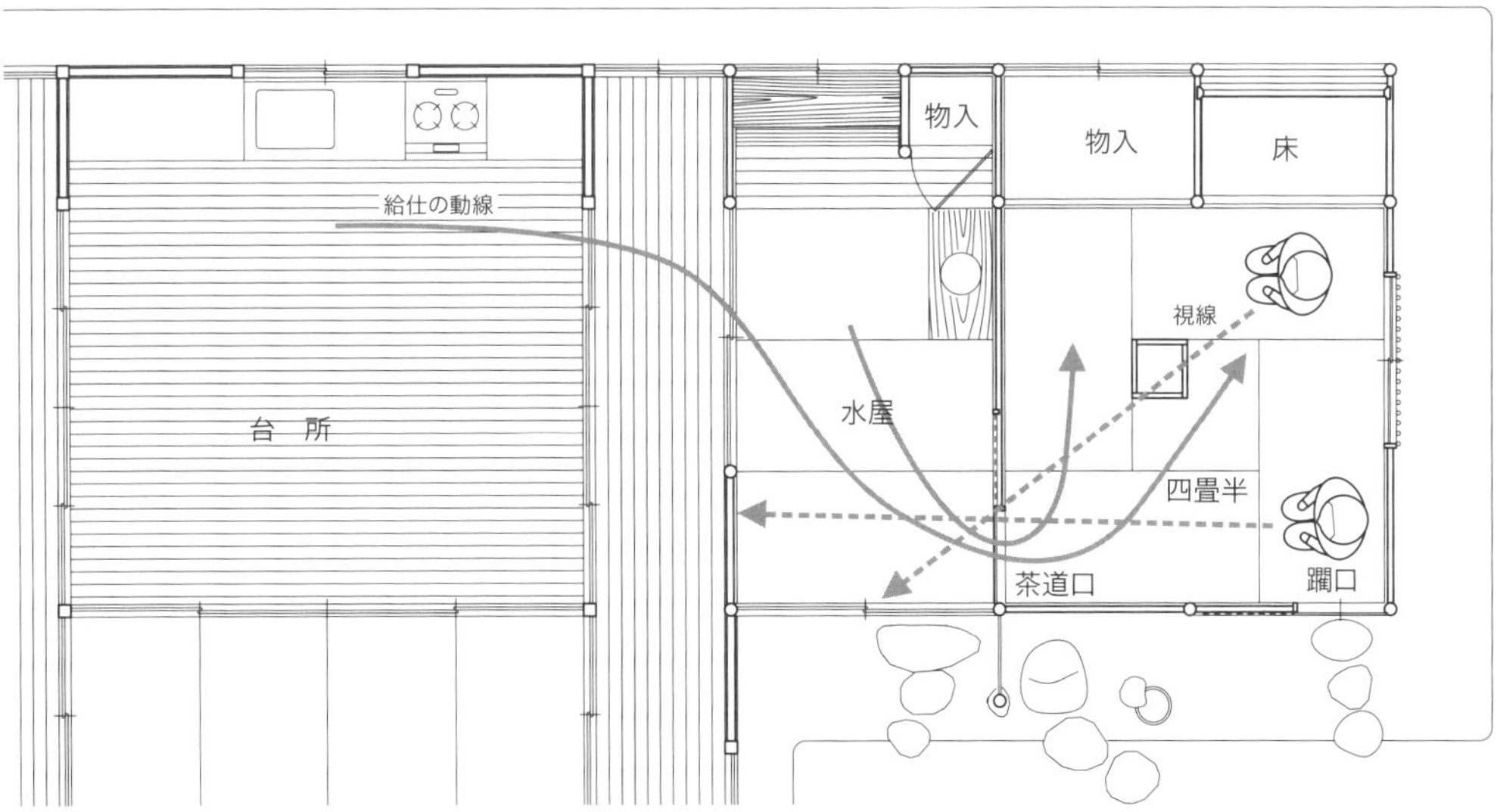

裏千家又隠の仮置棚

二重棚（焙烙棚《ほうらくだな》）の形式。

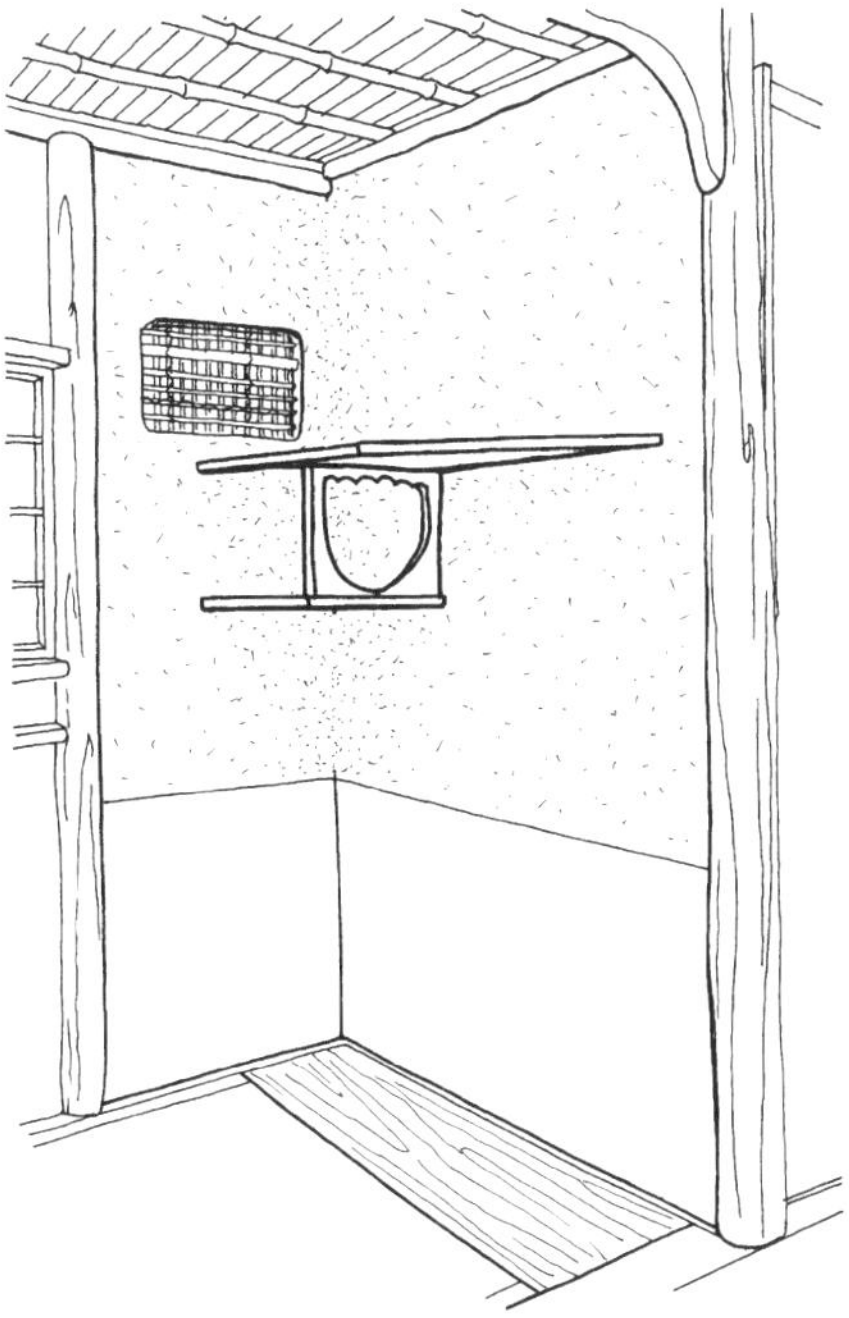

妙喜庵待庵勝手の仮置棚

三重棚の形式。

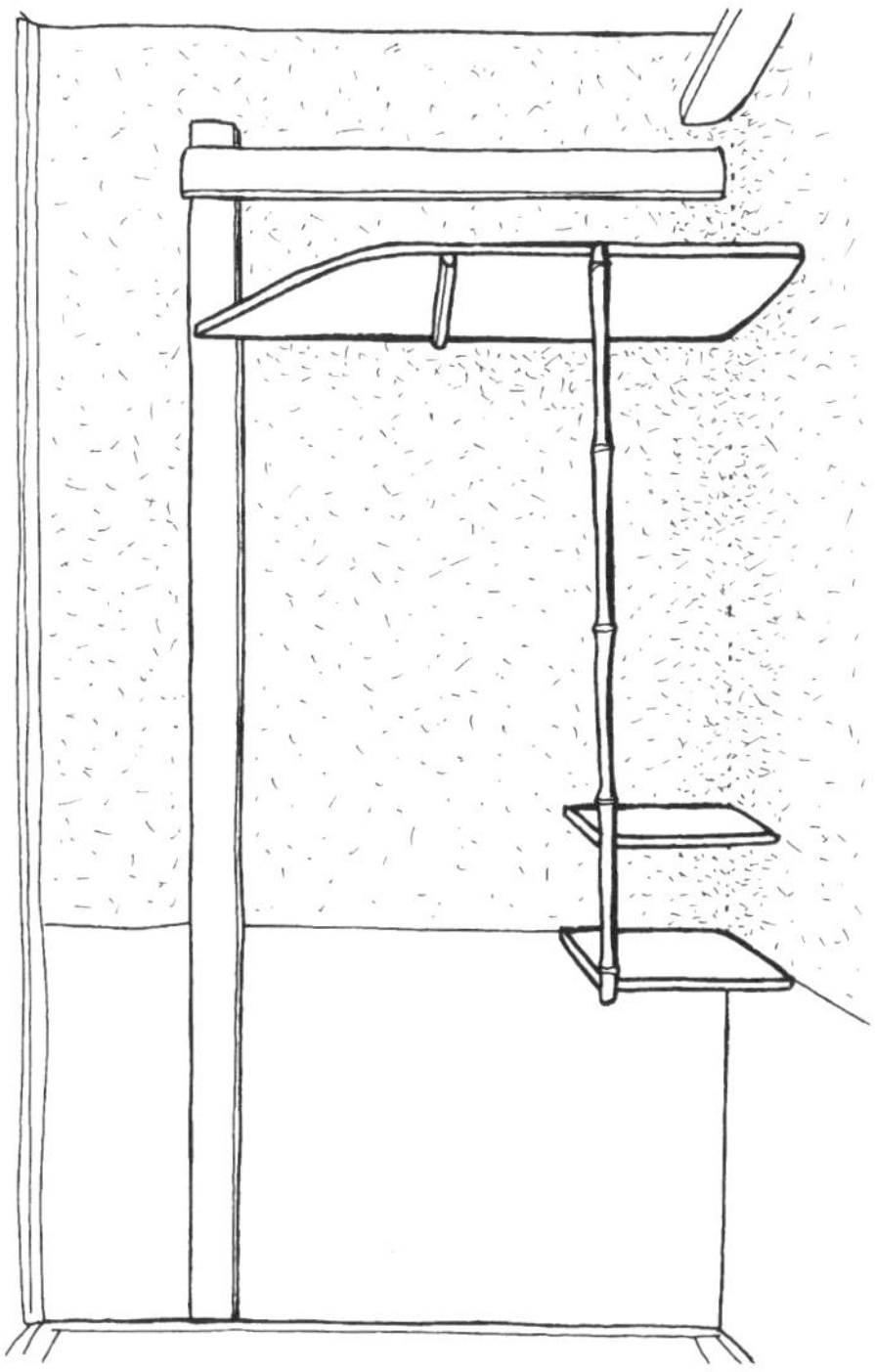

048 茶室の平面計画〈1〉

ポイント 躙口をあけると外部の光が差し込み、上部の窓からの光とともに床の間を照らす

茶室の間取りの考え方

茶室の間取りを考えていく上で大切な要素として、畳の敷方や、床の間の位置、点前座《てまえざ》の位置、出入り口や窓の位置などがあり、動線や光の方向などそれらの要素が複雑に絡まり合ってくる。各部に関しては、それぞれの項目を見ていただきたいが、ここからは、それら相互の関係をひもといていきたいと思う。

床の間と光線の方向

床の間は、かつて貴人の座としてあったと考えられるもので、空間の上位を示す場所である。また茶事においては客が席入りの際、躙口《にじりぐち》から席中のようすをうかがうとき、まず拝見するところである。

躙口《にじりぐち》と床の間の位置関係は先にも述べたが（→96ページ）、躙口《にじりぐち》の正面が理想的で、あまり大きく角度を振ると、使いにくいものとなる。そして躙口《にじりぐち》をあけると、そこから外部の光が差し込んでくる（間接光）ので、床の間が正面にあると、それが照らされることになり、その点においても理想である。また躙口《にじりぐち》の上部には連子窓が設けられることが多く、その窓を通しての光もそれを補助する。

逆に床の間の近くから躙口《にじりぐち》に向けて多量の光が差し込む場合、躙口《にじりぐち》から入ろうとした客には逆光となり、床の間はシルエットになる。その場合、墨蹟《ぼくせき》窓（→172ページ）を設けるのも1つの方法である。床の間が躙口《にじりぐち》に横並びの場合、暗くて見えにくいものとなり、また場所の確認も困難となる。

ここで注意したいのは、昼間、茶室の中は非常に暗いということを前提としていることである。草庵茶室は閉鎖的なものが多く、また初座の場合は窓に簾《すだれ》がかけられるからである。もっとも開口部が多く、明るい茶室もあるので、状況に応じて、ということは付け加えておきたい。

茶室の平面計画例〈1〉

あまりないことだと思うが、もし躙口側に窓がなく、床の間脇に大きな窓がある場合、床の間はシルエットになって拝見しにくくなる。

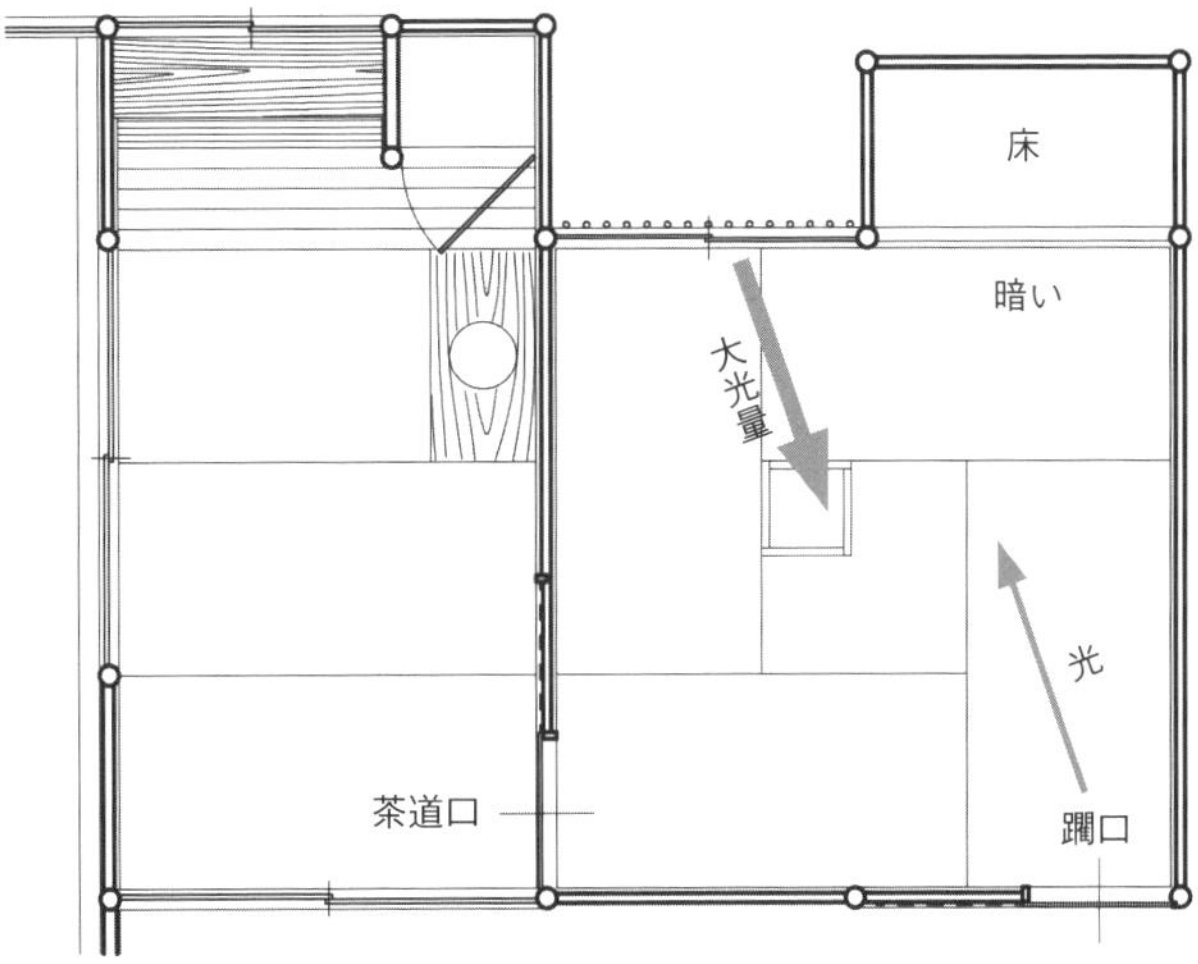

通常、躙口上部には連子窓があけられることが多い（ときに下地窓の場合もある）。この場合、躙口側から多くの光が入ってくる。床の間が正面にあると床の間に光を当て、拝見しやすいものとなる。

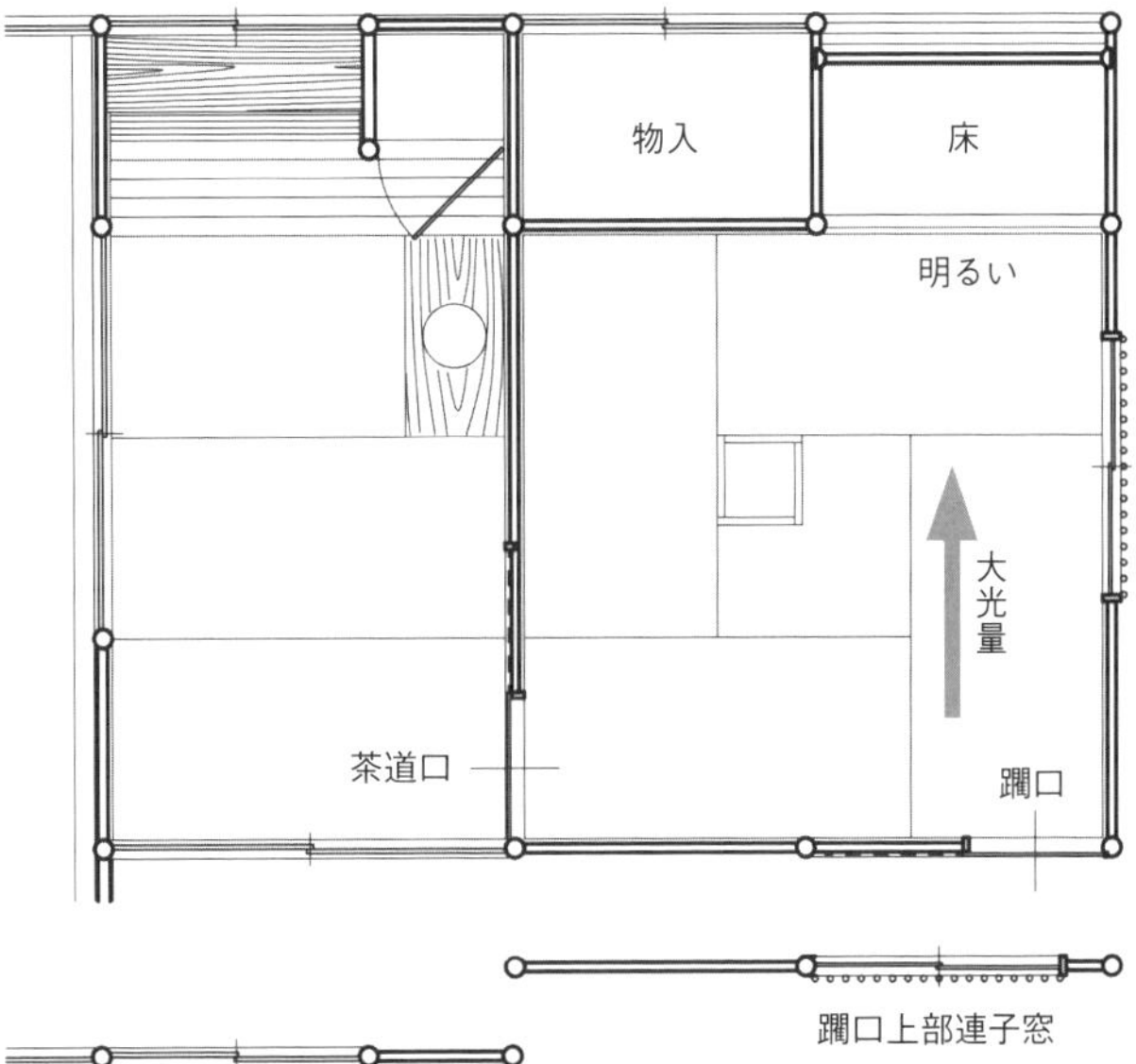

あまりないことだと思うが、床の間が躙口のならびに位置した場合、客が躙口から茶室内をうかがおうとした場合、床の間がみえないので、使いにくいものとなる。

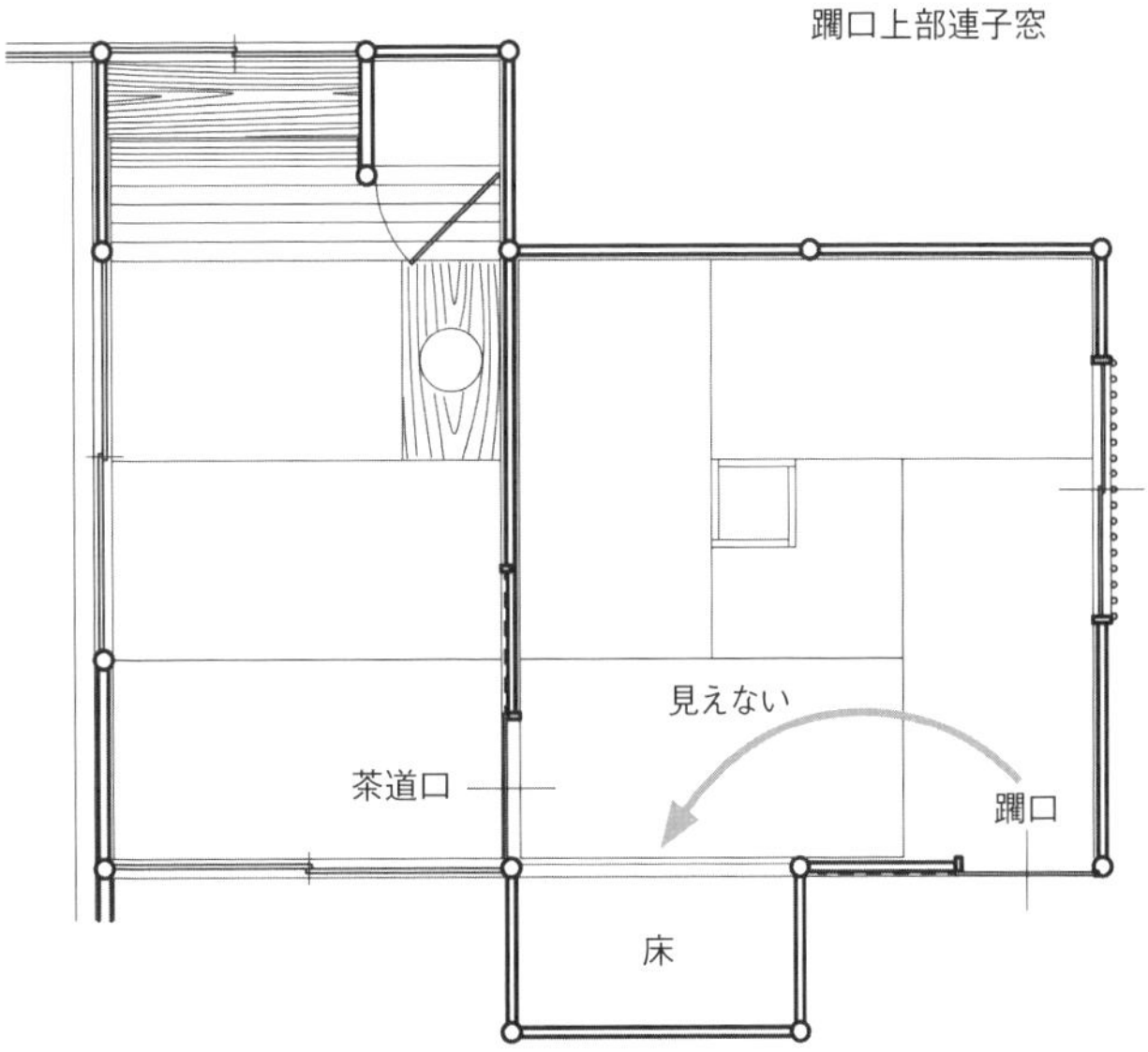

049 茶室の平面計画〈2〉

ポイント 茶室内は、光のバランスが大切である。点前座が照らされるような組み立てが必要である

点前座を中心として

点前座《てまえざ》は、亭主が点前《てまえ》を行うときに着座する場所である。したがって先に示したように、茶道口《さどうぐち》との関係はほぼ決まってくる。

点前座《てまえざ》と客座は、茶室において相対する場所に位置付けられる。侘茶の原理からいって、無駄な空間をなくすためには、客座の後方や側面によけいなスペースをつくるわけにはいかない。亭主との間は重要な間合いとなり、考え方によってその幅が決まる。

躙口《にじりぐち》は通常、客座の側に設けられる。あり得ないことだが、点前座《てまえざ》側につくると動線が複雑になってしまう。したがって躙口《にじりぐち》は茶道口《さどうぐち》とは離れた位置にあけられることが多い。

先の床の間の位置をこれに合わせると、床の間と茶道口《さどうぐち》と躙口は、丁度三角形、それも正三角形になるように配置されたものがひとつの理想ともいわれている。

光と窓

床の間と光線については先にも述べたが（→106ページ）、点前座《てまえざ》と客座との間の光の関係にも注目したい。

一般的には、点前座《てまえざ》をより明るくする方がよい。それは点前《てまえ》の様子がよりよくわかるからである。そのためには客座側から多くの光（間接光）が入り、点前座《てまえざ》側を照らす必要がある。反対に点前座《てまえざ》側から、特に勝手付《かってつき》から多量の光が入ると、点前《てまえ》がシルエットになって、不都合である。

しかし点前座《てまえざ》の勝手付《かってつき》には、色紙窓（→172ページ）などを設けることがある。点前座《てまえざ》を舞台としてみた場合、デザインとして秀逸なものである。この場合、客座側からも光を多量に取り入れ、バランスを取る必要があろうし、織部《おりべ》は天窓を利用し点前座《てまえざ》を明るくし、あるいは有楽《うらく》は点前座《てまえざ》脇の窓に竹を詰め打ちにして（有楽《うらく》窓）、光量を抑えることに成功した。

茶室の平面計画例〈2〉

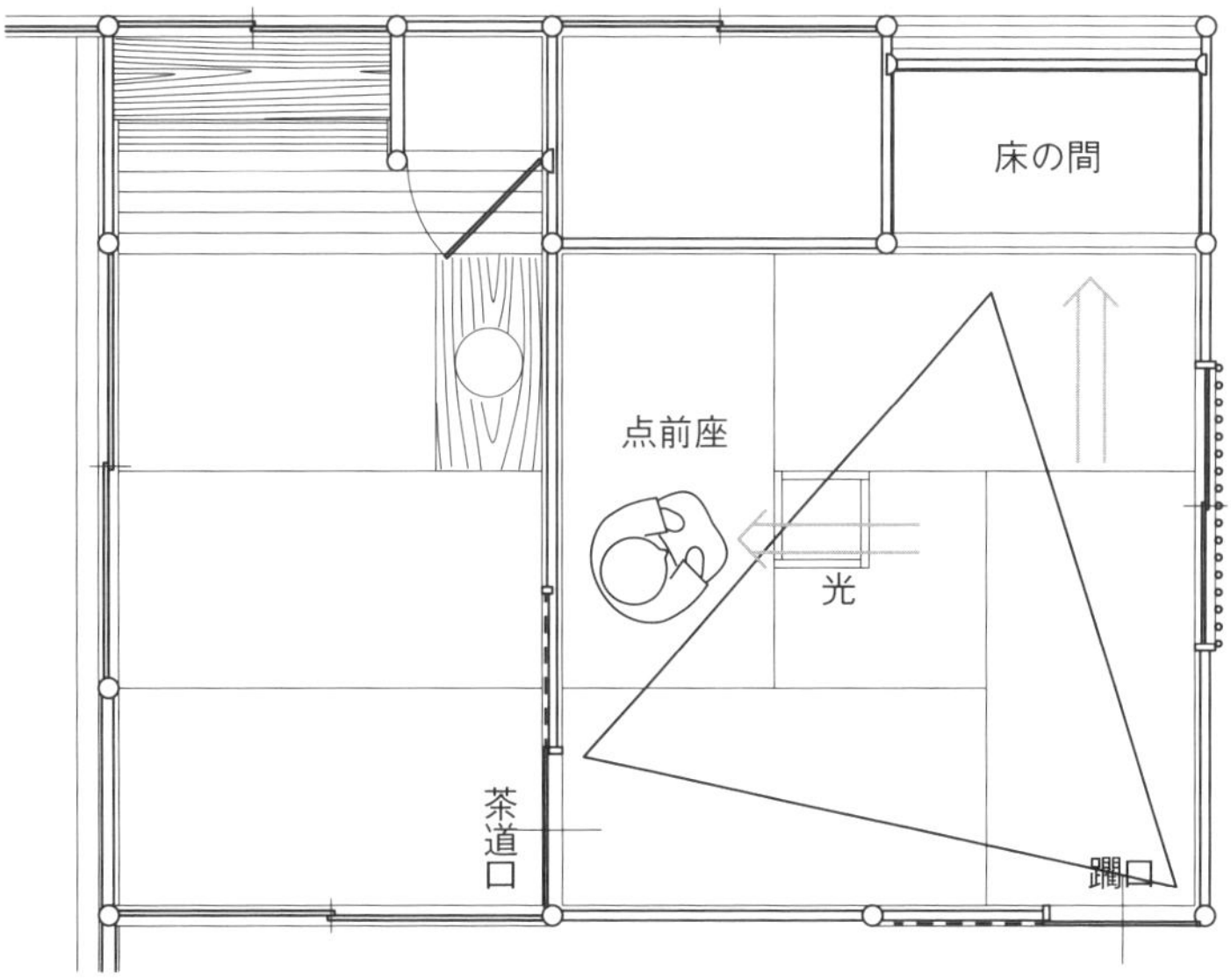

茶室の床の間、茶道口、躙口は正三角形に配置するのがよいともいわれる。ただし、下図の「如庵」のように、必ずしもそのようにならないものもあり、参考程度にしておくこと。
茶室内では、客座側から点前座側へ光が当たることが原則である。逆になると亭主の点前が見づらくなる。なお、ここでいう光は直射日光ではなく間接光のこと。

如　庵

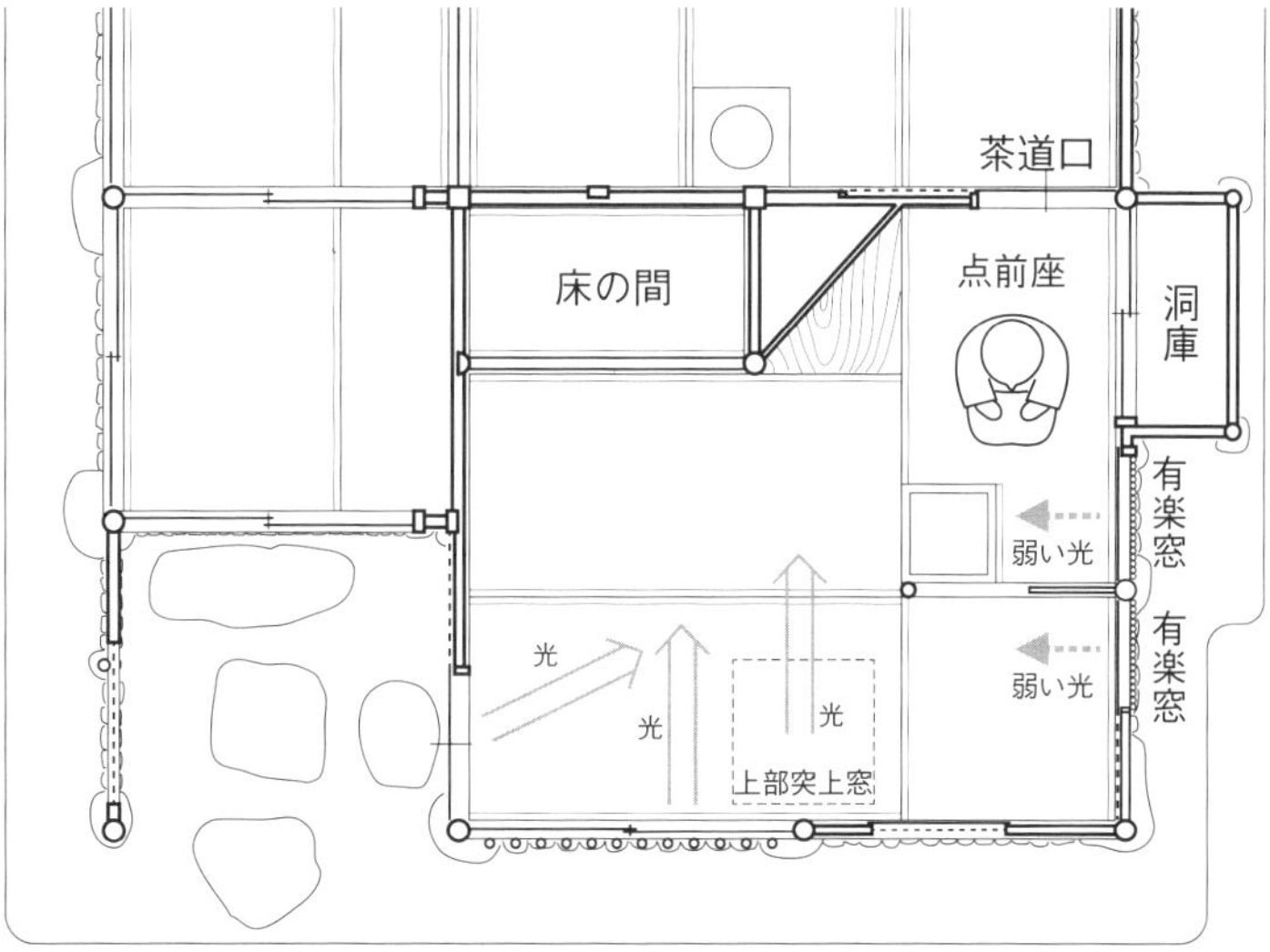

上の図のように、点前座の勝手付（この図では右側）に窓を設けた茶室も多い。この場合、点前座を明るくする方法として、以下の3通りの方法がある。
1. 客座側にさらに多くの窓を設ける。
2. 点前座に突上窓（天窓）を用いる。
3. 有楽窓の採用などが考えられる。
上の図は1 2 3 共に採用されている例であるが、有楽窓は、外側に竹を詰め打ちしたもので、光を抑制して採り入れている。

050 茶室の平面計画〈3〉

ポイント 茶室のブロックプランは、亭主の領域と客の領域とで考える

亭主の領域、客の領域

建築の計画を立てるとき、ブロックプランで考えることが重要である。近似した用途の部屋をまとめて計画することである。同じように茶室あるいは茶苑を考えるとき、ブロックプランを考えると計画を立てやすい。

このとき何をまとめるのかというと、亭主の領域と客の領域である。

亭主の領域は、点前座《てまえざ》と水屋、台所そして内玄関などである。茶道口《さどうぐち》や給仕口《きゅうじぐち》といった要素も亭主の領域として考える。客の領域は、客座から露地、寄付《よりつき》そして玄関や門などである。躙口《にじりぐち》や貴人口も客の領域である。床の間は状況によって変わる。通常の建築計画と違うところは、茶室という1つの部屋の内部を2つに分けて考えることである。

少し横道にそれるが、表千家の不審菴《ふしんあん》（→232ページ）は三畳大目の茶室であり、点前座《てまえざ》が袖壁と下がり壁により客座側から分離している。反対に茶道口《さどうぐち》が簡易な開き戸となっており、上部が吹き抜けて隣の水屋と一体化している。もちろん部屋としては茶室と水屋ということであるが、日本建築に西洋的な部屋割りは必ずしも当てはまらない。ここでの点前座《てまえざ》は茶室内部であるが、水屋の一部とみられなくもない。実にあいまいな空間なのである。

さて、茶室内部を2つに分けて考えるブロックプランであるが、まず敷地内を大きく2つのブロックに分ける。あるいは既存の建物にそれを当てはめていくのである。既存の建物の場合、どうしても重なったり交錯することがあるがそれはしかたがない。状況に応じて考えていくしかない。

そして亭主の領域から客の領域へ繋がる場所がいくつかある。茶室内はもちろんであるが、水屋から露地、また寄付《よりつき》や玄関へは、亭主の領域からアプローチできなければならない。

亭主の領域・客の領域

亭主の領域と客の領域を分けて考える。厳密に分類するのは困難であるが、大ざっぱにでも分類しておくと計画が立てやすい。この図では示せなかったが、亭主の動線として迎付けのとき茶室の躙口から蹲踞を経由して中門にいたるものがある。

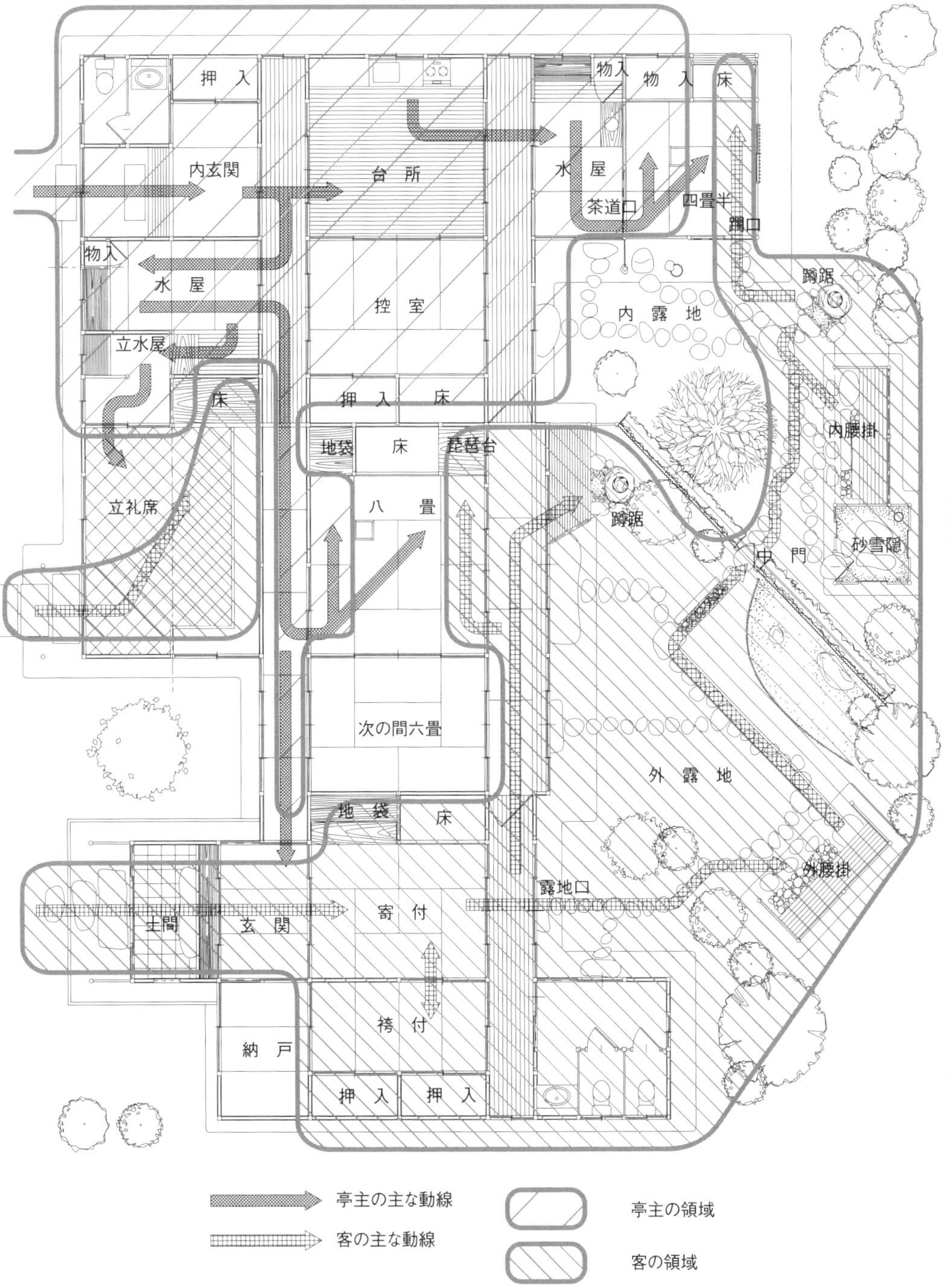

051 名席から学ぶ間取り〈1〉四畳半、四畳半大目

ポイント 四畳半の座敷は茶室の基本ともいえる間取りである。侘茶の性格も書院茶の性格も備える

四畳半

四畳半座敷の代表的なものとして、裏千家の又隠《ゆういん》（→230ページ）がある。炉は四畳半切本勝手、床の間の位置は上座床である。その写しは全国各地にあり、もっともよく知られた茶室の形式のひとつである。

茶道口《さどうぐち》は曲り茶道口《さどうぐち》で、亭主は踏込畳を経由して点前座《てまえざ》に向かう。一方、客の出入り口は躙口《にじりぐち》のみで、その上部に下地窓があけられている。床の間は躙口《にじりぐち》の正面に位置しており、使いやすい。窓は躙口《にじりぐち》側の壁面と客座側の壁面、そして、躙口《にじりぐち》近くの天井に突上《つきあげ》窓（天窓）があけられている。窓面積の小さな茶室で、比較的暗い空間なのだが、突上窓は大光量を茶室内に届け、あけると大変明るくなる。点前座《てまえざ》側及び床の間側には窓がなく、それぞれに順光（正面からの光）が当たり、具合がよい。

四畳半で下座床の席に、大徳寺黄梅院の昨夢軒《さくむけん》がある。これは客殿の一郭に設けられたもので、上座側と客座側に4枚の襖が立てられている。床の間の脇が腰高障子である。

茶室単独での使用を考えると床の間が暗くなるが、墨蹟《ぼくせき》窓を設けて緩和している。また上座側に当たる隣の八畳を客座として使用した場合、四畳半が舞台となり、床の間を備え、亭主が引き立つ構成となっている。

四畳半大目

大徳寺龍光院密庵《りょうこういんみったん》席は、四畳半に大目構え（→186ページ）が加わった茶室である。2つの床の間と違棚をもち、角柱が使用され長押《なげし》が回ることから、基本的には書院の様相を呈している。が、一方では点前座《てまえざ》を大目構えとしており、台子《だいす》などの格式高い点前《てまえ》を行うことができない構成となっている。

四畳半大目は、書院を基調としたもののほか、逆に面皮柱《めんかわ》の使用や土壁など、草庵を基調としたものもある。

又《ゆう》隠《いん》

四畳半、四畳半切本勝手、上座床。下座側に突上窓があり点前座および床の間を照らす。

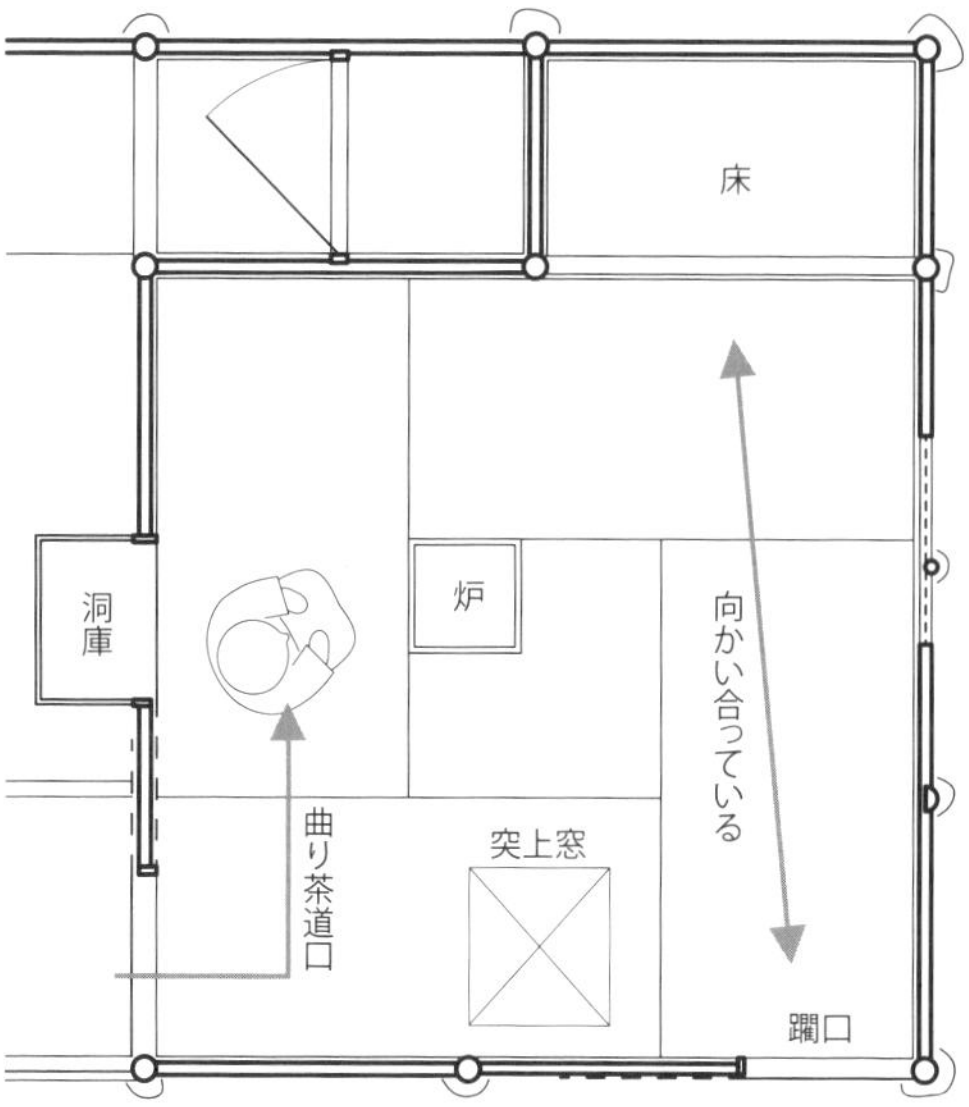

黄梅院昨夢軒《さくむけん》

四畳半、四畳半切本勝手、下座床。江戸時代初期の書院自休軒に組み込まれた茶室。隣室からみると四畳半が舞台となる。

龍光院密庵席《りょうこういんみつたん》

四畳半大目、大目切本勝手。小堀遠州の好みと伝えられ、国宝に指定されている。正客の位置には床の間と違棚が備えられ、また点前座を眺めると、大目構え（→186ページ）の構成と書院床が目に入り、景色となる。

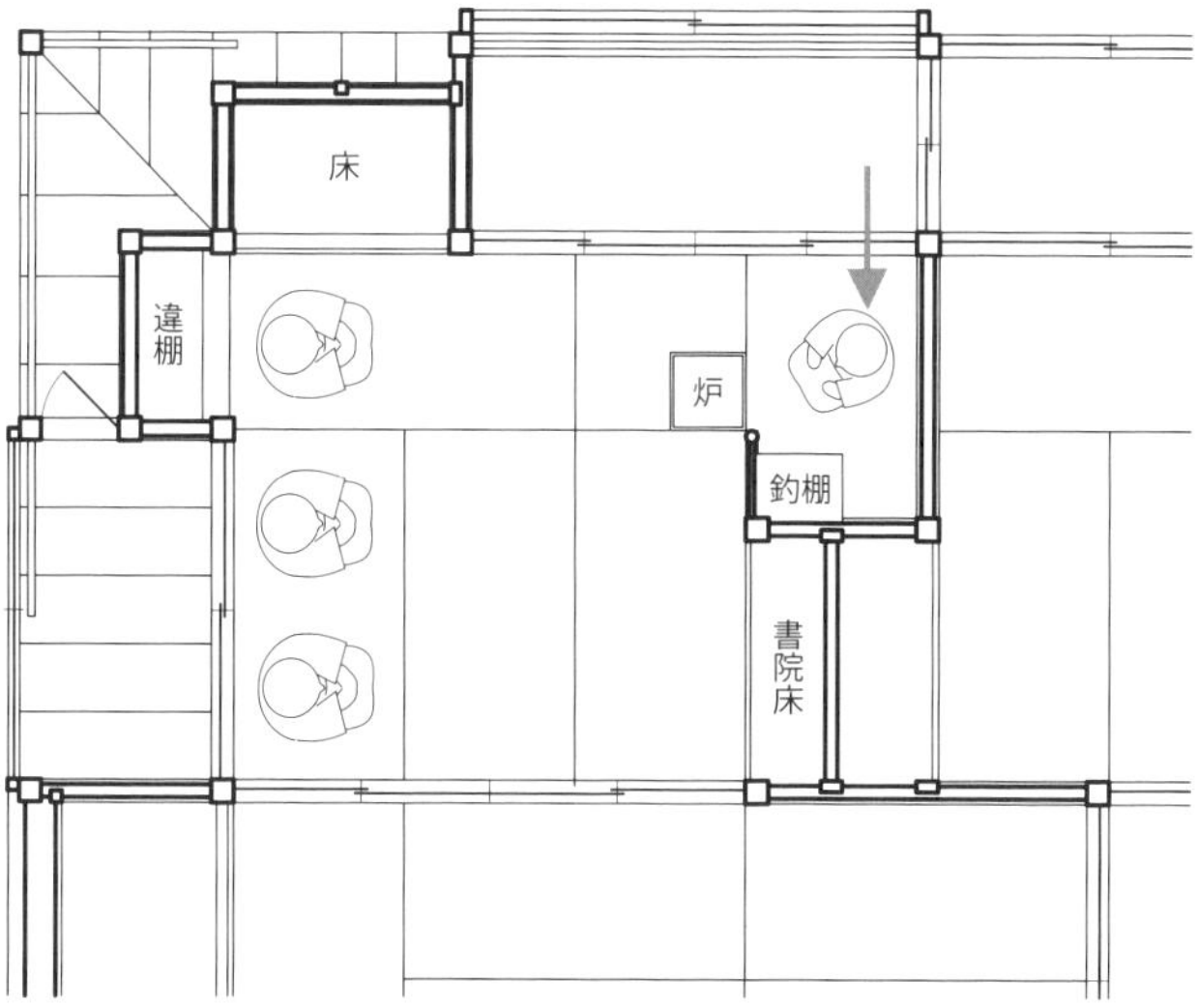

052 名席から学ぶ間取り〈2〉四畳、三畳大目

ポイント 四畳には正方形平面の枡床席、長四畳などがあり、三畳大目には平三畳大目および深三畳大目がある

四畳

大徳寺聚光院《じゅこういん》枡床席《ますどこのせき》は、四畳敷きに、半畳分の枡床がついた形で、全体で四畳半、つまり方丈の大きさである。炉は向切本勝手である。枡床は点前座《てまえざ》の風炉先《ふろさき》に位置する。床の間前の貴人座上部が化粧屋根裏天井となっており、空間の上下を紛らかしている。また、点前座《てまえざ》と床の間境の壁の下部を吹き抜けにして、貴人座から点前《てまえ》を見やすいようにしている。

西行庵の皆如庵《かいにょあん》は長四畳の平面である。点前座《てまえざ》は向切で、客座との間に火灯口をあけた壁を建て、宗貞《そうてい》囲（→65ページ）の形式と呼ばれる。床の間には円窓をあけ、壁を塗回した室床《むろどこ》の形式であり、下座床である。床脇には引き違いの給仕口《きゅうじぐち》が配置されている。床正面には引き違いの貴人口が立てられ、その脇に躙口《にじりぐち》が配されている。このように貴人口と躙口《にじりぐち》が並ぶ形式は珍しい。横長の平面ならではの形である。

三畳大目

金地院八窓席は深三畳大目、大目切本勝手で風炉先《ふろさき》床の形式である。点前座《てまえざ》に対して縦に長い形式を深三畳大目という。小堀遠州がつくった茶室であるが、躙口《にじりぐち》が客座の中央部にきているところに特色がある。貴人の座と相伴席《しょうばんせき》を分けるためである。また大目構えであるので給仕口《きゅうじぐち》を設けなくてはならないが、この場合、茶道口《さどうぐち》とは離れた位置にあけられている。

曼殊院八窓席は平三畳大目、大目切本勝手、下座床である。躙口《にじりぐち》が床の間の正面に位置し、上部に連子窓、その横に連子窓と欄間のような下地窓があく。茶道口《さどうぐち》と給仕口《きゅうじぐち》は同じ壁面に並ぶが、ちょうど両方の建具の引きしろが収まるようになっている。点前座《てまえざ》には風炉先《ふろさき》窓と、勝手付《かってつき》に色紙窓が設けられている。また突上窓もあり、全体に窓が多く、明るくなるよう工夫されている。

西行庵皆如庵《かいによあん》

桃山時代に宇喜多秀家《うきたひでいえ》の息女が久我《こが》大納言家に輿入《こしい》れの折、引き出物として持参したものと伝わり、明治になって現在地に移築された。四畳、向切本勝手、下座床。

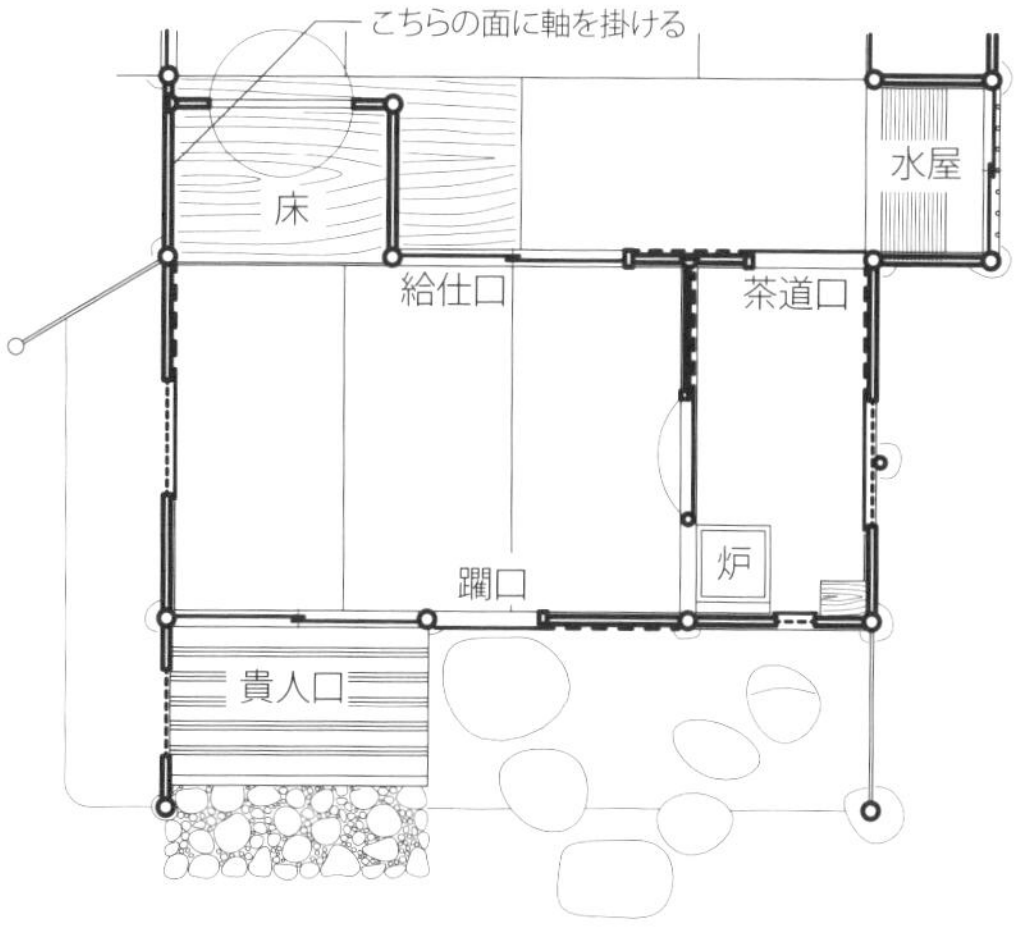

聚光院桝床席《じゅこういんますどこのせき》

1810年頃、表千家六世覚々斎の好み。四畳、向切本勝手、風炉先床。

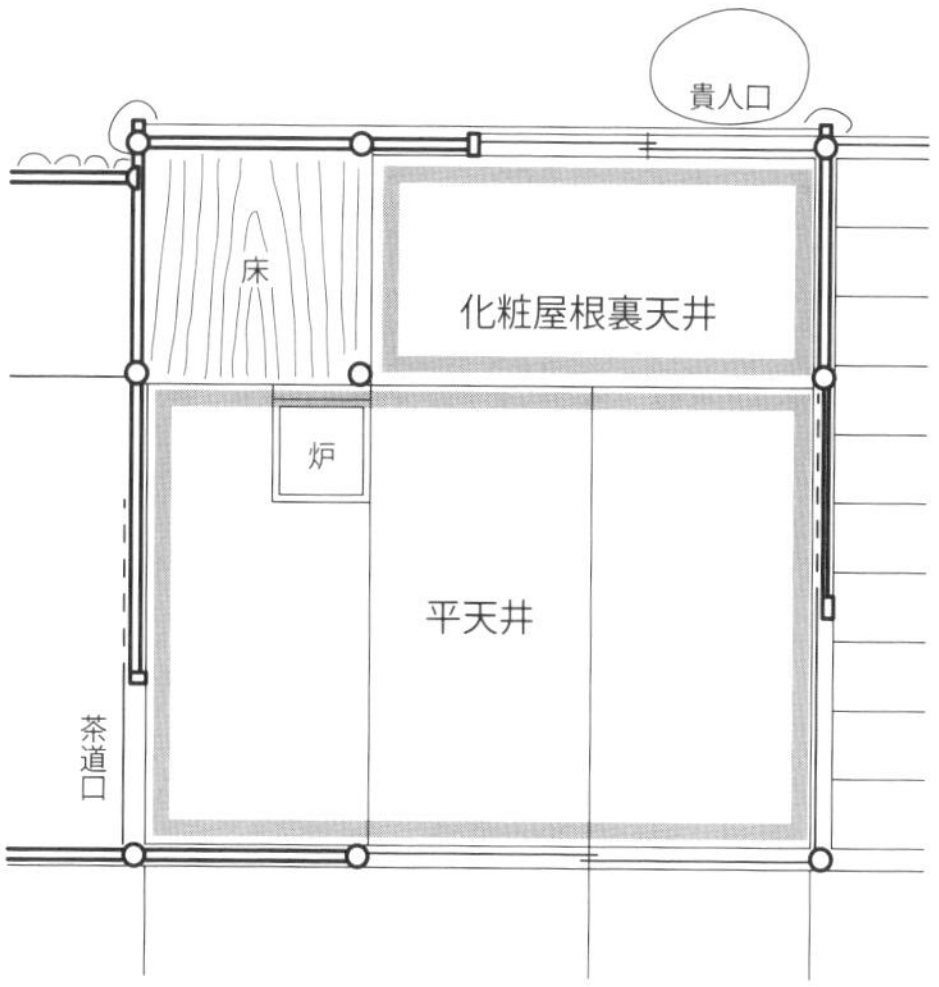

曼殊院八窓席

1656年、良尚法親王《りょうしょうほうしんのう》のとき、曼殊院は現在地に移転された。平三畳大目（点前座に対して横長）、大目切本勝手、下座床。

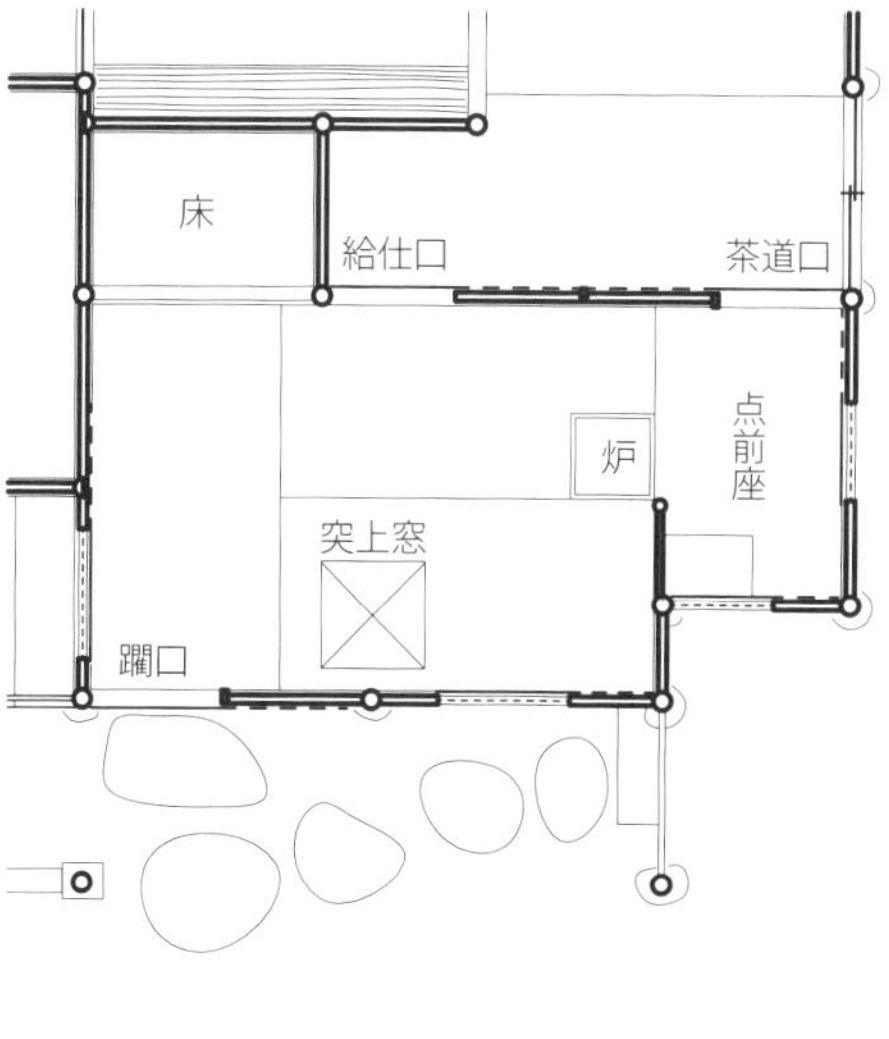

金地院八窓席

既存の茶室を元に、小堀遠州の好みによって1628年頃までにつくられた。深三畳大目（点前座に対して縦長）、大目切本勝手、風炉先床。

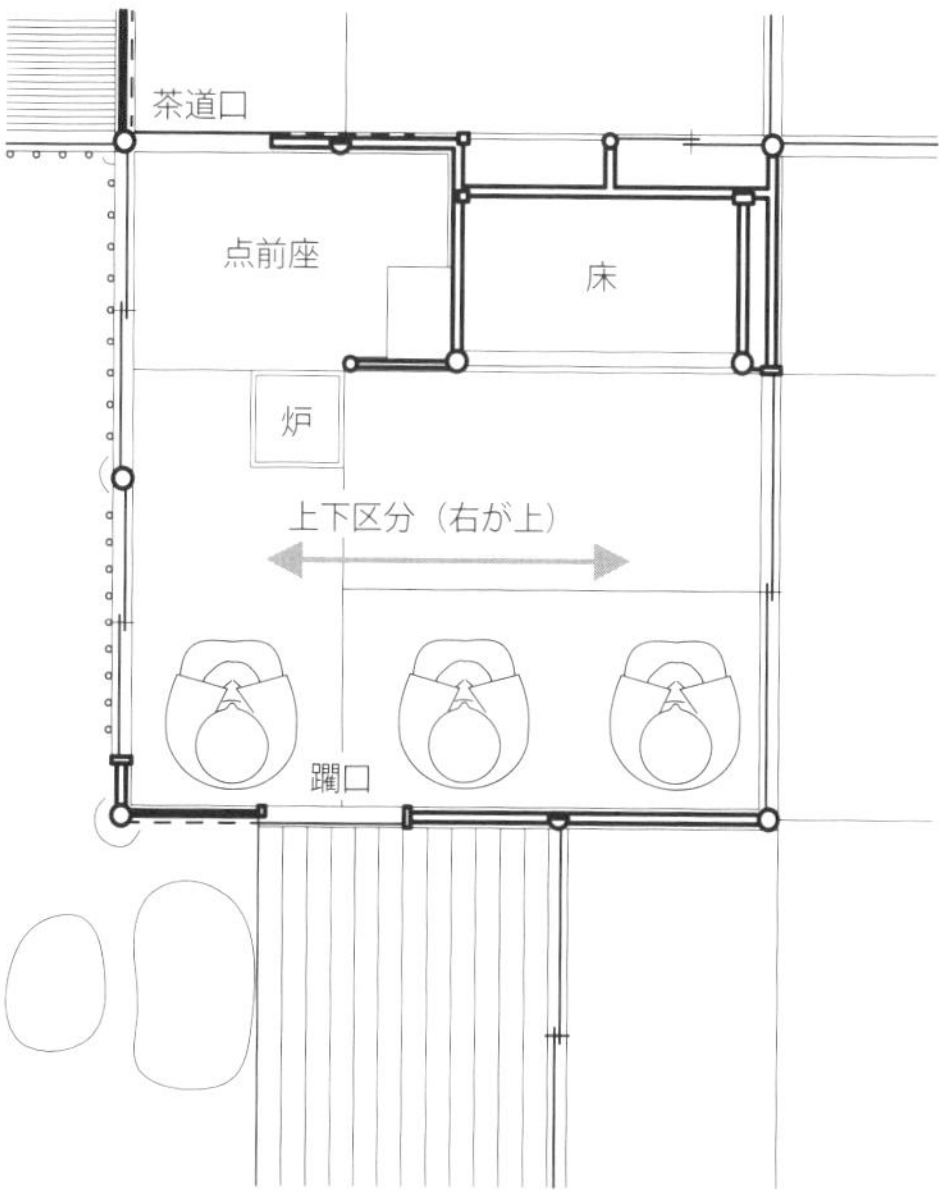

053

名席から学ぶ間取り〈3〉三畳、二畳大目

ポイント　空間が小さくなると給仕口の扱いに注意を要する

三畳

西翁院《さいおういん》にある澱看席《よどみのせき》は三畳、向切、下座床である。躙口《にじりぐち》が床の間の正面に設けられ、上部に連子窓をあける。壁面が多く暗い茶室であるが、床の間には躙口《にじりぐち》側からの光と、脇にあけられた墨蹟窓《ぼくせきまど》（↓172ページ）によって、明るさが確保される。点前座《てまえざ》は宗貞《そうてい》囲（↓65ページ）の形式で、謙虚さを表現している。天井は片流れの総屋根裏天井であり、大変侘びた構成である。

三畳、上げ大目切、下座床の席として、大徳寺玉林院の蓑庵《さあん》がある。点前座《てまえざ》と客座との間に中板《なかいた》が入った茶室で、主客の距離が少し開く。躙口《にじりぐち》が床の間の正面に位置して、上部の下地窓と矩折に設けられた連子窓、そして突上窓からの光を併せて、床の間に光が当てられる。またこの茶室は茶道口《さどうぐち》から給仕も可能であるが、少し距離があるので、床の間の脇に給仕口《きゅうじぐち》を設けている。

二畳大目

建仁寺東陽坊は二畳大目で、大目切、下座床である。この茶室の計画的特徴としては、茶道口《さどうぐち》と給仕口《きゅうじぐち》が引違の襖となっていることである。この形式は二畳大目下座床ではよくある形式で、十分な壁面が確保できないため、独立した茶道口《さどうぐち》および給仕口《きゅうじぐち》をとることができず、このような形式にする。また茶道口《さどうぐち》と給仕口《きゅうじぐち》の外側には大目畳が敷かれ、水屋勝手との間に戸が立てられ隔てられている。舞台裏を見せない工夫として有効な手段である。

慈光院高林庵は二畳大目で亭主床の席で、二畳の相伴席《しょうばんせき》がつき、給仕口《きゅうじぐち》が相伴席《しょうばんせき》側に設けられている。炉は大目切本勝手で、点前座《てまえざ》は大目構えとなっている。窓は客座側に集中していて、それらは連子窓である。亭主側には下地窓形式の風炉先《ふろさき》窓があけられているだけである。客座側から採光し、点前座《てまえざ》と亭主床に光をあてている。

玉林院蓑庵《さあん》

鴻池了瑛が1742年につくったもので、表千家七代如心斎の好みによるものと考えられる。三畳、上げ大目切本勝手、下座床。

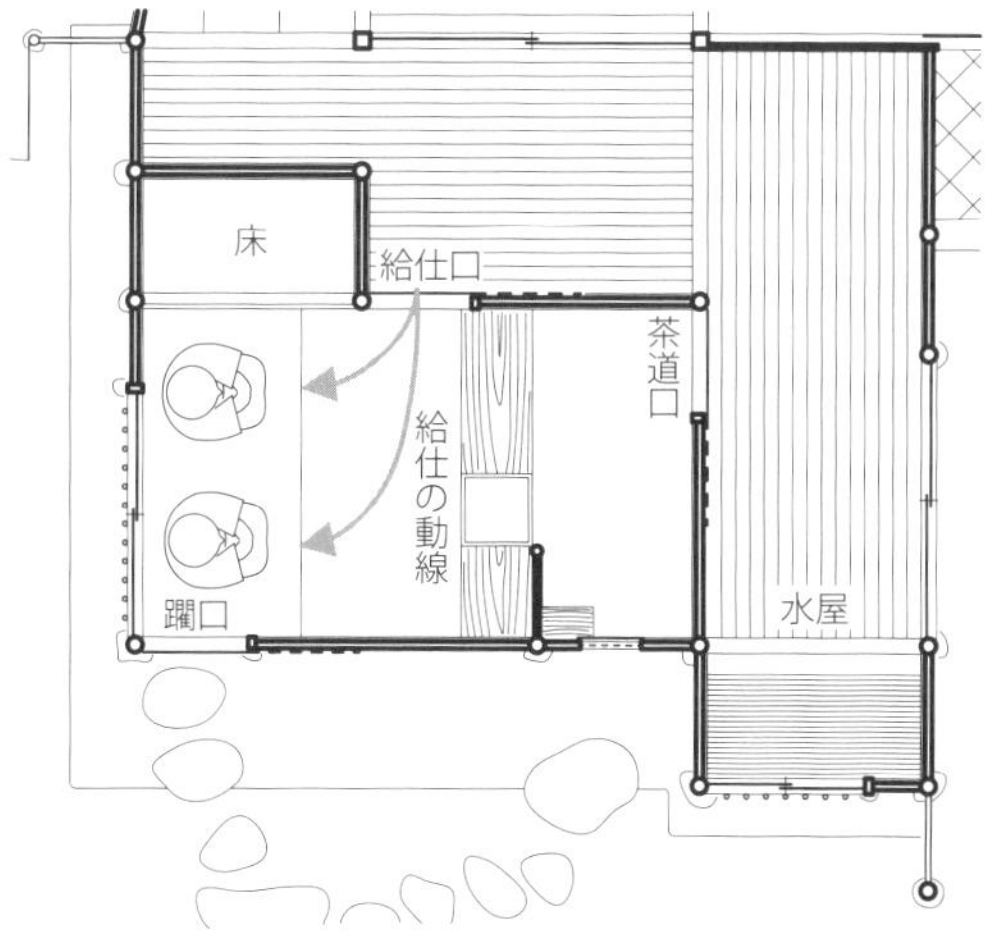

西翁院澱看席《さいおういんよどみのせき》

1685～1686年頃、藤村庸軒《ようけん》によってつくられた。三畳、向切本勝手、下座床。

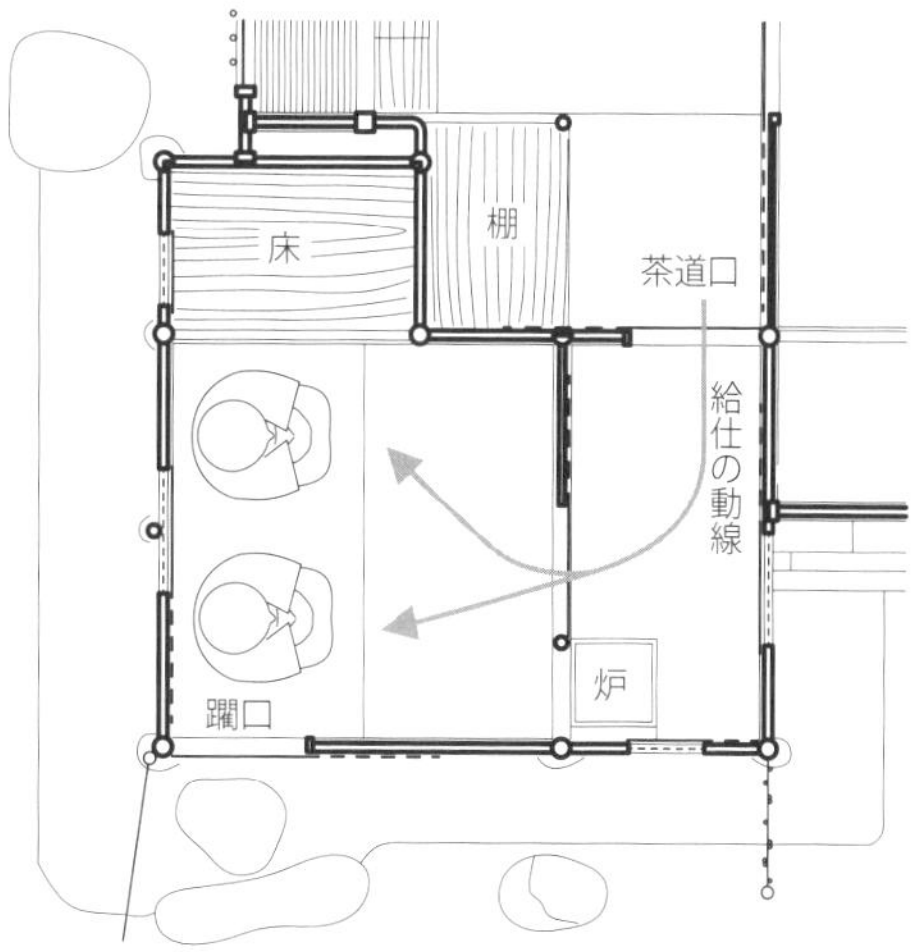

慈光院高林庵

1671年、片桐石州によってつくられた。二畳大目、大目切本勝手、亭主床。客からの視界に、主要な要素が凝縮されている。

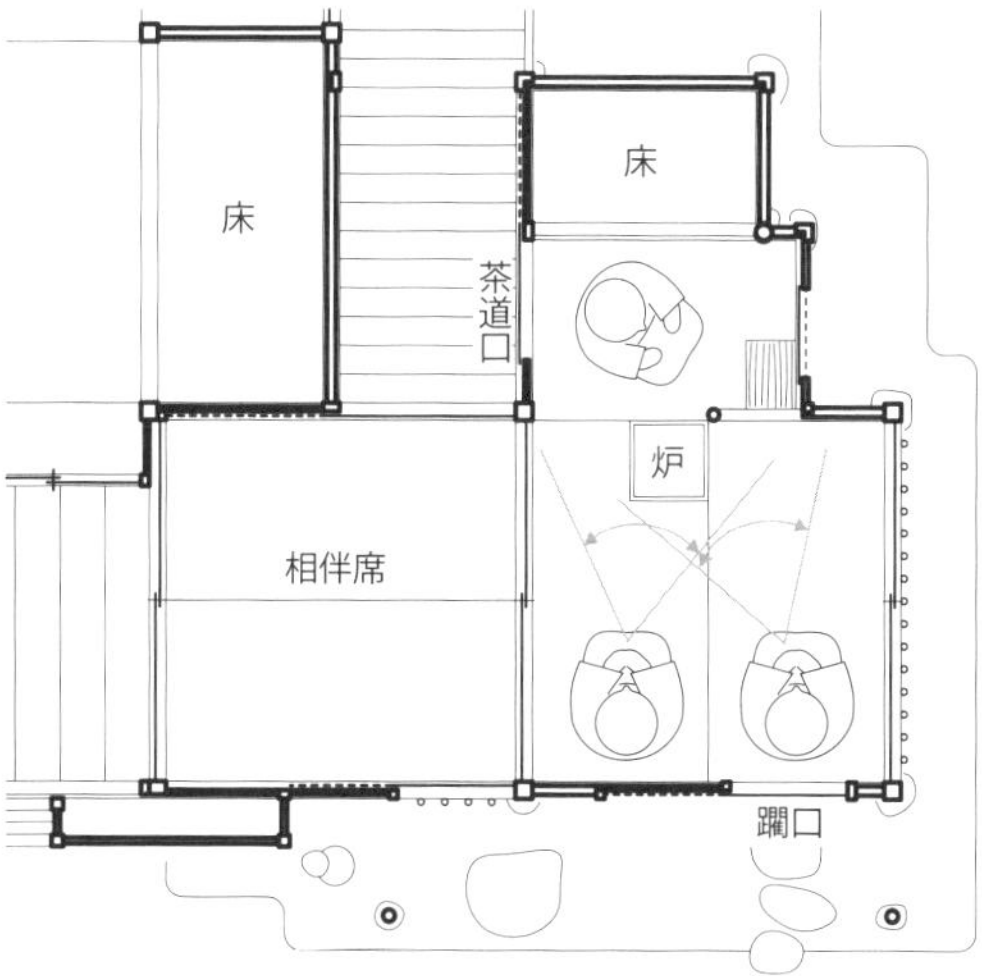

建仁寺東陽坊

もと北野の高林寺にあったが、何度かの移築を経て、大正時代に現在地に落ちついた。二畳大目、大目切本勝手、下座床。

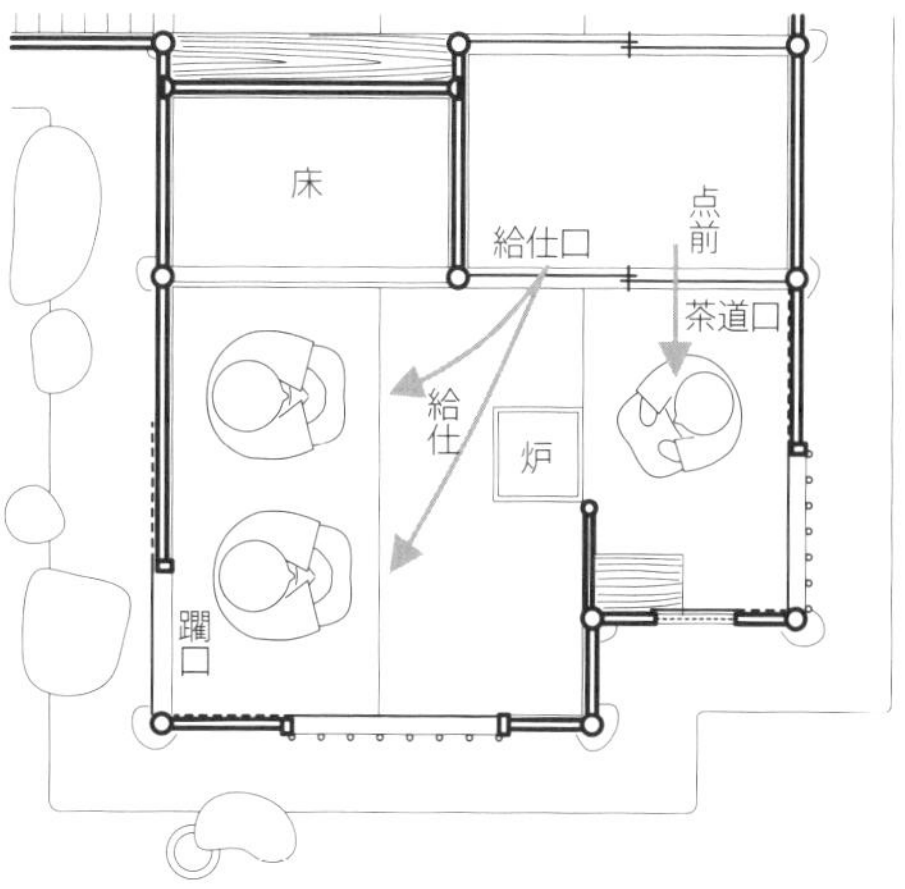

054 名席から学ぶ間取り〈4〉二畳、一畳大目

ポイント 客のために用意された畳1枚、亭主のために用意された畳1枚、これが茶室として最小の空間である

二畳

二畳の茶室でよく知られたものとして、妙喜庵《みょうきあん》の待庵《たいあん》（↓216ページ）がある。隅炉本勝手、上座床の形式である。隅炉の点前《てまえ》は、客とは反対側に少し向くことになるが、これは極限の二畳という空間であるからこそ意味があることである。特に上座床であるので、正客の前にゆとりを生み、また釜の湯気が床の間に回ることを避ける形式となる。躙口《にじりぐち》が床の間の正面に位置し、窓は躙口《にじりぐち》側と客座側の2面にのみあけられ、それぞれ床の間と点前座《てまえざ》に光を当てるような構成となっている。

一畳大目

茶の湯において最小限の空間と考えられているものである。つまり茶の湯である以上、亭主のスペースと客のスペースが用意されなくてはならない。亭主のスペース、つまり点前座《てまえざ》としては大目畳の大きさが必要である。一方、客のスペースとして、仮に1人の客であれば半畳あればよいことになる。ただし、これでは客をもてなすことにならない。大目畳であればイーブンである。もちろん不可能ではない。しかし、もてなすことを形で表現するならば、やはり一畳は必要であり、したがって、一畳大目が通常考え得る最小限の茶室空間なのである。

高台寺遺芳庵《いほうあん》は一畳大目、向切逆勝手、向板が付けられ、床の間は壁床で向板《むこういた》の前に付けられている。客座側に吉野窓と呼ばれる大円窓があり、点前《てまえ》座《ざ》側へ光を当てる。また壁床が向板《むこういた》の前にあることで向板《むこういた》を併せて床の間空間と見なすことも可能となる。

有沢山荘菅田庵《かんでんあん》は隅炉本勝手、上座床で、中板《なかいた》（半板《なかいた》↓102ページ）が入っている。躙口《にじりぐち》上部に大きくあけた連子窓が設けられ、床の間と点前座《てまえざ》に光を届ける。また中板《なかいた》（半板《なかいた》）を入れることによって客座の前にゆとりが生まれ、茶事が円滑に進行できる。

妙喜庵待庵

千利休が1582年頃つくったとされる。二畳、隅炉本勝手、上座床。

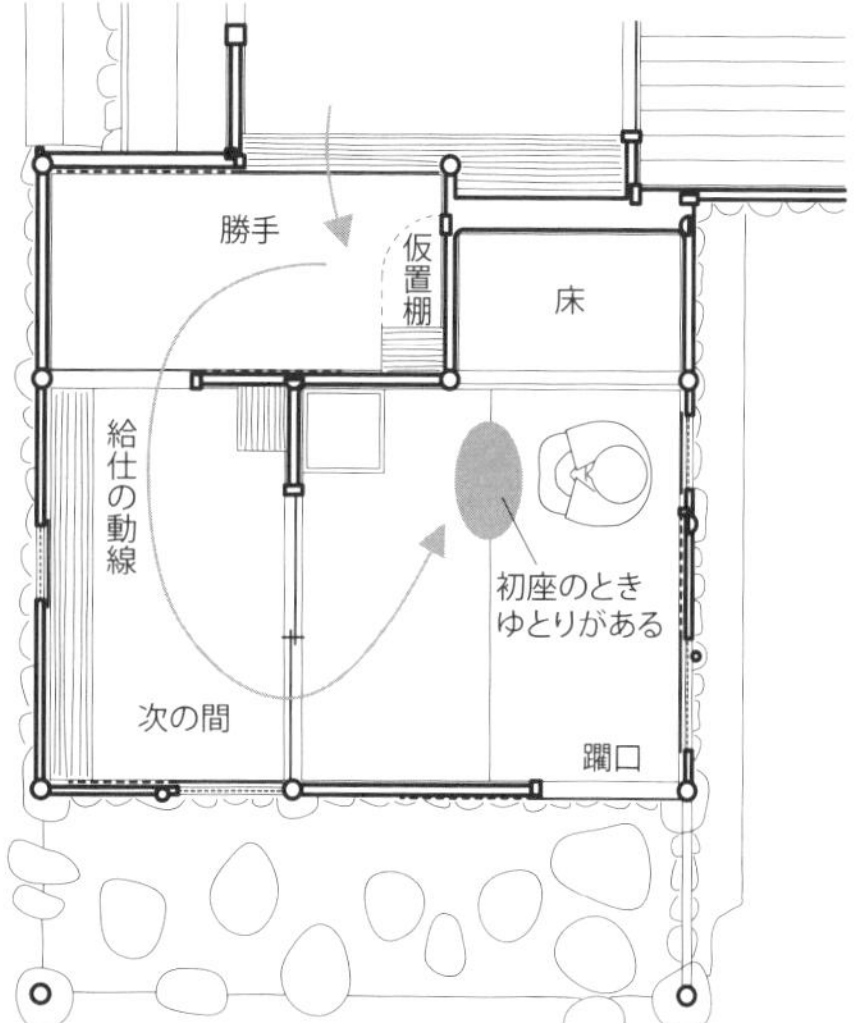

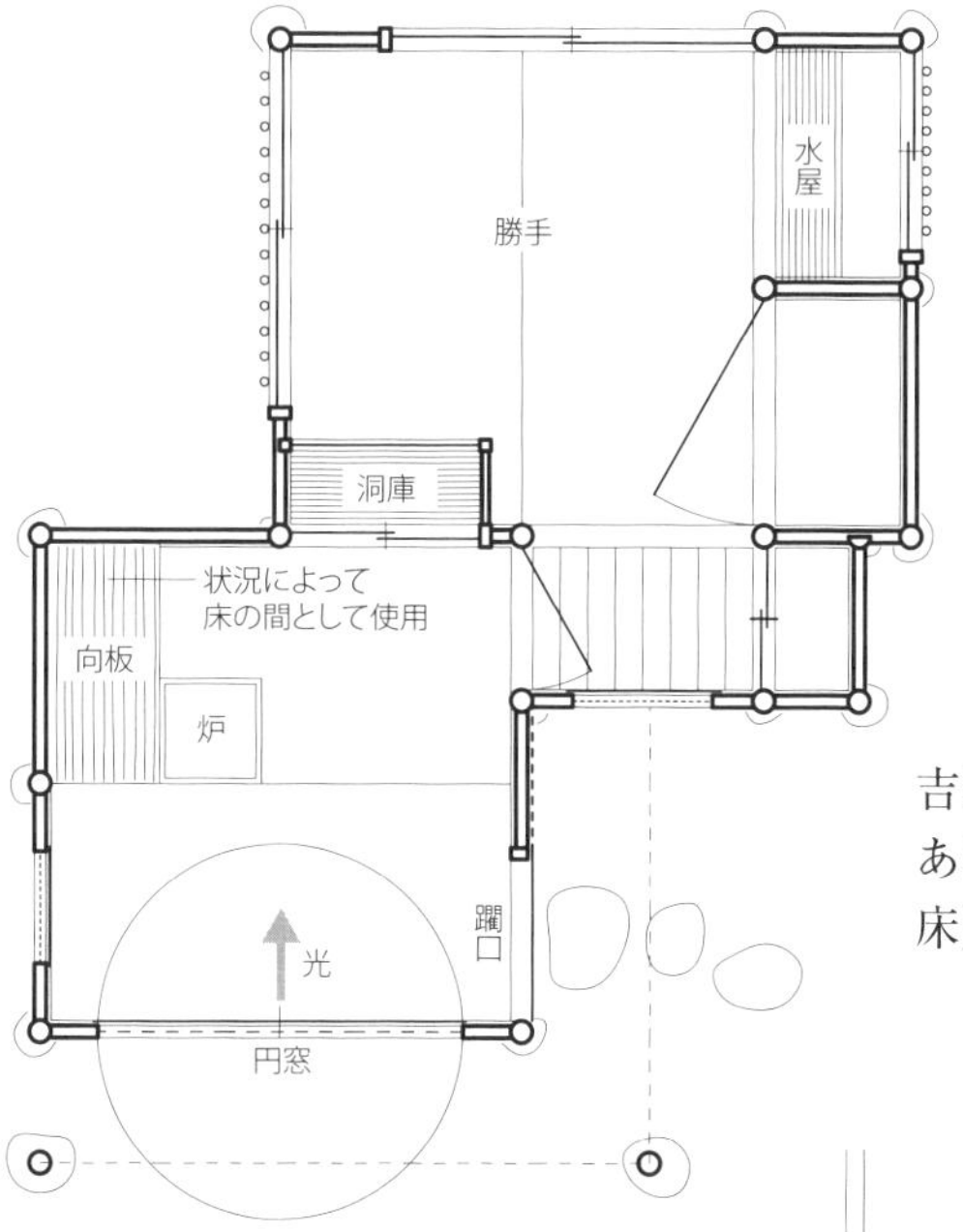

高台寺遺芳庵《いほうあん》

吉野太夫を忍んで灰屋紹益が好んだものである。一畳大目、向切逆勝手、上座床（壁床）。

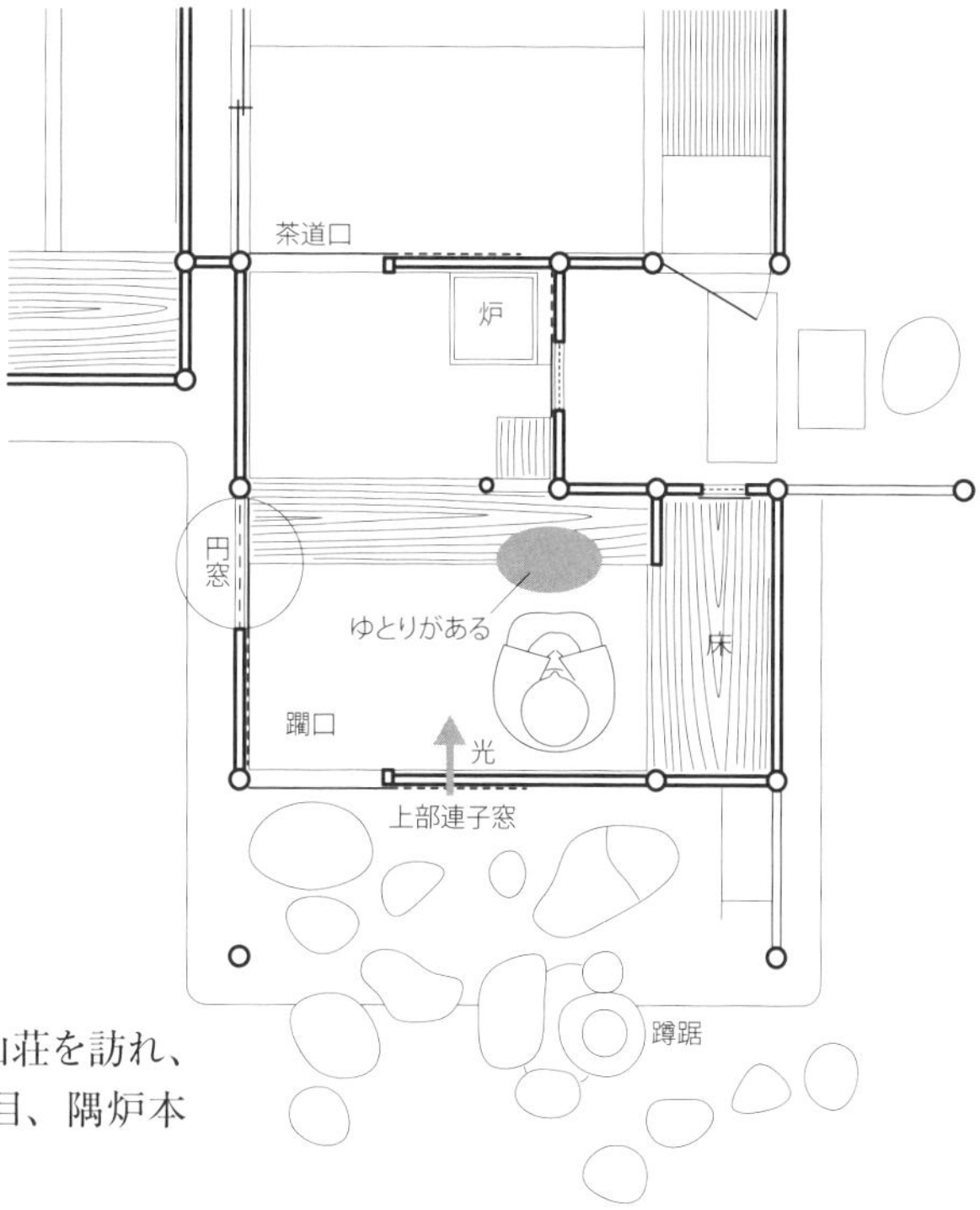

有沢山荘菅田庵《かんでんあん》

1792年、松平不昧《ふまい》（→48ページ）はこの山荘を訪れ、茶室の構想と計画を指導した。一畳大目、隅炉本勝手、上座床。

055 広間の系譜

ポイント 茶室の広間は、直接は江戸時代の半ばに誕生した形式であるが、16世紀に大座敷や書院と呼ばれた座敷の系譜上にある

大座敷

16世紀初頭、書院造の広い部屋を「大座敷」と呼んでいた。押板や付書院、違棚などの座敷飾り装置が付設された部屋であった。この大座敷とは、九間《ここのま》（十八畳）や六間《むま》（十二畳）などの広い座敷のことを示し、五間《いつま》（十畳）以下とは区別されていたようである。

16世紀半ば、津田宗達の屋敷の大座敷には、床の間（押板）があり、炉が切られていたと記録されている。東求堂にみられる書院造の茶の湯空間が、変化の兆しをみせはじめたものであろう。

書院

その後、「書院」という名の座敷が現れた。大座敷と同様の形態だと思われるが、小座敷と併用する施設として位置付けられるものである。

千利休の聚楽屋敷の色付九間《ここのま》書院（→126ページ）は、長押《なげし》もなく、草庵風を加味した書院造であった。ただし炉は切られていなかったようである。

鎖の間

古田織部《おりべ》は、進んで「鎖の間」をつくっていた。付書院のある上段を付けた形式であったが、炉も切られていた。小座敷での濃茶のあと、鎖の間に座を変えて薄茶を行った、と記録される。

また、小堀遠州らも好み、17世紀前半、武士の間で流行った形式であった。鎖の間は書院と小座敷との中間的なものとも位置づけられ、土壁に面皮《めんかわ》柱が使用されるなど、のちにいう数寄屋造の形式だと考えられる。

広間

江戸時代の半ば頃になると、各流派では多くの門弟を抱えるようになり、そのための六畳や八畳などの「広間」が使用されるようになった。もちろん炉は切られていた。土壁に面皮《めんかわ》柱で、一部には上段の付いたものもあったが、やがてそれは省かれていった。この形式は現在の広間へと続くものである。

利休屋敷色付九間《ここのま》書院

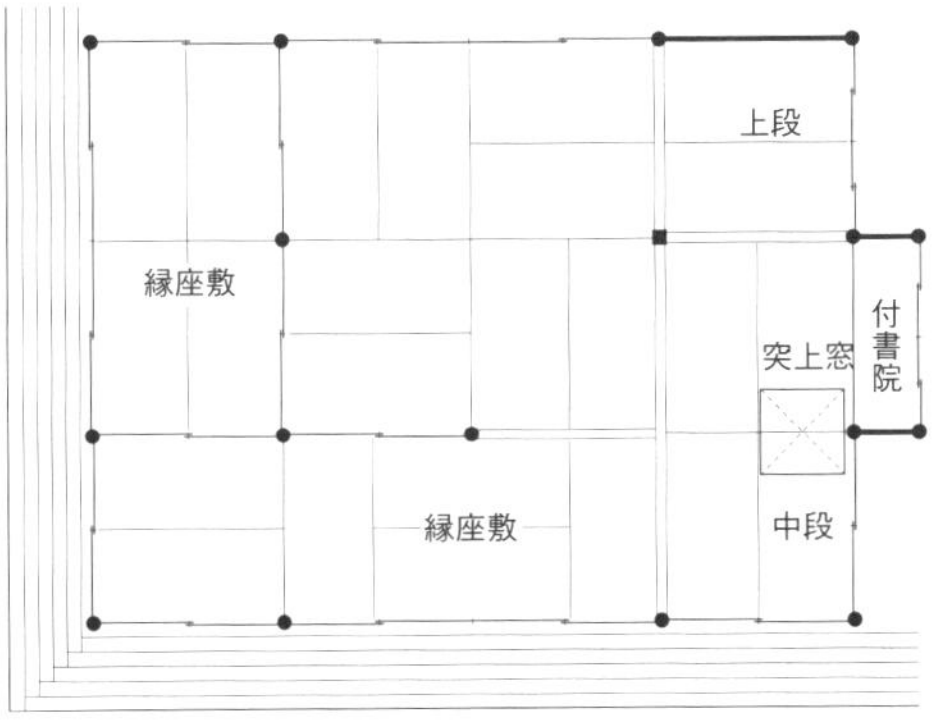

「聚楽宅絵図」より中村昌生復元

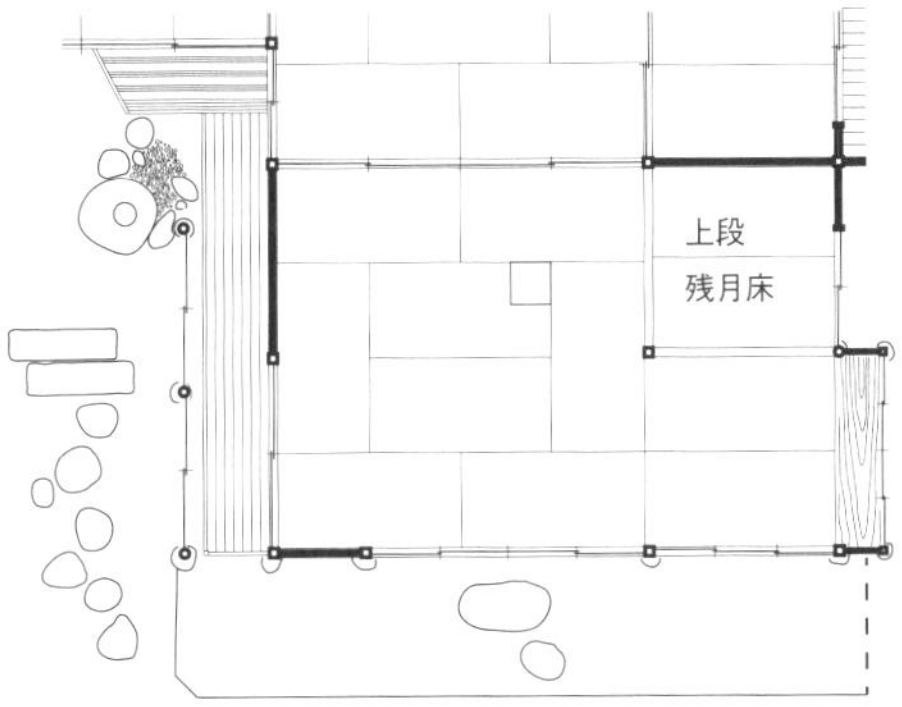

現在の表千家残月亭

千利休の聚楽屋敷には色付九間書院と呼ばれた座敷があった。少々不思議な平面だが、古図にはこのように記されている。当時の平面は、現在より自由で複雑だったのかも知れない。その後、千少庵が本法寺前の屋敷（現在の表千家・裏千家）にこれを縮小して建築した。そして天明大火後に現在のものと同じ形式で復興された。この特色は、通常広間の座敷は、庭から縁側を介して座敷が繋がるのだが、ここでは小間のように直接座敷に上がるようにしたことである。

小堀遠州伏見奉行屋敷鎖の間

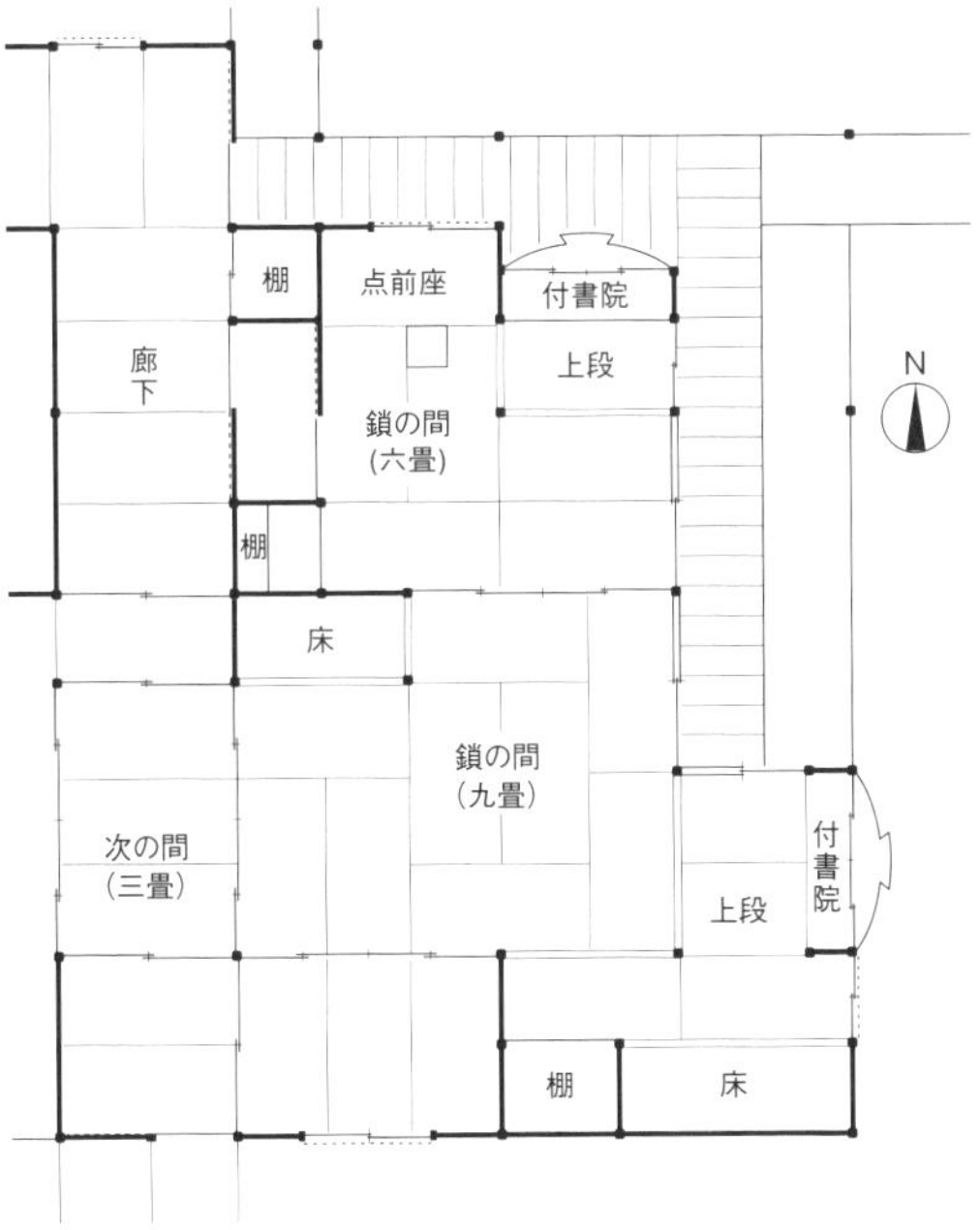

中井家文書の古図より作成

鎖の間として南側の九畳、北側の六畳の2部屋が連続していた。古図には、六畳に蛭釘の位置（すなわち炉の位置）が記入されており、上げ大目切だと考えられる。一方、九畳には特に記載は無い。両方とも上段を備え、その上段には付書院を備える。さらに九畳の方は床と棚を設けている。

六畳の点前座の茶道口の位置が現在の茶室とは違っている。おそらく西側の片引き戸から入って2度曲がって点前座に着座したものと考えられる。

056 広間の形態と意匠

ポイント 広間とは四畳半より広い部屋のことで、台子を置くことができる座敷を示す

広間の形態

現在、茶の湯空間としての広間とは、四畳半より広い部屋を指し、かつ台子《だいす》の点前《てまえ》、つまり格式の高い点前《てまえ》を行うことができる座敷をいう。ただし厳密に定義されるものではない。

一般に、点前座《てまえざ》が大目畳、あるいは中柱や袖壁があるものは、広間とは呼びがたい。たとえば四畳半大目は四畳半より大きいが、決して広間とはいわない座敷である。

また、一部に例外はあるが、広間には四畳半切の炉が採用される。それを広間切ともいうこともある（→93ページ）。

広間の意匠

先に示したように、16世紀から17世紀にかけて、大座敷や書院、鎖の間といった座敷が誕生したが、おそらくそれらは徐々に草体化（→136ページ）されていったものだと考えられる。

その後、18世紀の広間においても、その意匠は同様のものである。この意匠は、のちにいう数寄屋造に大きく影響を与えたもの、あるいは数寄屋造そのものと位置づけられる。

数寄屋造（数寄屋建築）

数寄屋造は、書院造の形態を基本として草庵茶室の考え方や技術が生かされた建築である。

数寄屋造には一定の規則が定められているわけではない。しかし一般的な特色を挙げると以下のとおりである。

1. 柱は、丸太またはツラを付けた面皮柱を用いる。
2. 長押は、付けないか、あるいは半割の丸太や面皮が使用される。
3. 壁は、土壁または張付壁でも水墨画が描かれるか、あるいは唐紙を用いる。
4. 床の間、違棚、付書院などの飾りのための装置が自由な形態と配置をとる。
5. 天井は、格天井ではなく竿縁などの軽い手法であり、低く抑えられる。
6. 材料は、格が高いと考えられている檜は避けられる傾向にあり、杉や栂、松、竹などさまざまな材種が使用される。

桂離宮新御殿裏桂棚

棚背面の壁は唐紙、違棚と戸棚を自由に配置する。デ・ステイル(20世紀初頭の垂直や水平の線や面による建築)を彷彿とさせる。

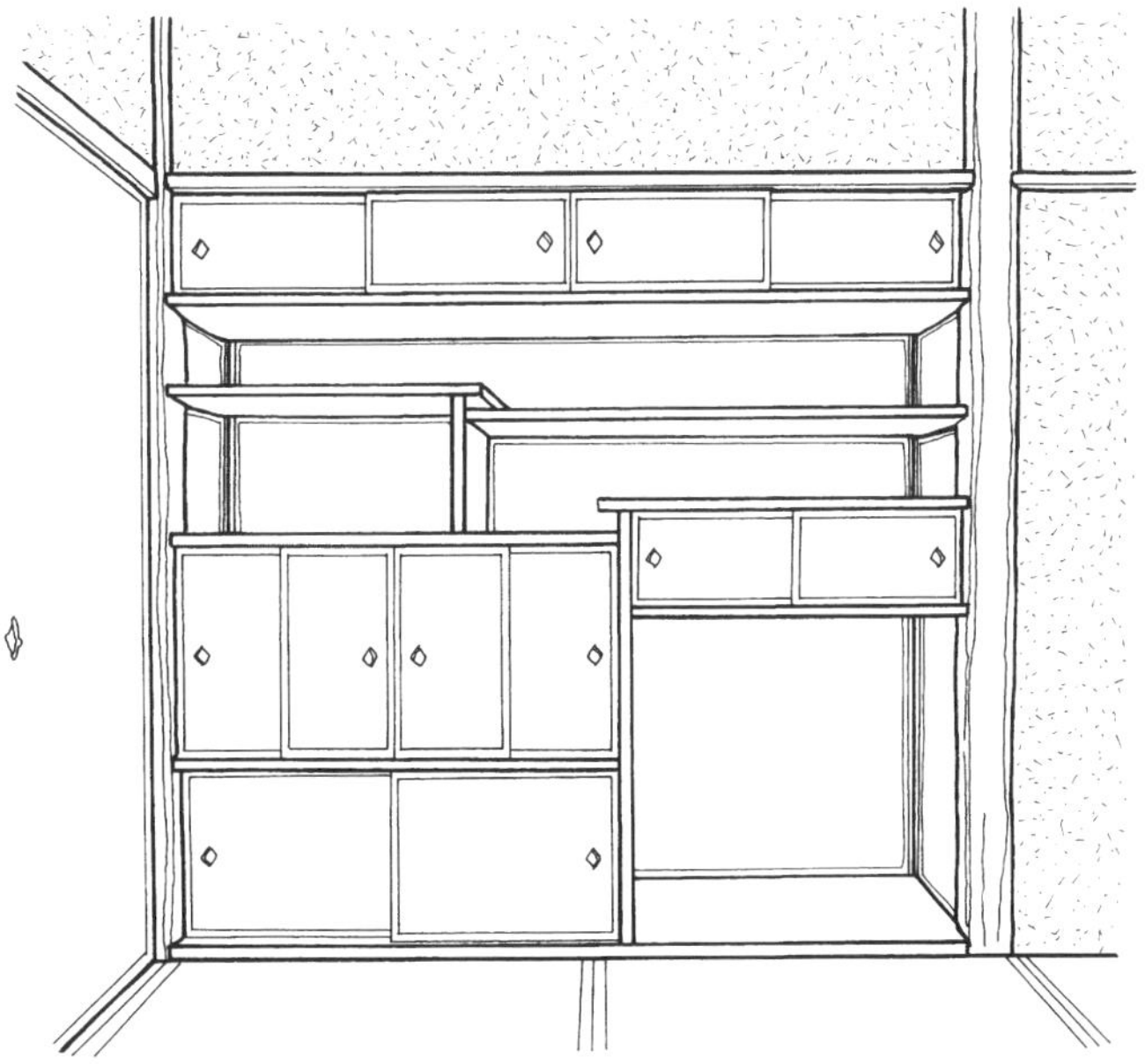

三渓園臨春閣住之江の間

天井は竿縁の方向を変えたもの。壁は土壁で、床の間は張付壁で墨画が描かれている。

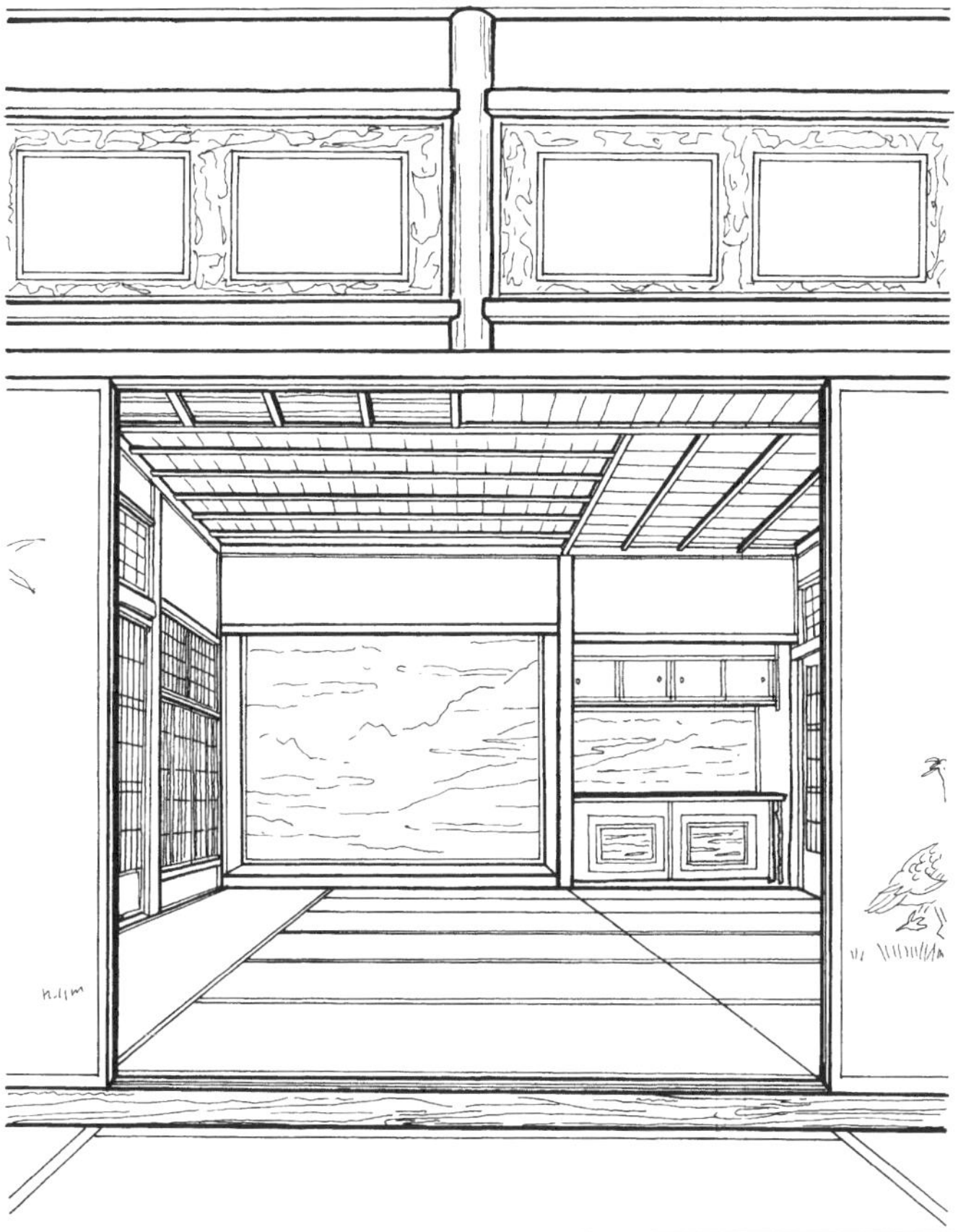

057 名席から普及した広間〈1〉八畳花月

ポイント 七事式は変化に富んだ稽古修練の形式として生まれた。花月楼はそのための座敷としてつくられたものである

七事式

江戸時代半ばになると、各流派では門弟を多く抱えるようになった。そこで、変化に富んだ稽古修練の形式として七事式が生まれた。

七事式は、表千家７世の如心斎《じょしんさい》（１７０５～１７５１年）と裏千家８世の又玄斎《ゆうげんさい》（如心斎《じょしんさい》の弟、１７１９～１７７１年）の時代に生まれた稽古の式法である。花月・且座《しゃざ》・茶かぶき・員茶《かずちゃ》・廻り炭・廻り花・一二三《いにちさん》がある。茶の湯の稽古に変化を採り入れ、精神や技術を磨くことを目的としたものである。

花月楼

花月楼は七事式を行うことを考慮した座敷として、如心斎《じょしんさい》の門弟であった川上不白が１７５８年、江戸神田明神境内につくった茶室である。八畳の座敷に四畳の上段がついた形式で、正面中央に一間の床の間を配置し、その脇に地袋と棚、そして付書院を備えた形式であった。当時のものは失われているが、萩市の松陰神社に不白が毛利重就《しげたか》のために１７７６年に好んだという花月楼がある。

また現在、江戸千家には花月楼が復興されている。上段がないので付書院もないが、床の間は中央に一間床が設けられ、向かって左側には赤松皮付の床柱を立て、脇には地袋をつくり、仏龕を設けている。右側は床框《とこがまち》がそのまま延び、床柱は途中から省略した下げ束とし、脇には二重棚が吊られている。

松風楼

表千家には、大正時代、松風楼と称する花月楼の形式を復興した茶室がつくられた。床の間はやはり中央に一間床の形式で、向かって右側に琵琶台が設けられ、その脇が平書院となっている。また、左側は壁である。特徴は床の間の落掛《おとしがけ》が、琵琶台を含めた部分に一直線に付けられていることである。

松陰神社(萩市)花月楼

如心斎《じょしんさい》の弟子の川上不白《ふはく》が、1776年に好んだ茶室。四畳の上段が付く。

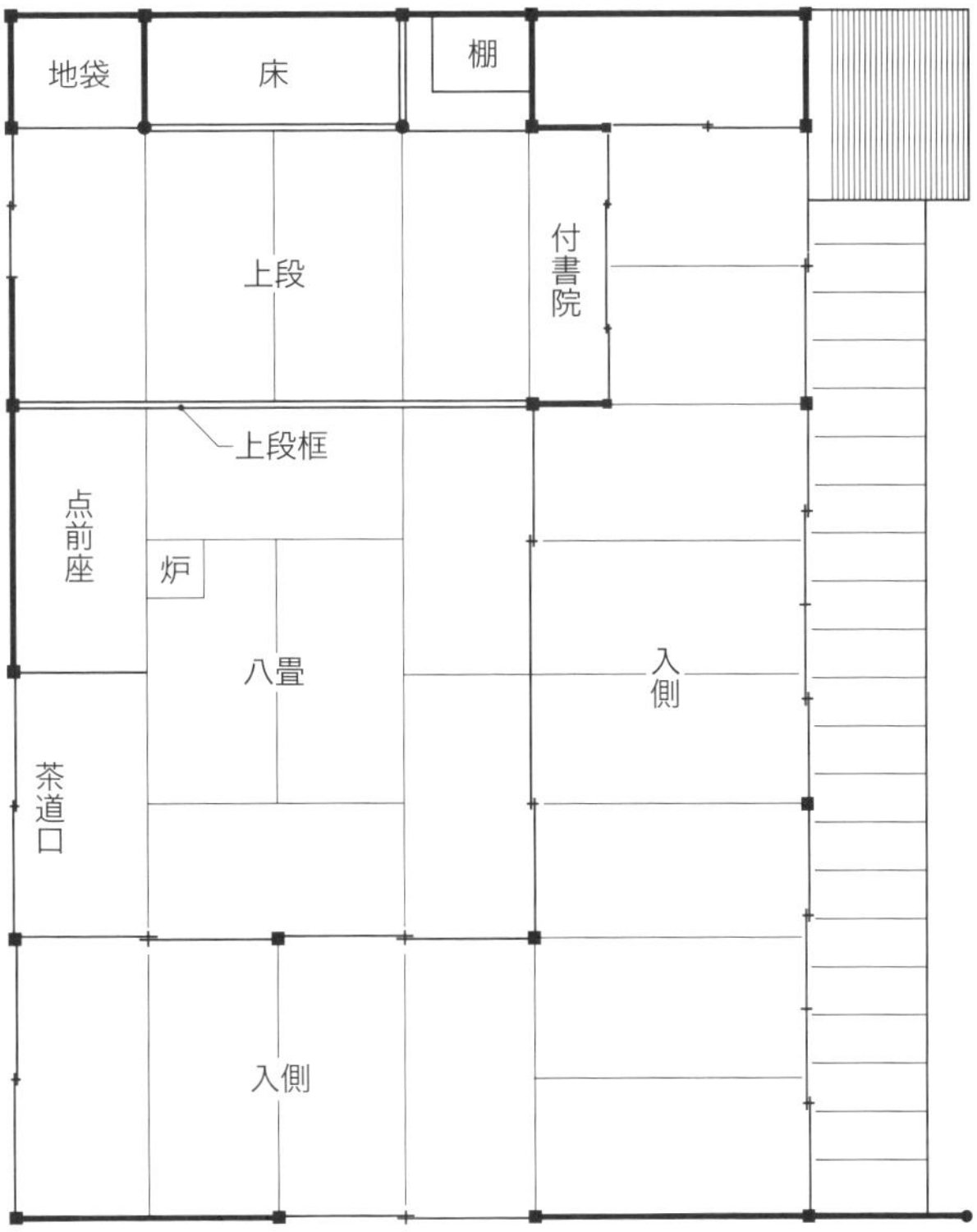

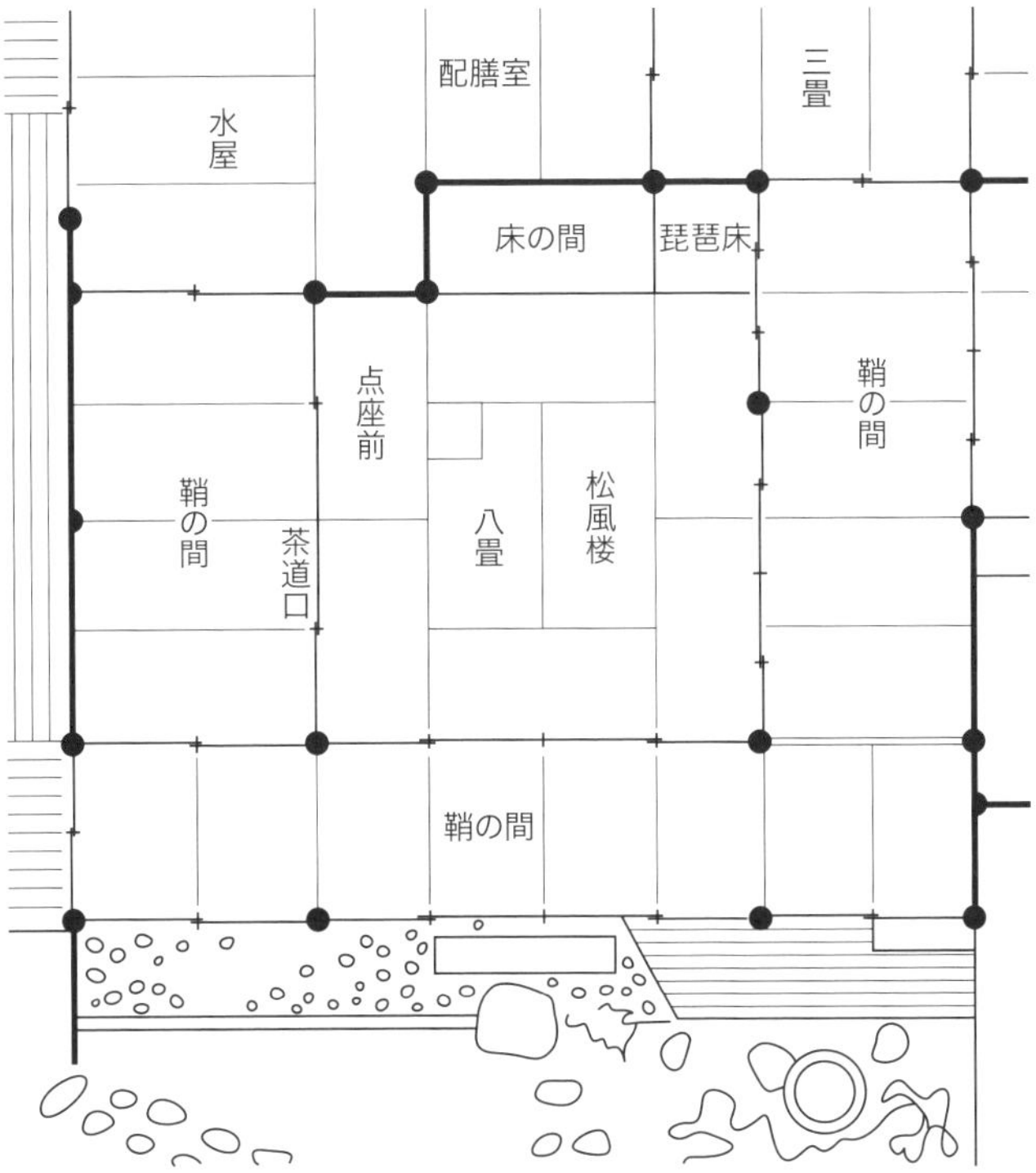

表千家松風楼

1921年に新築された。床の間が中央にあり、七事式に適した座敷である。また、三方に鞘《さや》の間をめぐらし、開け放つと二十五畳の部屋になり、大人数での稽古に適している。

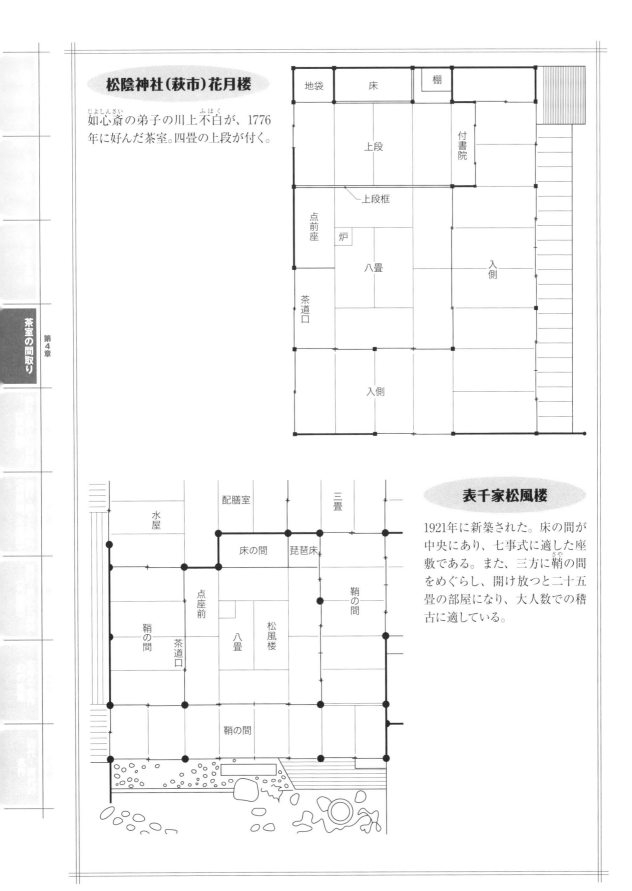

058 名席から普及した広間〈2〉残月の間

ポイント 利休がつくった色付九間書院は復興され、のちに残月亭とよばれた。その形式を写した残月写しは各地につくられた

色付九間書院

千利休が1587年頃、京の聚楽屋敷につくった座敷である。色付けとは、木材に柿渋やベンガラなどの色を付けたもののことで、九間《ここのま》とは十八畳敷のことである。この座敷は書院とあるが、いわゆる書院造に草庵風を加味した、数寄屋造の初期の形態であろうと考えられている（→122ページ）。特徴は二畳の上段と四畳中段がついていることである。豊臣秀吉が上段の柱にもたれて突上窓より残月（早朝の月）を眺めたという伝承がある。

残月亭

千少庵が千家の屋敷を復興したとき色付九間《ここのま》書院も復興された。ただし少し規模を縮め、中段をなくしている。先の秀吉の伝承より、この座敷は残月亭と呼ばれる。そしてこの上段（床の間）の形式を残月床といい、その床柱を太閤柱と呼んでいる。その後2度罹災して、現在のものに立て替えられている。大きな違いは南側の壁が明障子《あかりしょうじ》に変えられ、路地から直接座敷に上がり込む形式となったことである。

残月写し

残月亭を写した茶室は、残月写しといい、各地に数多く作成された。おもなものを挙げてみると、清流亭（京都市左京区）、八芳園（東京都港区）、村野邸（兵庫県、村野藤吾、現存せず）、八勝館八事店（名古屋市昭和区、堀口捨己）などがよく知られている。

それぞれ間取りとしては、残月床を構えた広間の形式であるが、細部においては違いを見せるものも多い。清流亭は、平面においてはほぼ同じであるが、本歌の化粧屋根裏天井部分が、ここでは平天井となっている。八勝館八事店の残月の間の場合、色付九間書院の堀口としての復元で、躙口《にじりぐち》があけられている。村野邸においては残月床が、板床の踏込床の形式であった。建築家ならではの自由な発想である。

表千家残月亭

1910年に復興されたものである。広間の場合、客の出入口は縁側を経由するものが多いが、ここでは直接土間庇より上がる形式である。

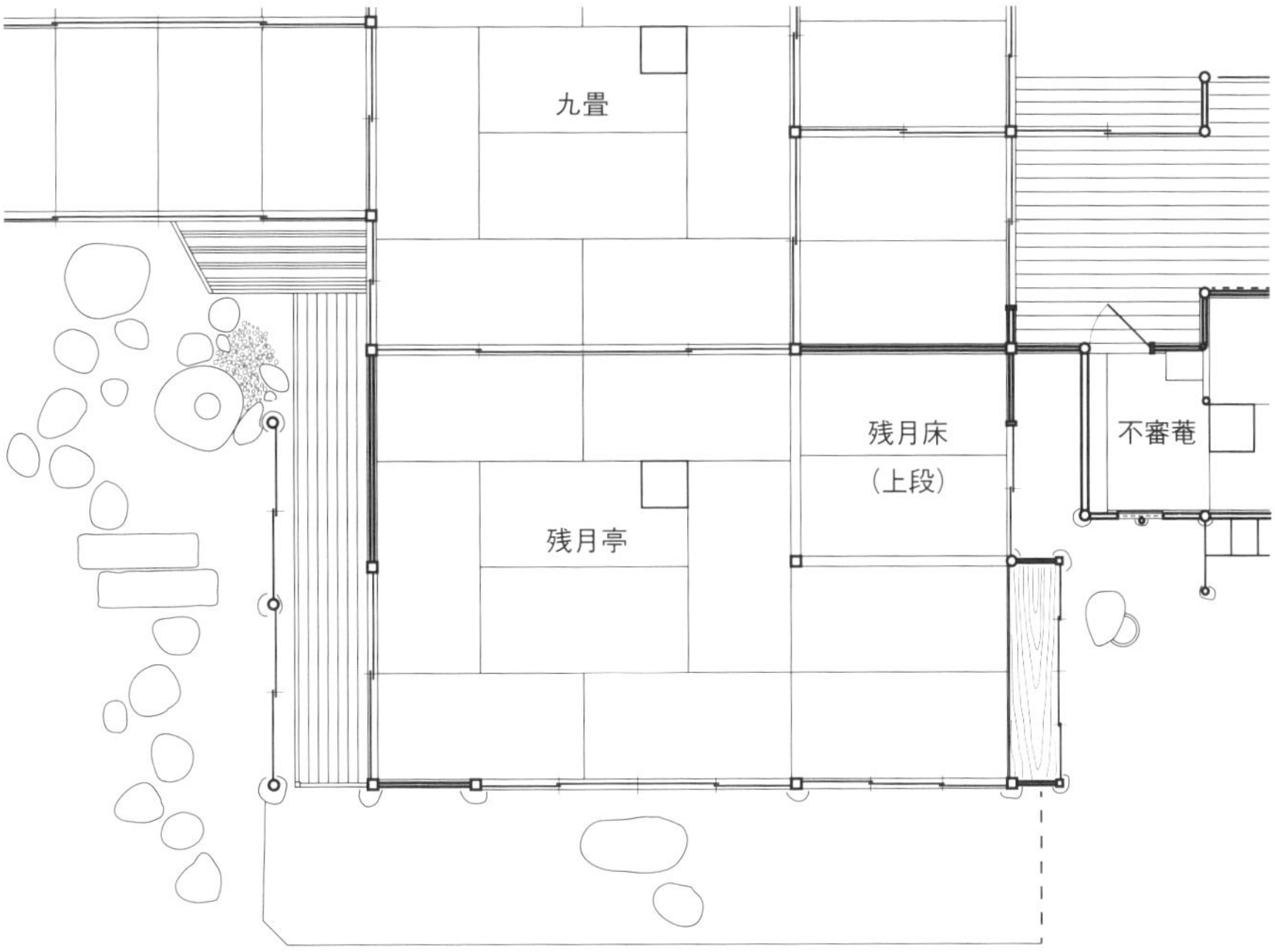

八勝館八事店残月の間

1950年、堀口捨己によって残月写しの席がつくられた。客の出入口として広間には珍しい躙口が設けられ、貴人口は、桂離宮古書院を彷彿とさせるデザインである。

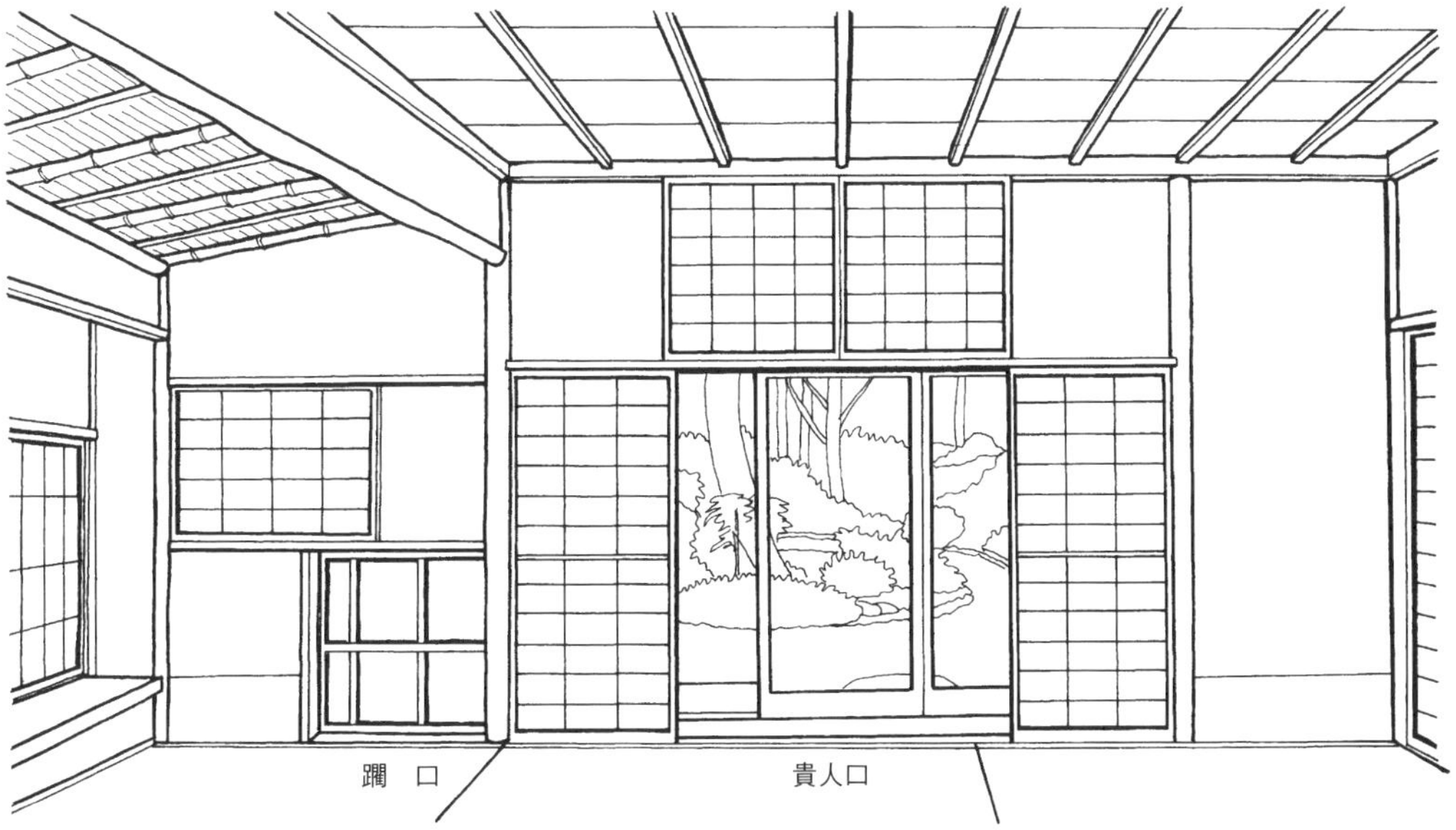

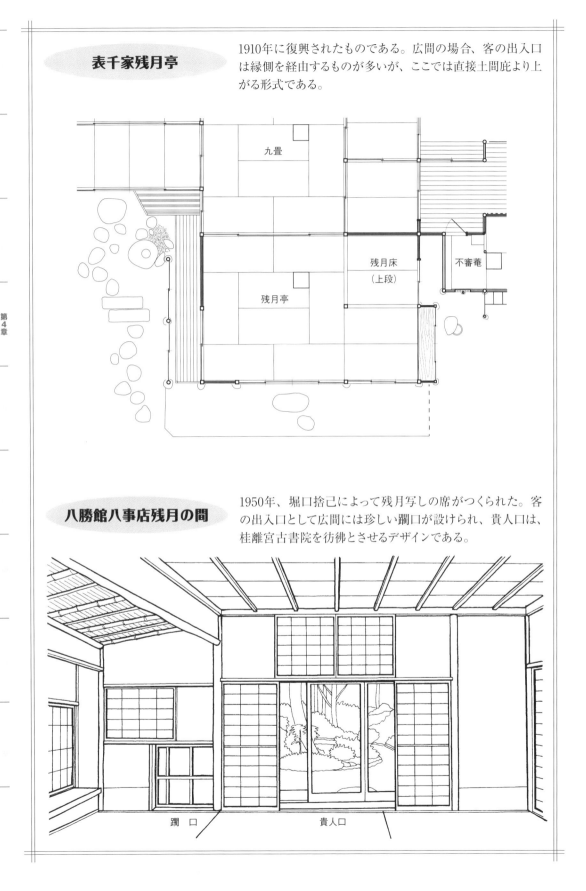

059 広間のバリエーション

ポイント 各家元には写しの対象とされる本歌の座敷が多いが、一間床に畳が7枚敷かれた稲荷の御茶屋も、多くの写しがつくられている

啐啄斎好み七畳

表千家8世啐啄斎《そったくさい》は、七事式のできない座敷としてこの広間をつくったという。厳密にいうと、床脇に相当する部分の畳が大目畳になっており、六畳大目である。また入側には、大目畳が4枚敷かれている。点前座《てまえざ》は丸畳であり、炉は四畳半切となる。そして座敷の正面中央やや左寄りに大目床を構え、その前に板畳を敷いている。

咄々斎・大炉の間

咄々斎《とつとつさい》は裏千家11世玄々斎《げんげんさい》がつくったものである。八畳の広間で正面に約7尺の床の間がついている。特徴として、その床柱の太さに驚かされるが、これは大徳寺にあった五葉松で、約6寸の直径である。そして床脇には地板が敷かれ、壁面に大きな下地窓があけられ、隅の柱は壁で塗り込めて見えないようにしている。天井は細い丸太の格天井で、目が粗く間に削り木を交互に入れたものである。

次の間は大炉の間と呼ばれ、六畳の広間である。大炉と呼ばれる一辺が1尺8寸ある炉が逆勝手に切られている。これは田舎家の囲炉裏を意識してつくったもので、冬期に部屋を暖めるのに適した形式となっている。

伏見稲荷大社の御茶屋

伏見稲荷大社の御茶屋は後水尾院より拝領したと伝えられる建物である。七畳の座敷で一間床が設けられ、床脇に敷かれた畳の奥に違棚が設けられ、床の間と矩折れに花頭窓のあけられた付書院が配置されている。また、付書院の隣には、中敷居窓としてはめ殺しの腰障子が備わる。床框《とこがまち》は黒塗りであり、角の長押《なげし》もまわり、棚や書院などを併せ、書院造の要素をもつが、床柱が丸太であり、相手柱も面皮《めんかわ》柱であるなど、草庵風が加味されたものとなっている。点前座《てまえざ》は現在内側につくられているが、もとは床脇の一畳だったのではないかと考えられる。

表千家啐啄斎七畳敷

明治時代末から大正初年に復興されたもの。実質は六畳大目であり、点前座は丸畳を使用している。

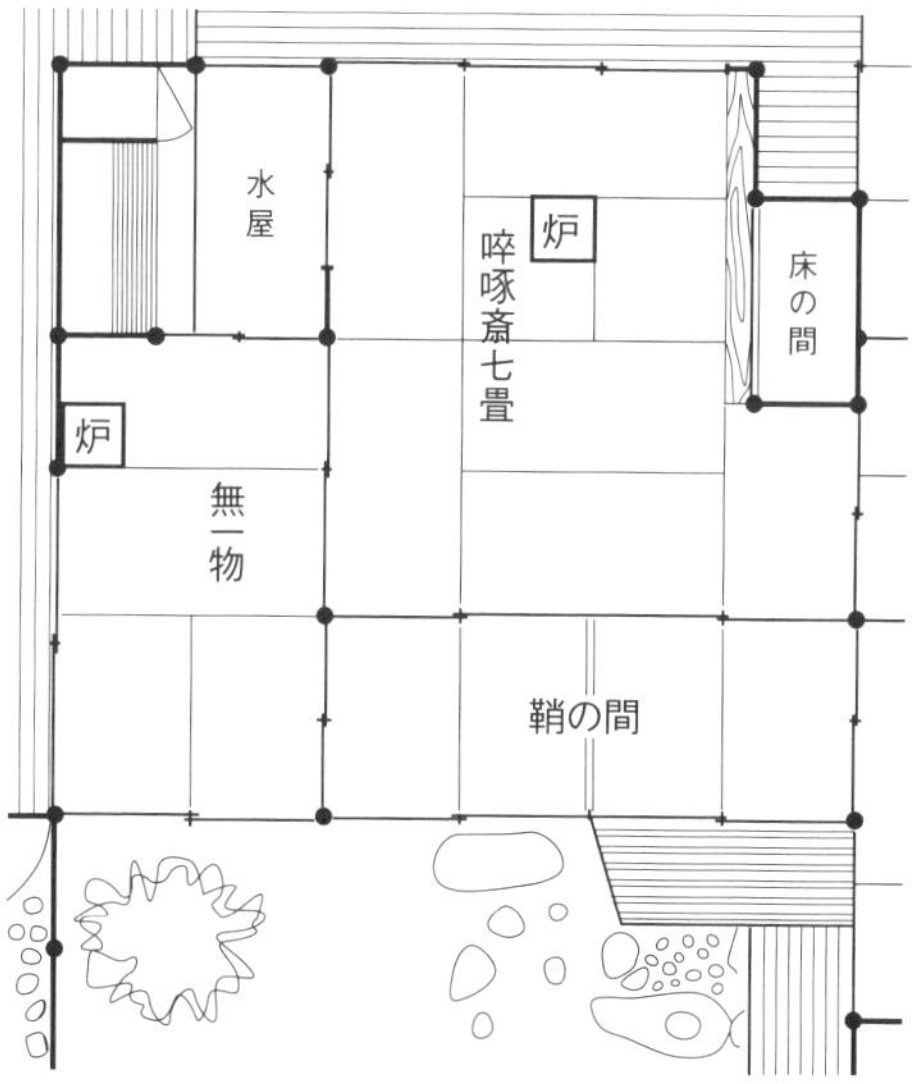

裏千家咄々斎大炉の間

八畳で、客座側に7尺（約2.12m）の床の間が付く。その次の間に相当する大炉の間は、六畳で逆勝手となる。

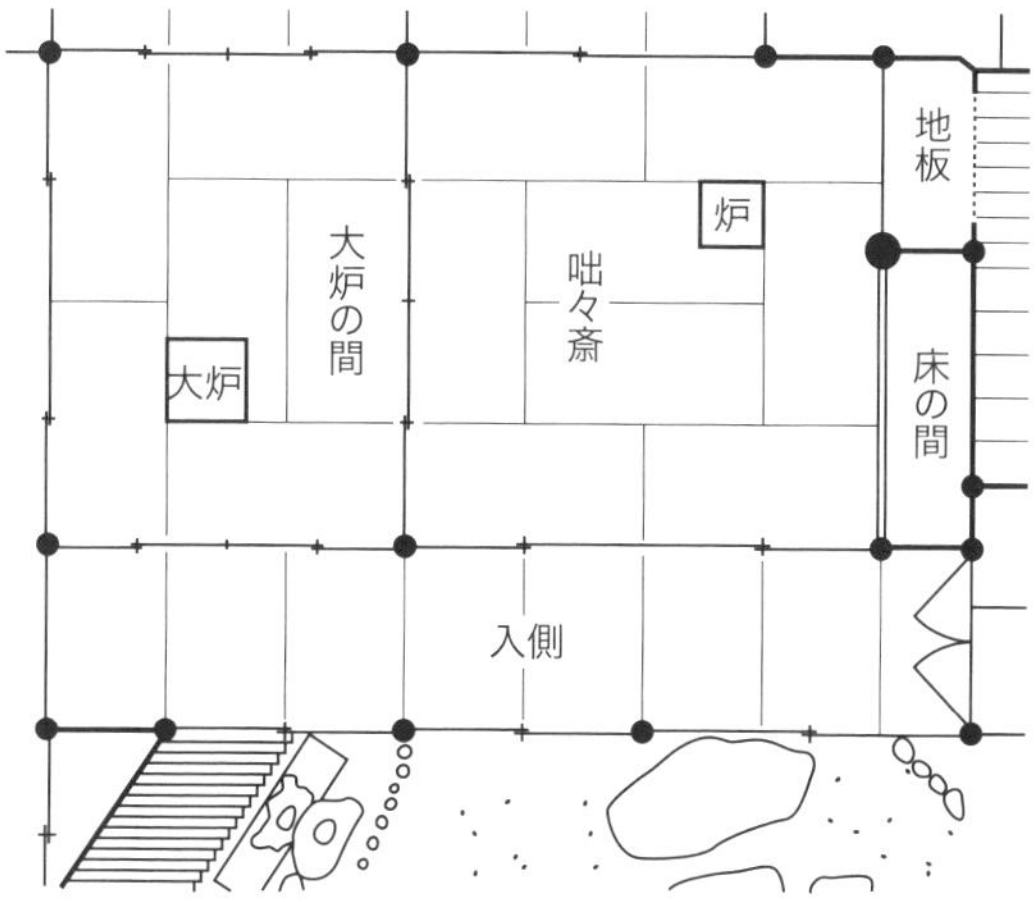

1尺=10寸=100分≒303mm

伏見稲荷大社御茶屋

七畳で、上げ大目切りの炉が切られる。元は床の間の横に点前座があったと考えられる。

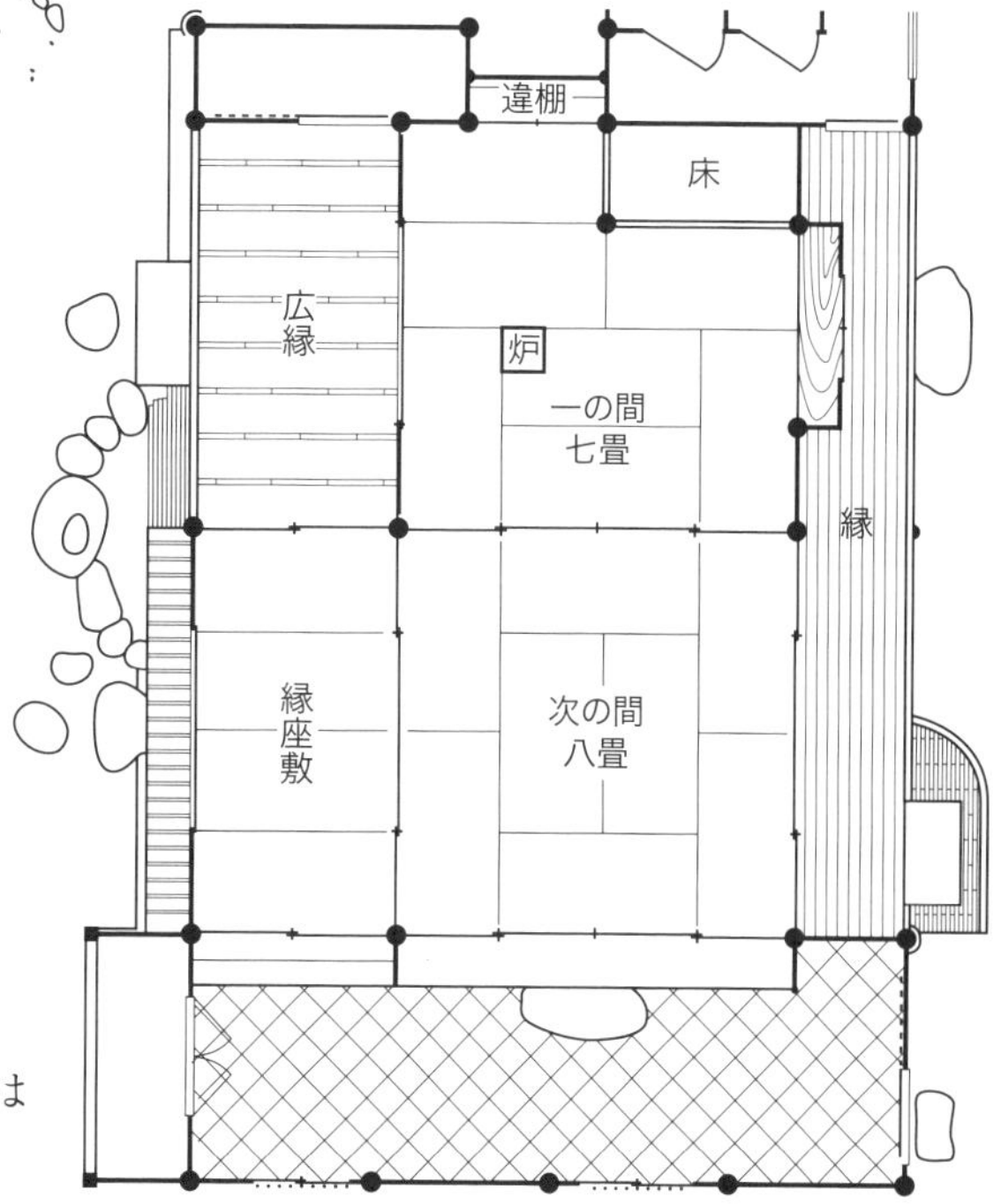

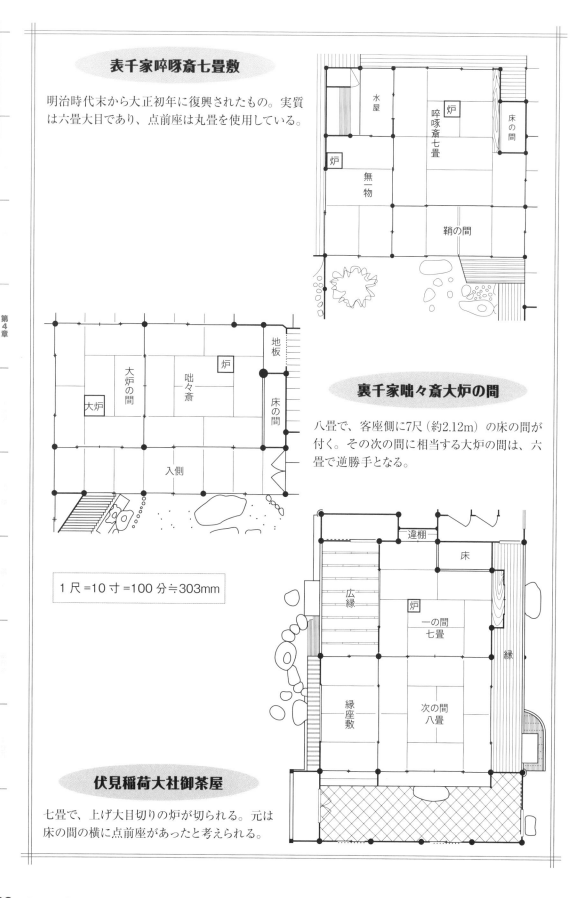

060 立礼席〈1〉

ポイント 外国人を意識して椅子式の茶が考案され、それは博覧会の会場で披露された

博覧会と立礼

１８７２年、第1回京都博覧会が開催される。この博覧会、その規模こそ違うものの、当時欧米で行われていた博覧会を模したもので、新奇なものを展示し、まさに文明開化を象徴するもののひとつであった。

おもしろいことに、そこで日本伝統の茶の湯が深く関わるのである。知恩院三門上に煎茶席が設けられ、建仁寺正伝院には抹茶席が設けられた。このとき、建仁寺において立礼式の茶も行われたのである。亭主は椅子に腰掛けて点茶卓にセットされた道具によって茶を点て、客は椅子にすわって茶を飲む形式である。

この点茶卓は、風炉《ふろ》釜を組み込んだもので、裏千家11世の玄々斎《げんげんさい》が考案し、数寄屋師の木村清兵衛につくらせたものだという。この博覧会には外国人も多く京都を訪れており、それを意識して考え出されたものである。

立礼席の系譜

また堀内《ほりのうち》家でも、中国からの来客を迎えるために、タワフル（テーブルのこと）と名付けられた点茶卓を作成した。１８７３年に考案し、飛来一閑《ひきいっかん》が作成したものだという。

日本の公園は、文明開化の一つとして欧米から伝えられた新しい考えである。京都の円山公園は、祇園社の旧境内地などを整備した場所で、也阿弥《やあみ》ホテルが建てられるなど、京都にあって、外国人を意識した地域となった。

西行庵は、円山公園の南にすでにあった西行を祀る草堂を、１８９３年に宮田小文《こぶん》が改修した茶室である。寄棟造茅葺の建物で、四畳半と二畳大目の座敷のほかに土間席があるのが特徴である。床は瓦の四半敷で、2方向に腰掛が設置されており、棚が壁にしつらえられている。そして売茶《ばいさ》の担いを元にしたような点茶卓が土間に据えられている。

タワフル夕顔蒔絵卓《ゆうがおまきえじょく》(堀内家)

天板の中央に風炉が仕込まれ、道具類を両横に置く。

西行庵土間

正面に売茶《ばいさ》の担《にな》いのような形の点茶卓を設置し、壁には腰掛が固定されている。床は瓦の四半敷。

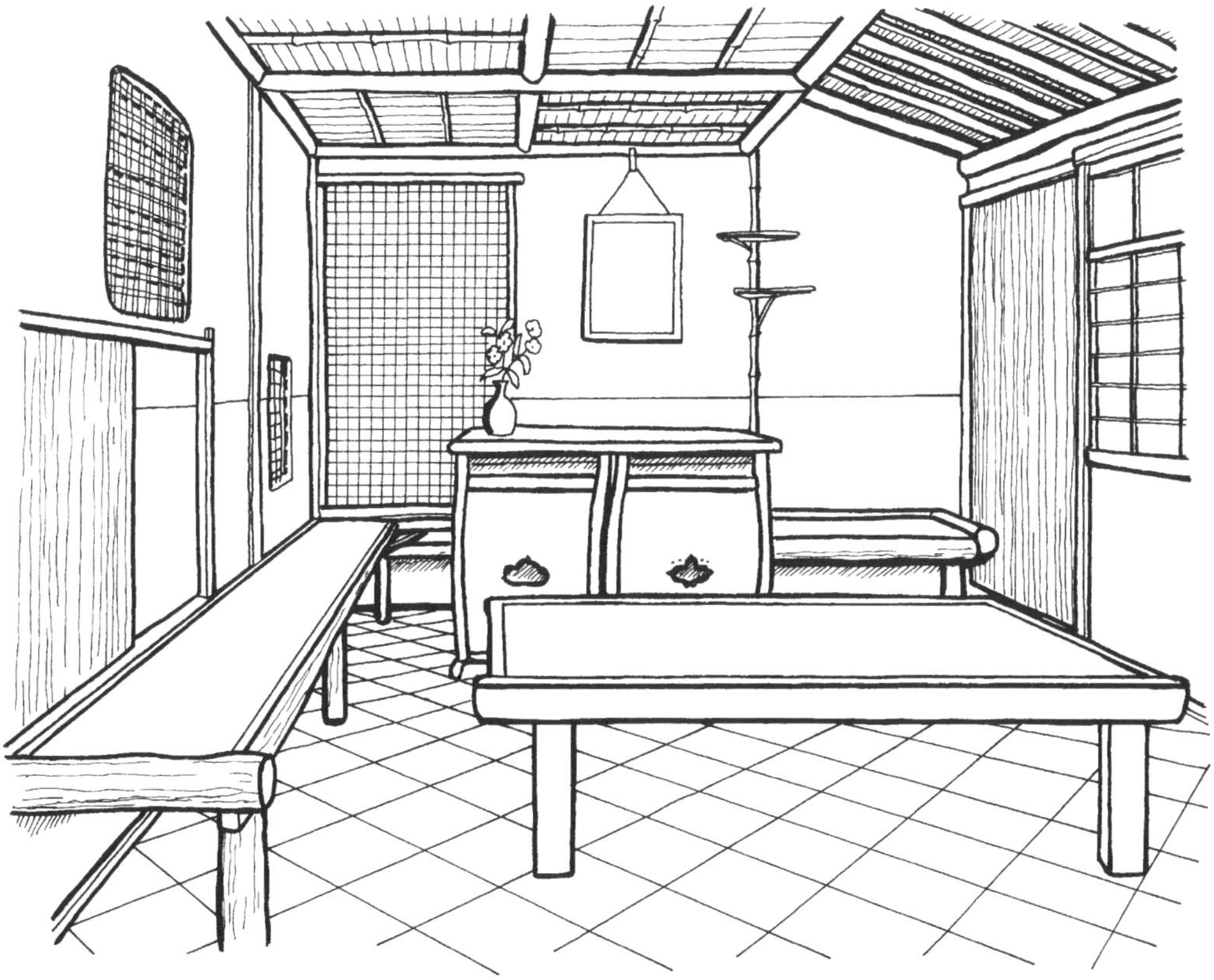

061

立礼席〈2〉

ポイント 日本人の生活も、椅子式に徐々に変化をはじめると、日本人を対象とした立礼席がつくられるようになった

大正、昭和時代の立礼

大正から昭和にかけて、日本人自体の意識の変化が現れ、それまで畳だけの住宅に椅子式の部屋を採り入れることが少しずつ流行ってきた。建築家藤井厚二は椅子式と座式を採り入れた部屋を試みていた。

数寄者の小林一三《いちぞう》は、１９３６年、三畳大目の茶室の周りに土間席を設けた茶室即庵《そくあん》を作成する。障子を立てると座礼の茶室として、障子を外し敷居を無目《むめ》に変えると、座礼と立礼の結合した茶室として使えるように工夫したものである。

１９５１年、上野松坂屋の「新日本茶道展」において、堀口捨己は美似居《びじきょ》、そして谷口吉郎は木石舎と名付けられた茶室を、それぞれ立礼の形式で試みた。美似居《びじきょ》はビニールを多用した茶室で点茶卓と客座を分離した形式、木石舎は点茶卓と客用のテーブルが一体化した形式である。

立礼席の構成

立礼席には、大きく分けてふたつのパターンがある。ひとつは亭主、客共に椅子式のもの。あとひとつは亭主が座式で客が椅子式のものである。

亭主が椅子式のものは、点茶卓が用意され、客が椅子あるいは造り付けの腰掛に座すもので、客用のテーブルが用意されている。点茶卓は一般に立礼棚と呼ばれ、裏千家14世の淡々斎《たんたんさい》が好んだ御園棚、表千家13世の即中斎《そくちゅうさい》が好んだ末広棚などがあり、いずれも炉を組み込んだ形式である。また、風炉《ふろ》を天板上部に設置するものもある。

亭主が座式のものは、点前座《てまえざ》が畳1枚のものと、座式として完結した茶室、つまり三畳や四畳半などの席に、土間席を横または周囲に設けたものがある。点前座《てまえざ》が畳1枚のものは、向切のものが一般的で、客付には点てた茶や道具を置くための板が敷かれている。

即庵

三畳大目の茶室の二方向に土間を廻らし、椅子席とした。

御園棚《みそのだな》

裏千家14世淡々斎《たんたんさい》（1893～1964）が好んだ立礼卓。

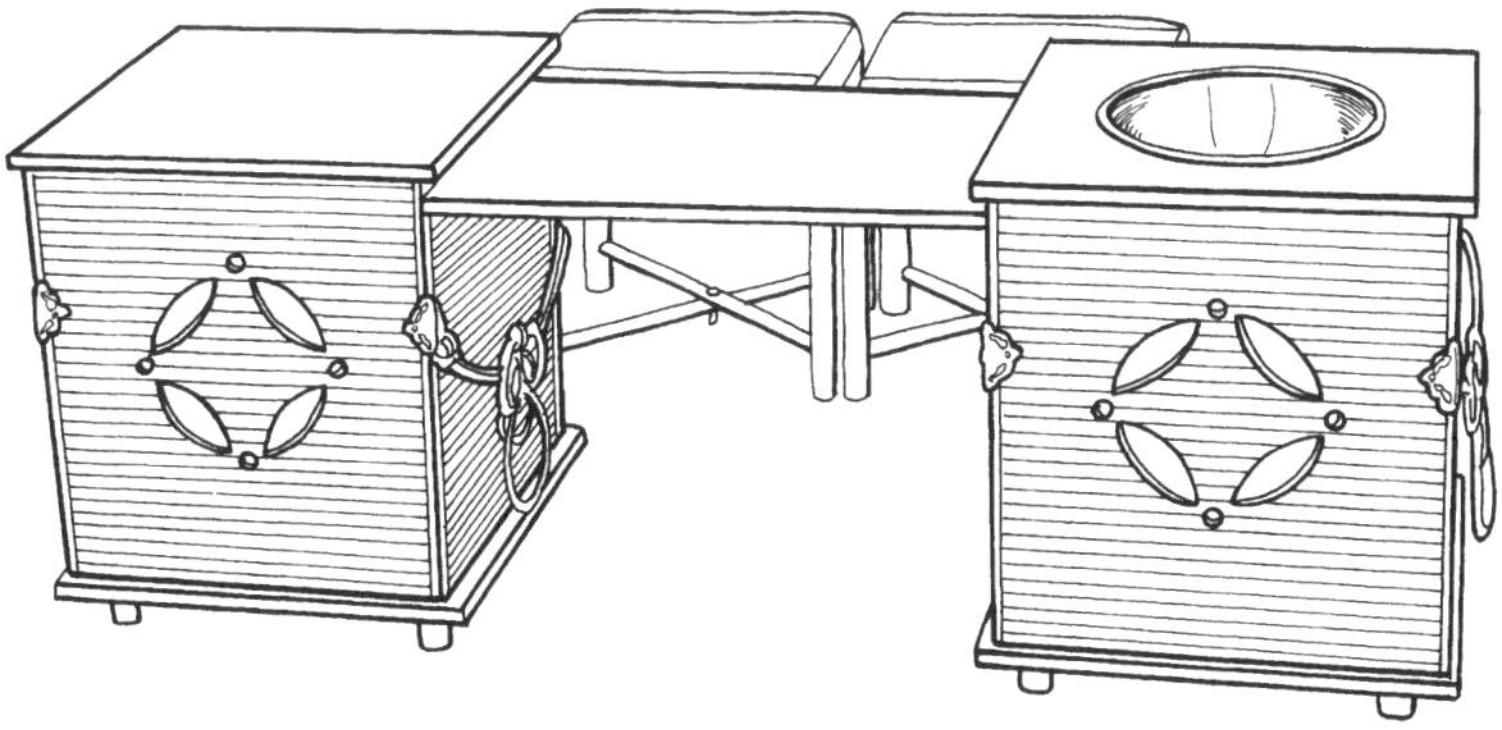

末広棚

表千家13世即中斎《そくちゆうさい》（1901～1979）が好んだ立礼卓。

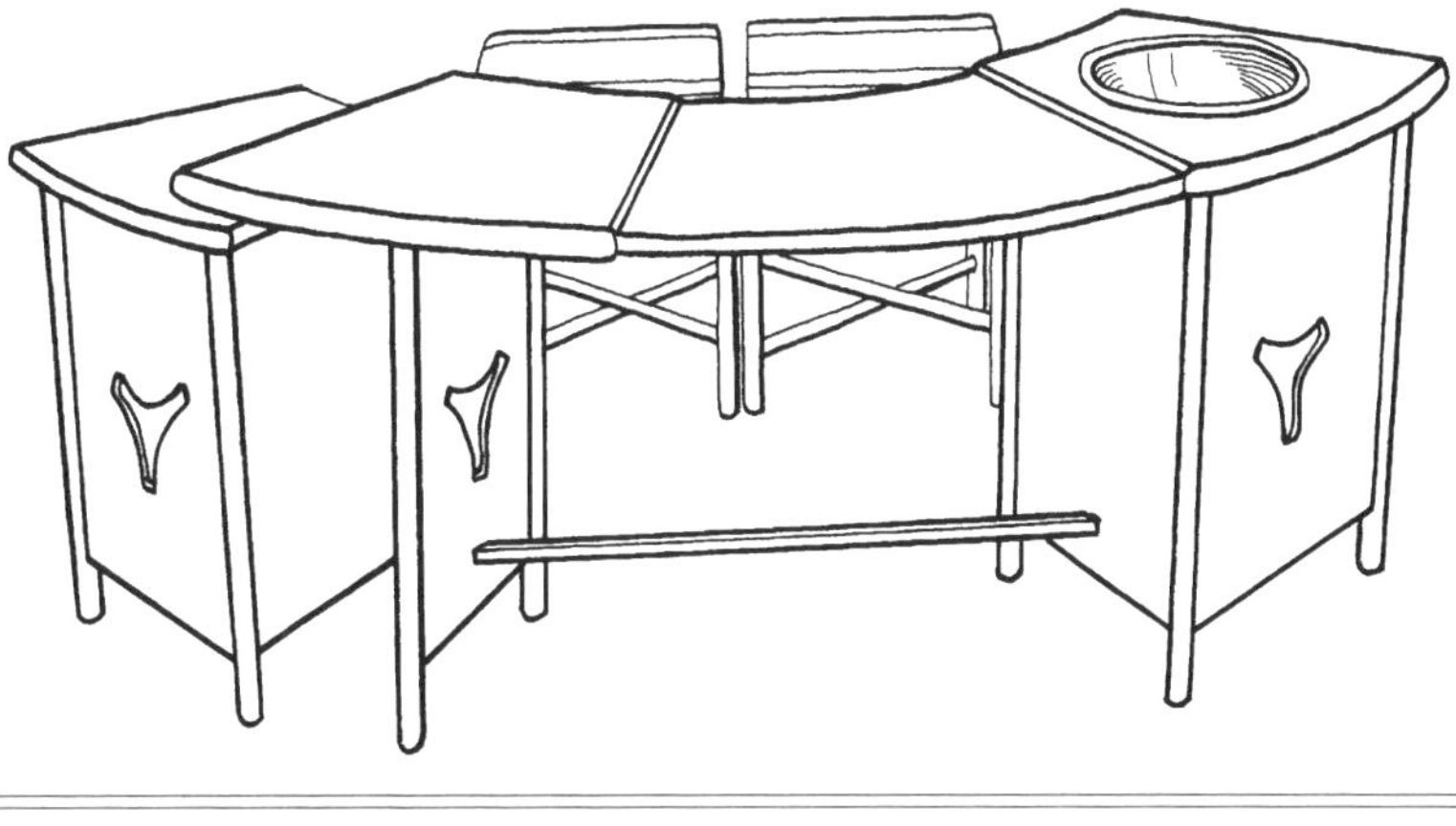

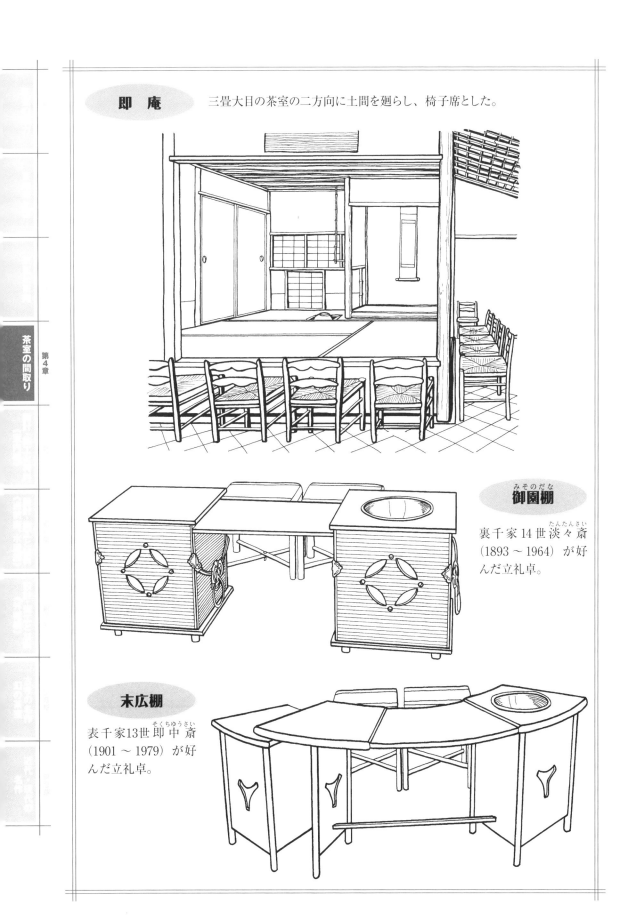

こらむ④

台目と大目

茶室の畳には、一般に3種類の大きさのものが使用されている。基本となるのは６尺３寸（約1,909mm）×３尺１寸５分の丸畳、そして３尺１寸５分×３尺１寸５分の半畳である。ここまでは通常の住宅に使用されるものであるが、次に示す大目畳は茶室ならではの大きさの畳である。

「大目」は「台目」とも記される。歴史的にみれば、千利休らが活躍した桃山時代、この大きさの畳が出現した。その当時は「大目」と記されていたが、やがて「台目」の文字も多くみられるようになった。これは、利休没後100年の頃に著された『南方録』にその文字が使用していたからだと考えられる。その後現代では、文献などには「台目」の文字が使用されることが多い。しかし本書では、歴史的に古いと考えられる「大目」の字を用いている。

さて、その大目畳であるが、これは通常、点前座《てまえざ》、つまり亭主が座する畳に用いられることが多い。その理由はふたつある。

まずひとつは、客をもてなすという意味からである。それを建築的に表現しようとしたのがこの大目畳である。つまり、亭主の座する位置を相対的に小さく扱って、客に、より上位の空間を使用してもらおうとの考えからである。

もうひとつは侘茶の表現である。格式の高い道具に台子《だいす》がある。その台子《だいす》は丸畳に設置するもので、それより小さな畳には置くことができない。つまり大目畳を使用することは、格式の高い茶を否定しているということになるのである。

第5章
設計・施工と材料
《室内編》

062 真行草ということ

ポイント 真行草は形式化されたものもあるが、本来は相対的なもので、厳密に区分できないものも多い

真行草とは

日本の伝統芸能では、しばしば「真行草」という言葉が使用される。その形や空間の格式、あるいは自由度を示す言葉である。茶の湯をはじめ、活け花や連歌、能などである。書においては、楷書（真）は本来の形ともいうべき正書体、草書はそれを崩した形である略書体であり、行書はその中間と位置付けられる。

なお、その定義は一部には形式化したものもあるが、相対的なものであり、厳密な区分はできない。また崩す方向性を草体化ともいう。

茶の湯の道具にみる真行草

茶の湯においては、たとえば中国伝来で神仏に供える目的や将軍が使用した真塗の台子《だいす》、あるいは唐物《からもの》（主として中国から渡来してきた美術品）の道具などは「真」として扱われ、逆に国焼（国産のもので、土の趣を表現したもの）の道具は「草」と位置付けられる。

茶室における真行草

草庵とはまさに「草」の茶室で、通常四畳半以下の大きさで、壁は土壁で丸太を使用し、屋根は茅葺または柿葺《こけらぶき》のものを指している。一方、「真」の茶の湯座敷とは、書院造の形式で、張付壁《はりつけかべ》に角柱が使用され、長押《なげし》が取り付けられている。「行」の座敷とは、明快な定義はできないが、丸太を割った長押《なげし》や土壁と張付壁《はりつけかべ》が併用されていたりする。

ひとつの茶室内部においても、「真行草」が位置付けられる場合がある。たとえば天井では、平天井が「真」、化粧屋根裏天井が「草」であり、落天井は「行」の位置づけである。しかしながら、茶の湯空間をみるとき、点前座《てまえざ》は落天井となることが多いが、その大きさや他の要素をあわせてみたとき、客座に比べてより低く位置付けられることが多く、他の要素と併せて「草」の空間とみられることも多い。

天井の真行草

化粧屋根裏天井は天井を張らない農家の土間空間をイメージさせるもので、天井としては最も素朴な表現である。一般に天井の高低は格の上下につながる。

したがって下図の場合、床前の平天井が「真」、落天井が「行」、化粧屋根裏天井が「草」と位置付けられる。

ただ、空間としてみた場合、水屋の位置およびそれに続く茶道口は低くみられ、袖壁で小さく囲われた点前座は草の空間と位置付けられる。

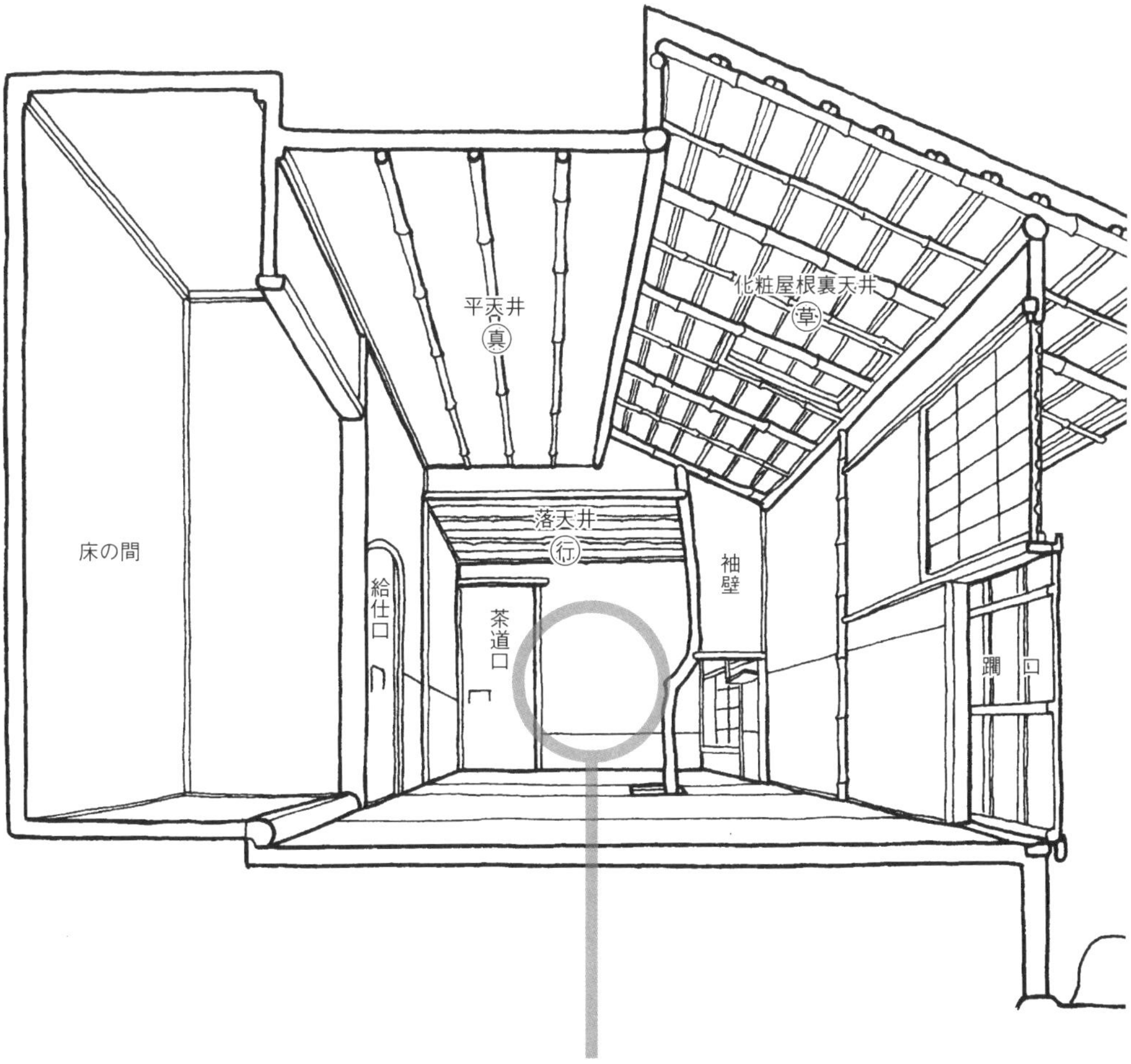

点前座は、空間としては ㊦草

063 柱の形状

ポイント 格式ある柱としての角柱、素朴さの表現としての丸太柱、その中間的な面皮柱が茶室には使用される

日本建築の柱

日本建築にとって、柱は大きな意味をもつ。諏訪大社の御柱祭や神明造の棟持柱を持ち出すまでもなく、古来より柱梁構造の歴史をもつわが国の建築において、柱は特別なものであった。

古代から中世にかけて、寺院建築をはじめ、住宅建築においても主要なものは、丸柱を使用していた。自然木から四角形断面に加工し、それを八角形、十六角形と、角を落として丸にしたものである。やがて書院造の要素、つまり飾りの空間や畳、引違の建具などが多用されてくると、柱も角柱が多用されるようになった。

茶の湯空間の柱

初期の茶の湯空間である会所（↓56ページ）には、角柱が使用されていた。一方、山中の庵居として茶が行われた空間、あるいは室町時代の町衆たちの茶の湯空間（↓56ページ）には、丸太が使われていたと考えられる。

村田珠光《しゅこう》から武野紹鷗《じょうおう》にかけての時代、多くの四畳半の茶室がつくられていたが、そこでは主として角柱が使用されていた。千利休もはじめは角柱を使用していたが、やがて草庵茶室をつくりはじめると、そこには丸太を採用し、さらには広間においても丸太を使用するようになった。

丸太と面皮柱

丸太は丸柱（真円）ではない。丸太は基本的には自然木そのものである。

面皮《めんかわ》柱は別名ツラッキ柱ともいい、丸太の一方あるいは二方、三方、四方を垂直に落とし、ツラをつけたものである。あらたまった席における角柱、それを少し崩した面皮《めんかわ》柱、草庵における丸太など、茶室の性格によって、その使用する柱にバリエーションが生まれた。また、その取り合わせによって空間の上下を表現することがあり、客をもてなす心を形であらわすこともある。

磨き丸太の製造（北山丸太の事例）

新芽挿し木	良材の新芽を4～5月頃に採取し、畑において挿し木し、2年間育てる。
植林（苗植え）	3年目に山に植林する。
枝打ち	植林して7～8年後に最初の枝打ちを行い、その後2～3年おきに行う。
枝締め	伐採の前年の冬に「枝締め」といって先端部だけを残して枝を切り払う。これにより、成長を抑制し、最終年輪の材質を緻密にする。丸太の肌に光沢が出て、乾燥時の亀裂を防ぐ効果もある。
伐　採	20～60年の間に、用途ごとに伐採する。
放　置	約1カ月間、現場に放置する。
玉切り	現場で3m・4mなどに玉切りする。
搬　出	現場から搬出して、作業場に運ぶ。
荒皮むき	木製のヘラで「荒皮むき」を行う。
こむき	アマ皮を鎌でとる「こむき」を行う。
砂磨き	角のとれた細かい砂で「砂磨き」を行う。
背割り	割れを防ぐため、材芯まで一筋の鋸目を入れる「背割り」を行う。
矢入れ	背割り部分を広げ、楔《くさび》を打ち込む「矢入れ」を行う。
天日乾燥	約1週間、天日で乾燥させる。
室内乾燥	半年～1年間、倉庫で乾燥させる。
出　荷	出荷する。

荒皮むき

砂磨き

064 柱の加工

ポイント 自然の丸太を使用したところが草庵茶室の醍醐味である。その自然の形を接合する技術が「ひかり付け」である

丸太の選択

茶室の柱は、自然の風合いが好まれ、丸太が使用されることが多い。その丸太の選択は最初の重要な作業である。丸太は自然の材料なので、柱の元と末ではその直径が違い、直材といっても多少の曲《くせ》や凹凸もある。

また、見る方向によって表情も違う。柱として使用するには的確に見極める目が必要であり、それぞれの木を適材適所におさめる能力が求められる。

ひかり付け

柱は、その足元は根石の上に立ち、上部は丸太の桁などを受けるため、それに合わせた加工をしなければならない。それを「ひかり付け」とよぶ。根石に対してはその凹凸に合わせて柱を加工するのであるが、コンパス状の器具で柱に印を付け、少しずつ削っていく。注意すべきところは、外部の加工だけでなく、内側も接合面の凹凸に対して忠実に削ることである。安易に加工し、内側が空洞になっていると、荷重がかかってきたとき端部が割れて、外に広がってしまうので注意が必要だ。桁と柱の接合部も同様である。

ツラ付け

丸太の柱は建具が当たるところ、畳が接する部分は、ツラを付けて揃えなければならない。柱の建具が当たる部分は、隙間があくと不具合が生じるので、ツラを付けて平滑な面をつくる。また畳と壁が接するところは畳寄《たたみよせ》が設けられるが、その線に合わせ畳に食い込まないように柱を加工する。

それ以外のものとして、床柱には、筍《たけのこ》ヅラといって、正面の下部を筍《たけのこ》状にツラを付けて加工することが一般的である。ただし筍《たけのこ》ヅラは必ずしも垂直ではない。好みに応じてその高さが決められる。特種なものとして、妙喜庵《みょうきあん》の待庵《たいあん》（→216ページ）では落掛《おとしがけ》に届くほどのツラを付けている。

接合部のひかり付け

根石の上面の凹凸に合わせて柱を加工。このときコンパスを使用する。柱と桁との接合の場合、丸太といっても真円ではないので、微妙な凹凸に合わせてひかり付けを行う。

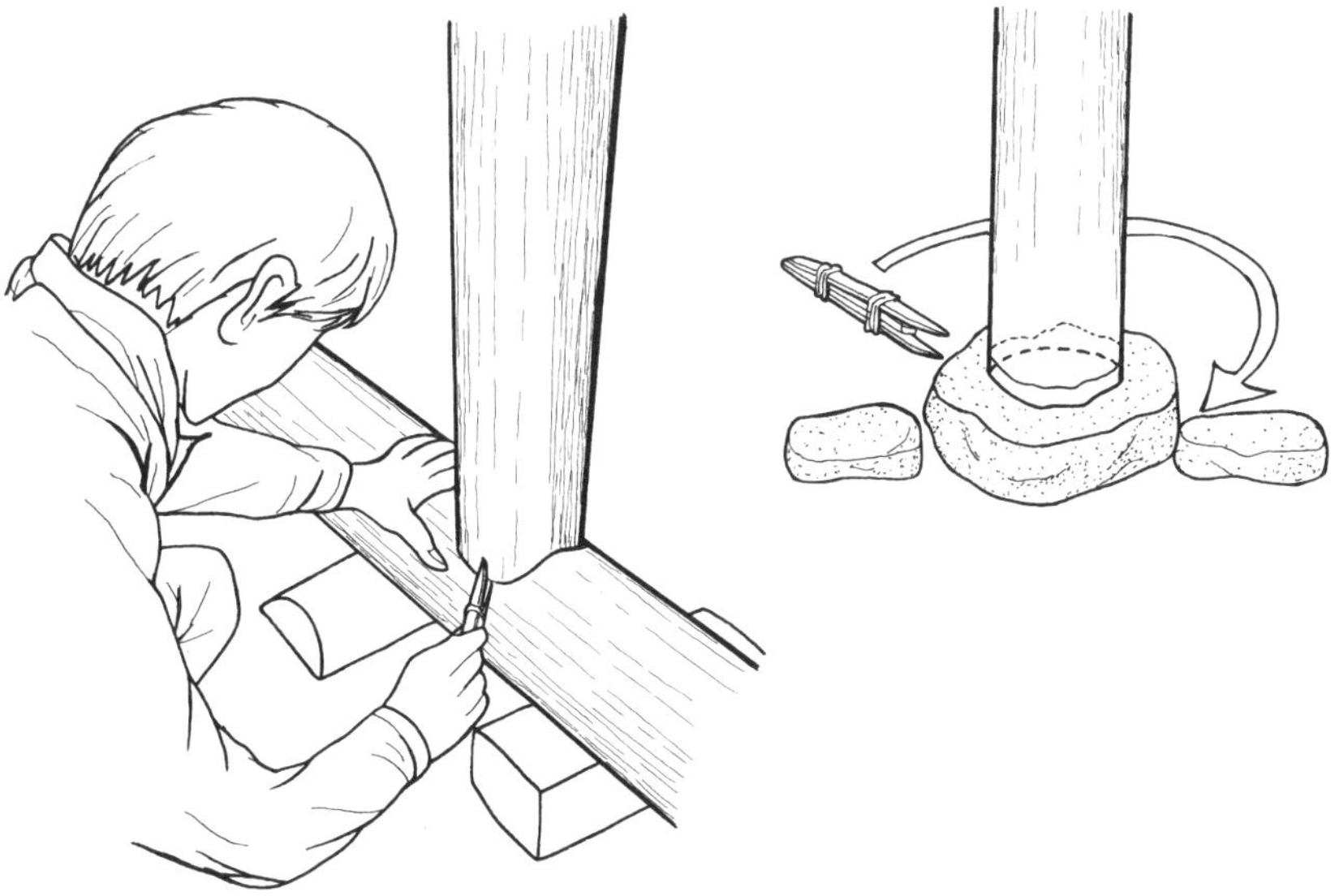

筍《たけのこ》ヅラ

床柱の足元には筍ヅラを施す。特に寸法が決まっているものではないが、図で示したものが多い。

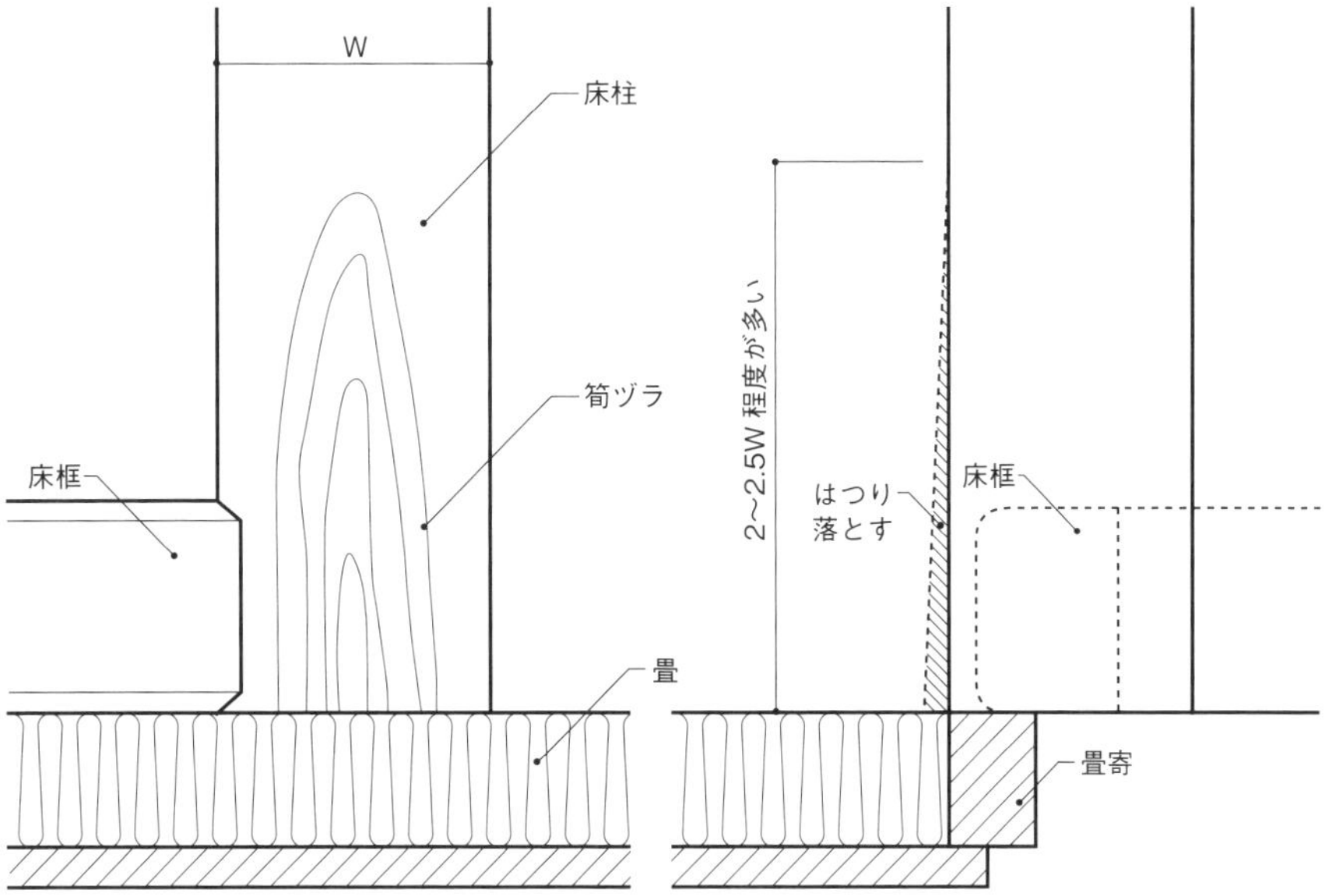

065 柱の材料

ポイント 茶室ではあえて上級の材料を避ける傾向がある。そこでやわらかな風合いの杉が好まれた

柱の樹種

茶室に使用される柱は、杉材がポピュラーである。一般に日本建築においては檜が最上の材料とされている。しかし、こと茶室においては、檜が一切不可ということではないが、あえて上級のものを避ける考えがあり、その意味から杉や松が使用されることが多い。とりわけ杉は加工がしやすく、やわらかな風合いが好まれている。特に京都北山では、古くから植林が行われており、良質のものが産出する。

杉や松以外では、香節《こぶし》、栗、あるいは竹などが使用されることもある。面白いところでは、水無瀬《みなせ》神宮の燈心亭《とうしんてい》(→228ページ)は、茶道口《さどうぐち》、給仕口《きゅうじぐち》まわりに松竹梅の材を配した、洒落っ気ある材料の配置がみられる。

杉丸太

杉丸太にもいくつかの種類がある。磨き丸太、錆丸太、皮付丸太、シボ丸太などである。磨き丸太は、皮を剥ぎ、細かい砂を使って磨き洗いを行ったもので、磨かれた木肌に独特の光沢があって美しく、もっともよく使用されている。錆丸太は、表面に黒褐色の斑点状の錆を付けたもので、渋味を出しており、寂びた風情を表現している。

档《あて》丸太はヒバの丸太入節や出節、あるいはねじれたものなどがあり、素朴さや力強さを感じさせている。

竹

柱としての竹材は、床柱や中柱に使用されることがある。通常白竹であるが、胡麻竹《ごまだけ》や煤竹《すすだけ》、あるいは角竹《かくちく》なども使われる。煤竹《すすだけ》は古民家の垂木などに用いられていたもので、屋根の改修や解体の時などに集められる。

歴史的にみれば、竹亭などと称して、室町時代の貴族らが別荘として竹を多用した亭をつくっていた。そこでは茶の湯も行われており、のちの茶室にも影響を与えたものと考えられる。

銘木丸太

下図左から、赤松皮付き丸太、檜錆丸太、杉面皮丸太、杉絞り丸太、杉磨き丸太。

銘　竹

下図左から、紋竹《もんちく》、煤竹《すすだけ》、胡麻竹（錆竹）、図面竹、白竹（晒竹《さらしだけ》）。

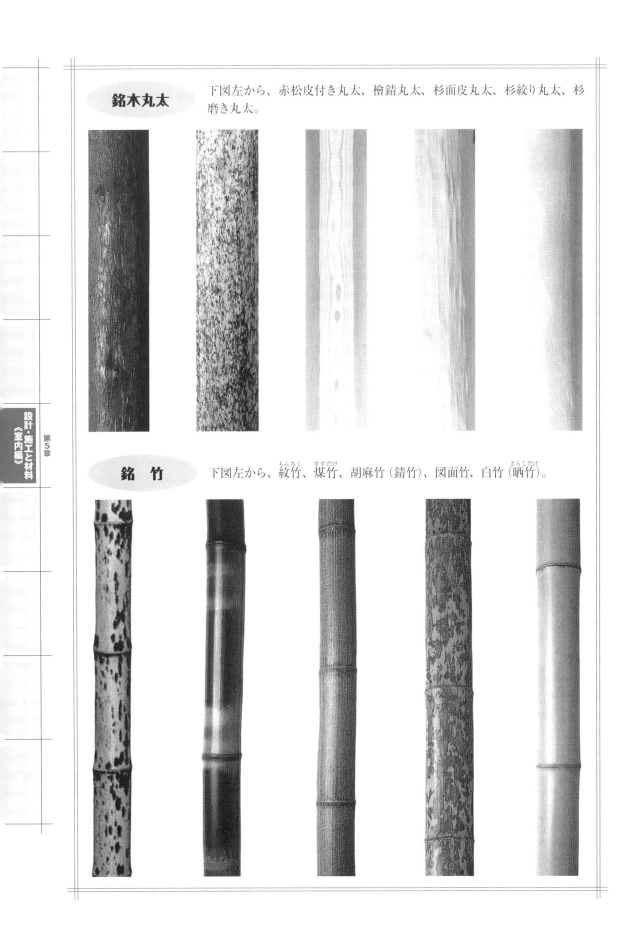

066 床の間

ポイント 初期の茶の湯空間では名物の軸が一間幅の床の間に飾られ、町家の離れなどを利用したものでは直接壁に掛けられていた

床の間の誕生

歴史をさかのぼると、古代の日本建築の空間には、飾りのためにつくられた特別な空間はなかった。しかし中世になると、飾りのための空間が建築の装置として現れるようになった。押板や違棚、付書院である。

また一方、座具として使用されていた畳が、中世には部屋全体に敷き詰められるようになった。それにともない、空間の上下を表現するため、座面が一段高い上段が現れた。先に述べた飾りの装置は、この上段の周りに設置されることが多かった。このような形態はやがて書院造の座敷として発展していく。茶室の床の間は、この上段と飾り装置を併せた空間を縮めたものだと考えられる。上段、つまり貴人の座する場所としての意味、そして飾りの空間としての意味である。

床の間の変遷

茶の湯空間に使用されていた床の間は、はじめは一間幅のものであった。そこでは名物《めいぶつ》の軸が飾られていた。一方、町家の離れなどを利用した茶の湯空間においては床の間をもたない座敷もあって、掛物は直接壁に掛けられたと考えられる。

やがて、四畳半より小さい小座敷が茶室として使用されるようになると、床の間の寸法も縮められるようになった。幅が5尺や4尺の床の間である。奥行きも半間から2尺4寸程度に縮められていった。このような床の間に名物《めいぶつ》の軸は掛からない。むしろそれを避ける床の間の形態である。ここに侘数寄の床の間空間が完成をみるのである。

茶室の床の間には当初は人が座っていたかもしれない。しかしやがて床の間が縮小される過程で、人が座ることを避けるようになったと考えられ、その床の間の前が、空間の中で最も高いところを意味するようになった。

園城寺光浄院客殿《おんじょうじこうじょういん》

1601年建築。正面に押板（床の間）と違棚。左の上段に付書院と押板（床の間）が備わっている。

紹鷗《じょうおう》の床なし四畳半

『和泉草』掲載の紹鷗の四畳半。大徳寺の高林庵につくり、のちに焼失と伝えられる。右の大平板が床の代わりをすると考えられる。

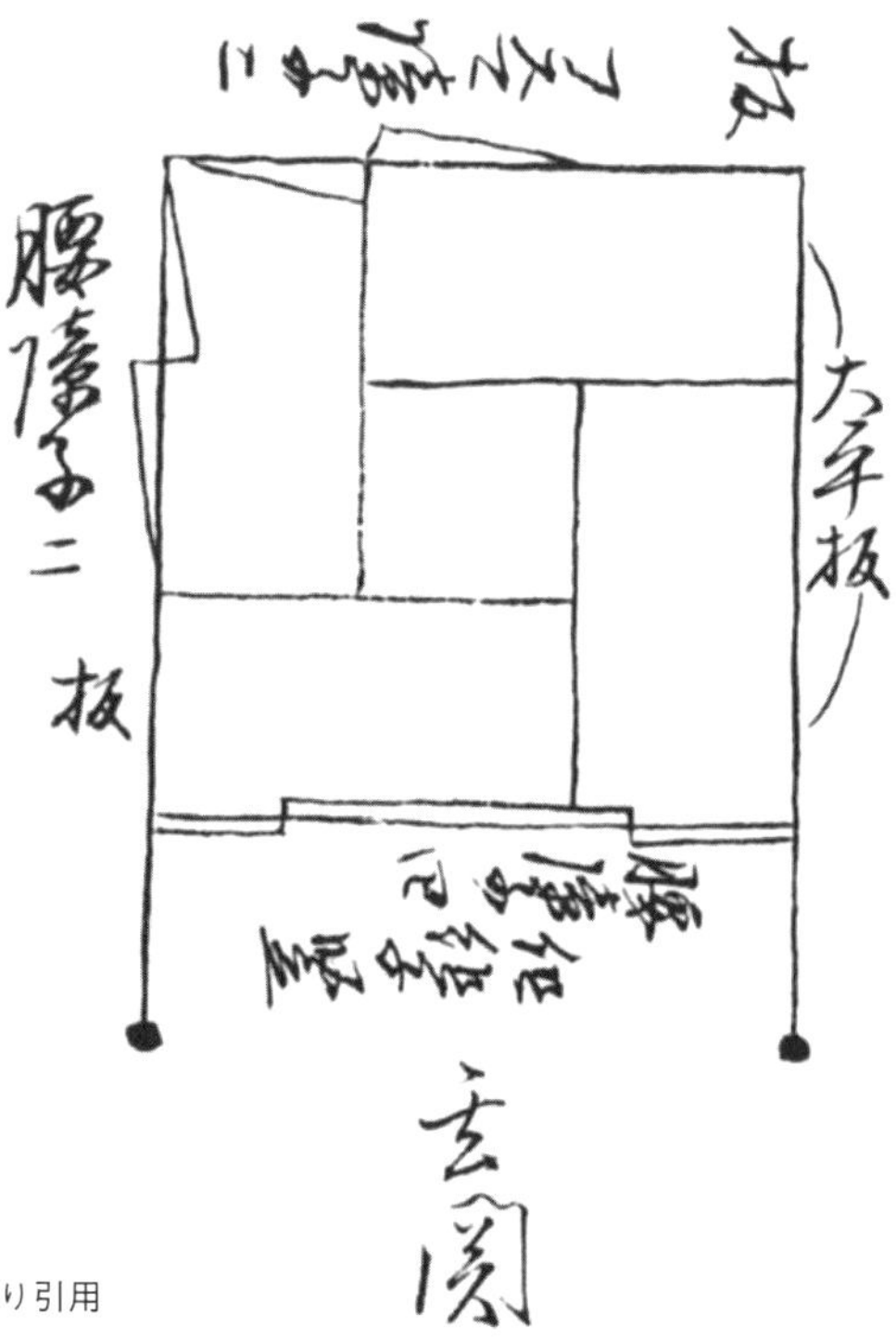

『和泉草』より引用

067 床の間の構成〈1〉

ポイント 床柱は茶室内でもっとも目立つ存在である。全体のバランスを考えて選択しなければならない

床柱

床の間に設けられている床柱は、茶室の柱の中でもっとも目立つ存在である。しかし特別視しすぎるとバランスを崩すこともあり、注意を要する。近代の建築家たちは、特に控えめに床柱を扱った。一般には赤松皮付きや杉の磨き丸太がよく用いられるが、錆丸太、档《あて》丸太、あるいは香節丸太や栗のナグリなども用いられる。杉のシボ丸太は、大正時代より人工のものが使われるようになった。また民家や寺院の古材を利用したものもある。床柱は、床の間の片側どちらか一方に設けられることもあるが、両側に立てられるものもある。この左右一対の柱はあわせて二本柱とよばれることもあり、一方を床柱、その対の柱を相手柱とよぶ。

床框

床の間の下部に位置する床框《とこがまち》も、床の間の雰囲気を左右する重要な部材である。漆が塗られた塗り框、丸太を使用した丸太框などがある。通常、塗り框は広間の座敷に用いられることが多いが、利休の大坂屋敷の深三畳大目（→220ページ）にも使用されていた。客座の格式を高めるためだと思われる。丸太框は一般に小座敷に用いられ、ツラをつけた丸太が使用されることが多い。妙喜庵《みょうきあん》の待庵《たいあん》（→216ページ）には、大きな節をもった桐の丸太を使用して、素朴さあるいは厳しさを表現している。

落掛

床の間上部に掛け渡される横木が落掛《おとしがけ》である。正面に柾目を見せ、下端には杢目が見えることが多い。また、一部に皮目を残し、素朴な風情を表現するものもある。

床天井

床の間の天井は、通常の竿縁天井や、一枚板を使用した鏡張りが用いられることも多い。他に、網代に組んだものなどもある。

床の間

床柱と相手柱は併せて二本柱とよぶことがある。もっとも、相手柱が室内の他の柱と同じものであるとき、あえてそのようにはよばない。

天井の高低はどのような軸を掛けるかによって違ってくる。低いものは名物《めいぶつ》を否定したものとなる。

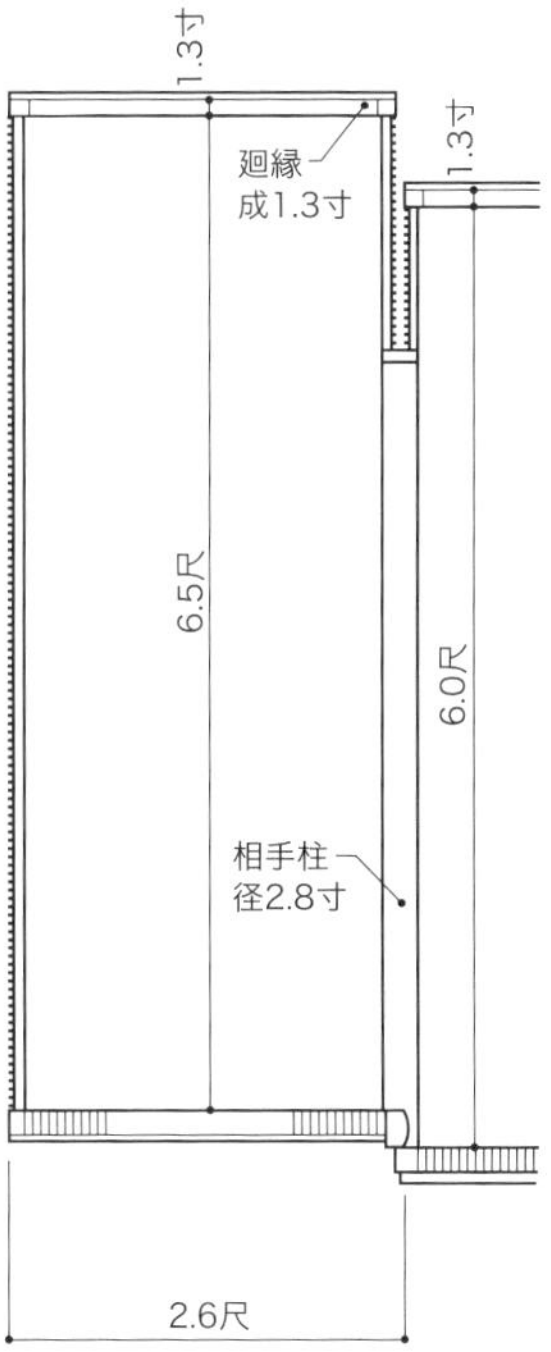

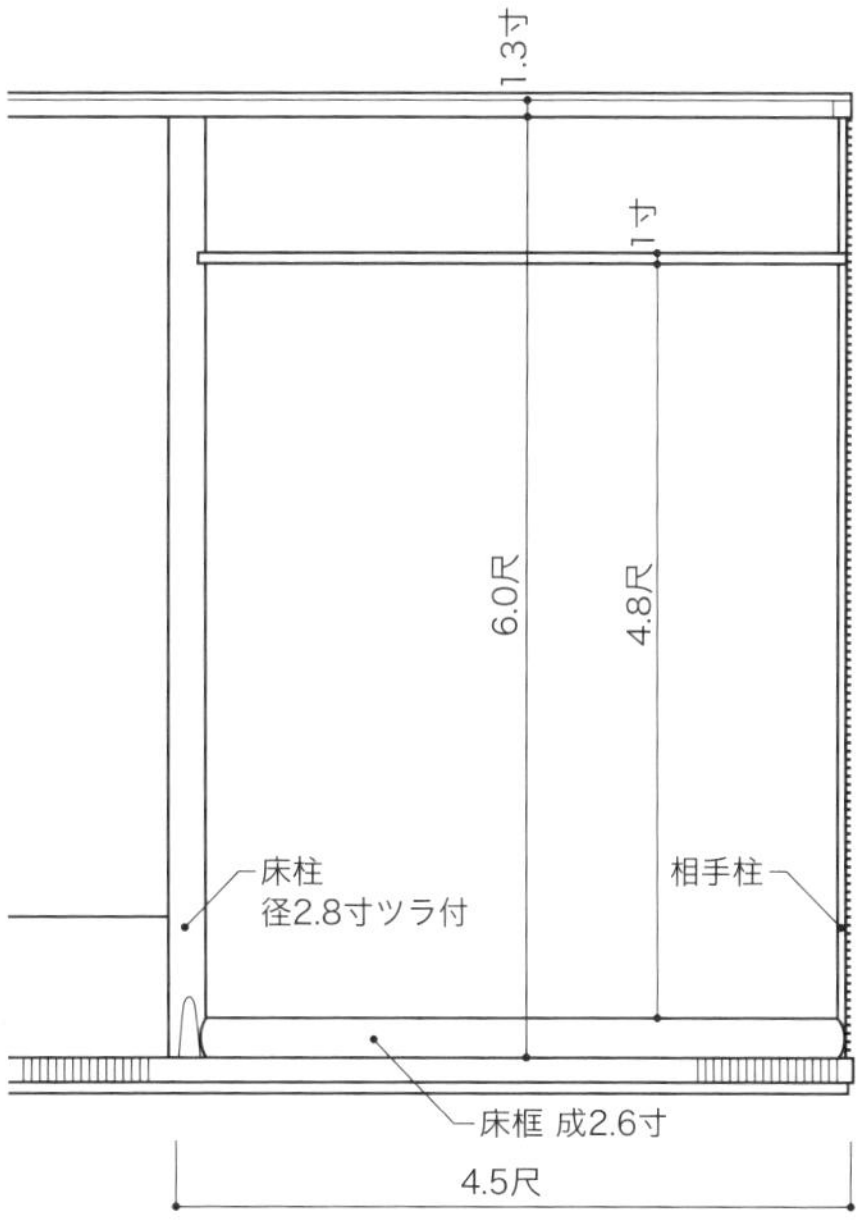

1 尺 =10 寸 =100 分≒303mm

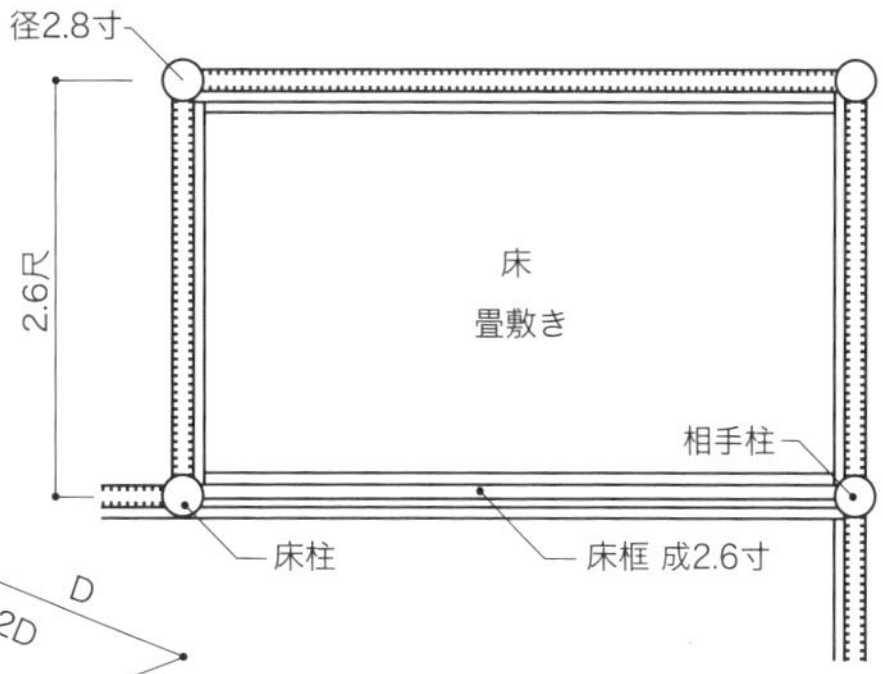

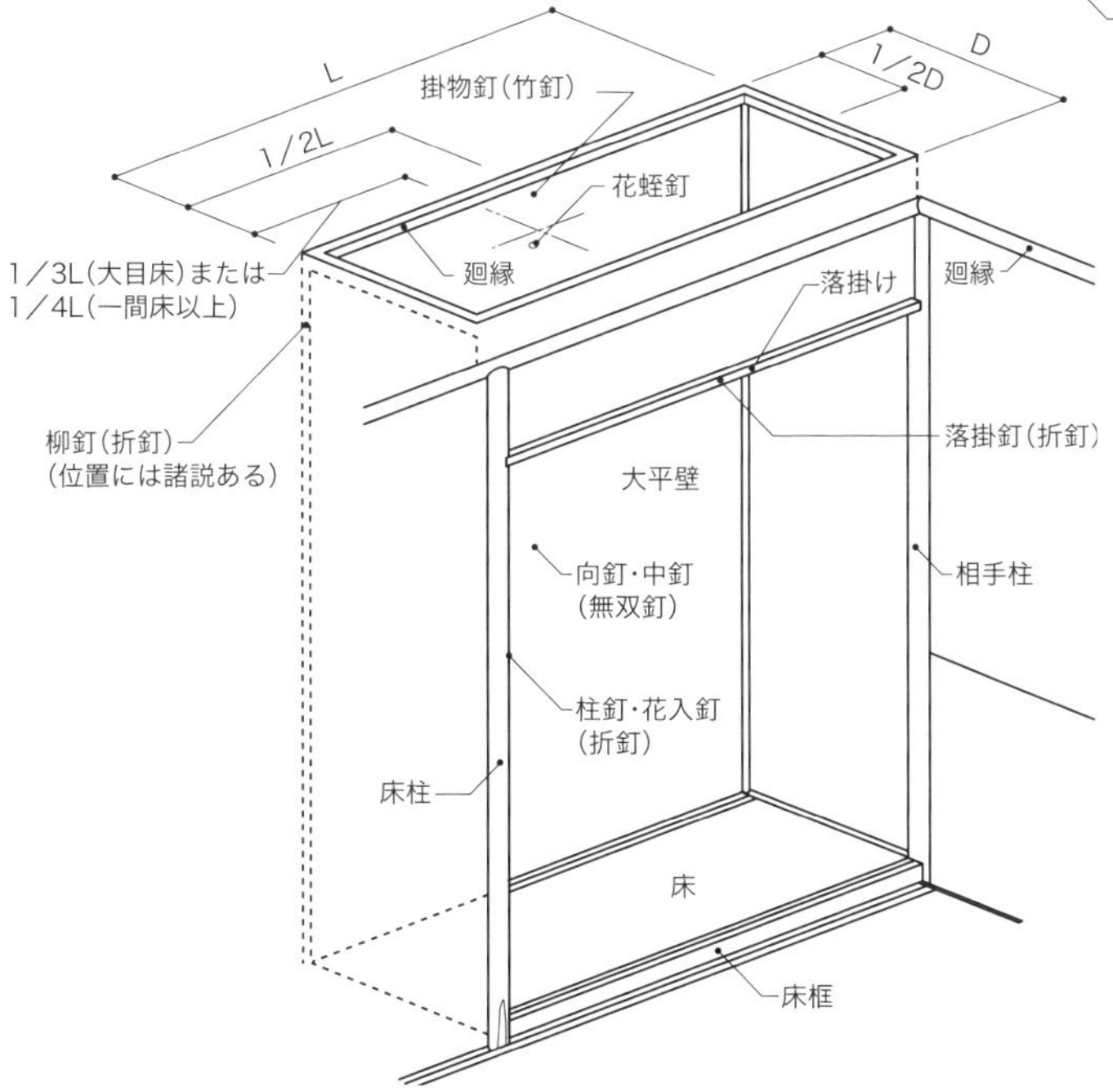

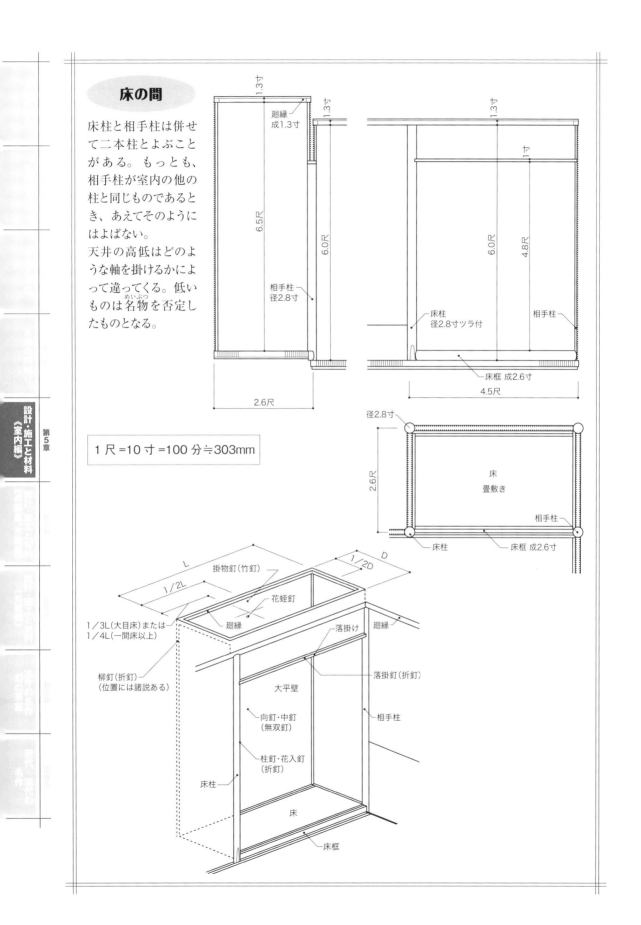

068 床の間の構成〈2〉

ポイント 床の間の格式は総合的に判断するが、特に、間口の大きさ、床柱および床框の姿をみることが多い

大平壁

床の間の奥の壁を大平壁という。また奥行きをもたない壁床においても、そのように呼ばれている。茶室内の他の部分の壁と同じく張付壁《はりつけかべ》と土塗のものがある。この壁の上部には掛物釘が打たれ、中程《なかほど》には向釘が打たれる。

本床・指床

本床という言葉があるが、じつは特に決まった形式があるわけではない。しかし一般には、格式の高い一間床のことを指す。畳床の形式で床框《とこがまち》は塗りを用いることが多い。

指床（床挿し）とは、室内の天井の竿縁が床の間と直角のものをいうことがある。ただそれだけのことである。しかし、さまざまな理由で忌み嫌われることがあるが、特に根拠があるものではない。たとえば近世の書院造の座敷などにはよくある形態である。

また畳の短辺が床の間に接しているものを指床という場合もある。この場合も小座敷では当然のことなので、気にする必要はない。

床の間の格式

床の間の格式といった場合、基本的には総合的に判断するのであるが、特に、間口の大きさ、床柱および床框《とこがまち》の姿をみることが多い。よく真行草として分類することもあるが、あくまでも相対的なものなので、厳密な分類はできない。

間口は一間床あるいはそれ以上の幅のものが格式が高く、大目床は低い。

框《かまち》は、角のもので黒の真塗が施されたものが格式が高く、次いで木目をあらわした拭《ふ》き漆、丸太を使用したものと続き、框《かまち》のないもの、つまり踏込床は低く扱われる。

柱は角柱が高く、丸太は低い。角柱では柾目が通ったものが格上である。また竹を使ったものは格が低いとされる。そして畳床が高く、板床は低く扱われる。

床挿し

下図は園城寺光浄院客殿の例で、天井の竿縁が床挿しになっている。右図は成巽閣清香軒の三畳大目で、畳が床挿しになっている。いずれも座敷を総合的に考えて竿縁や畳の配置を行っている。

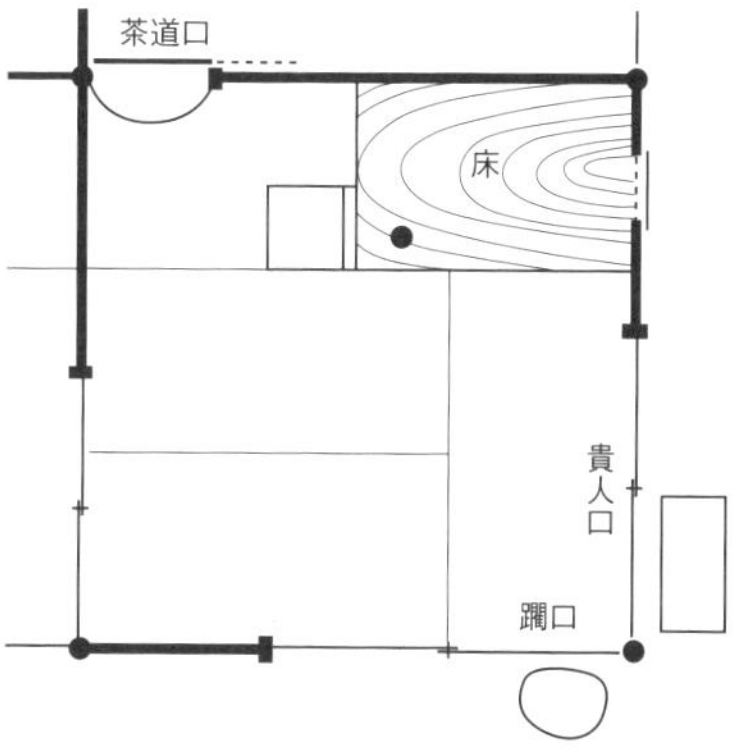

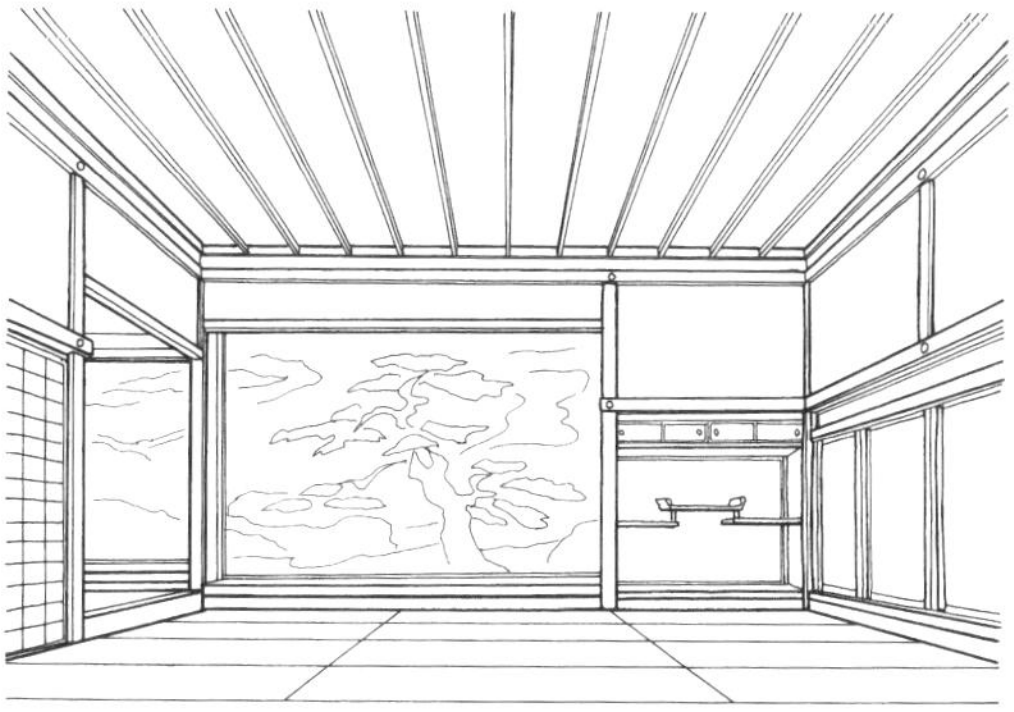

床の間の格式

右図は、寄付《よりつき》など、あえて相対的に格式を下げて設けられた床の間の例である。

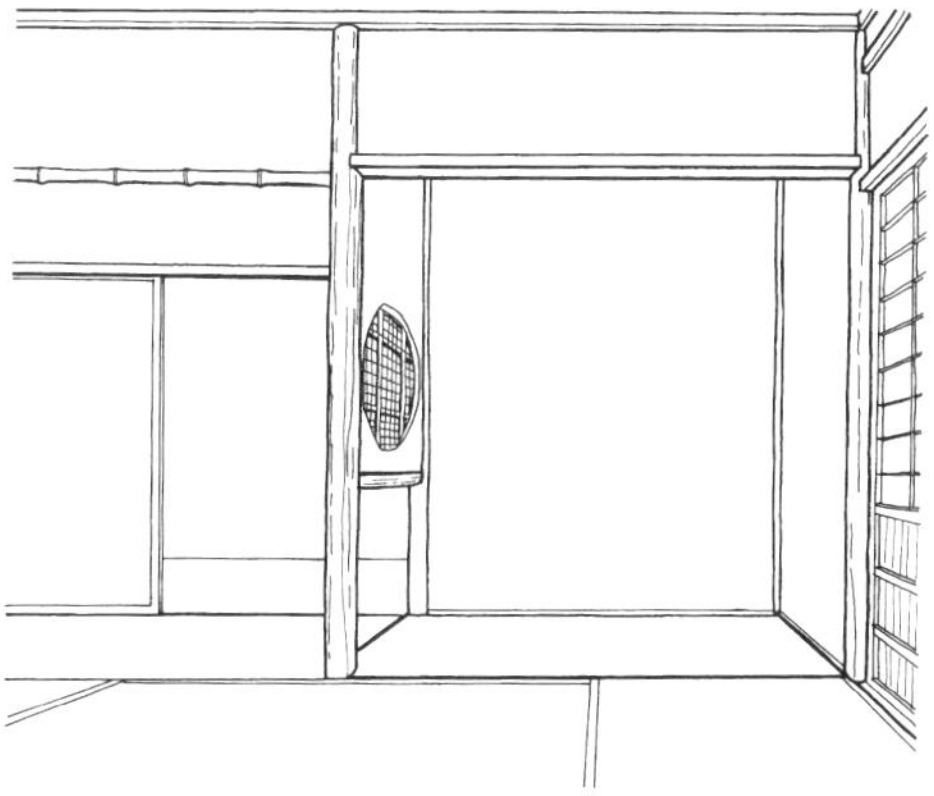

下図は、相対的に格式の高い床の間である。床柱、床框あるいは床の間の幅などで判断するが、あくまでも相対的なものである。

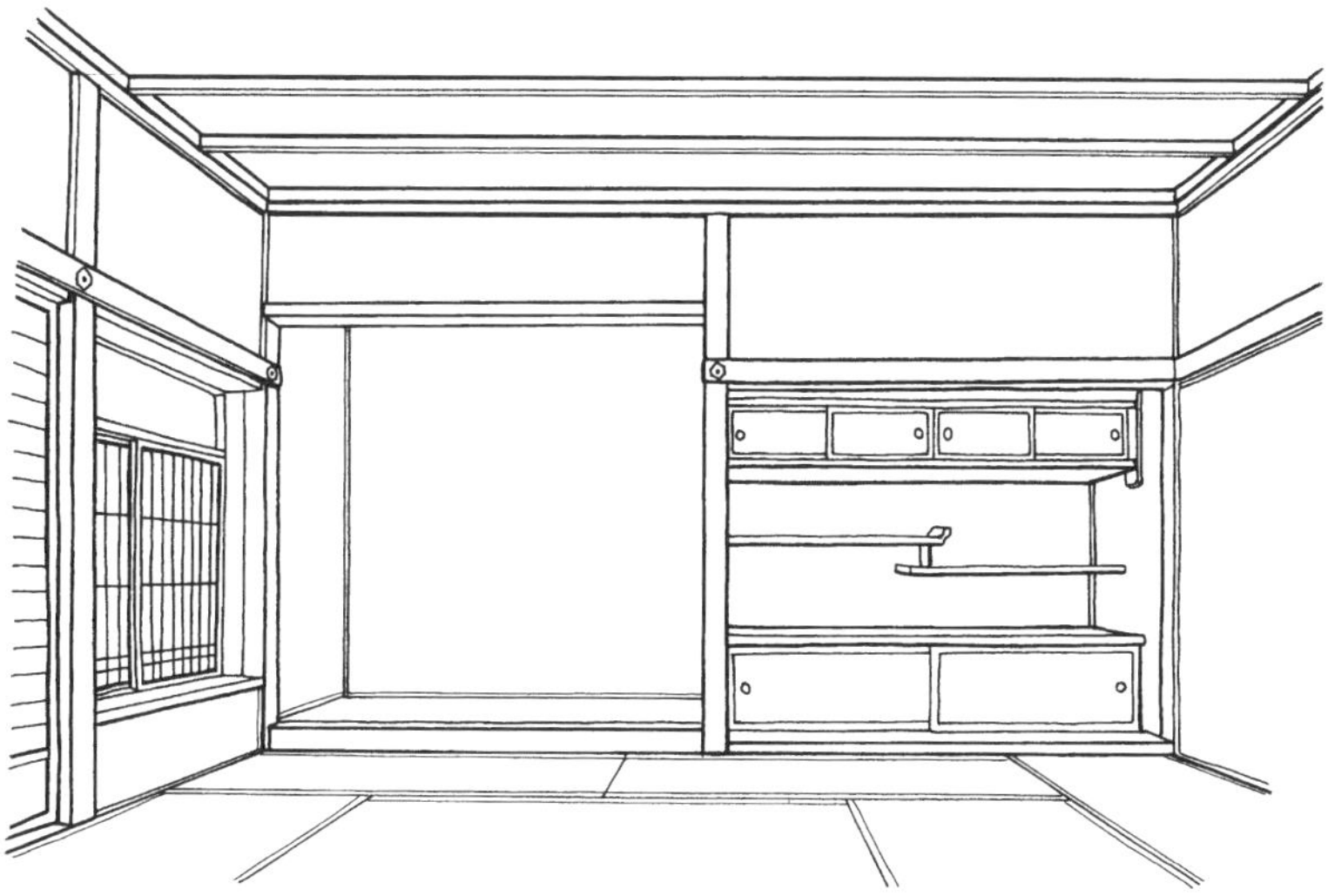

069 床の間の釘

ポイント 床の間の中には花入れを掛ける向釘（中釘）、柱釘（花入釘）、軸を掛ける掛物釘などがある

掛物釘（軸釘）

掛物釘は大平壁に打たれ、天井廻縁の下、９分から1寸下がりに打ち、壁より同寸程度の長さを出す。竹釘を使用して皮目を上に向ける。

また広間で一間床以上では、大横物の軸を掛けることを考慮し、三つ釘が打たれることがある。両側の釘は中央より約1尺1寸離して打たれる。さらに大きな床の間では、三幅対の釘が打たれることがある。三幅一対の掛物を掛けるためであるが、中央を固定した稲妻折れ釘にして両側を金属の稲妻走り釘（左右にスライドする釘）にすることが多い。

向釘（中釘）

向釘は花入れを掛ける釘のことで、中釘ともよばれる。軸を掛けたときに引き込むようになった無双《むそう》釘を使う場合が多いが、軽く軸に触れている方が軸が安定するとの考えもあり、その場合は折釘にする。高さは天井高の二分の一ともいわれるが、席の大きさや床天井の高さによって違い、また使用者や作者の好みによっても違ってくる。

柱釘（花入釘、花釘）

床柱には、花入れを掛けるための柱釘が打たれる。これも使用者あるいは設計者の意によって変わってくるが、目安としては3尺3寸から3尺9寸程度といわれている。

その他の釘

天井に打たれる花蛭《ひる》釘は、釣花入れを掛ける釘である。下座側からおよそ三分の一のところに打たれる。

柳釘は下座の入隅の柱、廻縁下端から九寸下がった位置に打たれる。正月の床荘《かざ》りの結び柳の花入れを掛けるためである。

また袖壁の下地窓や花明窓《はなあかり》には、花入れのために朝顔釘を打つことがある。朝顔に限ったものではないが、先端が開くように割足になったもので竹を打ち抜いて留める。

床の間の釘

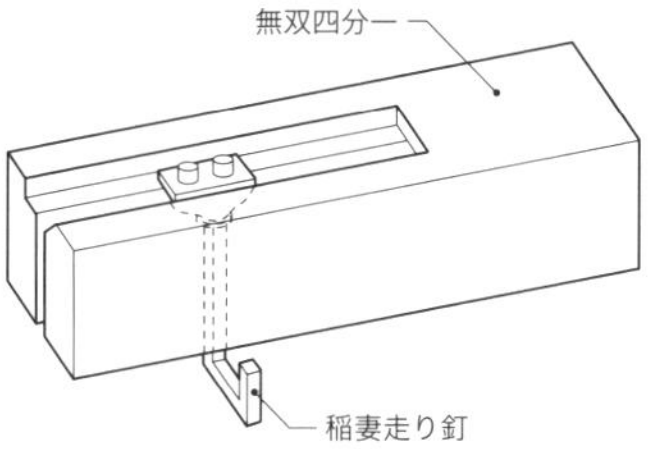

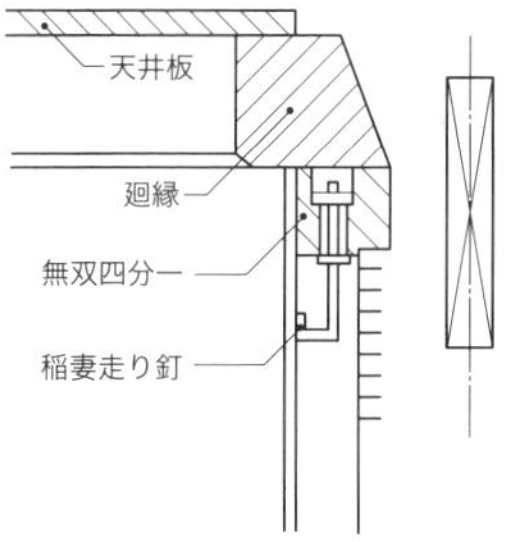

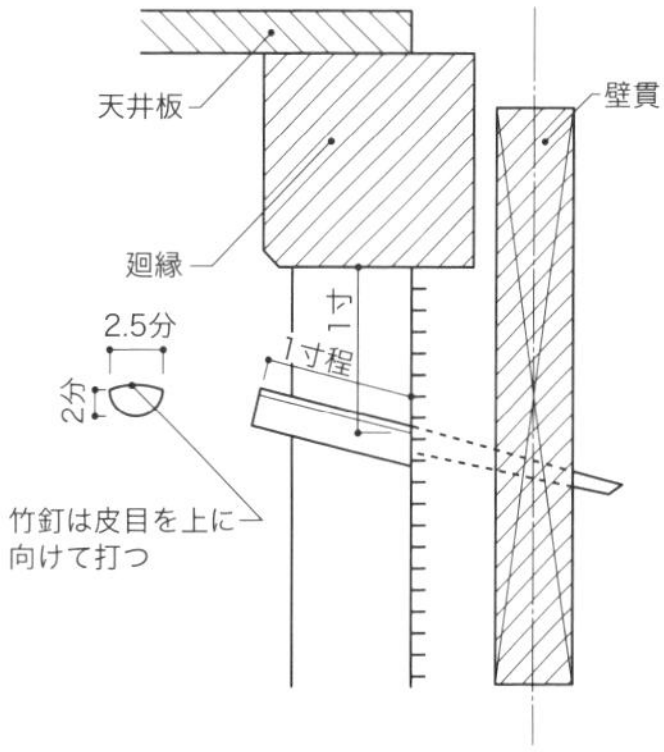

竹釘を使用した掛物釘

三幅対の釘

下図は、中央が稲妻折れ釘、両横が稲妻走り釘。

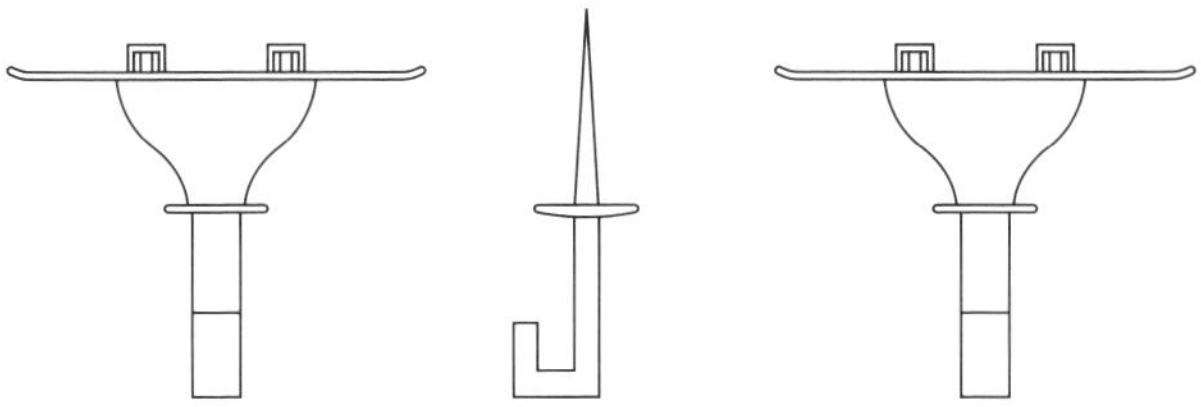

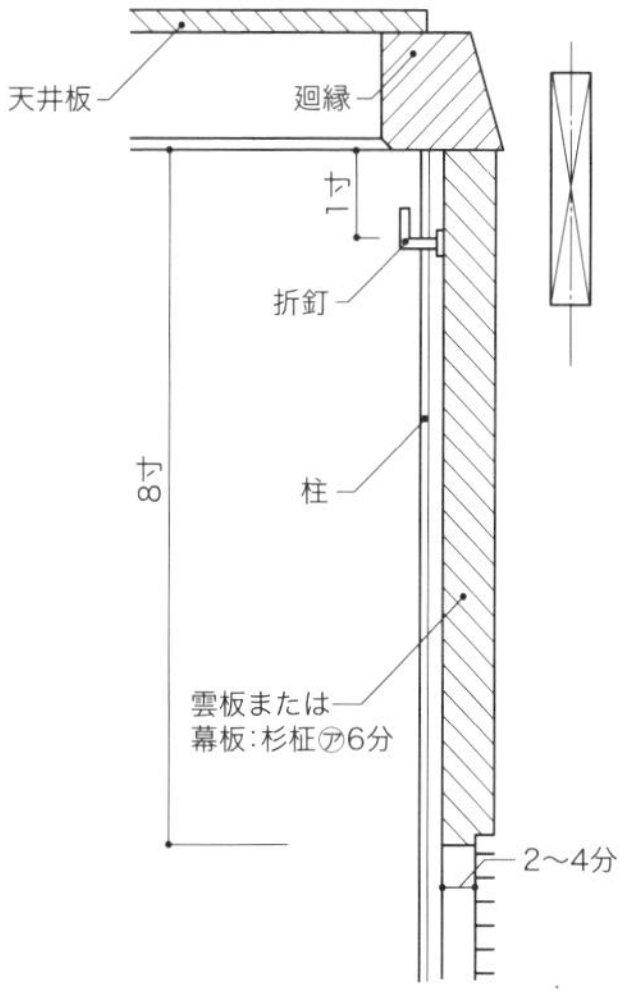

織部床（→154ページ）での掛物釘

折れ釘または竹釘を使用する。

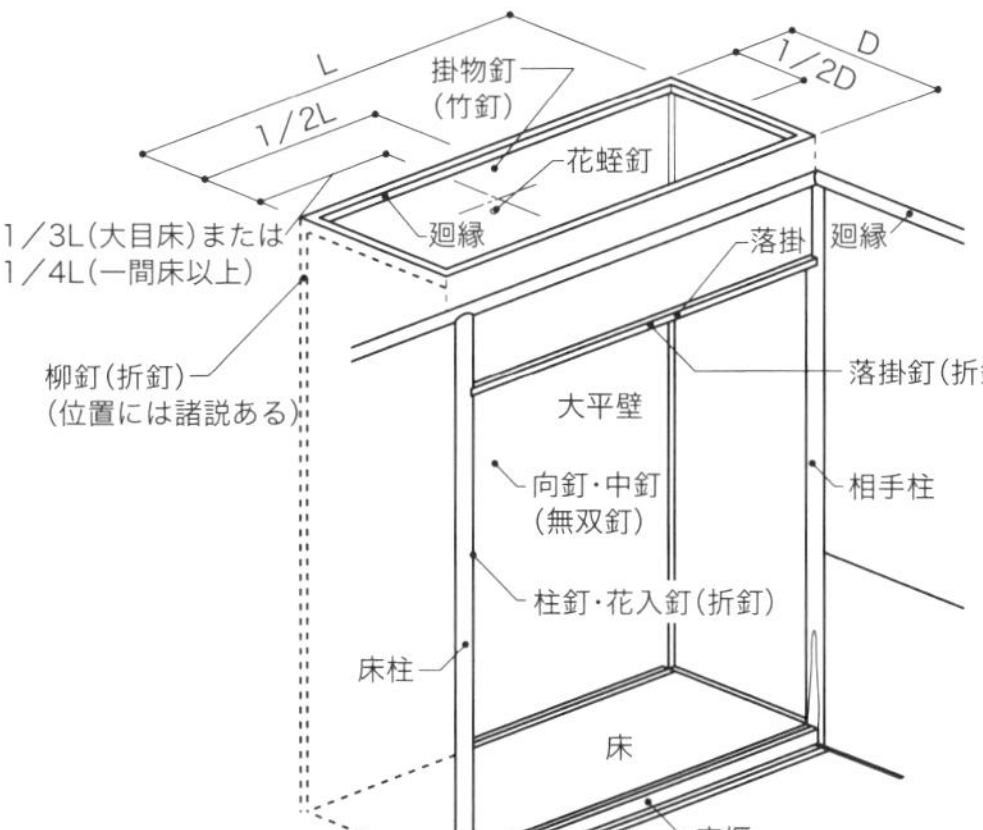

1尺=10寸=100分≒303mm

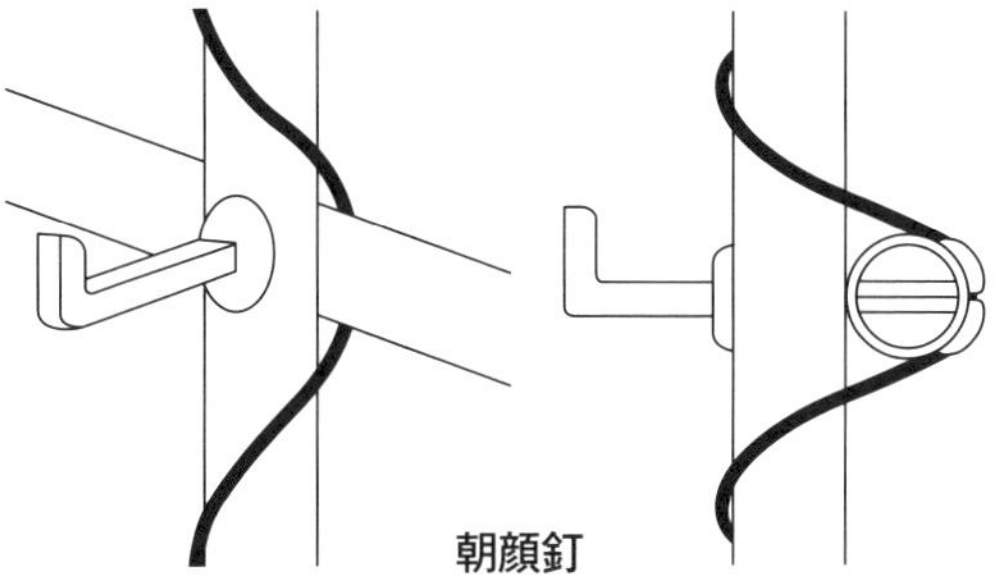

朝顔釘

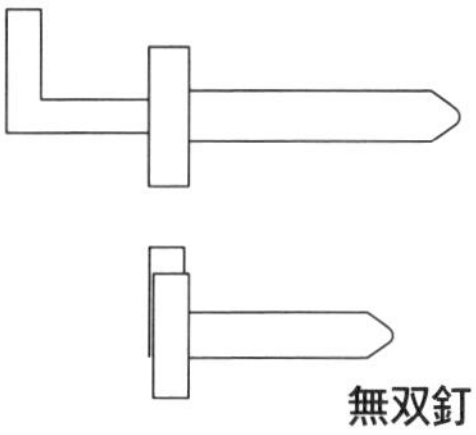

無双釘

向釘・中釘として使用する。

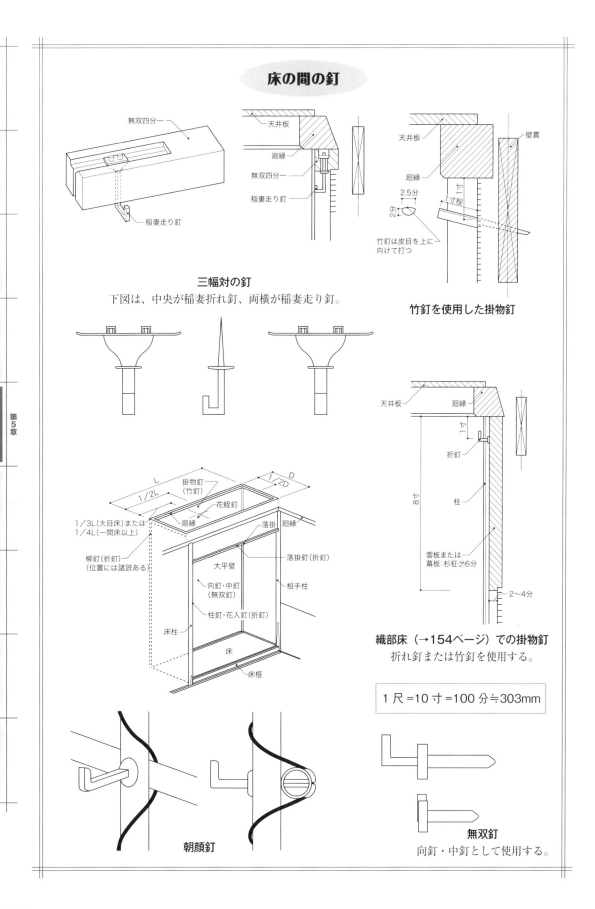

070 床の間の種類〈1〉

ポイント 床の間には大きさと形態によってさまざまな呼び名がある。通常、もっともよく特徴を示している呼び名が使われる

床の間の名称

床の間には数多くの名称がある。その位置による名称は先に示した（↓96ページ）が、大きさ、形、材質などによってさまざまな呼び名がある。

たとえばひとつの床の間でも、その大きさと形態によって枡床《ますどこ》、床框《とこがまち》が省略され踏込床、また板が敷かれ板床など、複数の名称をもつ。ただ一般的には、その特徴を最もよく表す呼び方が行われている。状況によって違うが、前述の場合では単に枡床《ますどこ》と呼ばれる場合が多い。

大目床・一間床・二間床

床の間は大きさによっての呼び名がある。一間床、二間床などである。茶室のはじめの頃は一間の幅が基準であったが、草庵の茶室が誕生すると、その床の間には幅が4尺あるいは5尺程度で、奥行きも半間より小さい大目床とよばれる形式が使用されるようになった。

畳床・板床

一般に、畳表《たたみおもて》を付ける稲藁の下地のことを畳床《たたみどこ》というが、床の間の形式としては畳を敷き込んだ床の間も畳床《たたみどこ》という。框床《かまちどこ》の形式をとり、畳は畳床《たたみどこ》（下地）のある本畳であるが、まれに畳表《たたみおもて》だけの薄縁《うすべり》の場合もある。

板床は板を敷き込んだ床の形式をいう。蹴込床《けこみどこ》、踏込床《ふみこみどこ》、框床《かまちどこ》などの形式をとる。

踏込床・蹴込床・框床

踏込床《ふみこみどこ》は、床框《とこがまち》が略され地板が座敷の畳面と同じ高さになったもので、敷込床、踏床ともいう。

蹴込床《けこみどこ》は、蹴込板を用いて座敷面より一段高くした形式をいう。蹴込板の代わりに丸太や竹をはめ込む場合もある。床框《とこがまち》を省略した板床の形式が多いが、蹴込板の上に床框《とこがまち》を設置し、畳を敷いた形式もある。

框床《かまちどこ》は、床框《とこがまち》を置いて座敷の畳面より一段高く構えたものである。

床の間の納まり例

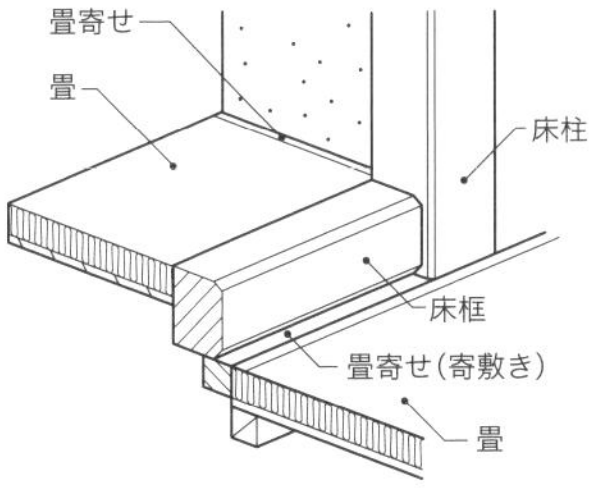

畳　床

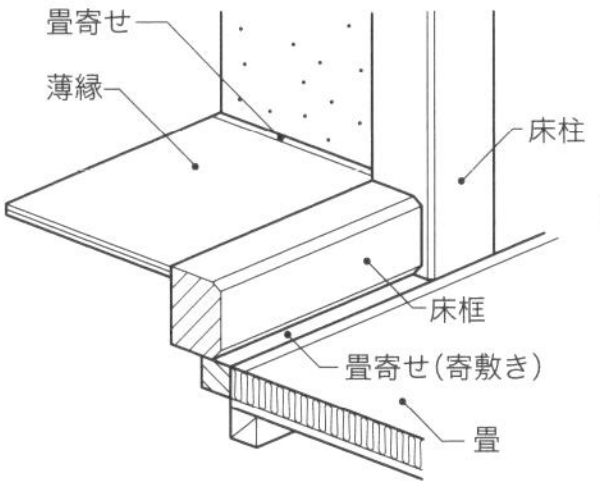

薄縁床

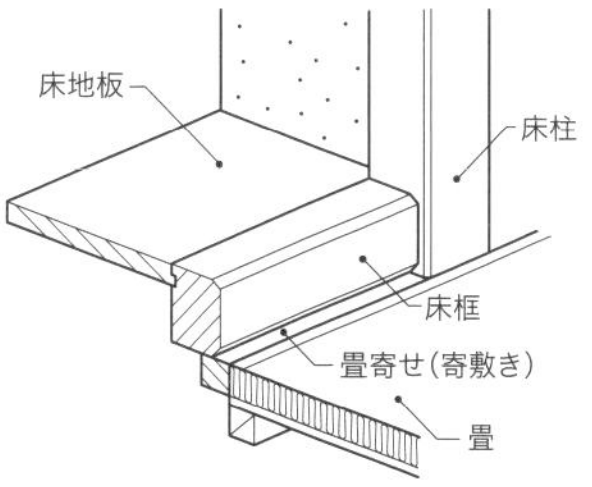

板　床

1尺=10寸=100分≒303mm

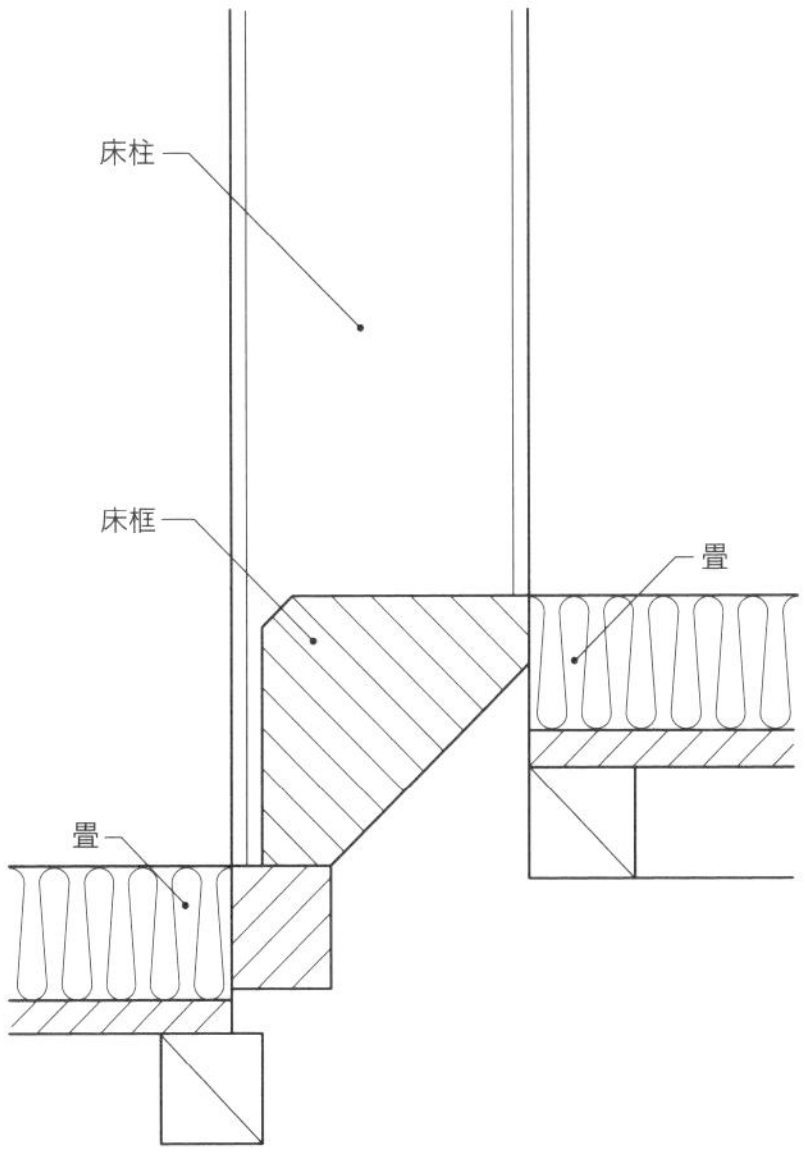

床框納まり例

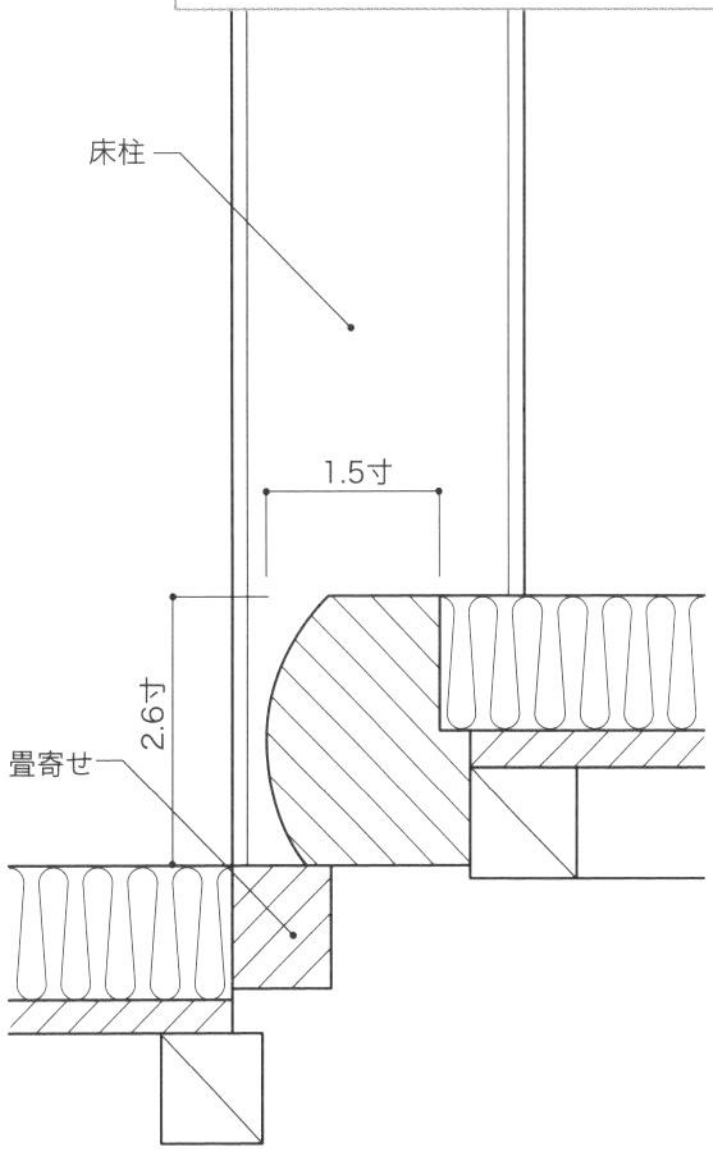

床框（丸太）納まり例

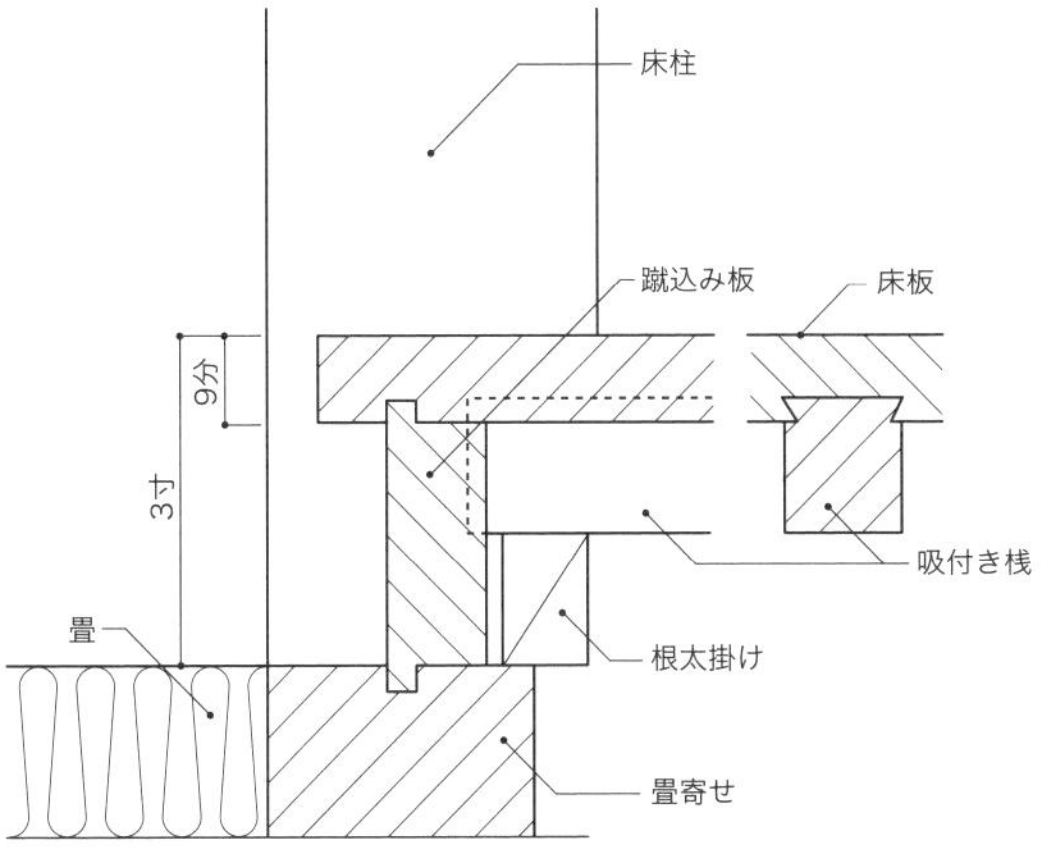

蹴込床納まり例

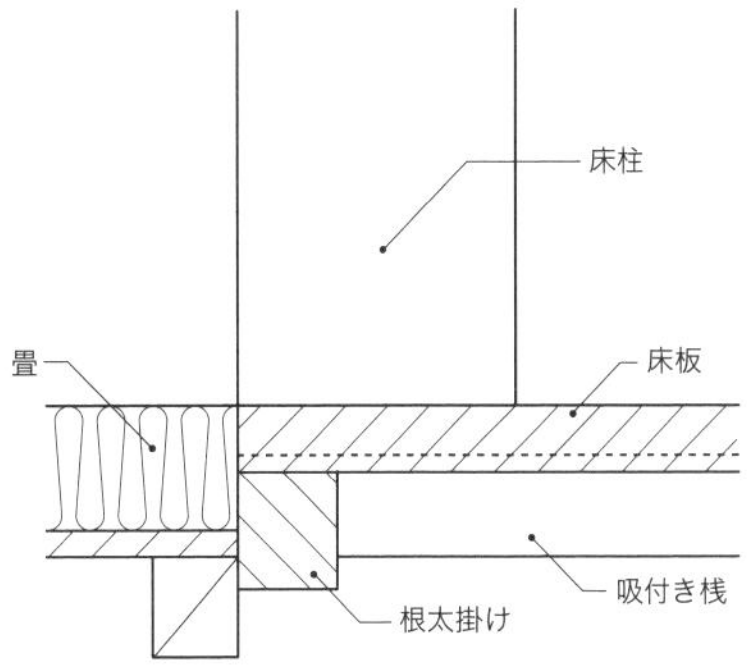

踏込床納まり例

071 床の間の種類〈2〉

ポイント 草庵茶室の床の間は、素朴さを表現するためにさまざまな形態をとる

壁床・織部床

室町時代における町人たちの茶の湯空間では壁に直接軸を掛けたこともあったと考えられる。武野紹鷗《じょうおう》は床なしの四畳半もつくっていたという。

奥行きをもたない床の間の形式を壁床という。一見して普通の壁と変わりないが、壁や天井廻縁下端に向釘や掛物釘が打たれたものである。

織部床《おりべどこ》は壁床の一種で、幅6～8寸ほどの横板を壁の上部に取り付けたものである。この横板のことを織部《おりべ》板といい、軸掛けの竹釘を打つ。

室床・洞床・袋床・龕破床

室床《むろどこ》は、床の間内部の壁と天井を土で塗り、それぞれの入隅の部分を丸みをつけて塗り回した床の間の形式である。こうすることにより、奥行きなど、床の間の空間の具体性を消し去り、そこに心的に自由な広がりを感じさせ、求道的な侘空間を演出する。

洞床《ほらどこ》は、床の間の前面の一方に方立の伴わない袖壁が付き、落掛《おとしがけ》もなく、座敷側の壁と床の間内部が連続して塗回された形式である。床の間の間口より内部の幅の方が広くなり、この様子が洞《ほら》のようであるところから名付けられた。落掛《おとしがけ》と袖壁の方立が付けられたものを袋床という。

龕破床《かんわりどこ》は、床の間の前面に方立の伴わない袖壁が付き、座敷側の壁と床の間の内部まで連続して塗り回された形式で、袖壁が両方に付く。

枡床・円窓床

円窓床は床の間に円窓があけられた形式である。通常、床の間の大平壁に窓をあけることはない。それは光線が逆光となり墨跡がみづらくなるからである。円窓床は床の間そのものの景色を楽しむ、という意味がある。

枡床《ますどこ》は、半間四方の正方形の床の間である。畳が4枚と枡床《ますどこ》が組み合わされ、一間半四方、つまり方丈の平面とすることが多い。

床の間の種類

織部床

壁 床

洞 床

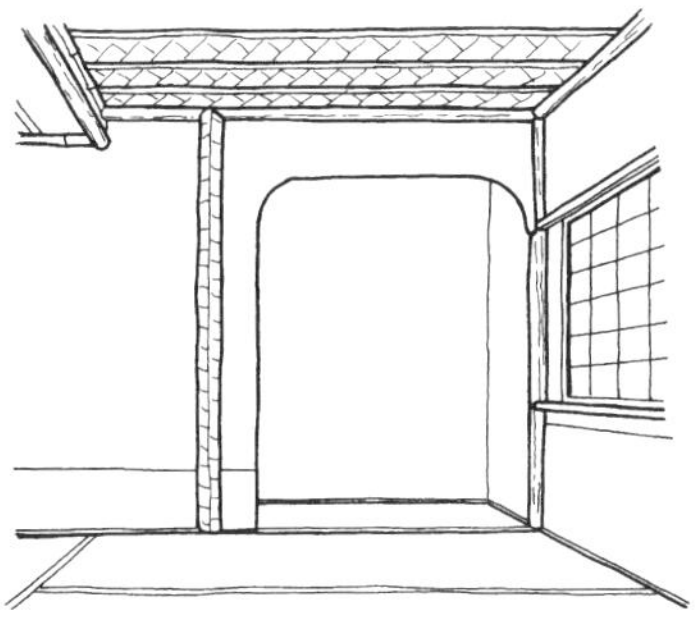

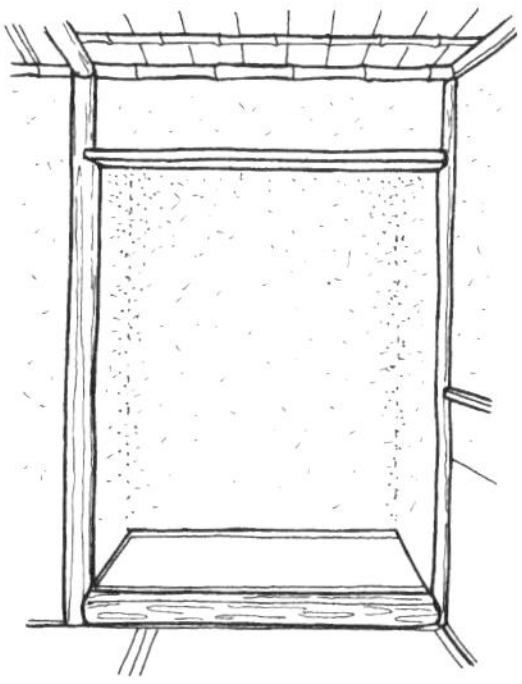

室《むろ》 床

龕破《がんわり》床

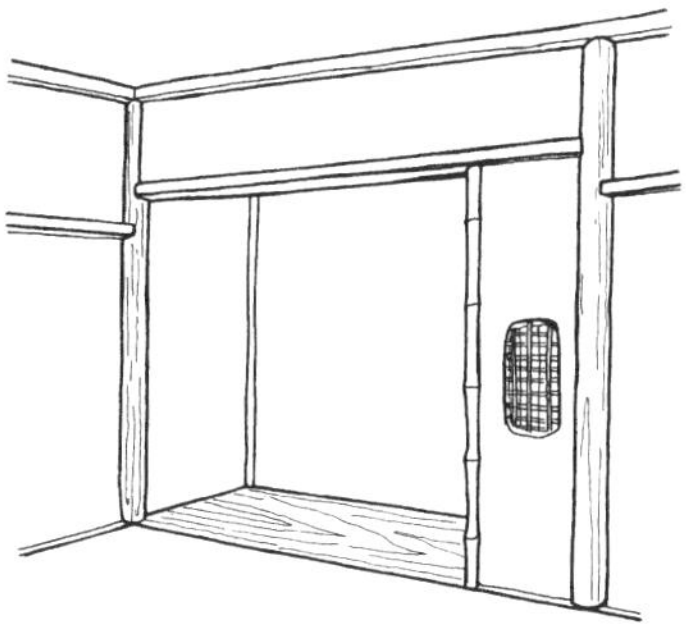

袋 床

円窓床

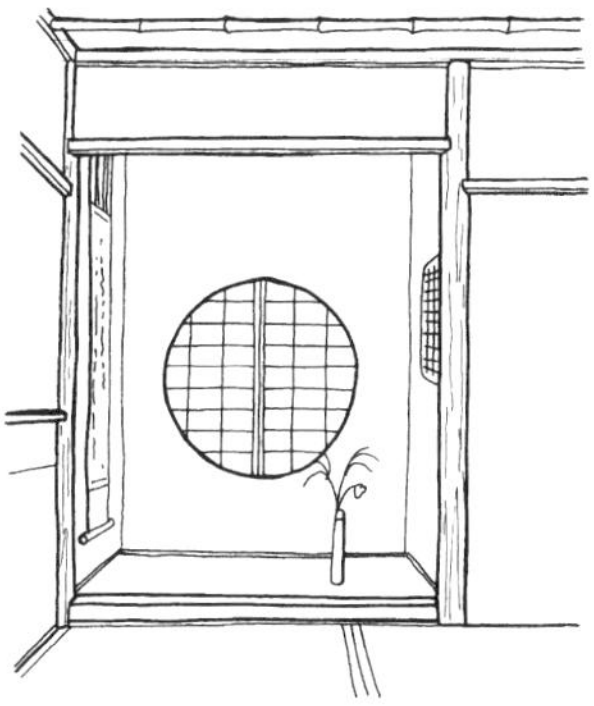

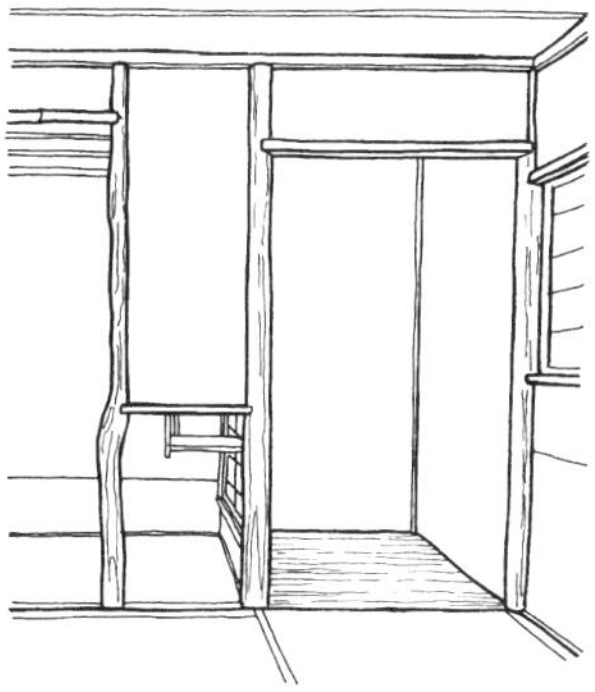

枡《ます》 床

072 床の間の種類〈3〉

ポイント 茶室の意匠には、素朴さだけでなく、洒脱な意匠を求めるものもあった

原叟床

原叟床《げんそうどこ》は踏込床の一種で、表千家6世原叟《げんそう》宗左が好んだとされている。一般の踏込床では床柱が地板の隅に立つが、この場合、床柱は地板の内側に立てられる。床脇との境の脇壁は下方が吹き抜けとなり、床柱の位置が自由に設定されることなどから、洒脱な印象を与える意匠で、近代の数寄屋建築にしばしば用いられる。

　また、地板の上に框床《かまちどこ》を設けた形式や、床前と床脇が地板とは別の材で構成されるなどの変形も見られる。

残月床・琵琶床・霞床

　残月床は、広間に設けられる上段形式の床の間で、畳二畳が敷かれたものである。千利休の聚楽屋敷に設けられたもので、豊臣秀吉がそこに座り、残月、つまり明け方の月を眺めたところから名付けられた、との伝承がある。のちに表千家に残月亭として伝えられ、多くの写しがつくられた。

　琵琶床は、床の間の脇に一段高く板が張られた部分、またはその部分を含んだ床の間のことをいう。ここに琵琶をおいたという。

　霞床は、床の間に違棚を組み合わせた形式である。棚と大平壁との間を少し開け、そこに軸が掛けられ、そして違棚が霞を表現する。大徳寺玉林院の四畳半が霞床の席とよばれ、この床の間が設置されている。

置床・付床・釣床

　置床は、移動可能な床の間で、室内の一隅に置かれる。床を構成する各要素のうち上部の要素が省略されたもので、板床の形式で、しばしば地板の下に引出しや戸棚が設けられることがある。置床を固定したものを付床という。

　釣床は、天井から釣り下がった形で、床の間の下部の要素が省略されたもの。一般に釣束と落掛《おとしがけ》と小壁により構成される。

床の間の種類

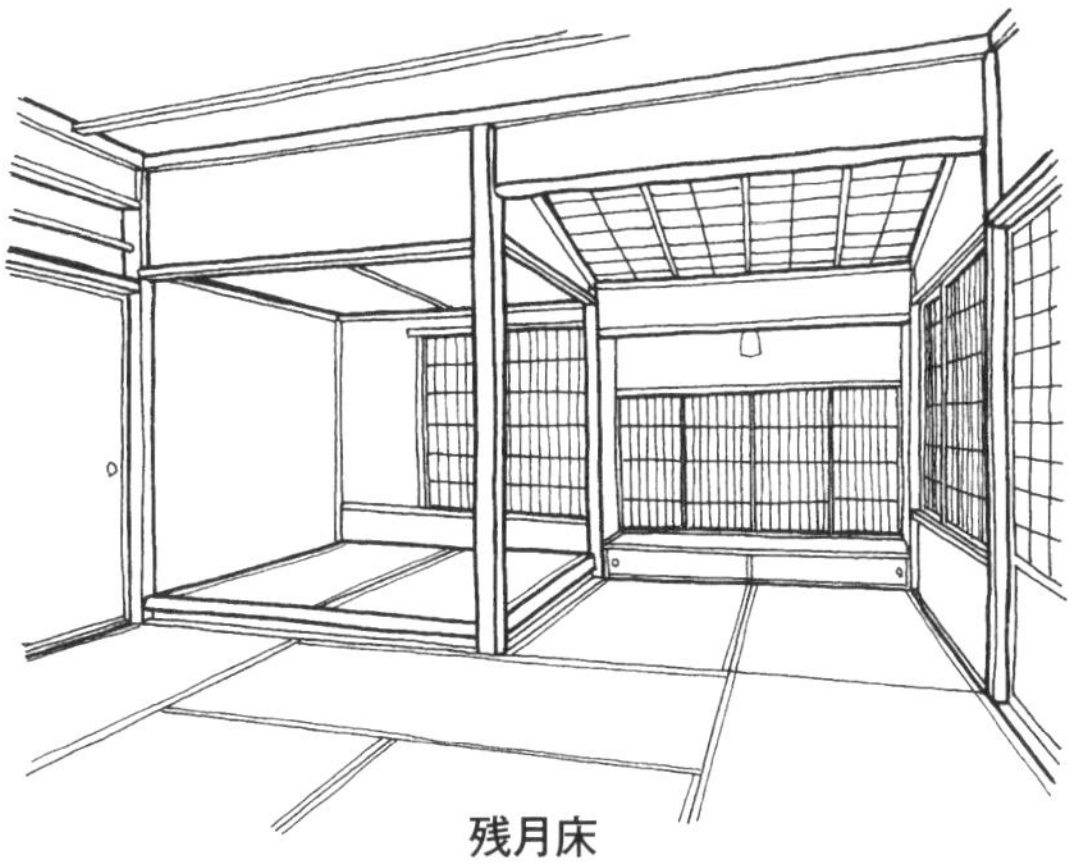

残月床

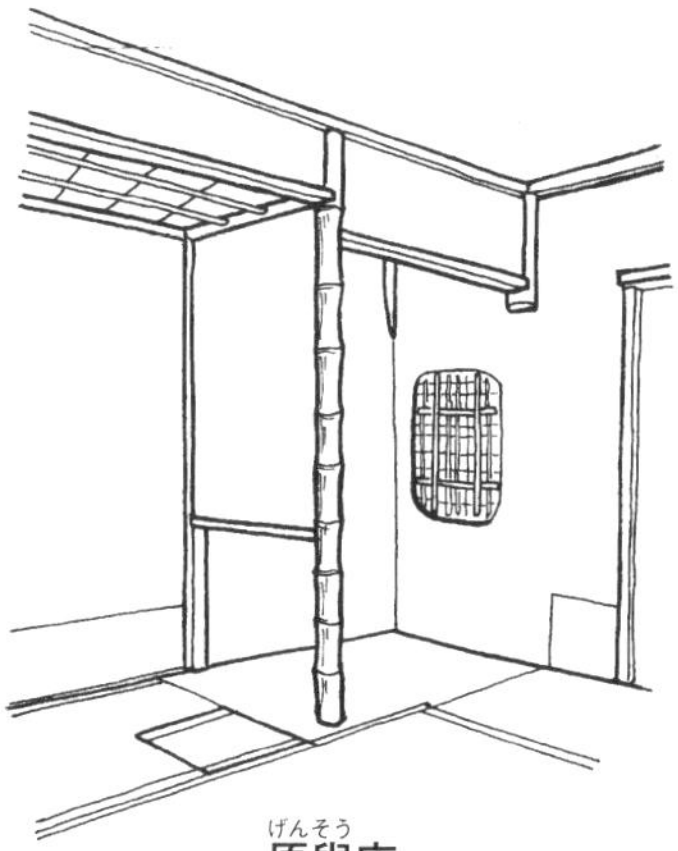

原叟《げんそう》床

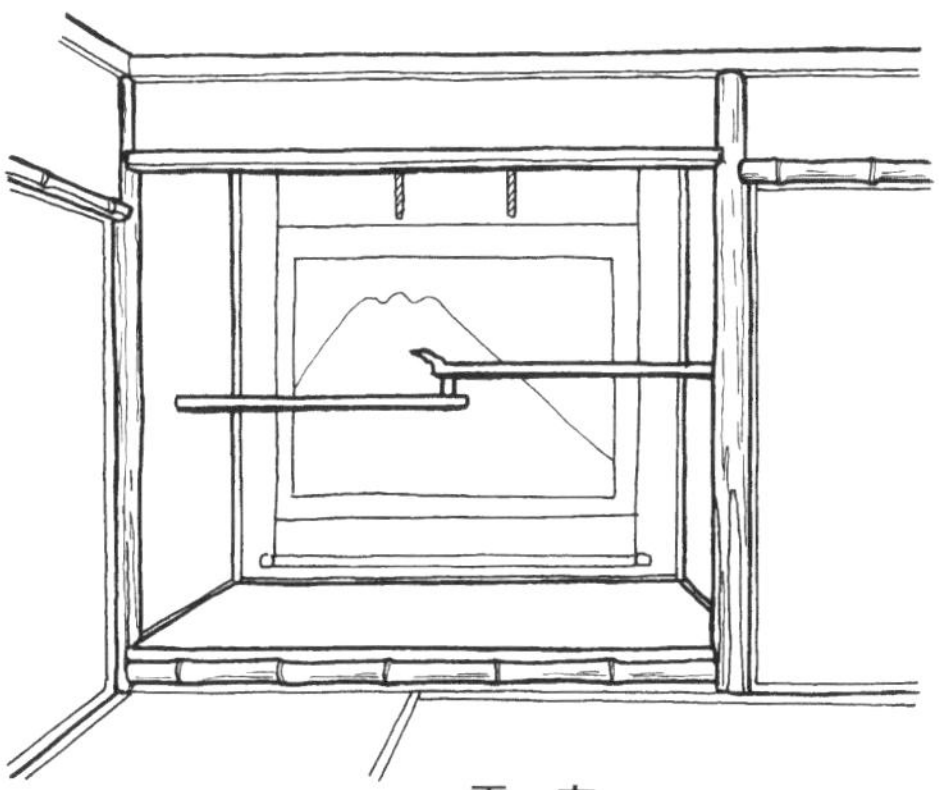

霞　床

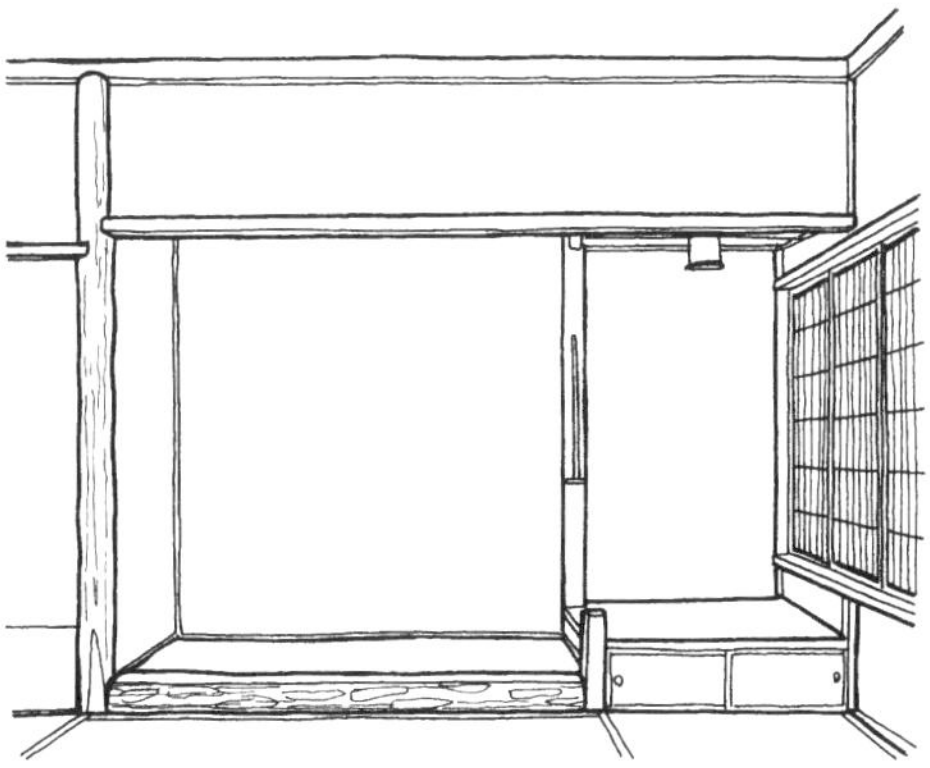

琵琶床

釣　床

置床・付床

073 壁の変遷と工法

ポイント 侘茶が生まれたとき、庶民の住宅に使用されていた土壁が茶室に採用された

茶室の壁の変遷

初期の頃の茶の湯空間の壁には漆喰塗の壁および張付壁《はりつけかべ》が使用されていた。張付壁《はりつけかべ》は絵を施さない白張付のほか、墨画が描かれることもあった。

武野紹鷗《じょうおう》あるいはその弟子である千利休の頃に至って、茶室の壁に土壁が用いられるようになった。より素朴な表現として、一般の民家に使用されていた土壁を引用したものである。「荒壁に掛物面白し」との利休の言葉もある。

その後の茶室の壁には、格式の高い席として張付壁《はりつけかべ》、草庵として土壁が一般的になる。

張付壁の工法

張付壁《はりつけかべ》は、襖の下地のような組子を縦横に組み、その上に数枚の下地を貼り、最後に白の鳥の子紙などの仕上げの紙を貼ったものである。

その組子の下地として、竹や葭《よし》の小舞下地に荒壁を付けたものが使用されるが、よく乾かさないと、紙に湿度がまわり、悪影響を及ぼすことがある。

また、壁の周囲には四分一《しぶいち》という黒塗りの縁を打ち付ける。

土壁の工法

土壁の下地は地域によって違うが、竹あるいは葭《よし》などの小舞が使用される。はじめに貫を通し、えつり竹を取り付けて小舞を縦横に組み、麻縄やシュロ縄で掻《か》きつける。土の付着を良くするため、貫には鋸目を入れて角に大きなメンを取ることが多い。

土は荒壁、中塗り、上塗りの3回に分けて塗ることが一般的である。荒壁は壁を薄く仕上げるため、貫の厚さに納める。中塗りにおいては柱のチリまわりのひげこ、のれん、貫伏せの布を伏せ込んで塗っていく。そして仕上げ上塗りが行われる。

一部には素朴さの表現のため中塗りを仕上げとする場合もあり、「切り返し仕上げ」などと呼ばれる。

壁の工法

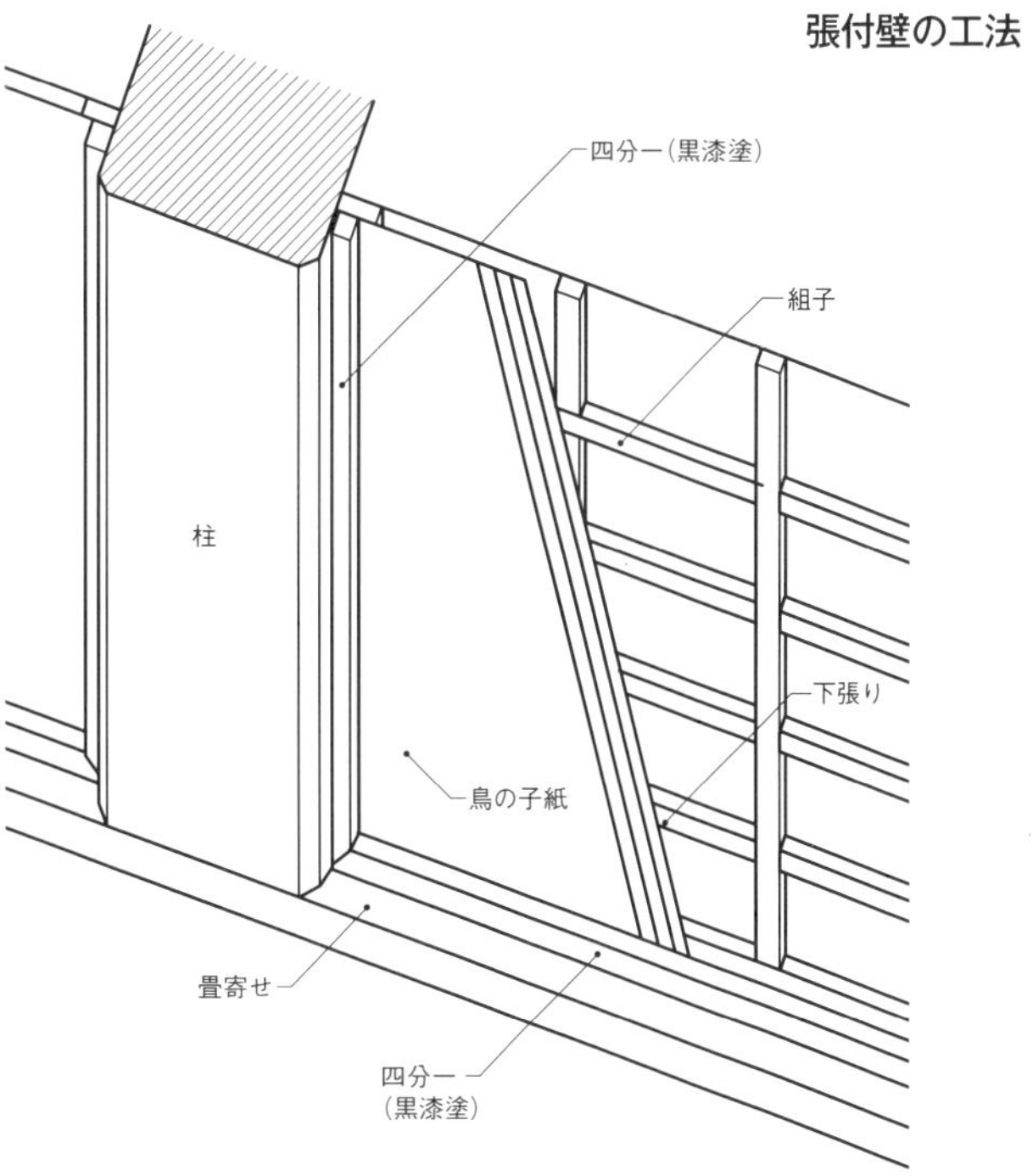
張付壁の工法
四分一（黒漆塗）
組子
柱
下張り
鳥の子紙
畳寄せ
四分一
（黒漆塗）

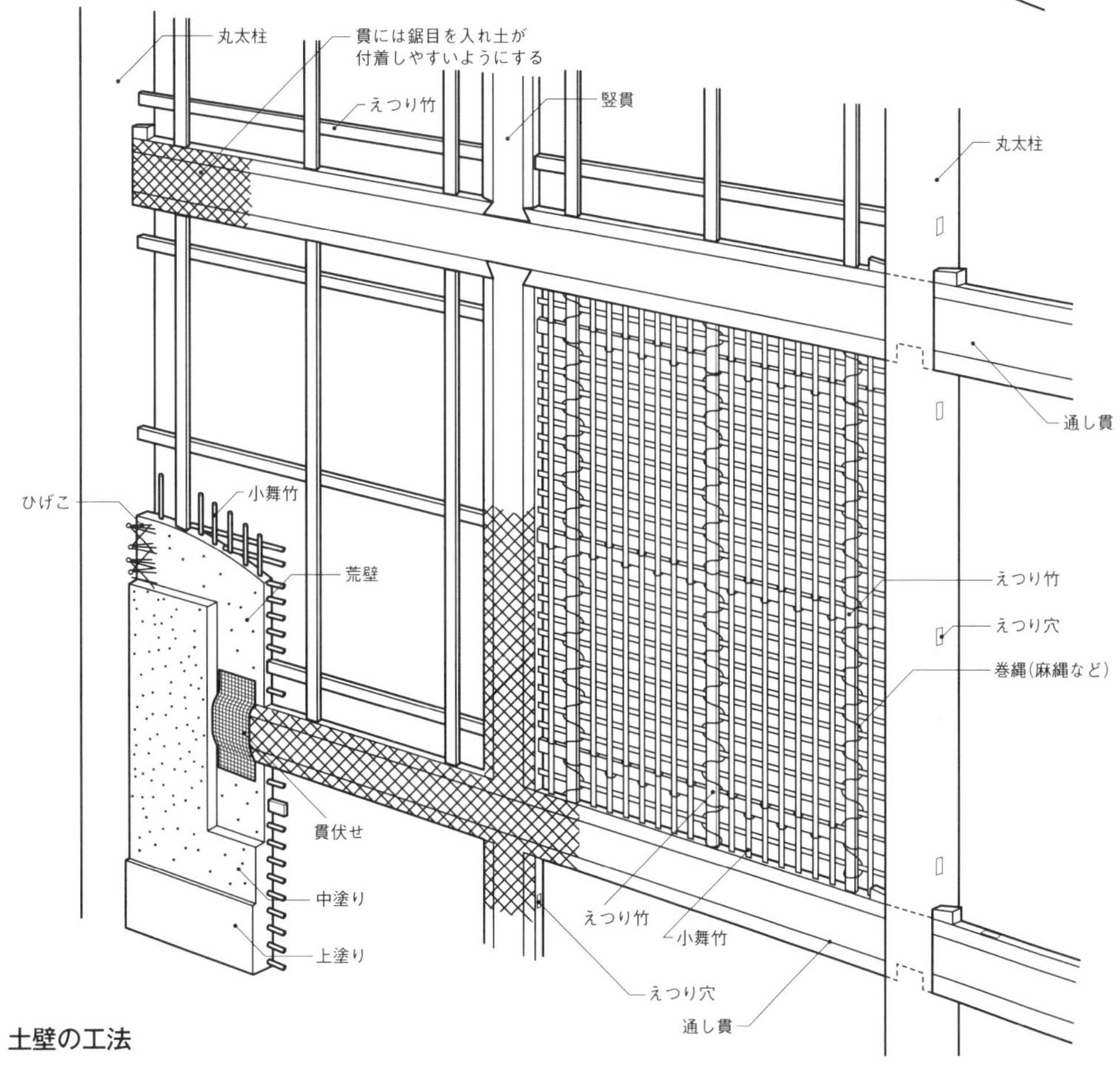
丸太柱
貫には鋸目を入れ土が
付着しやすいようにする
えつり竹
竪貫
丸太柱
通し貫
ひげこ
小舞竹
荒壁
えつり竹
えつり穴
巻縄（麻縄など）
貫伏せ
中塗り
上塗り
えつり竹
小舞竹
えつり穴
通し貫
土壁の工法

074 壁土と仕上げの種類

ポイント 土壁の仕上げには、通常の上塗り仕上げのほか、切返し仕上げ、長苆散らし仕上げ、引摺り仕上げなどがある

茶室の壁土

壁土の種類はさまざまあるが、必ずしもその名称は厳密なものではない。

聚楽土《じゅらくつち》は、秀吉の聚楽第《じゅらくてい》のあった場所付近の土である。現在、周辺は市街地であり、ビルディングの基礎工事の時などに採取する。また他の地域の似た成分のもので「ジュラク」あるいは「新聚楽」などと呼ぶものもあるが、厳密な定義はない。

九条土はかつて京都九条唐橋付近で産出された粘土で、鼠土ともいう。少し青みがかった鼠色の土である。

他に、京都伏見稲荷山で産出する黄土や、赤みの強い大坂土などがある。

土壁の仕上げ

土壁の上塗りの仕上げは水ごねが基本であるが、糊土の仕上げ、あるいは樹脂を混ぜた新建材などもある。

切返し仕上げは、中塗りの状態を仕上げとしたもので、細かい藁苆《わらすさ》が現されたものである。「切返し」とは、ナタなどで何度も切り返した苆《すさ》と土と砂を混ぜ合わせたものである。

長苆《すさ》散らし仕上げは、仕上げに三寸程度の長苆《すさ》を散らしたもので、玉林院の蓑庵《さあん》（→116ページ）では松葉を散らしたようなデザインに仕上げられている。

引摺《ひきず》り仕上げは、壁の表面を鏝《こて》で平滑に押さえるのではなく、少し浮かせるようにして塗ったもので、表面に皺《しわ》のような不規則な凹凸が表現される。

錆壁は、壁土に鉄成分が混ざったもので、その部分が黒くなる。

腰張り

土壁にはその下部に腰張りが施される。通常、点前座《てまえざ》まわりは白の奉書紙で1枚張り（1段）、客座まわりが紺色の湊紙で2枚張り（2段）のことが多いが、総張りといって、窓の敷居際まで張ることもある。

他に反古《ほご》張りといって、古い暦などの反古《ほご》紙を張ることもある。

土壁の仕上げ

引摺《ひきず》り仕上げ

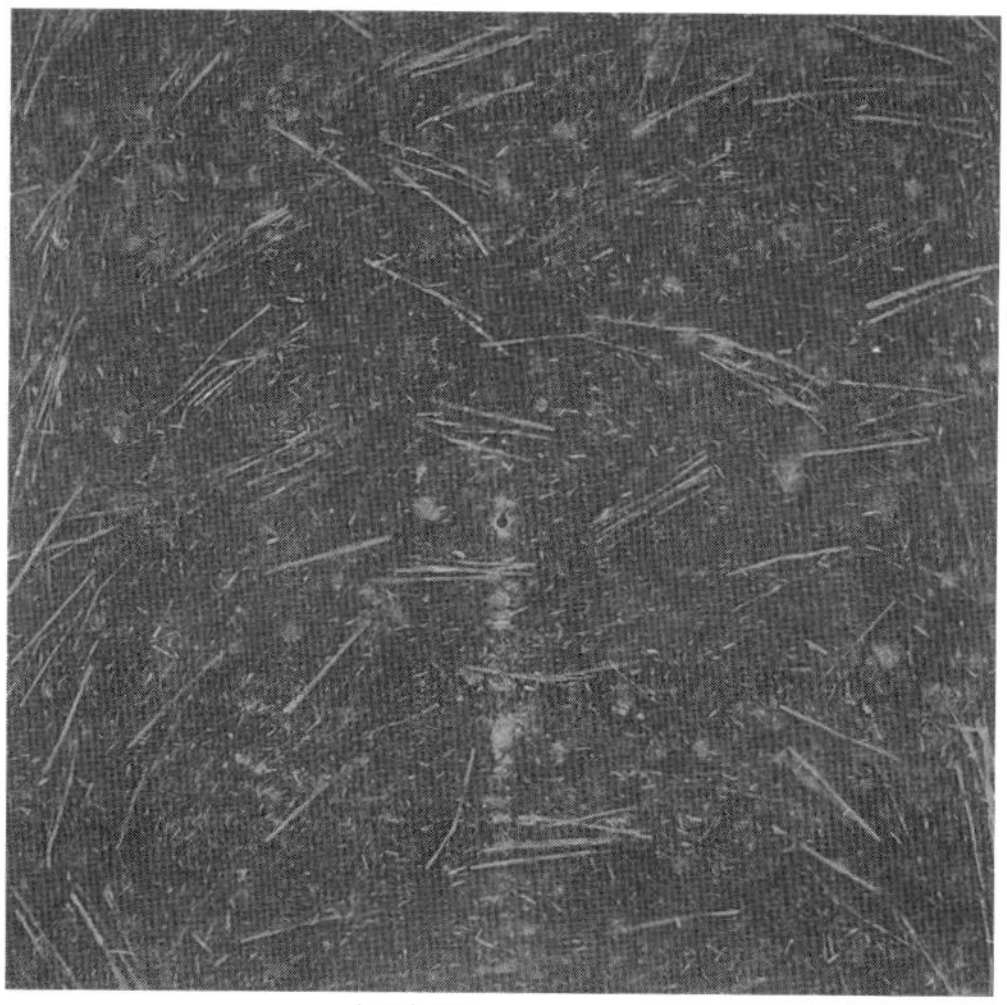

長苆散《ながすさち》らし仕上げ

腰張り

一般的に、点前座は一段、客座は二段となる。

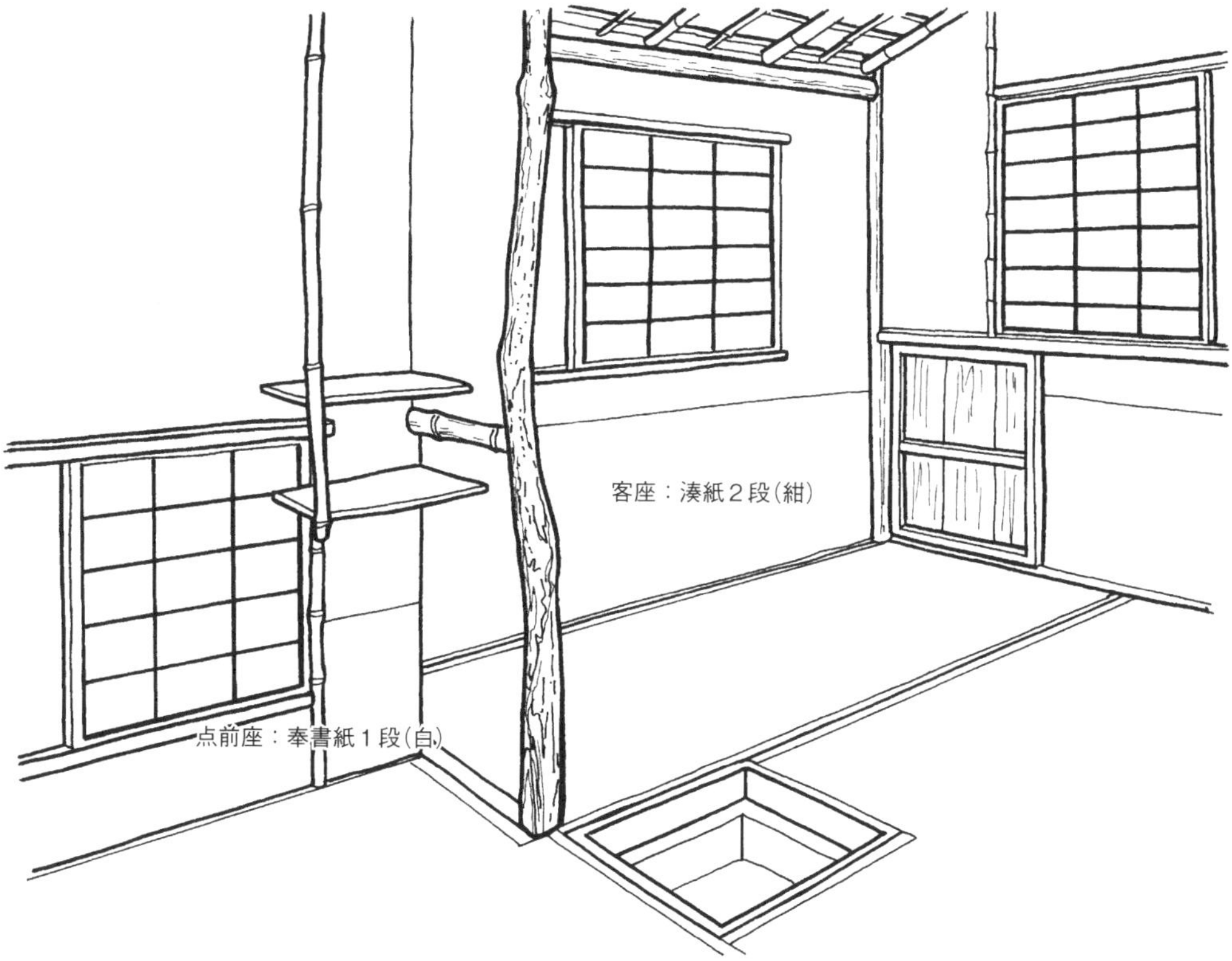

075 躙口

ポイント 茶という日常的な行為を非日常へと転換する装置が躙口である

躙口《にじりぐち》の誕生

躙口《にじりぐち》は、千利休が、淀川を船で下っているとき、枚方のあたりで、川漁師が小さな出入り口から建物に出入りしていることをヒントにつくったものだという（↓18ページ）。

武野紹鷗《じょうおう》は縁側より通常の明障子《あかりしょうじ》の建具を開けて席入りしていた。そのときには坪の内（↓68ページ）が取り付いており、おそらく小さな潜りがあり、そこから入ったものと考えられる。

このような小さな出入り口は、非日常的な空間への関門だとみることができる。茶という日常的な行為を、非日常へと転換する茶の湯空間の中でも重要な装置となる。

躙口《にじりぐち》の構成

躙口《にじりぐち》の建具は、細戸《ささど》などとも呼ばれ、縦が2尺3寸、横が2尺2寸程度の小さな板戸である。妙喜庵《みょうきあん》の待庵《たいあん》（↓216ページ）の躙口《にじりぐち》は、縦が2尺6寸1分、横が2尺3寸6分のもので、通常より大きなサイズである。

躙口《にじりぐち》の形は、板が2枚半張られ、左右に竪桟と下に下桟が取り付けられている。板の継ぎ目には目板《めいた》が取り付けられ、2本の横桟がそれを押さえる。また柱付き側に手掛りが付けられ、内側には掛金が設けられる。このような形態は、雨戸のような板戸を必要な大きさに切り取ったものだと伝えられている。

躙口《にじりぐち》に使用する敷居は、挟み敷居の形式で、雨水が溜まらないようになっている。鴨居《かもい》は挟み鴨居《かもい》の形式である。いずれも2本の材で建具を挟むような形態である。

また、躙口《にじりぐち》上部には窓が設けられることが多いが、これは席入りする人物と同じ方向から光を採り入れることによって、暗い室内を見やすくするためであり、とりわけ躙口《にじりぐち》正面に設けられることが多い床の間に光を届ける役目もある。

躙口まわりの収まり例

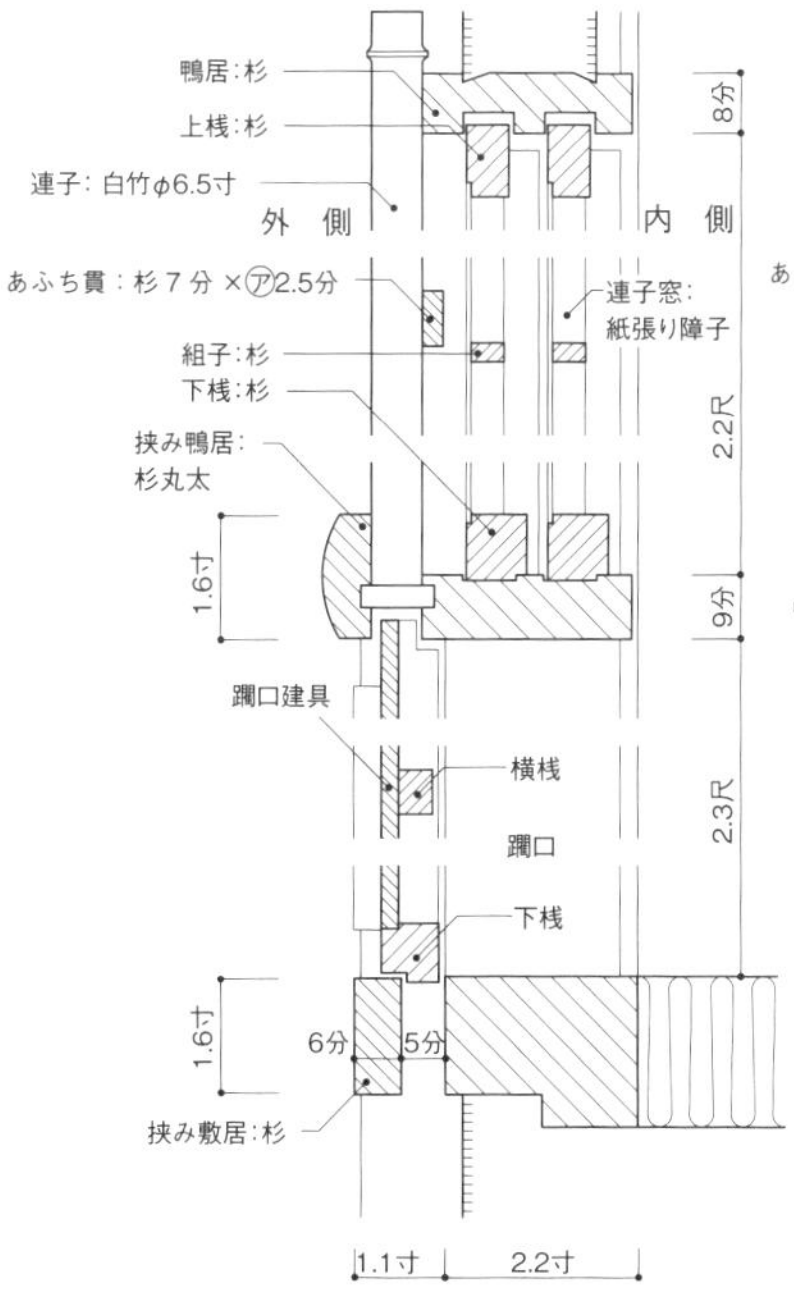

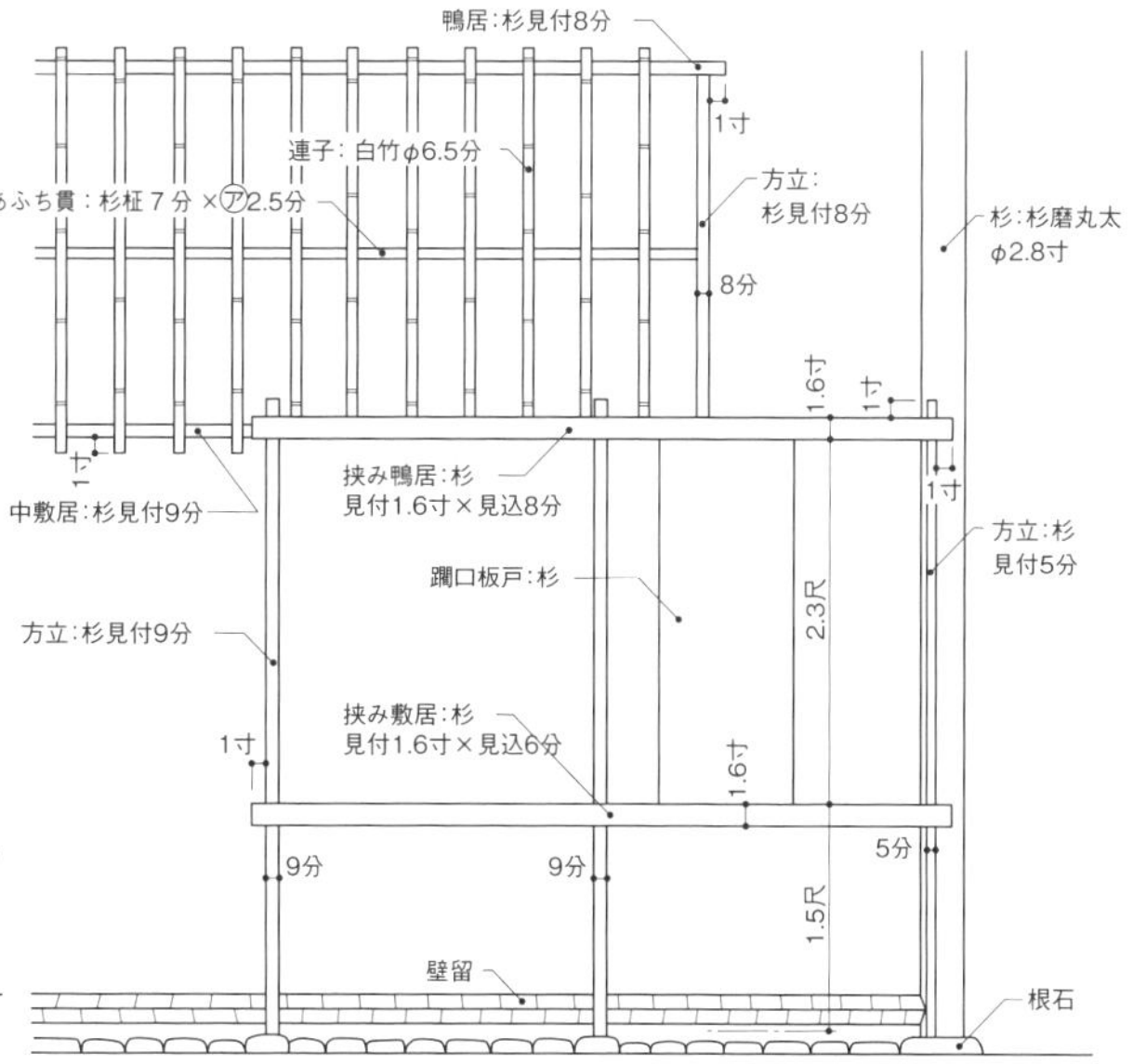

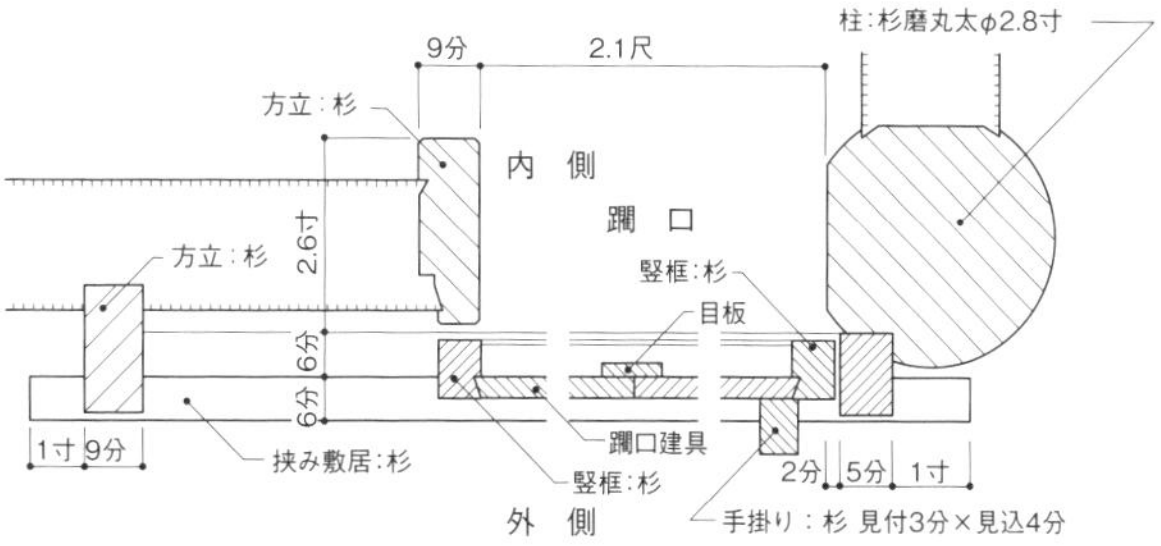

1 尺 =10 寸 =100 分≒303mm

細戸《ささど》(躙口の板戸)

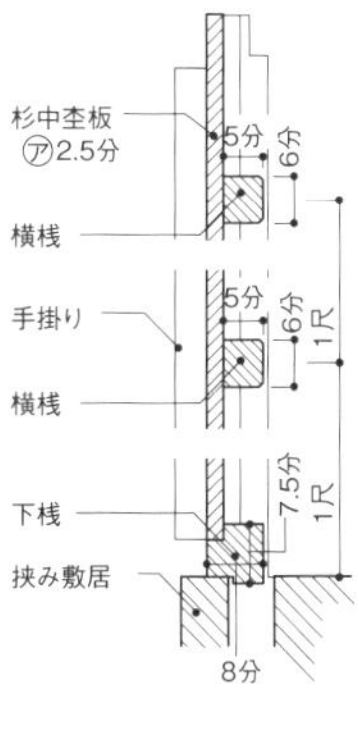

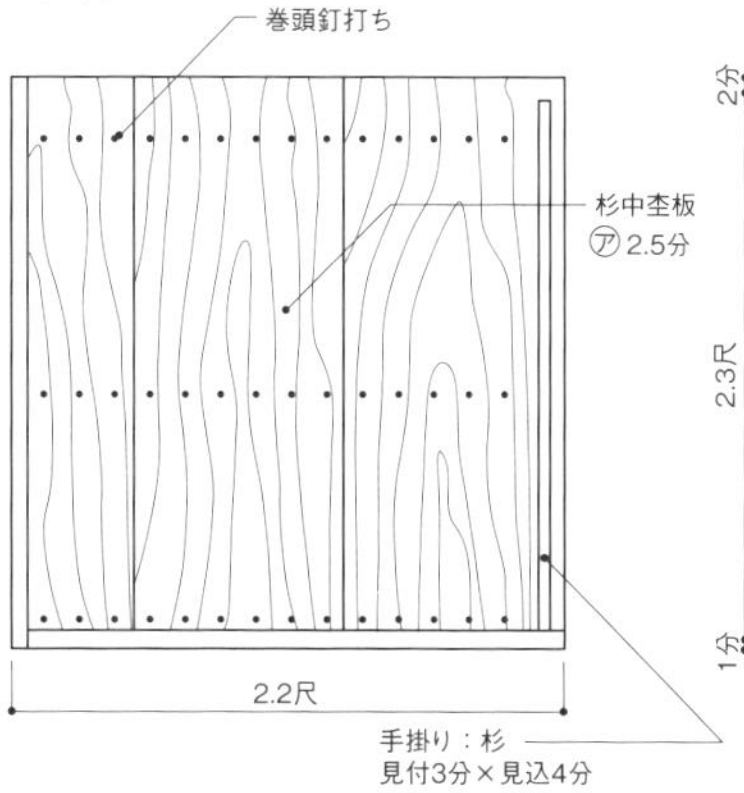

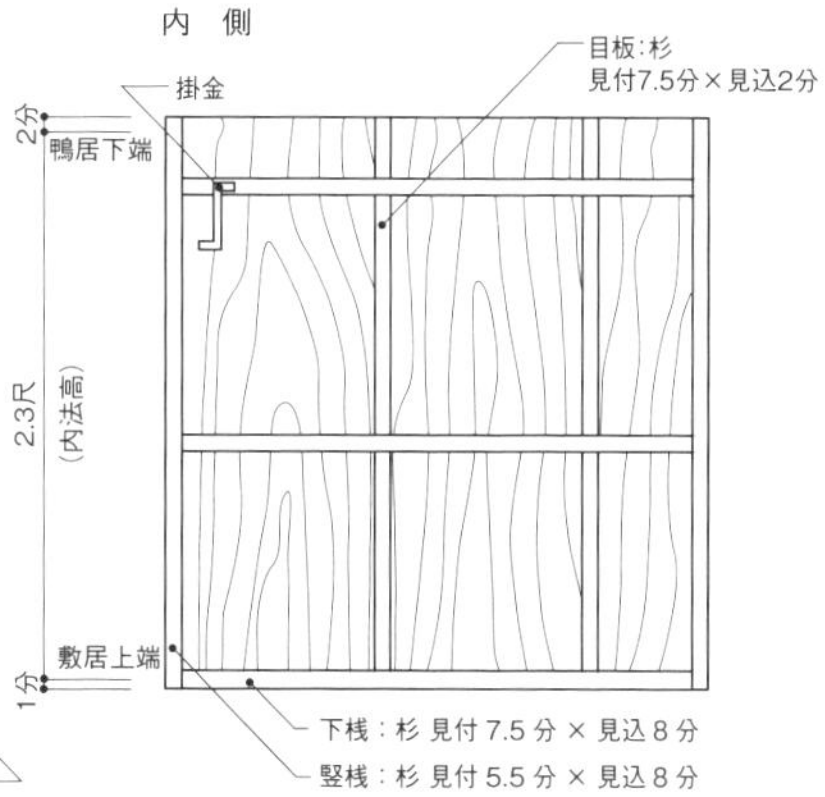

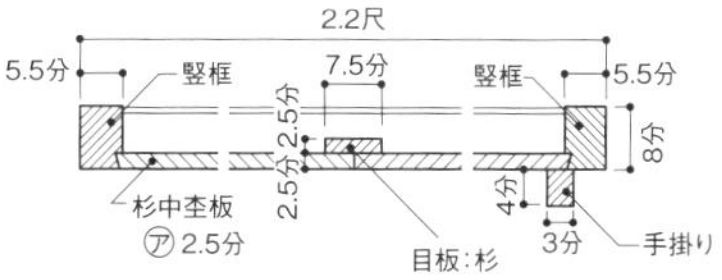

076 貴人口

ポイント 貴人口には貴人を迎えるという意味と、採光のための意味がある

貴人口とは

　貴人口とは、通常の明障子《あかりしょうじ》を立てた客用の出入り口で、特に位の高い貴人を迎えるときに使用されることを前提としたものである。ただし草庵茶室の場合、天井高が低く設定されており、その影響で内法高をかなり低くしたものもある。

　小座敷においては、躙口《にじりぐち》が設けられれば貴人口は不要であるとの見方もある。古典の名席には設けられていないものも多いからである。しかし、躙口《にじりぐち》を使用せず、貴人口だけの名席も少なからず存在する。また明治以後においては、文明開化とともに茶室に明るさを求める声が大きくなり、貴人口に明り採りの役割を併せてもたせ、設置することも行われるようになった。

　躙口《にじりぐち》と貴人口が併設される場合、矩折に配置されることが少なくない。これは茶室と露地や水屋との動線を考えると必然的である。

貴人口の構成

　貴人口に使用される建具は明障子《あかりしょうじ》である。小座敷の場合、1枚の片引きのものもあるが、多くは引き違いの形式である。腰に板が張られた腰付障子、あるいは腰のない明障子《あかりしょうじ》がある。腰付障子の場合、その腰の高さが採光に大きな影響を及ぼすことになる。腰にはノネ板が張られ、内側はヘギ竹、外側を削り木で押さえたものが多い。

　広間の場合、あえて貴人口といわないが、入側《いりかわ》（縁側）に沿って立てられた明障子《あかりしょうじ》が、その役割を担う。決まりはないが、最も下座の建具が客の出入口となることが多い。なお露地から直接上がり込む形式もある。

　貴人口の外に面する側には、近年では雨戸が設けられることが多い。その場合、戸袋が壁面に取り付けられることになる。その部分には窓があけられないし、また茶室の外観に影響することもあるので、注意を要する。

貴人口の例

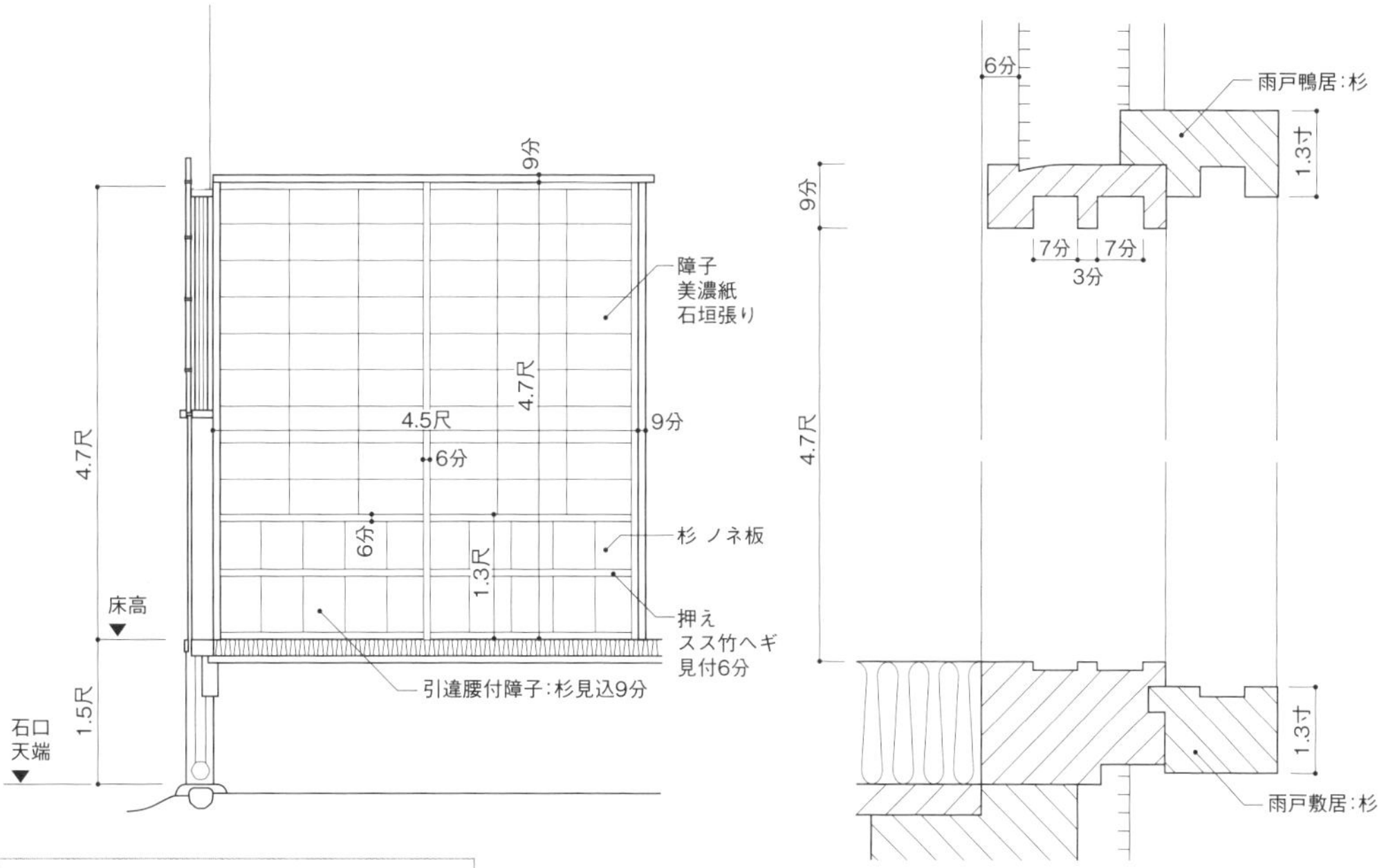

1 尺 =10 寸 =100 分≒303mm

武者小路千家環翠園

貴人口の外が土庇《どひさし》となり戸袋も設けられている。

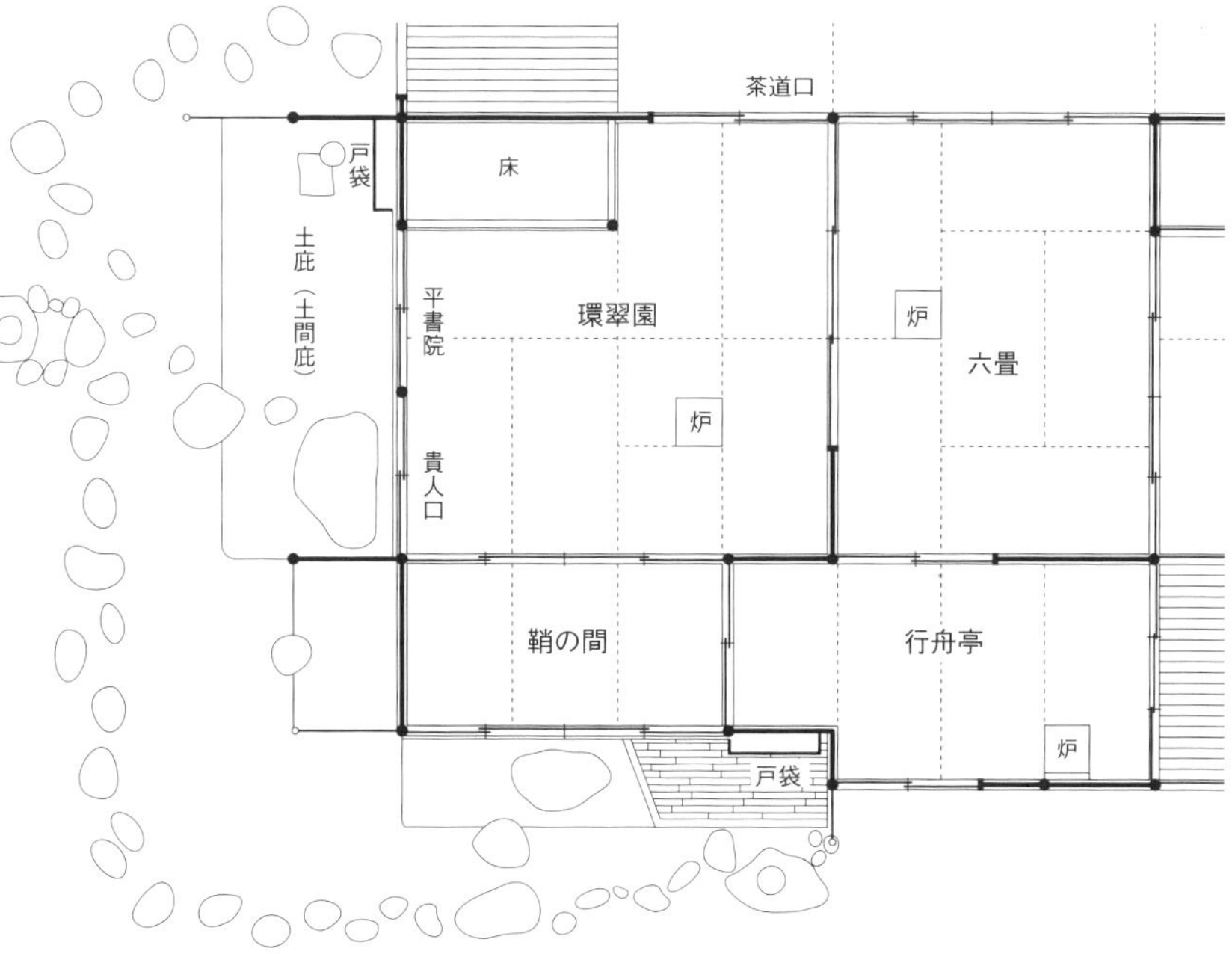

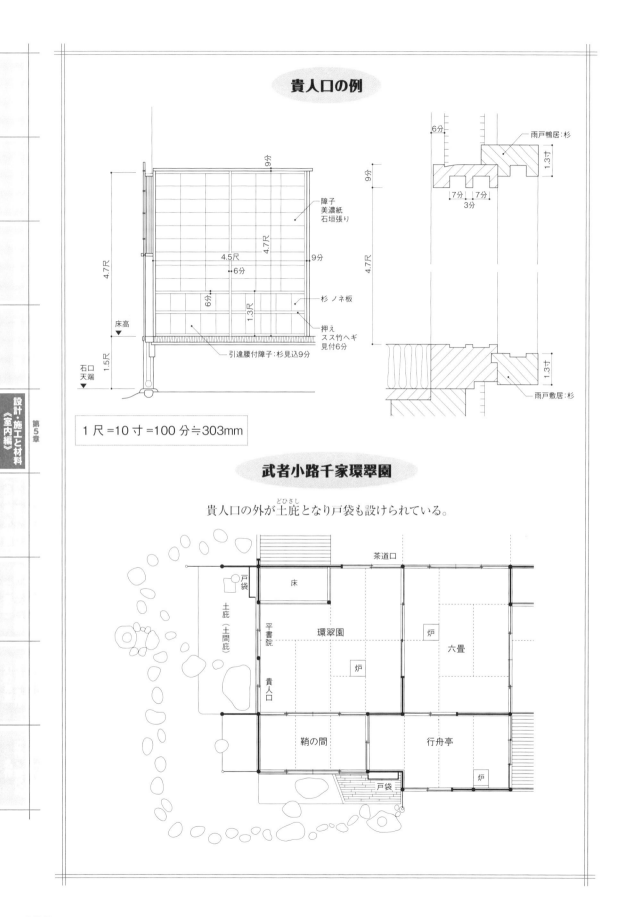

077 茶道口と給仕口

ポイント 亭主の出入口として茶道口がある。給仕口は茶道口から給仕が困難な場合に設けるのが基本である

茶道口

亭主側の出入口として、茶道口《さどうぐち》がある。寸法は内法高が最大で5尺1寸程度、幅が2尺程度である。

形式は方立口あるいは火灯口の形式をとることが多い。一般に方立口の方が格式が上だと考えられるので、併置する場合、茶道口《さどうぐち》を方立口、給仕口《きゅうじぐち》を火灯口の形式にすることが多い。

建具は黒塗りの框《かまち》（枠）がない太鼓《たいこ》襖が用いられることが多い。通常は片引きであるが、ときおり引き違いのものもあり、構造上の理由などから開き戸形式のものもみられる。

方立口は方立と鴨居《かもい》よりなる。方立および鴨居《かもい》の見付寸法はおよそ1寸である。また鴨居《かもい》を1寸強程度伸ばすことがあるが、これを角柄《つのがら》といい、まれに方立を伸ばしたものもある。

火灯口は、上部が半円状になったもので、土が塗り回され、丸みを帯びた小口には紙張りが行われる。

給仕口

給仕口《きゅうじぐち》は通常、茶道口《さどうぐち》だけでは給仕できない茶室に設けられるものである。ときおりデザイン重視のものとしてあけられることもある。本来は間違いであるといわれることもあるが、茶室の性格によると考えるべきである。サイズは茶道口《さどうぐち》よりも小さいことが原則であり、内法高は4尺程度、幅は2尺弱程度のものが多い。

一般に火灯口の形式をとり、建具は太鼓《たいこ》襖である。この場合の火灯口は、通常の半円状のものに加えて、遠州流では袴腰とよばれる台形状の形のものもある。

また、茶道口《さどうぐち》と給仕口《きゅうじぐち》が引違につくられたものもある。通常の建築では用途の違う戸を引き違いにつくることは、計画的に誤りであると指摘されるが、茶の湯の場合、とりわけ茶事においては、同時に両方を開けることがないことから、これも可能となる。

火灯口(給仕口)

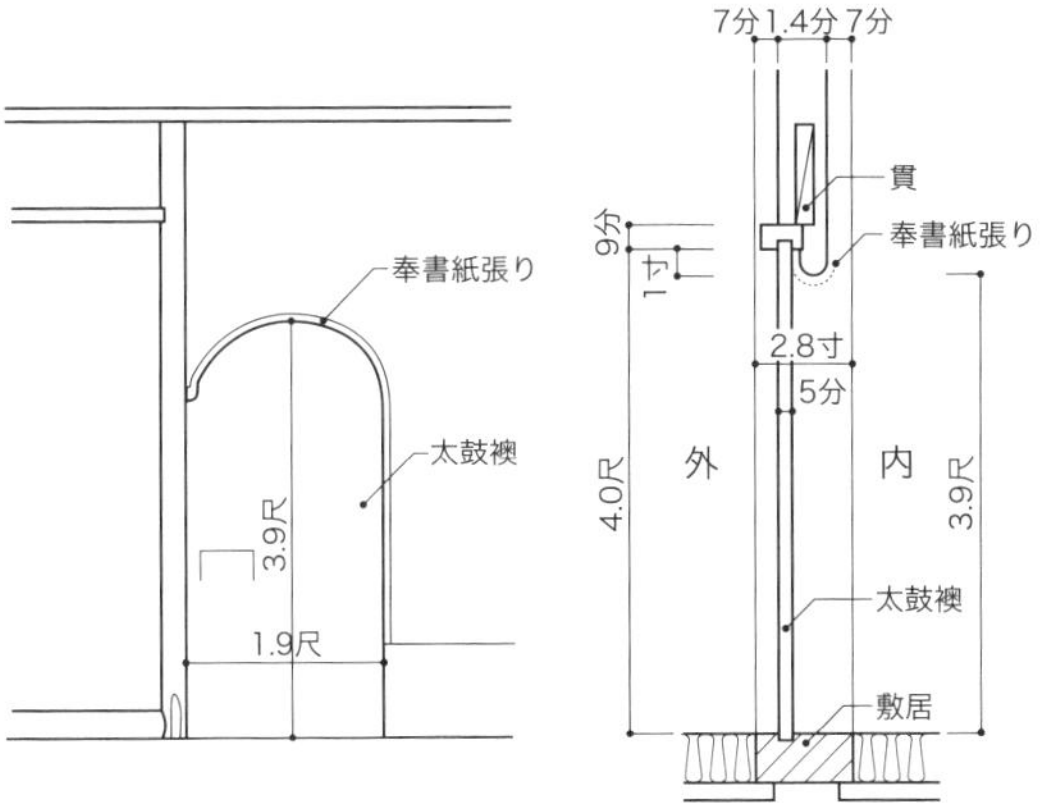

方立口(茶道口)

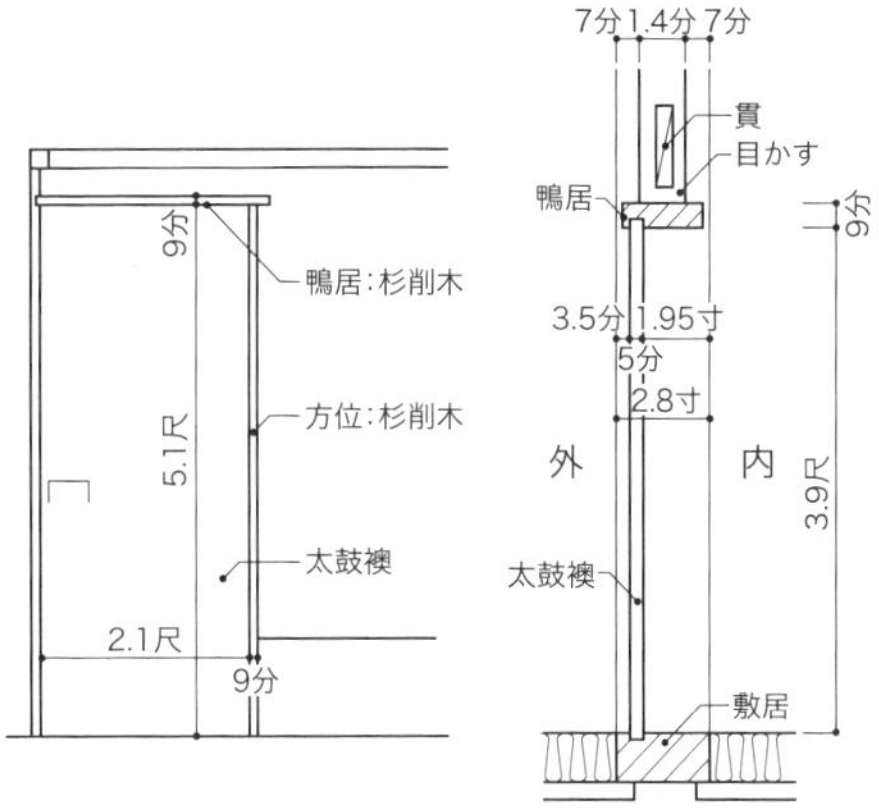

1 尺 =10 寸 =100 分≒303mm

真珠庵庭玉軒

茶道口と給仕口が引き違いになっている。このような形式を通い口ともいう。

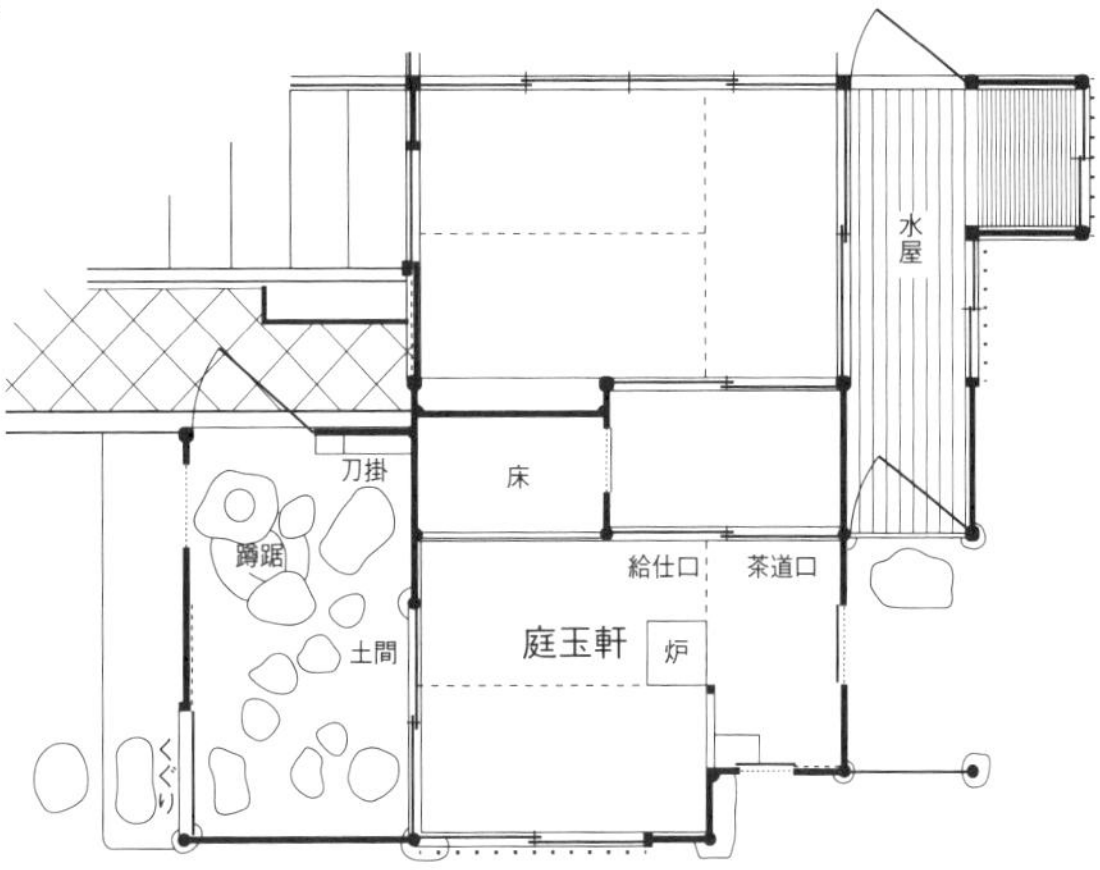

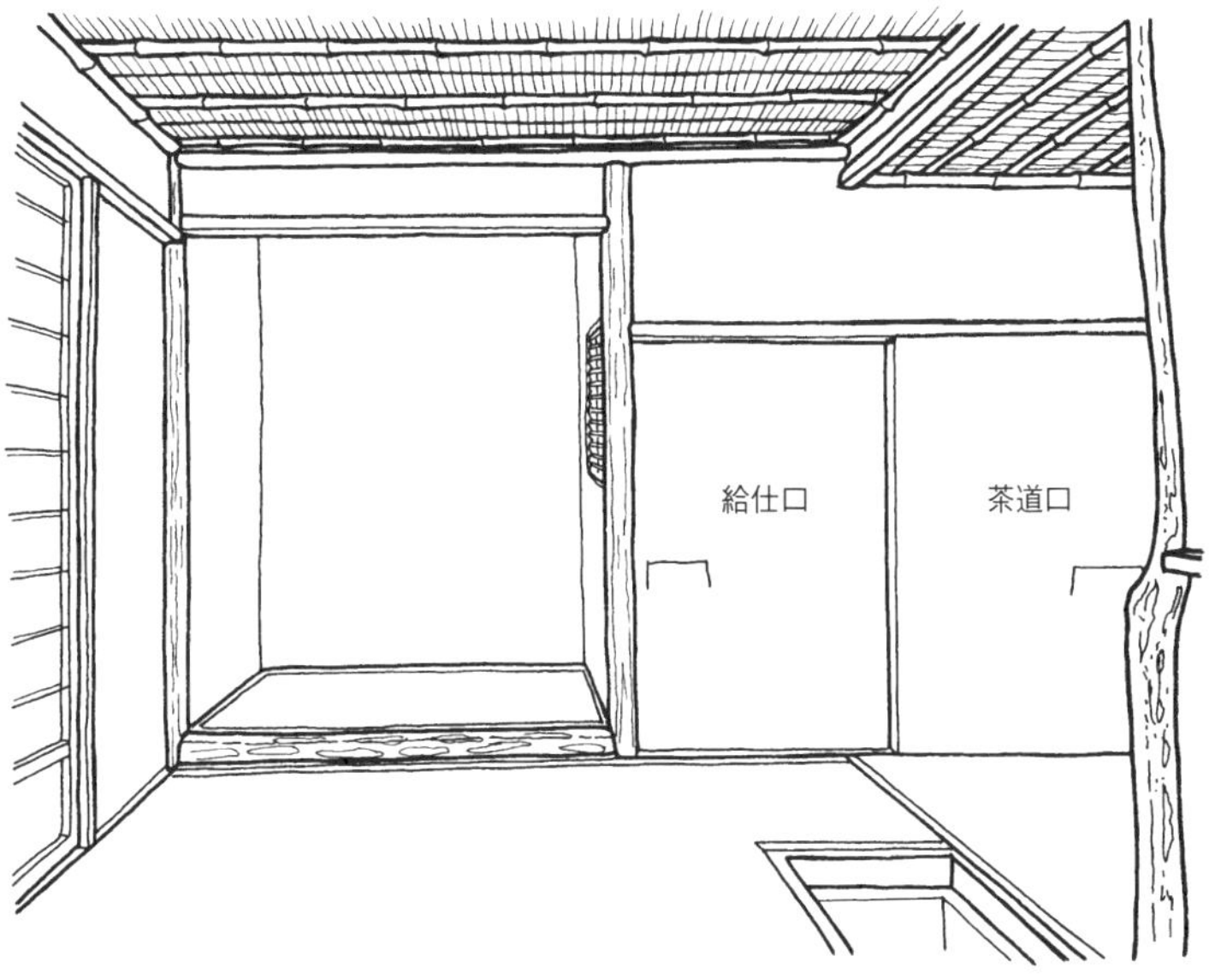

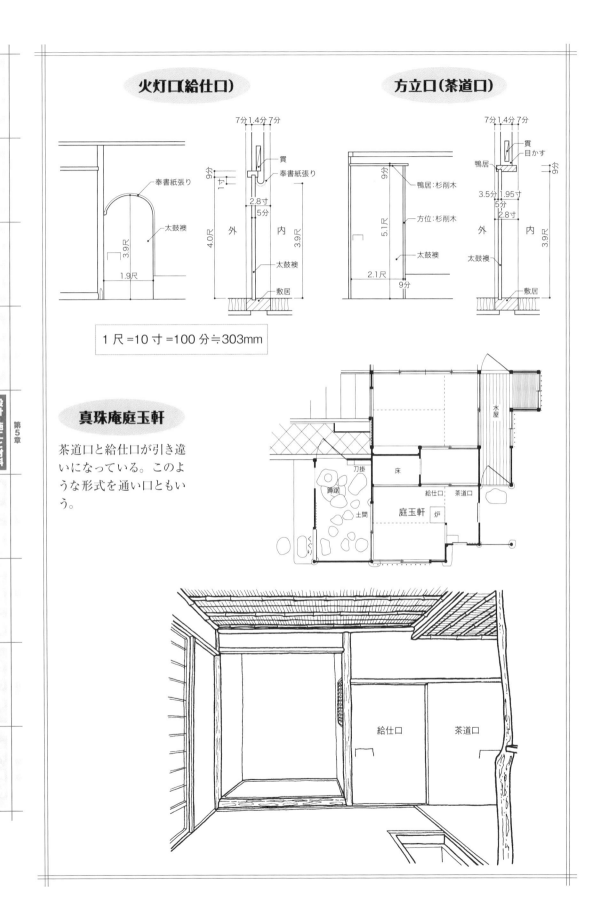

078 茶室の窓と種類

ポイント 茶室には当初、窓がなかった。出入口の明障子が採光の役割を担っていた

窓と室内空間の光

日本建築の窓としては、古代の寺院には、縦の格子が入った連子窓が、禅宗建築には花頭窓などが用いられていた。住宅系の建築では半蔀《はじとみ》をあげて開口部を窓状にすることが行われ、そして明障子《あかりしょうじ》が普及すると、出入口と窓の2つの役割を担うようになった。また庶民の住宅には、壁下地を現した下地窓があった。

茶室においても当初、窓はなく、出入口に建てられた明障子《あかりしょうじ》が採光の役割を果たしていた。桃山時代に草庵の茶室が生まれると、窓が出現した。それまでの茶室は変化の少ない光を採り入れるため、北向きにすることが求められていたが、窓の出現によって方位が自由になった。一方、窓の位置および形態が工夫のしどころでもあった。

連子窓や下地窓の形式が洗練され、壁面に複数の窓があけられるようになった。日本建築としては画期的だと考えられる天窓、つまり突上窓もほどなくして出現したと考えられる。

窓の名称

茶室の窓にはさまざまな名称が付けられている。下地窓、連子窓はその構造による名称。突上窓はあけ方による名称。風炉先《ふろさき》窓はその位置による名称。墨蹟《ぼくせき》窓は役割による名称、などである。また織田有楽《うらく》がつくった有楽《うらく》窓は、デザイナーの名前である。竹を詰打ちにしたもので、外を見ることを拒んだ極めて特異な窓である。

窓の建具

茶室の窓には明障子《あかりしょうじ》が立てられる。通常より薄くつくられ、上下の框《かまち》は桟と同じ厚みである。障子紙は現在では大きさが自由であるが、かつては寸法が決まっていて、継ぎ目をわざと見せるように貼っていた。それを石垣貼という。また桟は通常は削り木であるが、妙喜庵《みょうきあん》の待庵《たいあん》（→216ページ）では割竹を使っている。

三渓園春草廬（九窓亭）

9つの窓があけられている。

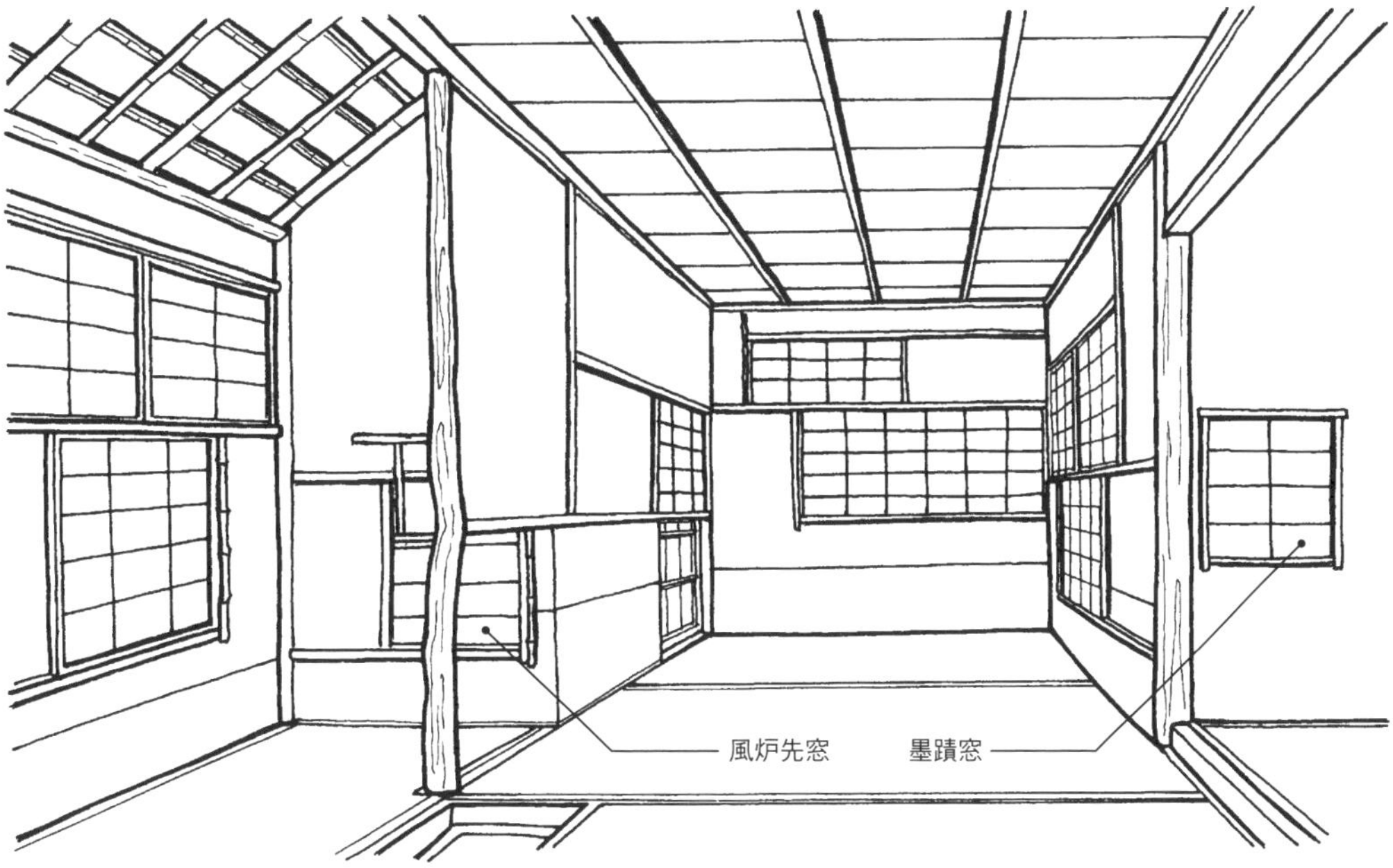

割竹を使用した障子

079 下地窓と連子窓

ポイント 比較的小さな窓として下地窓が、より多くの採光を要するときには連子窓が設けられる

下地窓

下地窓は、壁下地が意匠として表現された窓である。庶民の住宅にあけられていた窓の形式であった。

下地窓では、通常皮付きの葭《よし》が使用される。変化を出すため、1本ずつではなく、2本や3本あるいは4本とランダムに組み合わせた葭《よし》を縦横に組む。縦が外、横が内側である。藤蔓《ふじづる》が3通りほど掛けられる。蔓は巻きつけるのではなく、引っかけるようにして葭《よし》を緊結する。待庵《たいあん》(→216ページ)のように、ときに割竹を通すこともある。

外側には力竹が添えられることもある。これは外壁のバランスによるもので、じっさいの構造としてではなく、視覚的に外壁面を補強する目的で立てられる。

また壁の輪郭の小口は直角ではなく、ゆるやかな貝の口に仕上げる。

窓の内側には明かり障子を立てるが、掛障子の形式と片引きにする場合とがある。窓の外側には掛戸が掛けられるが、そのための折れ釘が打たれる。上に2本、下に1本のものが多い。茶室を使用するときには掛戸が外される。また茶事においては、初座のとき外に簾《すだれ》が掛けられるが、掛戸と釘が兼用される。

連子窓

連子窓は竹連子を並べた形式の窓である。通常、引違の明障子《あかりしょうじ》が内側に建てられる。下地窓に比べて大きなものが多く、席入りの際や床の間の明るさを確保する目的で、躙口《にじりぐち》上部に設けられることが多い。

竹連子は6分から7分程度のものが、3寸程度の間隔で鴨居《かもい》と敷居に打たれる。連子の中央部には貫が付けられるが、竹を貫通するのではなく、内側に沿わせるもので、柱や方立に組み込むものである。これを「あふち貫」と呼ぶ。成《せい》が7分、幅が2分5厘程度のものが多い。

掛障子

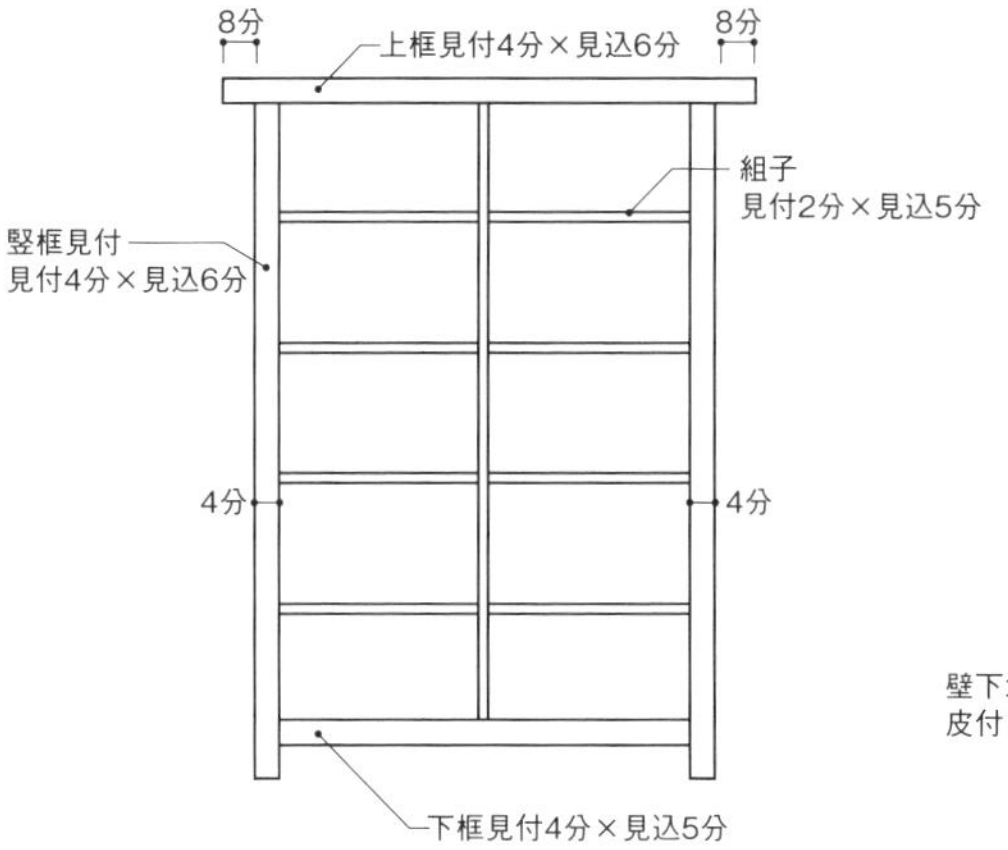
8分
上框見付4分×見込6分
8分
組子
見付2分×見込5分
竪框見付
見付4分×見込6分
4分
4分
下框見付4分×見込5分

掛　戸

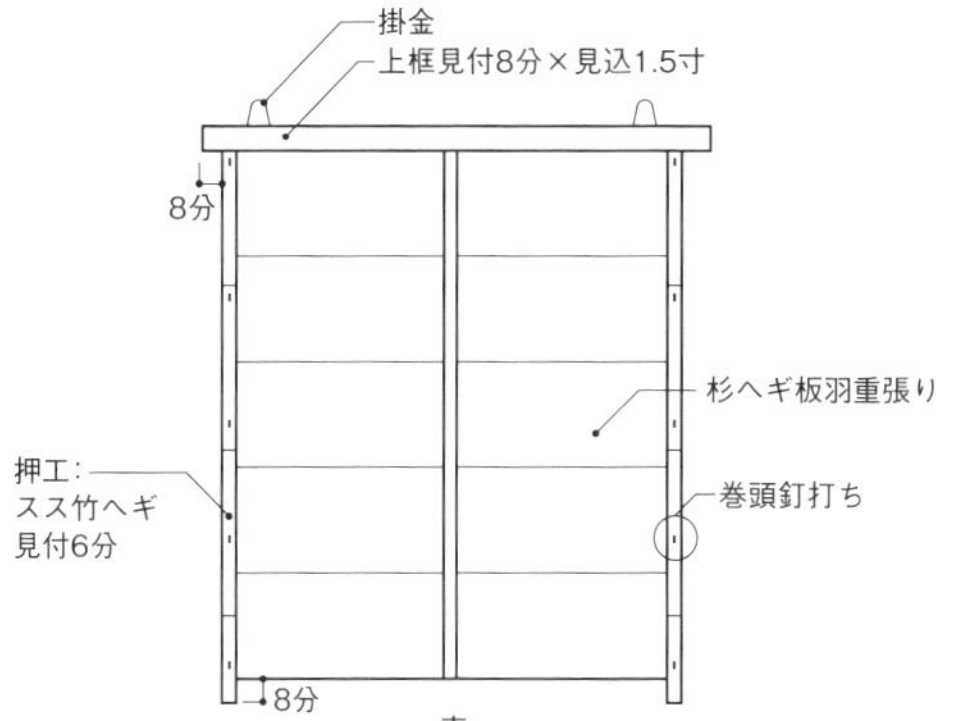
掛金
上框見付8分×見込1.5寸
8分
杉ヘギ板羽重張り
押工:
スス竹ヘギ
見付6分
巻頭釘打ち
8分

表

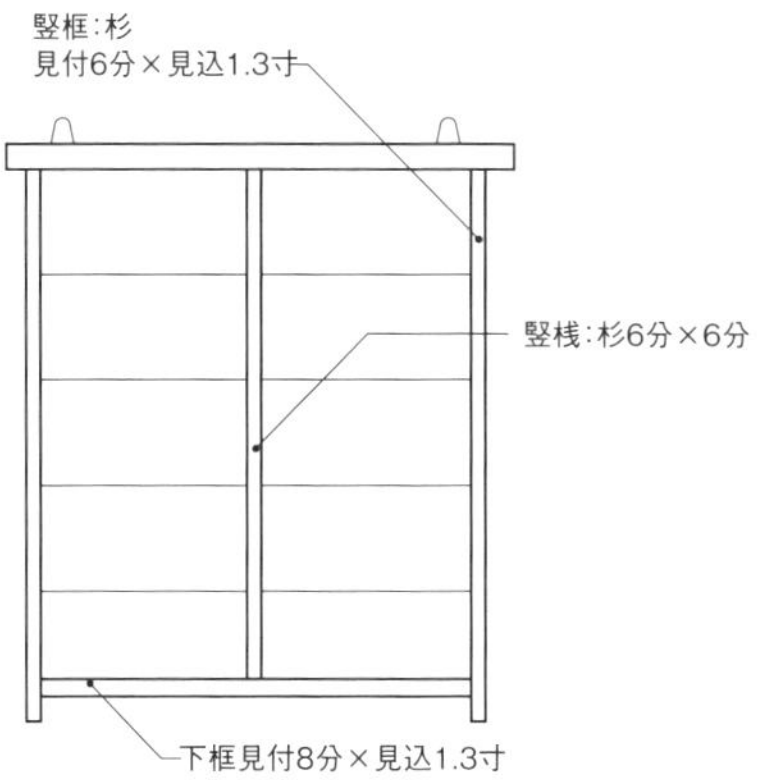
竪框:杉
見付6分×見込1.3寸
竪桟:杉6分×6分
下框見付8分×見込1.3寸

裏

下地窓

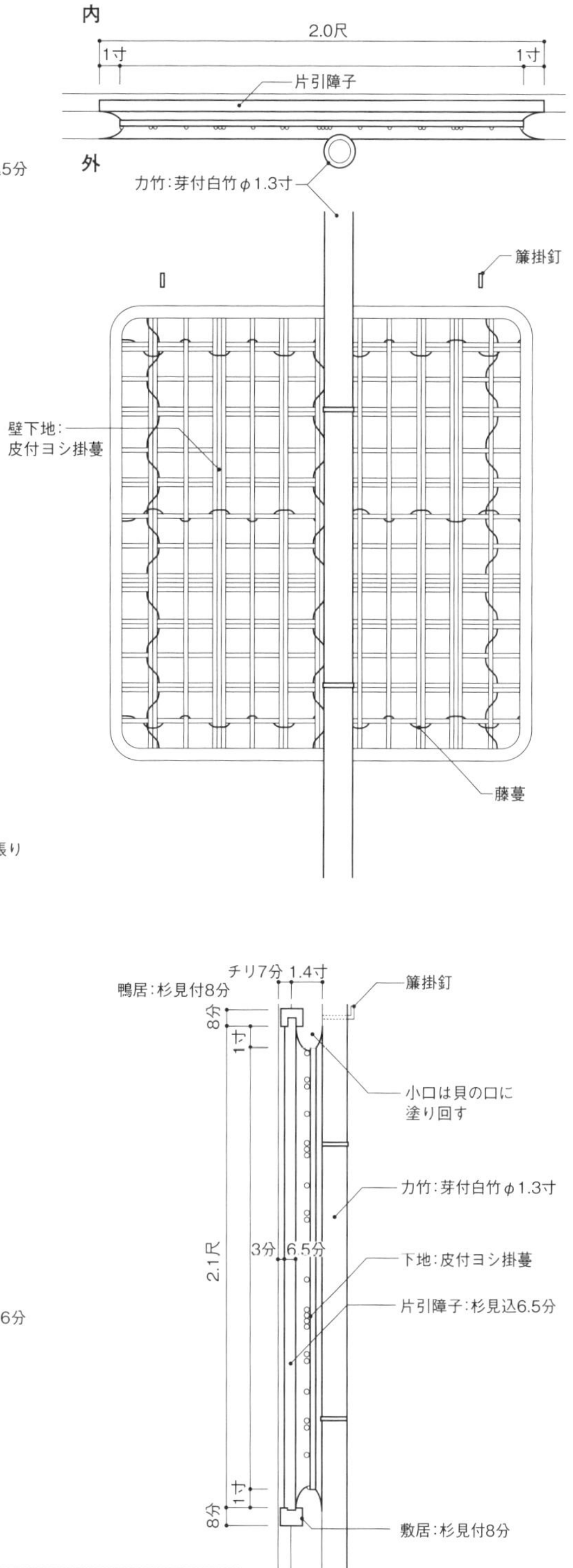
内
2.0尺
1寸
1寸
片引障子
外
力竹:芽付白竹φ1.3寸
簾掛釘
壁下地:
皮付ヨシ掛蔓
藤蔓
チリ7分
1.4寸
鴨居:杉見付8分
簾掛釘
8分
1寸
小口は貝の口に
塗り回す
力竹:芽付白竹φ1.3寸
2.1尺
3分
6.5分
下地:皮付ヨシ掛蔓
片引障子:杉見込6.5分
1寸
8分
敷居:杉見付8分

1尺=10寸=100分≒303mm

080 窓の種類

ポイント 突上窓、墨蹟窓、風炉先窓は、部屋や部分を明るくするために設けられた窓。一方、花明窓、色紙窓は、意匠的な側面が強い

突上窓

突上窓は天窓の一種で、突き上げてあける形式より名付けられたものである。天井に設けられることから、他の窓に比べて面積の割に、大光量の光を採り入れることができる。

取り付けられる場所は通常決まっており、化粧屋根裏天井の壁面寄りの中央である。垂木を挟んで両側の間垂木《まだるき》の内側まで、長さは小舞4コマ分である。

内側に障子が取り付けられ、上に摺《す》り上げるようになっている。外には覆戸が取り付けられる。これは棒で突き上げられるようになっている。

墨蹟窓

床の間に設けられる窓のことで、下地窓の形式が多く、内側に障子が掛けられる。墨蹟《ぼくせき》窓が設けられた茶室も少なくないが、逆に必ずしも設ける必要があるというものではない。床の間にどの程度の明るさが必要であるかという考え方の問題である。

花明窓

床の間の脇にあけられる窓で、床の間内を明るくする目的もあるが、下地を見せ、さらに花入れが取り付けられるもので、床の間の景色としての意味合いが強い。

風炉先窓

点前座《てまえざ》の風炉先《ふろさき》に設けられる窓のこと。点前《てまえ》を行う亭主の手元に光を当てる役割がある。下地窓の内側に片引きの障子が建てられた形式が多いが、その障子は完全にあけられるものではなく、三分程度あけられることから、「七三の窓」などとも呼ばれる。

色紙窓

点前座《てまえざ》の勝手付《かってつき》に設けられる窓で、2枚の寸法の違う障子を色紙散らしの意匠に配置したものである。古田織部《おりべ》が工夫した意匠であると考えられる。採光という機能的な面より、座敷の景としての意味が大きい。

突上窓

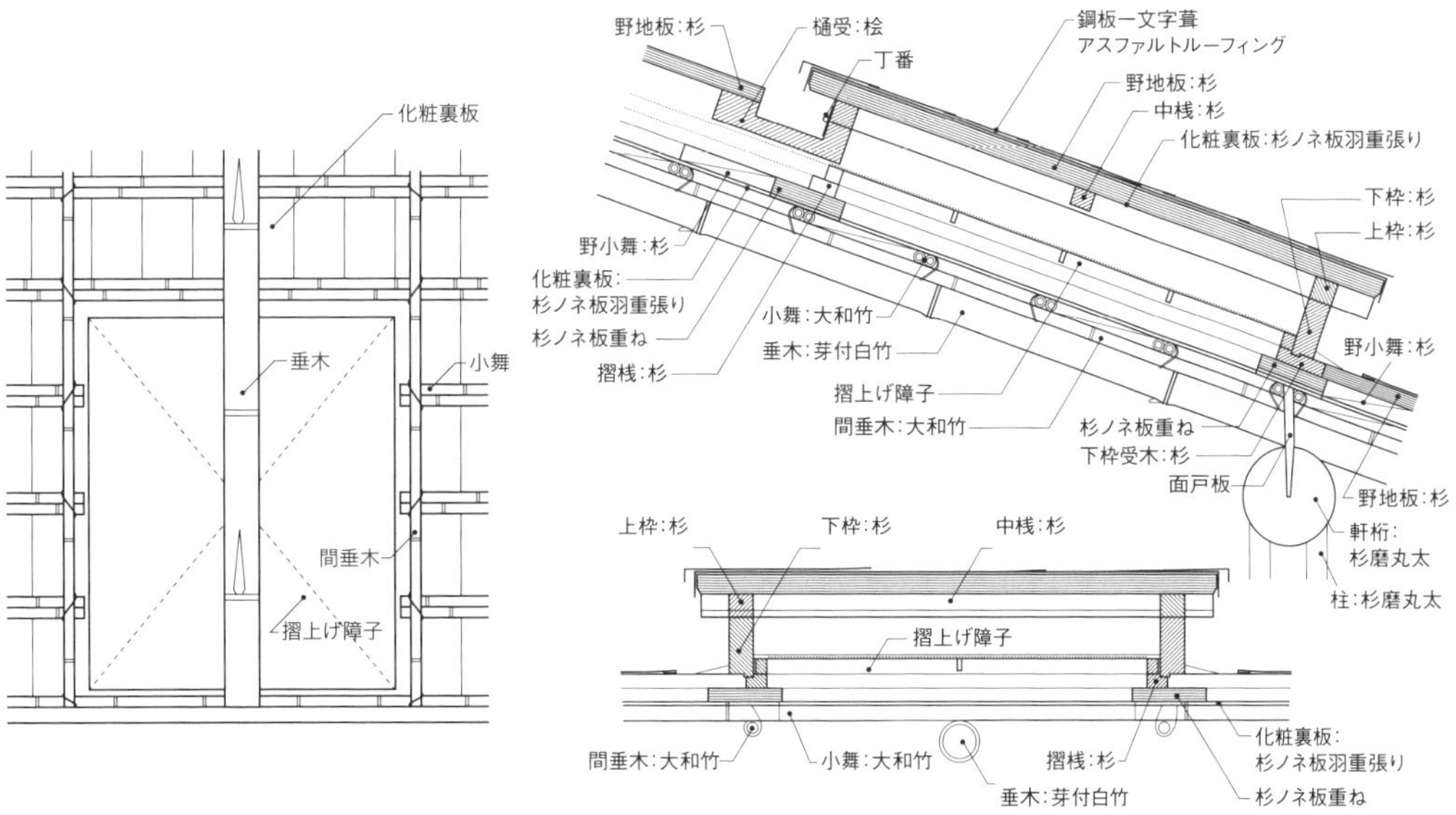
化粧裏板
垂木
小舞
間垂木
摺上げ障子
野地板：杉
樋受：桧
丁番
銅板一文字葺
アスファルトルーフィング
野地板：杉
中桟：杉
化粧裏板：杉ノネ板羽重張り
下枠：杉
上枠：杉
野小舞：杉
化粧裏板：
杉ノネ板羽重張り
杉ノネ板重ね
摺桟：杉
小舞：大和竹
垂木：芽付白竹
摺上げ障子
間垂木：大和竹
野小舞：杉
杉ノネ板重ね
下枠受木：杉
面戸板
野地板：杉
軒桁：
杉磨丸太
柱：杉磨丸太
上枠：杉
下枠：杉
中桟：杉
摺上げ障子
間垂木：大和竹
小舞：大和竹
垂木：芽付白竹
摺桟：杉
化粧裏板：
杉ノネ板羽重張り
杉ノネ板重ね

風炉先窓

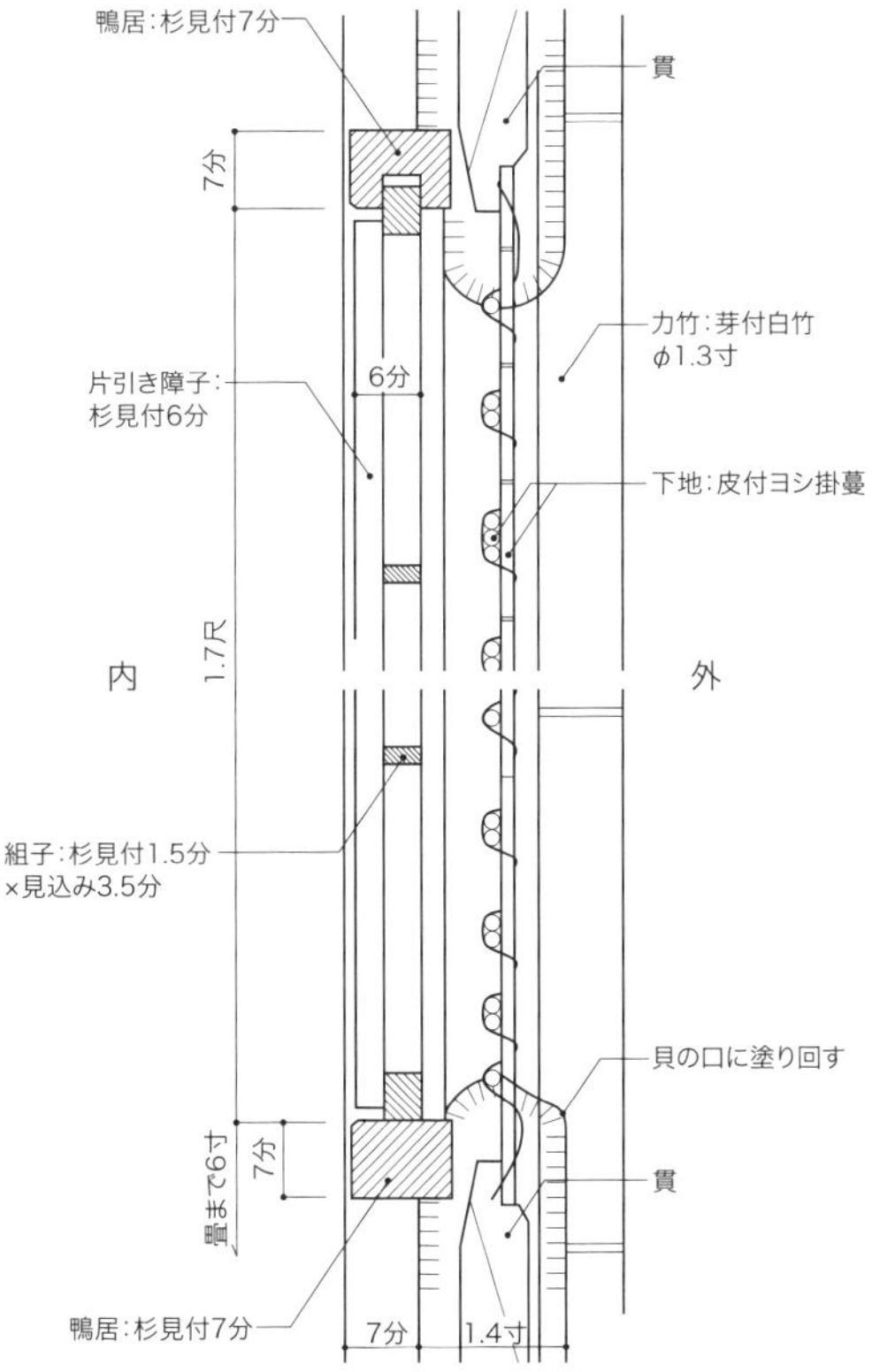
鴨居：杉見付7分
7分
片引き障子：
杉見付6分
6分
1.7尺
内
外
組子：杉見付1.5分
×見込み3.5分
畳まで6寸
7分
鴨居：杉見付7分
7分
1.4寸
貫
力竹：芽付白竹
φ1.3寸
下地：皮付ヨシ掛蔓
貝の口に塗り回す
貫

1尺＝10寸＝100分≒303mm

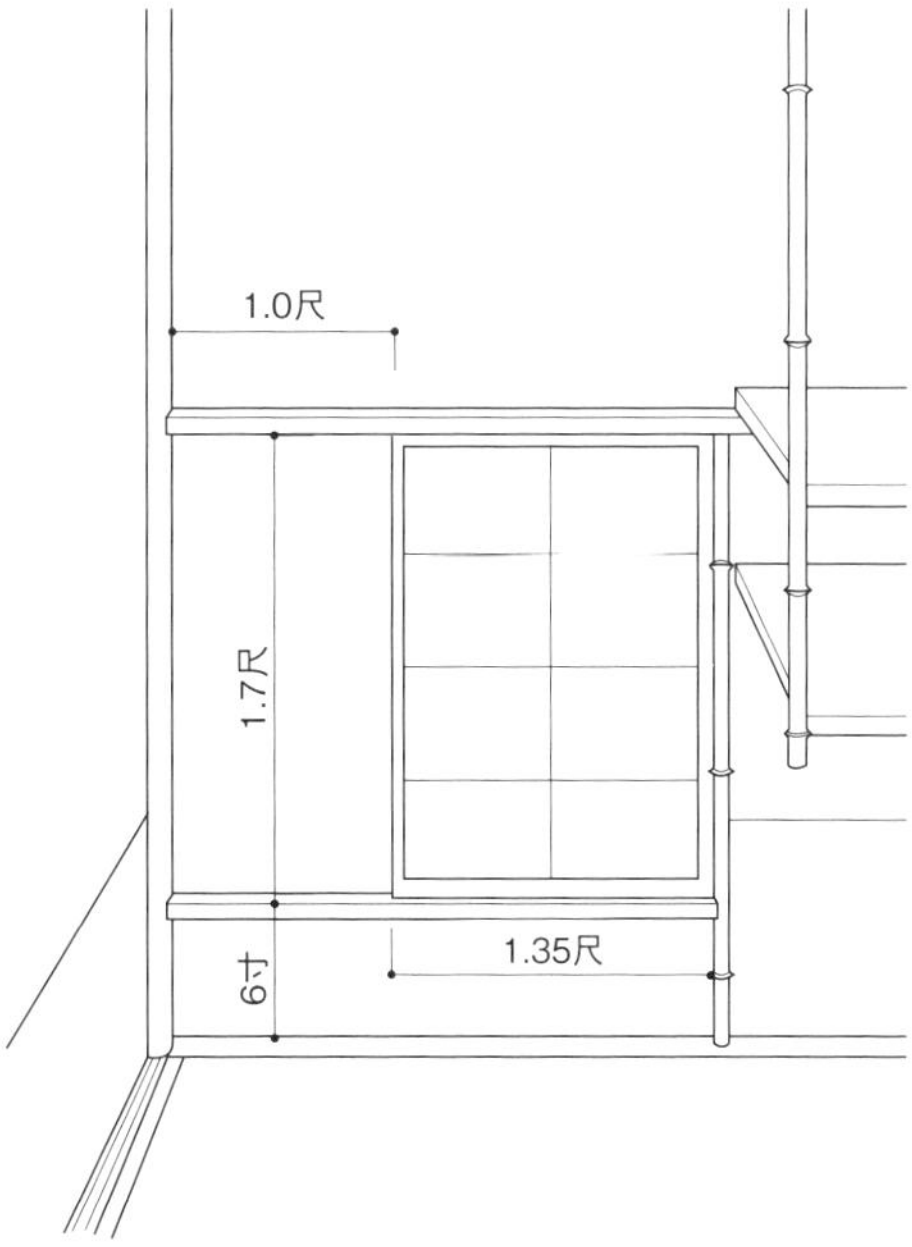
1.0尺
1.7尺
1.35尺
6寸

081 窓の働き

ポイント 茶室の窓の大きな目的は採光である。有楽窓は光を採り入れ、しかし光を抑制している

窓の働き

茶室における窓の役割は通常のそれとは少し違いがある。現代の茶会においては一般に外を眺めることはない。茶室の窓は、内側に障子を掛けてそこからやわらかな光を採り入れること、そして換気を行うという役割が求められる。また意匠としての意味もある。

とりわけ、壁で囲われた茶室空間においては採光するものとしての役割が大きい。先に示した（↓106ページ）が、平面を考えるときには、窓の位置が大きな意味をもつ。

窓と光の方向

小座敷の茶室は閉鎖的な壁で囲われた空間である。そこにあけられる窓は、室内の各部における明暗を左右する重要な要素である。たとえば一般には、客座側の窓面積が大きく、点前座《てまえざ》側が小さくなっている。それは客側から亭主側に光を当てるためであり、亭主の点前《てまえ》を見やすくするためである。

仮にその反対の場合、亭主あるいはその点前《てまえ》はシルエットになって見にくくなる。点前座《てまえざ》の勝手付《かってつき》には色紙窓があけられるときもあるが、その場合、それ以上の光を客座側から点前座《てまえざ》側に向ける必要があろう。

有楽窓

織田有楽《うらく》がつくった如庵《じょあん》（↓222ページ）は、光の役割をよく考えた茶室である。点前座《てまえざ》の勝手付《かってつき》には有楽《うらく》窓がある。通常の窓だと、どうしても多量の光が入ってきて、逆光になる恐れがあるが、ここではそれをうまく抑制している。有楽《うらく》窓とは窓の外側に竹を詰打ちしたものである。

意匠として、この窓は、障子に映る竹のシルエットが美しい。一方、機能的には、竹によって制限された光は、竹の表面を反射してある程度室内に入る。また風炉先《ふろさき》の板壁にあけられた火灯口状の開口は点前座《てまえざ》を明るくし、併せて光のバランスが保たれる。

如 庵

有楽窓から抑制された光が入り、点前座側と客座側の光のバランスが良い。

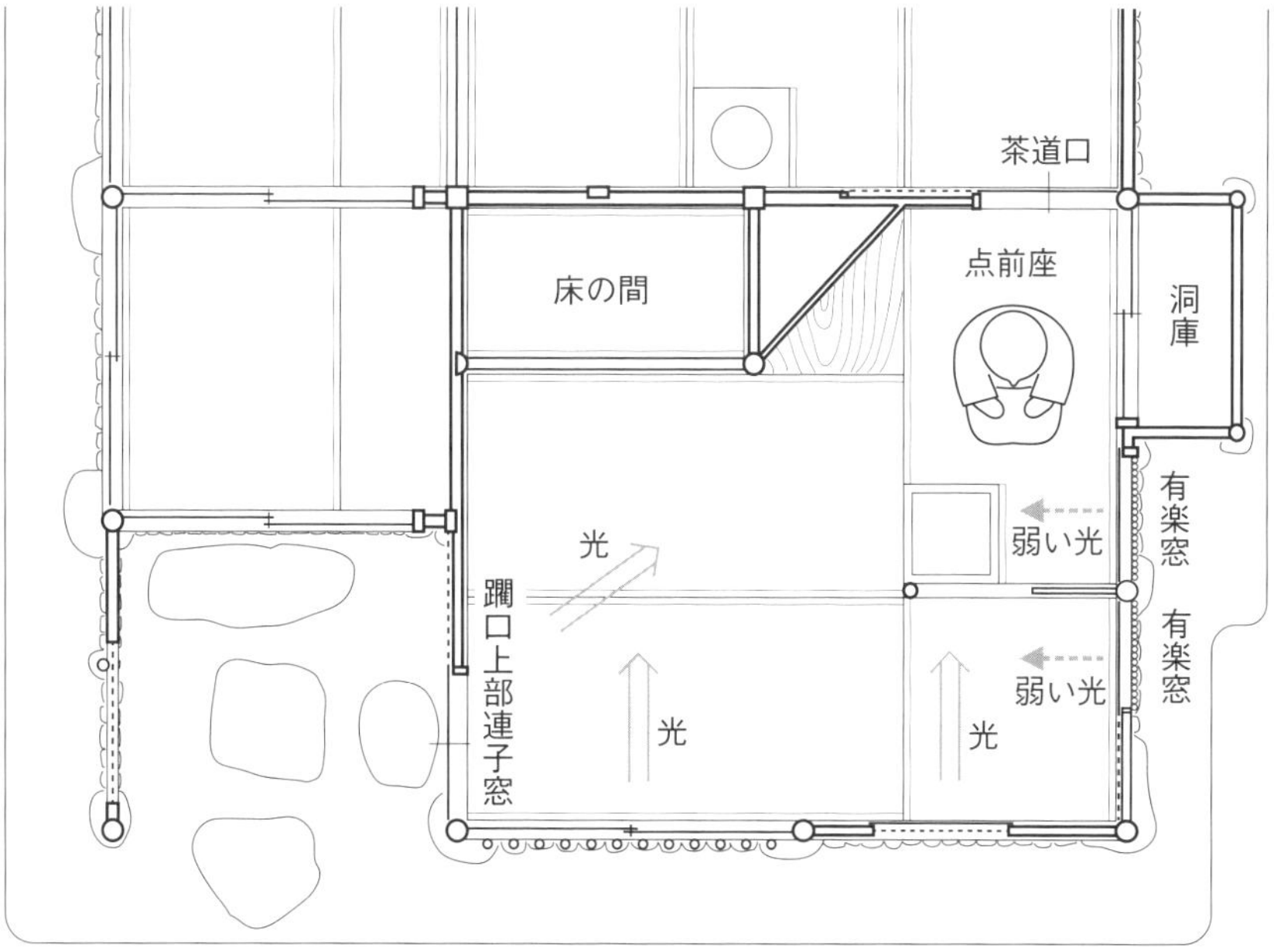

有楽窓

窓からの採光。内側（左）と外側（右）

082 障子、掛雨戸、襖

ポイント　茶室の建具には部屋を仕切る目的があるが、それにはあいまいさが伴う

障子

茶室に用いられる障子は、はじめは客の出入口に使用されていた。舞良戸《まいらど》（細い桟を横または縦に取り付けた板戸）などとともに用いられ、明かり採りの役割もあった。

草庵茶室は、客の出入口が躙口《にじりぐち》になり、室内が暗くなるが、窓をあけ、そこに障子を立てて、外部の明かりを採り入れた。下地窓には掛障子または片引きの障子が用いられ、連子窓には引き違いの障子が用いられた。材料は、框《かまち》や組子（桟）には杉や椹《さわら》が使用される。また妙喜庵《みょうきあん》の待庵《たいあん》（→216ページ）では組子に竹が使用されている。なお、障子紙としては、美濃紙が丈夫でむらがなく透光性がよいことからよく使用されている。

掛雨戸

下地窓や連子窓の外側には掛雨戸が取り付けられる。一般的には、上框に掛金が付けられ、下部も折れ釘で留められる。横張りの杉のへギ板に煤竹《すすだけ》のへギを縦に打ち付けた形式である。

襖

茶室の襖としては、広間では唐紙が用いられたものが多くみられる。唐紙は、はじめは中国渡来のものであったが、やがて国内で生産されるようになった。版木に紋様を彫って雲母や顔料を塗って刷り上げたものであり、襖に使われることが多く、襖の別称として呼ばれることもある。

太鼓襖

小座敷の茶室の茶道口《さどうぐち》や給仕口《きゅうじぐち》には太鼓《たいこ》襖が使われることが多い。通常の襖のように縦横に組んだ組子の上に奉書紙を貼ったものであるが、一般のものと違い、上下と縦に付けられる塗りの框《かまち》は省略されている。また、引き手は切引手とするが、大工の流儀などによって内外とも塵（チリ）落とし、あるいは内側が塵落とし外側が塵受けにつくる形式などがある。

片引き障子

下地窓内側の様子。

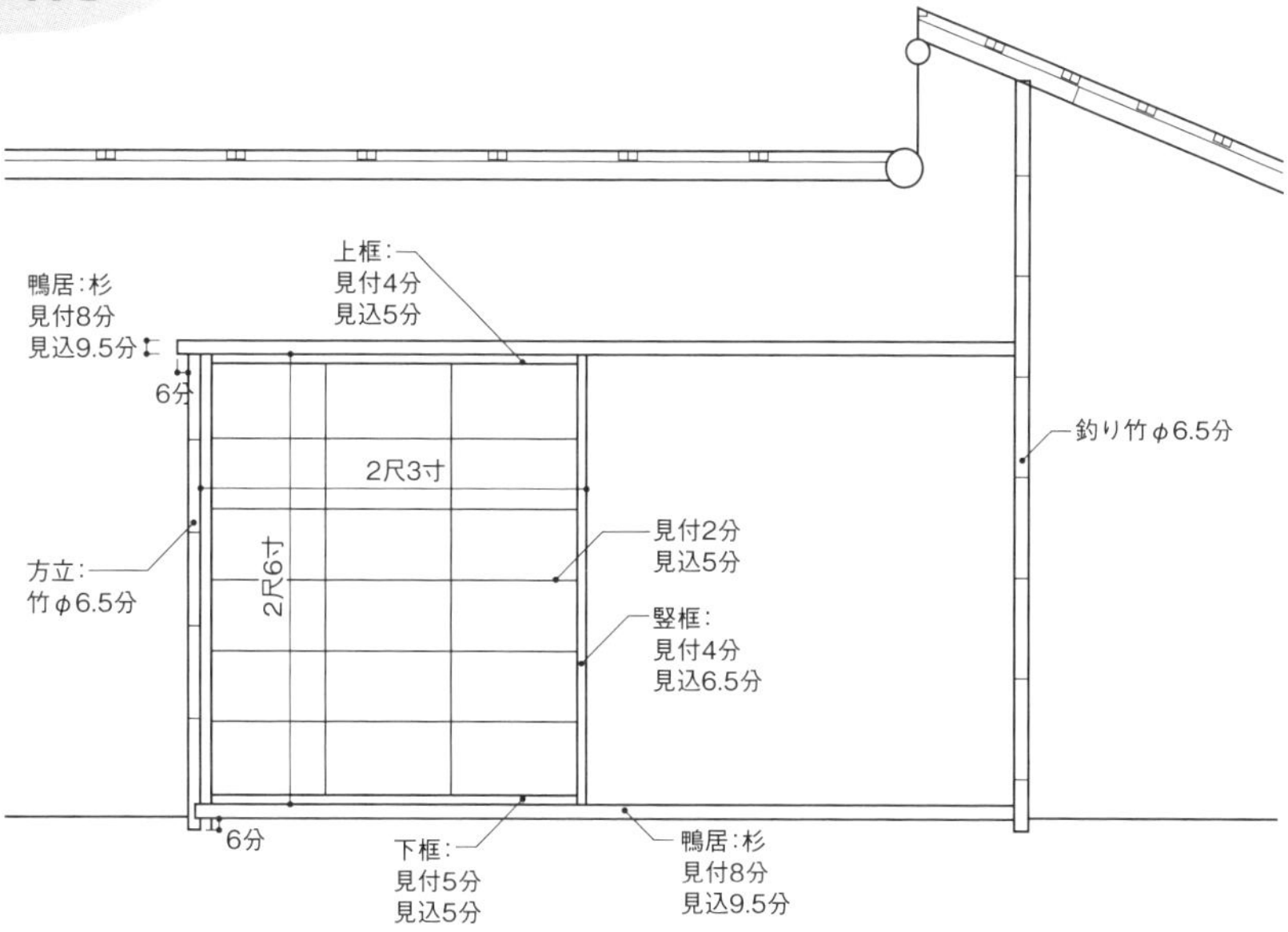

1尺=10寸=100分≒303mm

太鼓襖

切引手 2つのパターン

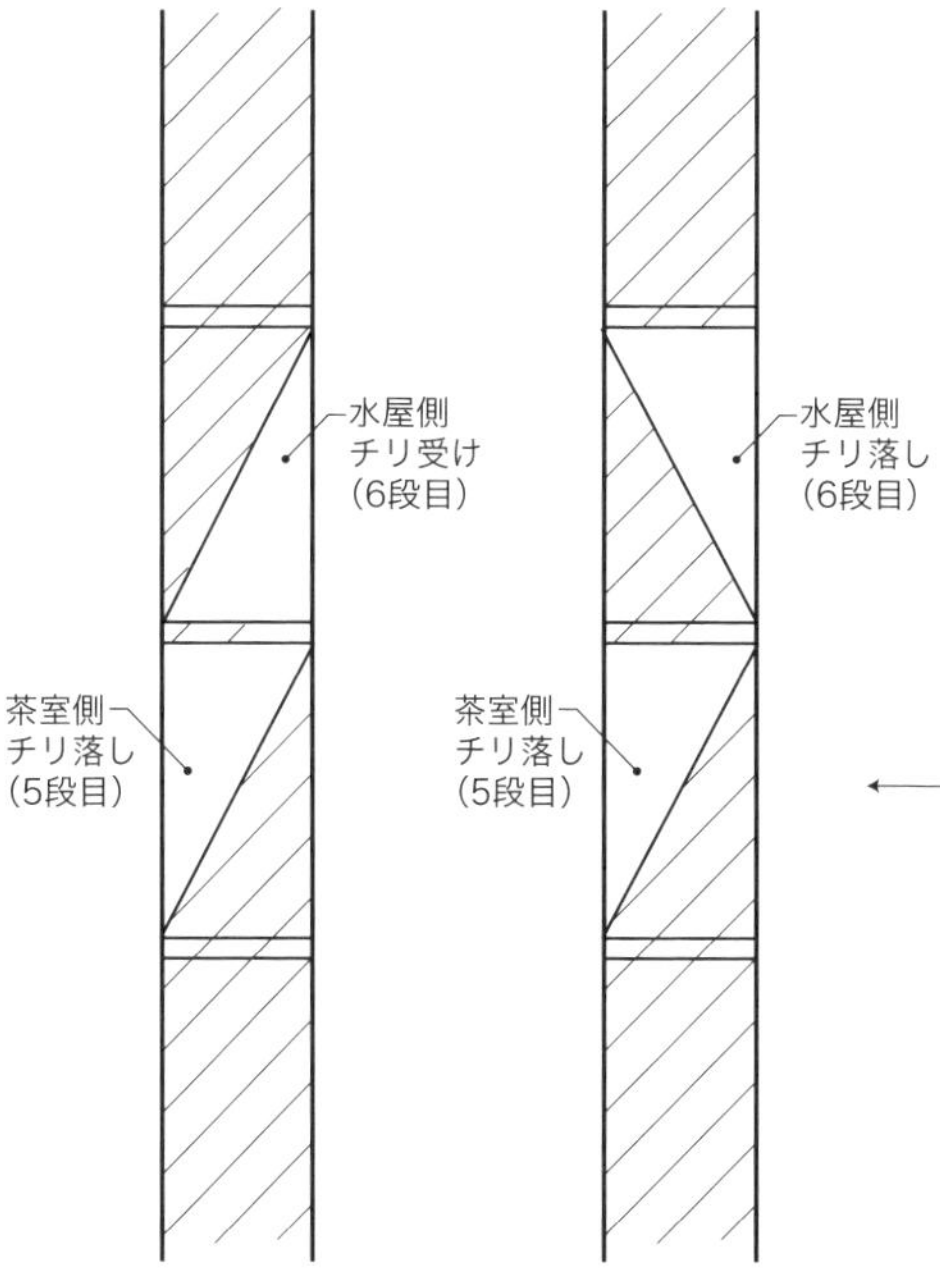

襖の骨組

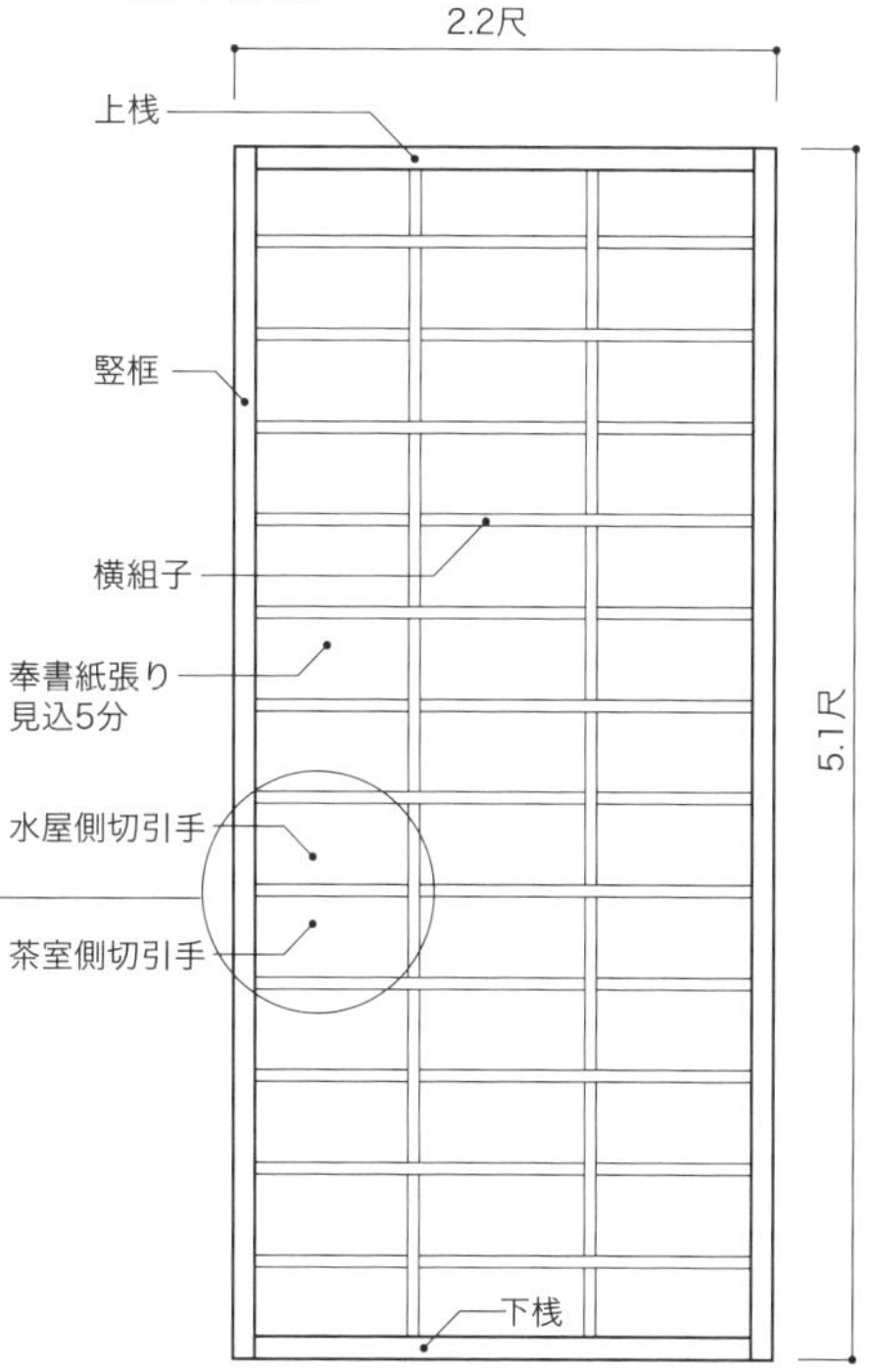

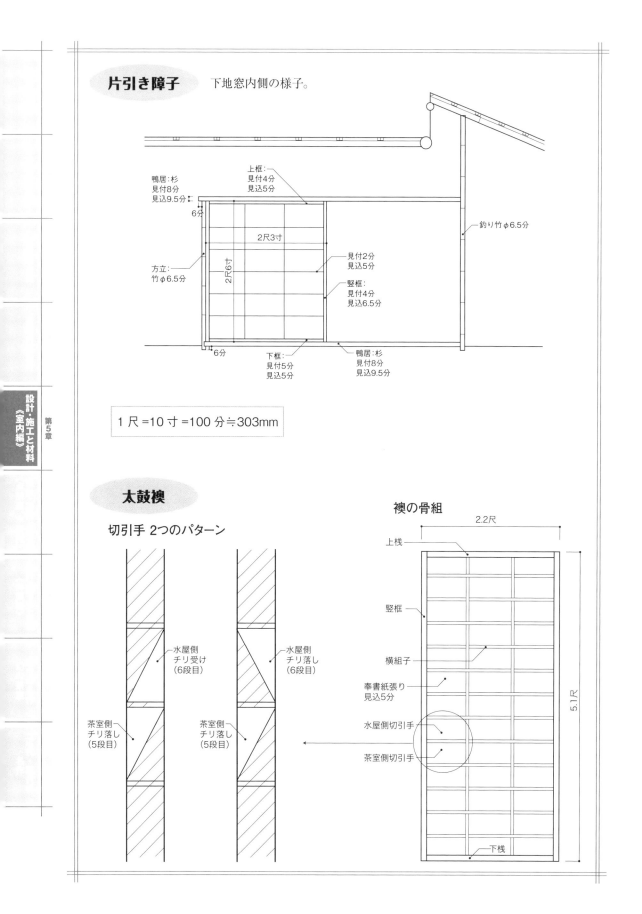

083 天井

ポイント 化粧屋根裏天井は天井が張られていない状態を示し、格式が低い空間を表現する

茶の湯空間の天井

初期の茶の湯空間では、竿縁天井が張られていたものだと考えられている。やがて草庵茶室が誕生すると、天井は複雑な様相を示すようになった。空間に変化と拡がりをもたせるために、竿縁天井と化粧屋根裏天井を組み合わせた天井が構成された。

草庵茶室の天井は、平天井と一段低くおさめた落天井、そして化粧屋根裏天井からなることが多い。

一般に、平天井部分はより上位に位置する空間とみなされ、落天井はそれより格が低くなる。そして化粧屋根裏天井は、屋根裏がみえているようすを象徴した形態で勾配をもつ。より下位に位置する天井だとみなされる。もっとも茶室は、外観を安定してみせるために屋根を低く抑えるが、それが内部の天井の形態に影響を与えることも多い。したがって、天井だけで単純に空間の上下を判断できない場合もある。

天井の種類と材料

平天井は竿縁天井が多く、天井板にはノネ板や網代、あるいは蒲や葭《よし》などが用いられ、竿縁は削り木のほか、竹がよく用いられる。廻縁は削り木や香節や赤松の皮付きなども使用される。

落天井の材料は平天井と同様であるが、より素朴さを表現するため、蒲や葭《よし》が張られたものが多い。

化粧屋根裏天井は、屋根の構造をそのまま表現したものである。竹や小丸太や雑木の皮付き丸太が使用された垂木上部に小舞が取り付けられ、その上にノネ板が張られる。小舞は大和竹を2本合わせたものや削り木などが使用される。また、垂木は1尺5寸間隔に配置されるが、その間に大和竹の間垂木が取り付けられ、藤蔓《ふじづる》で掻《か》く。

なお、平天井と化粧屋根裏天井を組み合わせたものを掛込天井という。あるいは化粧屋根裏天井そのものをいう場合もある。

天井伏図

点前座上が落天井、躙口側が化粧屋根裏天井、その他が平天井となっている。

（単位：寸）

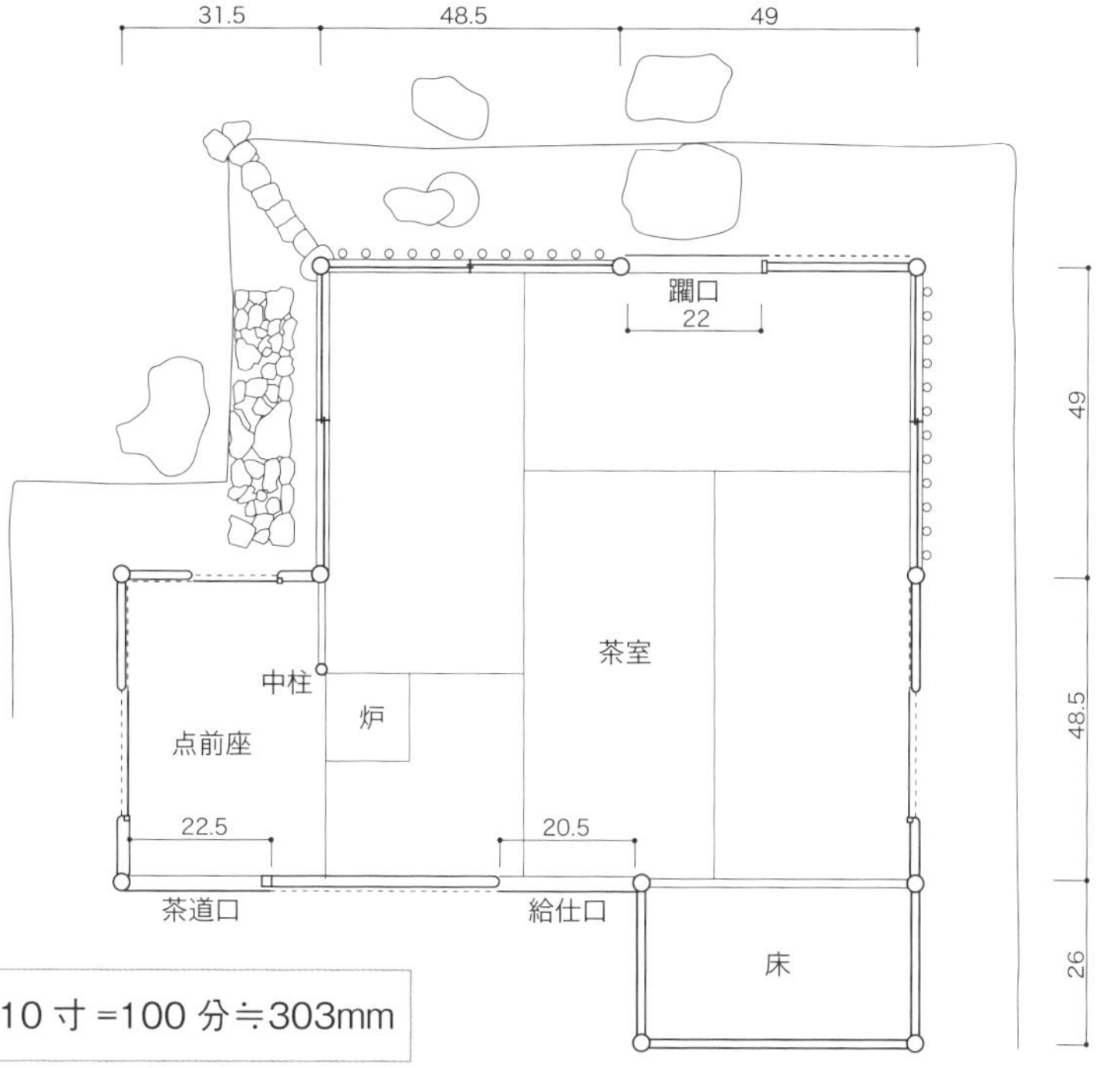

平面図

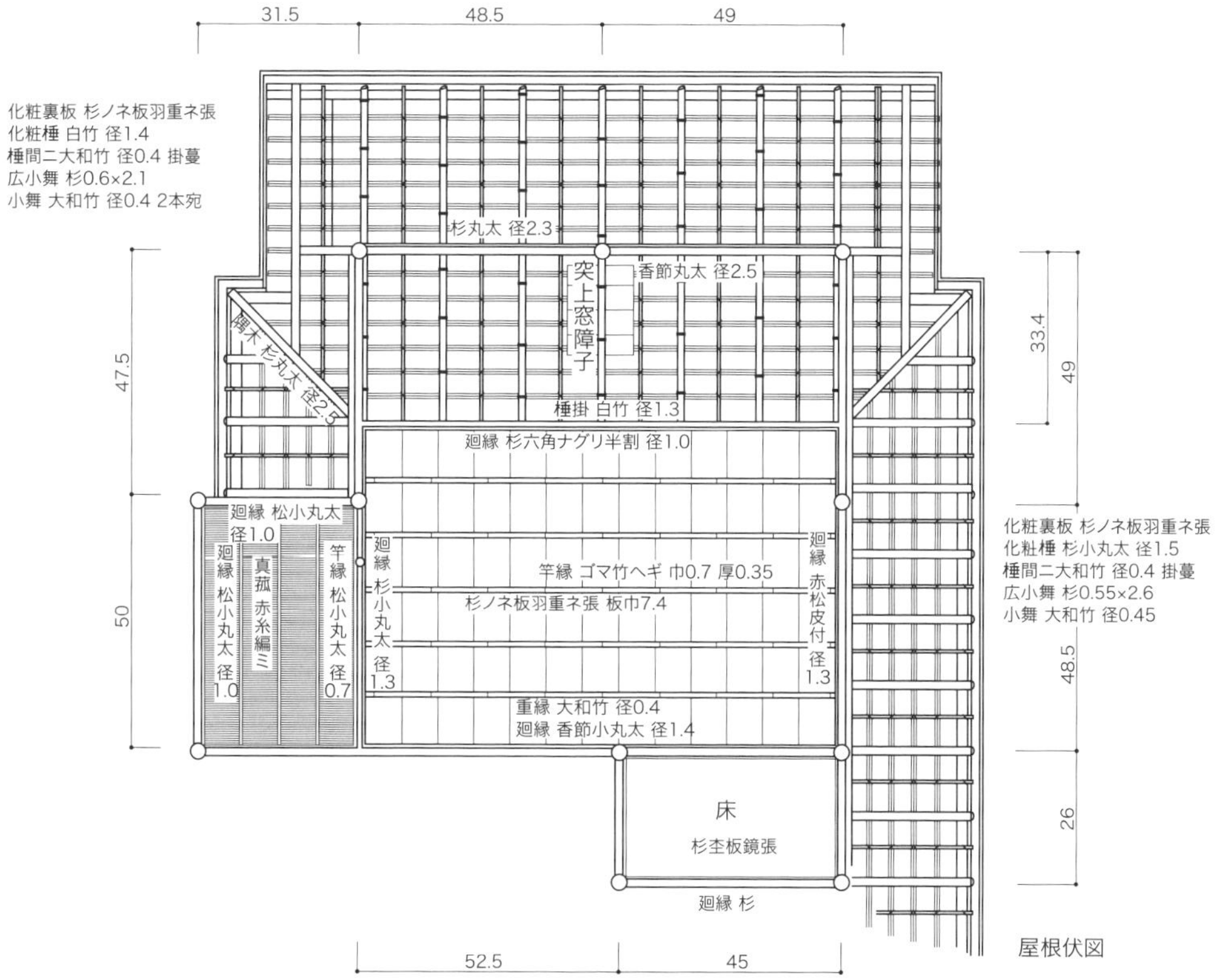

屋根伏図

084 天井の構成

ポイント　茶室の天井には、3種類の違った形式が組み合わされることが多いが、2種類や1種類のものもある

天井の三段構成

草庵茶室の天井は3種類の違った形式が組み合わされたものが多い。これを三段構成とよぶことがある。客座側の床の間の前を平天井、躙口《にじりぐち》側が化粧屋根裏天井、点前座《てまえざ》が落天井となる。点前座《てまえざ》に比べ客座を高く扱う、つまり客をもてなすという気持ちを表現した形である。

一方、客座の躙口《にじりぐち》側は化粧屋根裏天井となっていることが多い。これは外観から必然として導き出される形態である。天井の形態のみを考えると低く扱われたことになる。ただし、空間の上下は、客座としての広さなど総合的に理解されるべきものである。

天井に真行草を当てはめることがよく行われるが、その形態から平天井を真、落天井を行、化粧屋根裏天井を草、とみることができるが、先に述べたように、これは必ずしも空間の上下と一致するものではない。

他の天井の構成

すべてが化粧屋根裏天井となっているものがある。裏千家今日庵《こんにちあん》(→230ページ)や西翁院澱看席《さいおういんよどみのせき》(→116ページ)などである。極めて侘びた風情の表現である。点前座《てまえざ》と客座の天井が一体化しているものがある。慈光院の高林庵(→116ページ)や藪内《やぶのうち》家の燕庵《えんなん》(→224ページ)などである。客と亭主の空間を天井面で平等に扱うという意味がある。また中柱と袖壁で構成される縦の壁面と直角に組み立てられ、シャープな印象を与える優れたデザインとなる。

近代の茶室では天井高を確保する目的で、化粧屋根裏天井と平天井との境や平天井と落天井の境部分を下がり壁にするものもある。下がり壁を暖簾《のれん》壁ということもある。掛け込みの本来の形からは無用の形態であると考えられることがある。しかし、点前座《てまえざ》と客座の境という意味においては、空間の分節という効果もある。

天井の三段構成

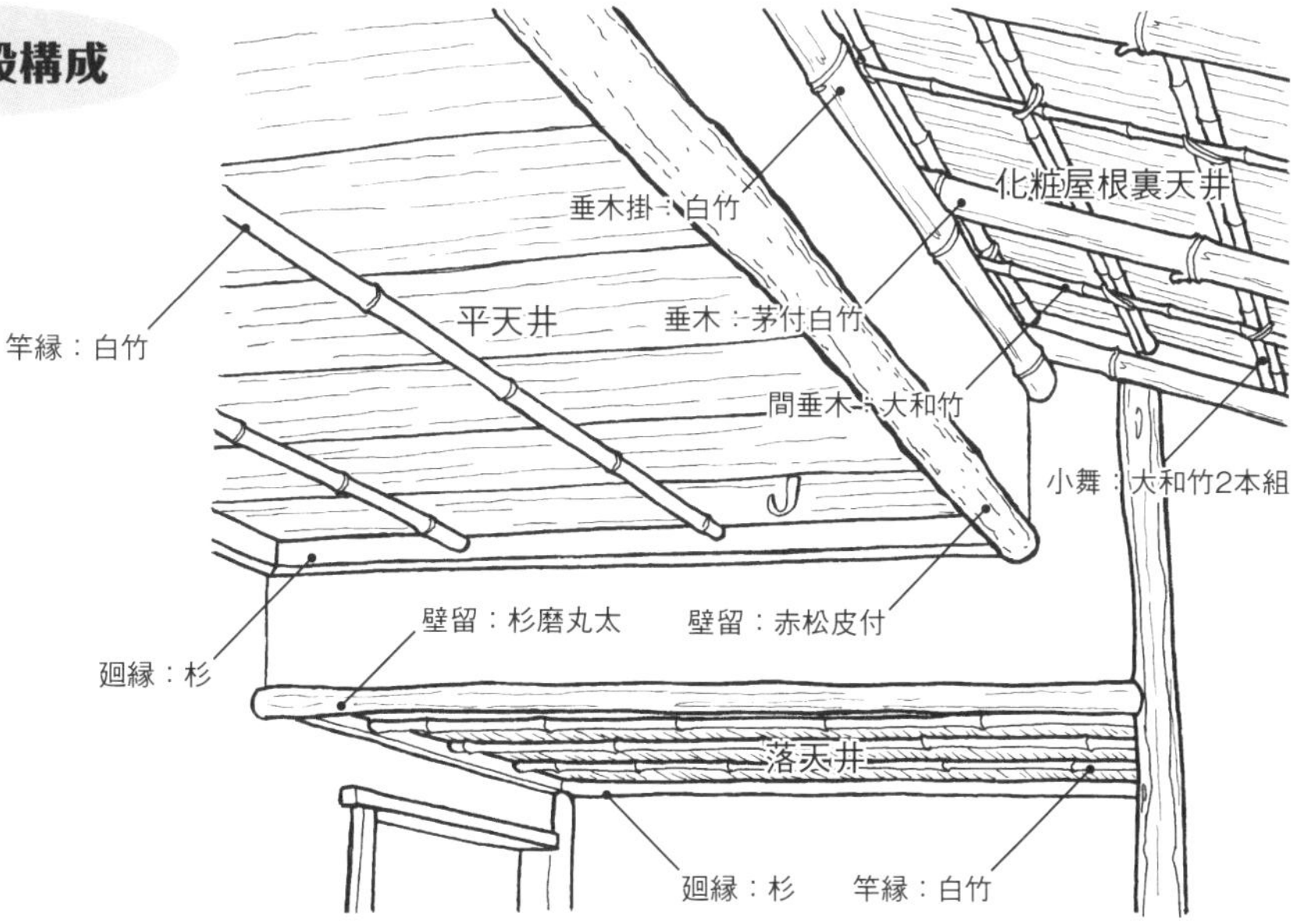

庚申《こうしん》張り

化粧屋根裏天井の一形式で、小舞《こまい》を省略して垂木（白竹）とヘギ竹（煤竹《すすだけ》）でノネ板を押さえている。

下がり壁（暖簾《のれん》壁）

近代の茶室にはよくみられる。

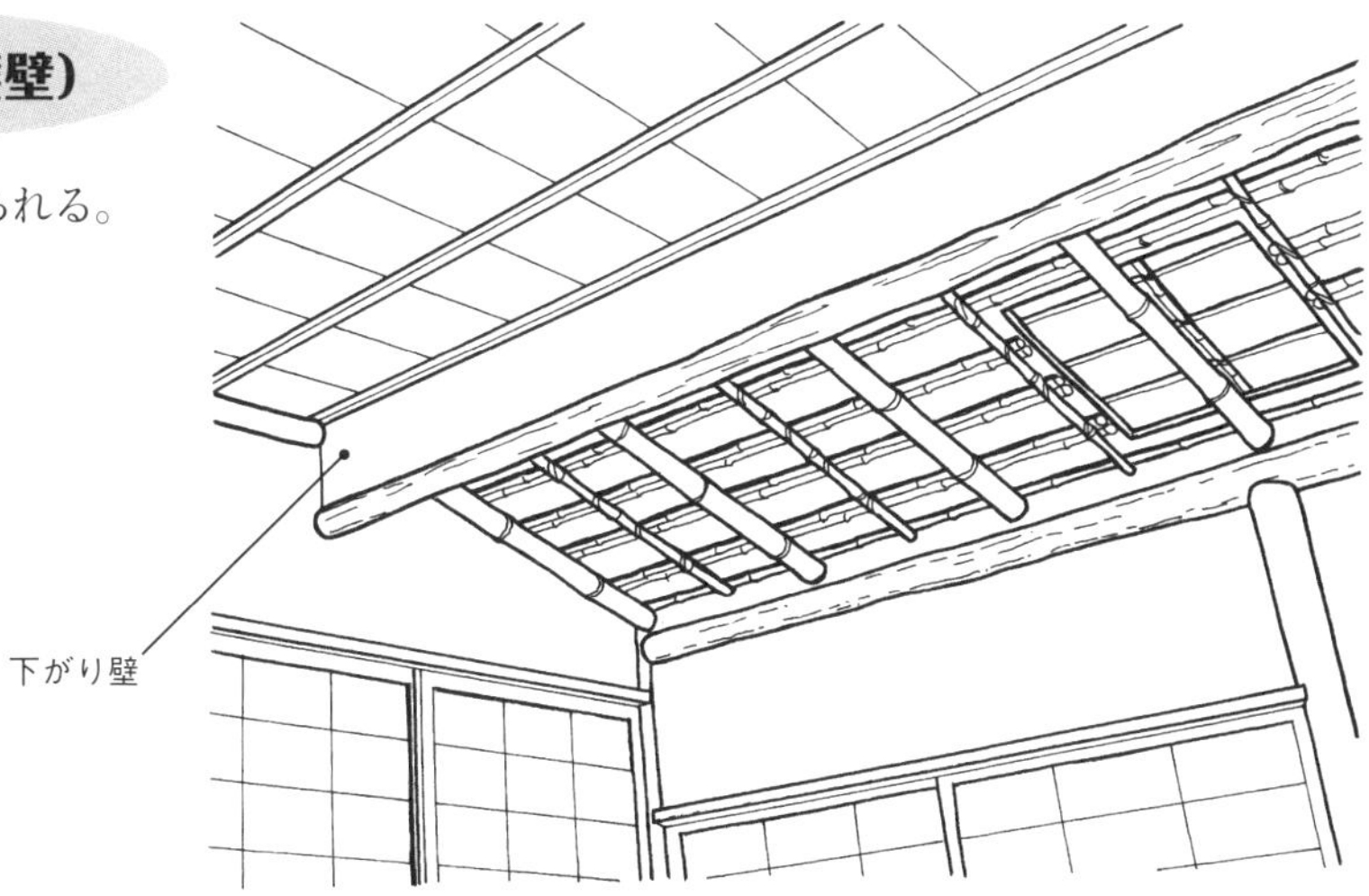

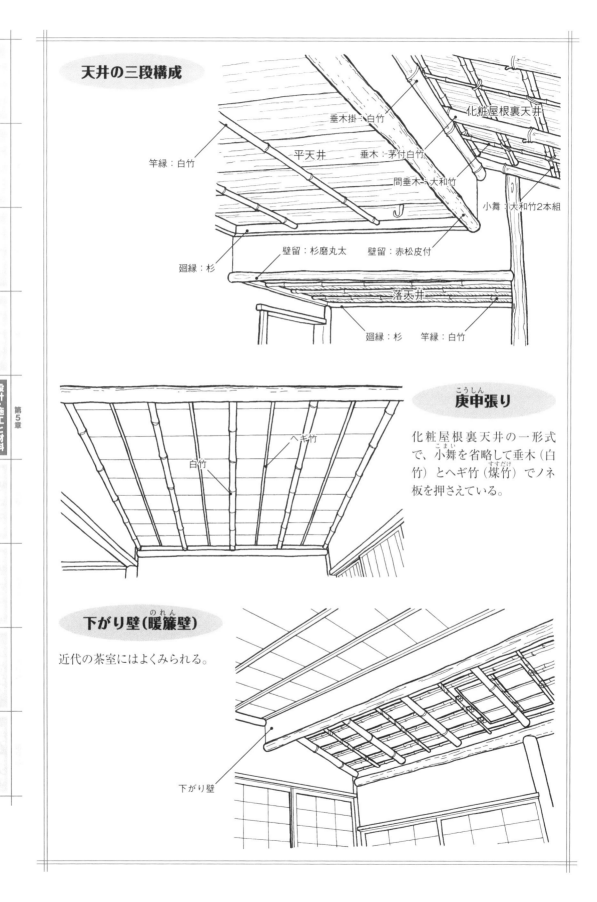

こらむ⑤

照明、エアコン、茶室の設備

照明器具やエアコンなどの現代の設備をどのように考えるかということは、茶室設計のうえで重要な要素である。

元来、そのようなものがなかったのだから不要であると切り捨てて考えることができる。原理原則からいえばそうである。しかしここでは、あえて設置するならばということで簡単に記しておきたい。

まず照明であるが、小座敷において低い天井からぶら下がっているものは使いにくい。むしろスタンド型のものの方がよいかもしれない。もっとも、広間などで天井が高い場合はこの限りではない。床の間に照明を組み込んでいる事例を見かけることがあるが、これも自然光あるいは短檠《たんけい》などの明かりで見るのが本来の鑑賞の仕方であるが、近年では一般的となっている。突上窓のところに照明器具を組み込む場合もある。突上窓は雨漏りの原因になることもあることから、それを逆手にとった手法である。

近代の建築家たちは茶室の照明に苦心した。村野藤吾は光天井を創案した。たとえば隙間を少しとった網代天井の裏面全体に照明器具を仕掛けた。堀口捨己や谷口吉郎らは天井の掛込部分を筬《おさ》欄間状にしてその内側に照明器具を仕込んだりした。

エアコンは広間だと床脇の地袋などに隠されることが多い。小座敷は残念ながら隠す場所がないので、吹き出し口を天井の隅に設けるなど工夫が必要である。

近年では気密性の高い建物の中に茶室をつくることも多い。その場合、従来の炉に炭を入れると、一酸化炭素中毒の危険があるので、決して行ってはいけない。その場合、電気式の炉を使用しなければならない。

第6章
設計·施工と材料
《点前座·水屋編》

085 点前座

ポイント 四畳半における点前座は、客座と同質の空間として扱われることが多い

茶湯の間と点前座

歴史をさかのぼると、茶は、茶湯《ちゃのゆ》の間とよばれる別室で点てられ、客が集まる座敷に運ばれていたと考えられている。茶湯《ちゃのゆ》の間には多くの道具類が備えられ、道具を置く棚が設置されていたものと考えられる。

やがて主客同座の考えが出て、座敷で茶が点てられるようになった。必要な道具一式をあらかじめ設置し、そこで茶を点てる形式である。ここで使用されたものが飾り棚としての台子《だいす》である。そして、座敷における亭主の居場所である点前座《てまえざ》が生まれたのであろう。その点前座《てまえざ》は、実用的な面と共に、見せるために道具類を置くという側面もみられた。いわゆる書院台子《だいす》の茶である。

その後、運び点前《てまえ》の形式が生まれ、道具類は必要最小限に限定され、見せるためという意味合いは薄まり、実用的な側面が重視されるようになった。

四畳半座敷の点前座

四畳半における点前座《てまえざ》は、客座に相対して同質の空間として設置されることが多い。つまり、あえて小さく囲うようなことはなく、また、天井も同じ高さに設定される。四畳半はそもそもインドの維摩《ゆいま》居士が営んだ方丈にちなんだ大きさであり形である。すべてを包含するという意味があり、平等という意識が強く表現されたものである。

四畳半の点前座《てまえざ》の畳は丸畳（丸一畳の畳という意味（↓90ページ））で、亭主の着席位置である下半分を居前《いまえ》といい、上半分を道具畳という。道具畳は、まさに道具が設置されるところであるが、丸畳においては半畳の大きさがあり、台子《だいす》を置くことができる空間である。これは、かつての書院台子《だいす》の茶の湯の流れをもつもので、格式の高い茶の湯を行うことも可能としている。

もちろん運び点前《てまえ》の草の茶を行うことも可能である。

客座(床前)からみた点前座

裏千家又隠　客座から点前座

洞庫があるものの簡潔である。

復元利休三畳大目　客座から点前座

点前が隠れてみえにくい。点前座が次の間のような扱いとなる。右の火灯口は給仕口。

澱看席　客座から点前座

宗貞囲（道安囲）であり、火灯口を閉めれば、まったく次の間となる。

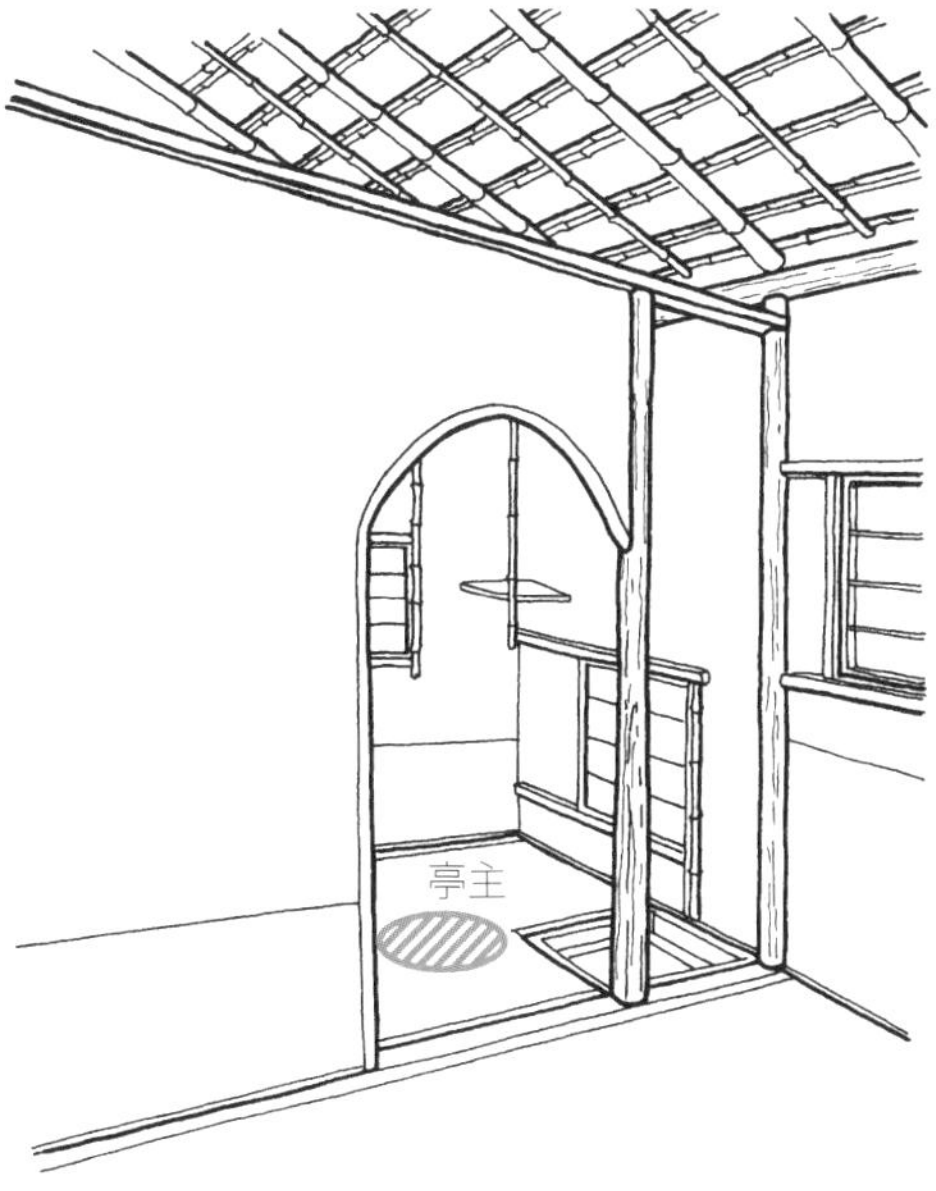

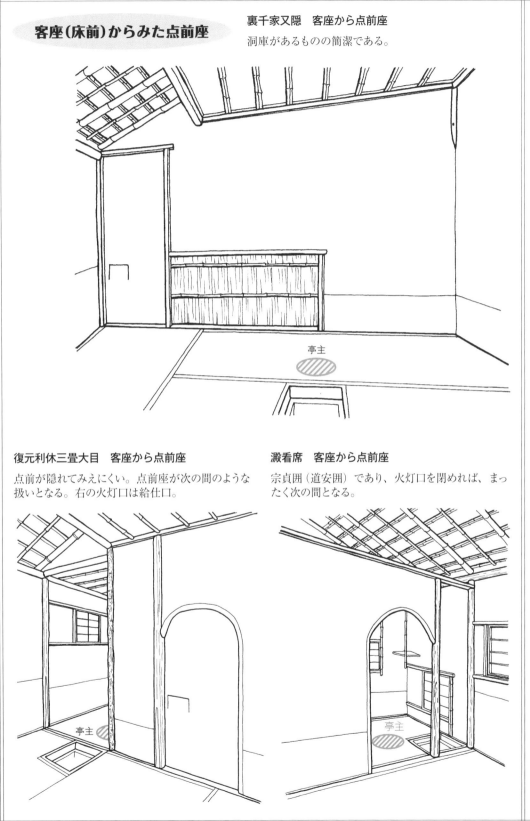

086 大目構え

ポイント 大目構えとは、点前座に大目畳を用い、中柱と袖壁を立て、亭主の空間を小さく囲った形式である

大目畳

茶室建築において、亭主の謙虚さを示す形として、大目畳は考案された。空間の格式はその面積に関連する。つまり、より広い面積は格式が高いことを、より狭い面積は格式が低いことを表現する。

亭主の謙虚さを表現する手段として、客の座る場所よりも小さな空間をつくる必要があった。しかし半畳では座ることができても、点前《てまえ》はできない。そこで長さが四分の三の大目畳が考案されたものと思われる。

また一方では、台子《だいす》を使用しないことを前提に、その大きさを差し引くことによってこの畳が誕生したともいわれている。台子《だいす》の使用を認めないこと、すなわちそれは、より侘びた茶の湯空間としての表現である。

大目構えとは

大目構えとは、大目畳に袖壁をつけて中柱を立てた形式で、通常、内側に棚が吊られる。

大目畳は亭主の謙虚さを表現したものであるが、さらに、一部であるが袖壁で仕切ることによって、この点前座《てまえざ》を次の間のように扱うことを意図したものである。つまり、かつてのより低い位置付けの空間であった茶湯《ちゃのゆ》の間、すなわち点茶のための次の間と見立てた構成である。

大目構えは、客座とともに茶室の内部空間であるが、しかしまた、次の間として別の空間であるとも読める。厚い壁で部屋を仕切る西洋のそれとは違い、日本特有のあいまいな空間の組み立てである。

細川三斎によると、大目構えは千利休がはじめにつくったという。利休が大坂屋敷につくった深三畳大目（→220ページ）の茶室がそのはじまりであろう。のちの大目構えと少し違い、袖壁が床面まで下がったもので、次の間としての性格がより強いものである。

大目構えの天井

右図は、点前座が落天井となっているもので、亭主の謙虚さを表現している。落天井の取り付き方はさまざまである。

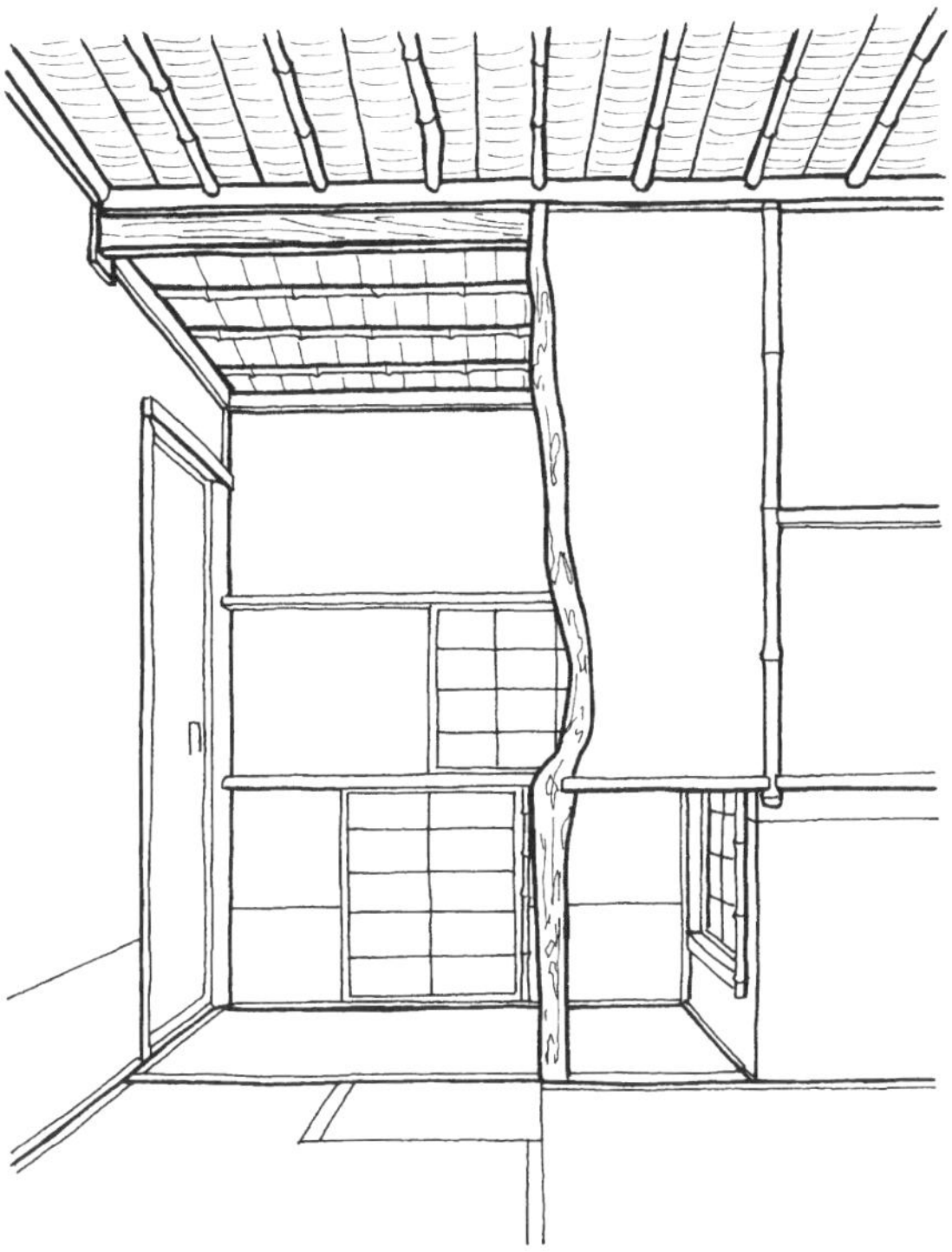

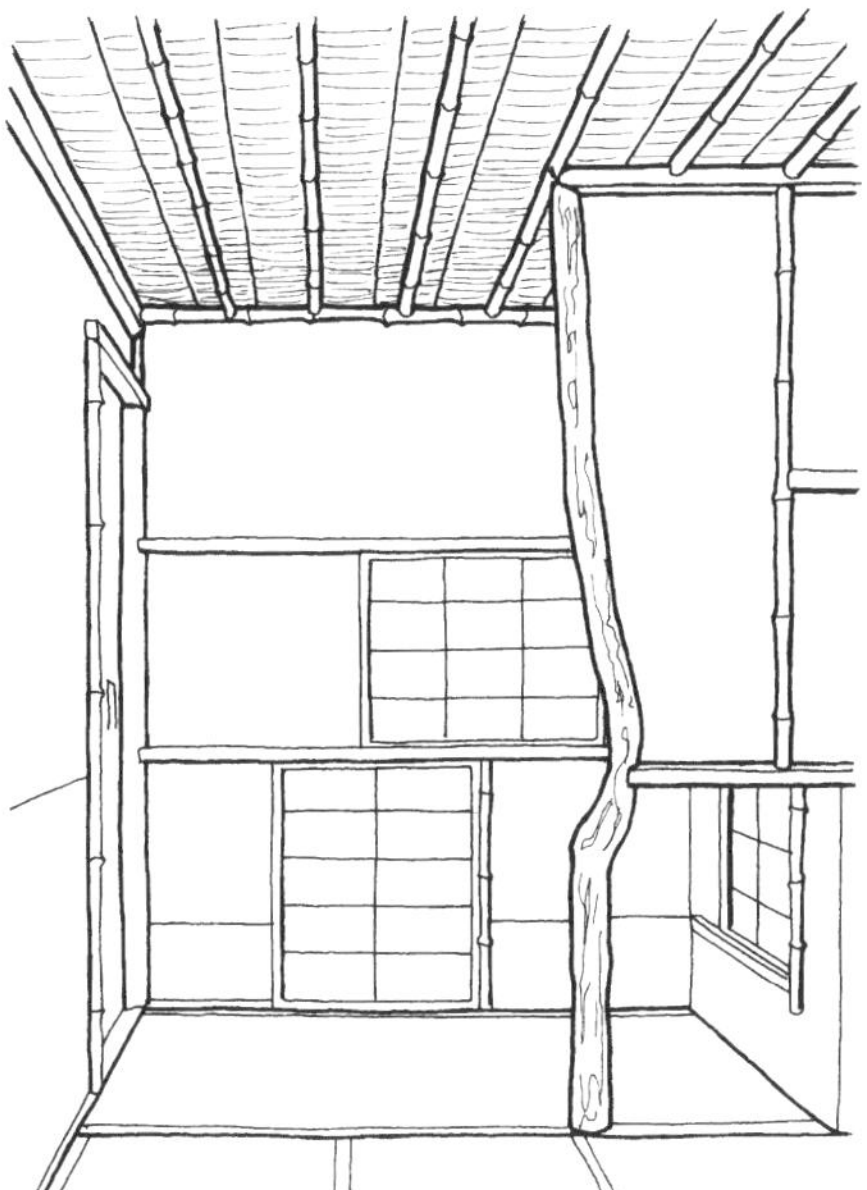

左図は、点前座と客座の天井が一体化したもので、中柱と袖壁が差し込まれて、シャープな印象を与える。

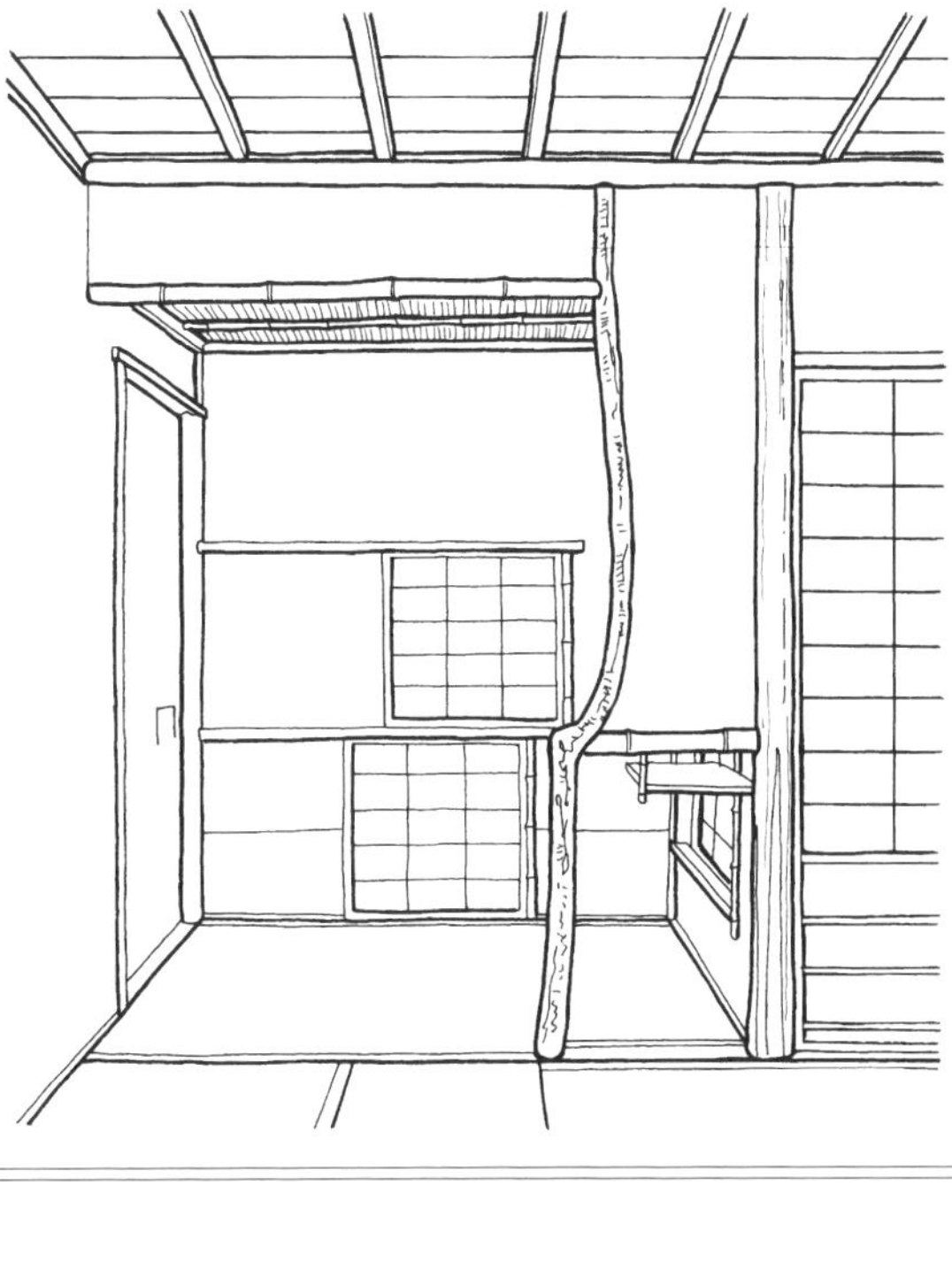

右図は、点前座が落天井となっているが、下がり壁（暖簾《のれん》壁）によって隔たられているもので、点前座を次の間あるいは舞台と感じさせ、近代の茶室には多い。

087 炉の収まり

ポイント　炉は日常空間の表現である。土塗の炉壇と炉縁からなる

素朴さの表現

茶室の炉は、民家などに設置される囲炉裏が応用されたものである。もっとも、この囲炉裏は民家だけではなく、寺院あるいは武家の住居にも設けられていたことが当時の絵画資料などからわかる。しかし、それは正式な座敷に設けられるようなものではなく、あくまでも褻《け》、つまり日常的な空間に設けられるものであったと考えられる。したがって、炉を使っての茶の湯は、素朴さを表現したものとなる。

炉の構成

茶室に設けられる炉は、現在では1尺4寸と決まっている。それは現存するほとんどの茶室の炉の寸法である。これは桃山時代頃に徐々に決まっていったようである。しかし千利休が1582年頃つくった待庵《たいあん》（↓216ページ）では1尺3寸4分5厘と、寸法が決まっていないときの名残を伝える。

他に大炉と称して寸法の大きなものもある。裏千家の咄々斎《とつとつさい》の次の間では、1尺8寸四方のものが使用され、大炉の間とよばれている。

炉は土塗りの炉壇《ろだん》と炉縁《ろぶち》からなる。炉壇は木製の外箱の中に専門の炉壇師によってつくられるもので、わずかな違いによって火の熾《おこ》り方が違うのだという。この炉壇は足固めなどに取り付けられる。一方、炉縁は寸法が決まっているので、今日では茶会の主旨に従って選択されるものである。また公共の茶室などでは、使用する人が趣味や趣向によって持参することがある。

炉の周辺

向切や隅炉の場合、炉の風炉先《ふろさき》側の畳寄《たたみよせ》との間に小板を入れる場合がある。1寸8分から2寸程度の幅で、杉あるいは松が主として使用される。

炉の中には灰が入れられ、五徳が据えられ、釜が掛けられる。また別に、天井から釜を吊る場合もある。そのための蛭《ひる》釘が炉の上部に打たれる。

炉壇の設置例

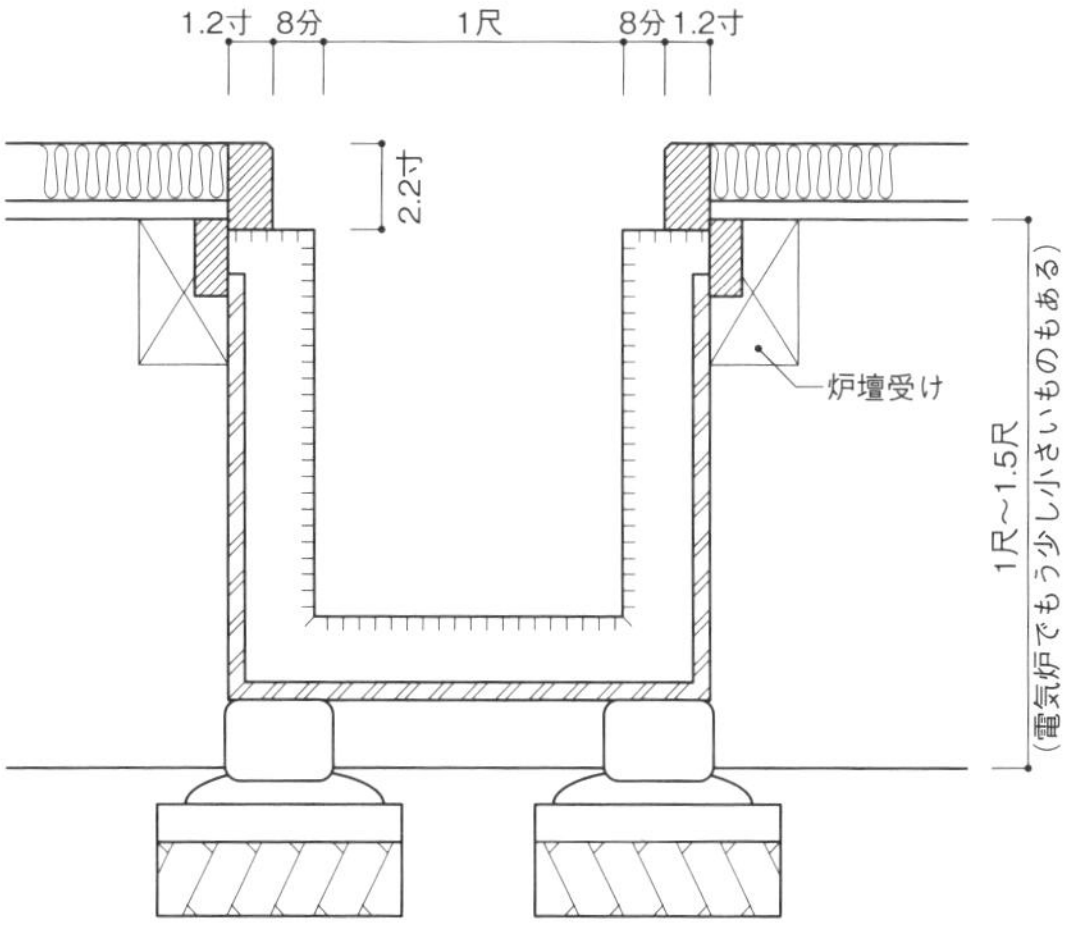

炉壇と炉縁

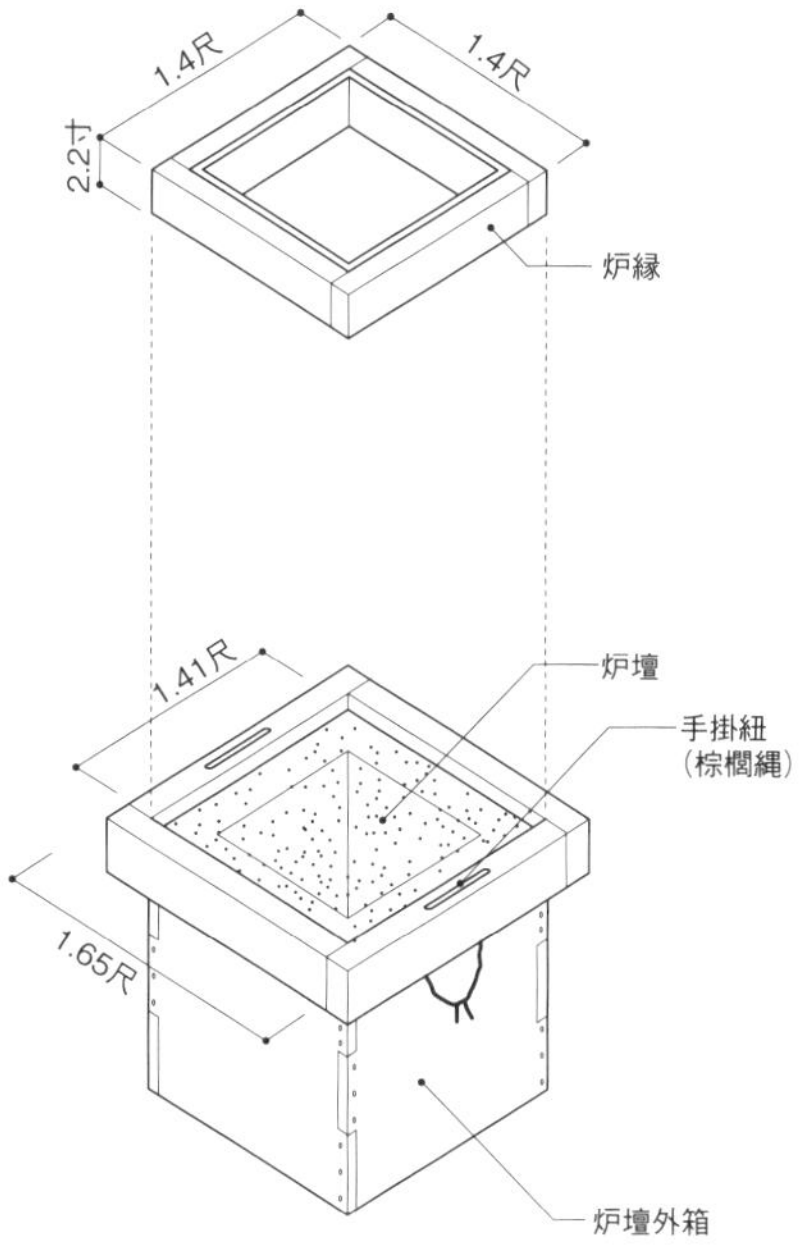

炉壇の収まり例(大目構えの場合)

足固めと炉壇受けに取り付けられる。

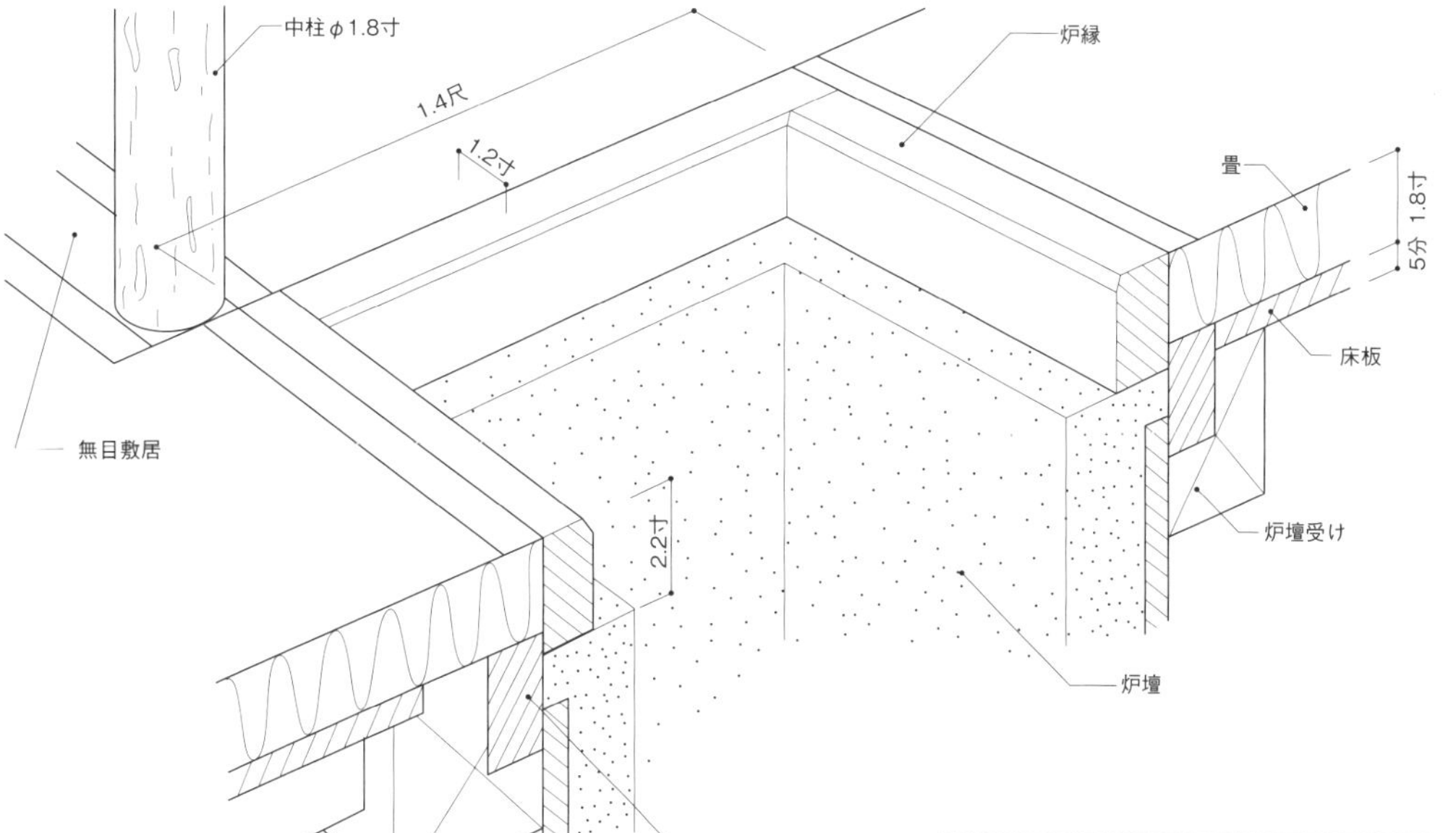

1尺=10寸=100分≒303mm

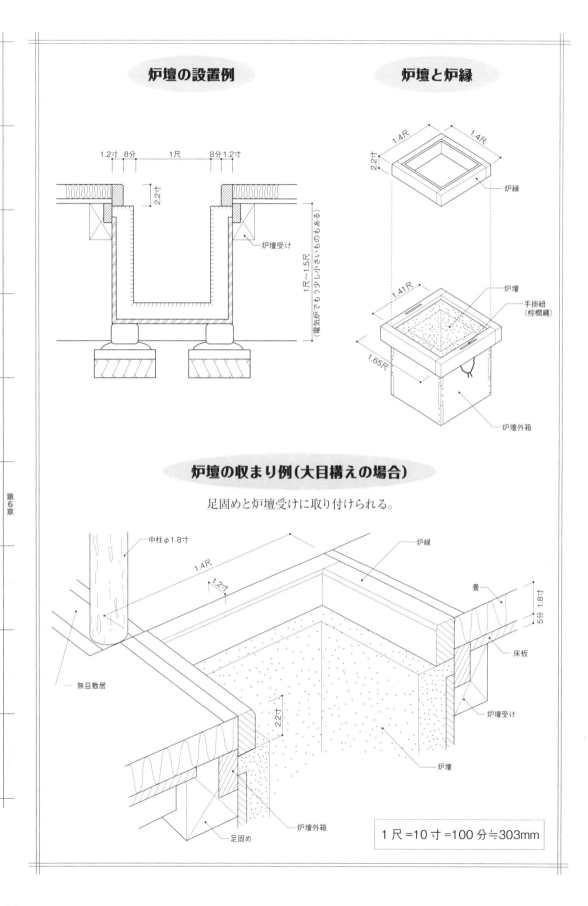

088 中柱とその周辺

ポイント 中柱には、まっすぐな材が使用される場合と、中間部がゆがんだ柱が使用される場合がある

中柱

点前座《てまえざ》が大目構えの形式をとるとき、炉の角に中柱が立てられる。通常、その径は1寸8分程度で、一般の柱より細いものが選択される。無目《むめ》敷居の上に立ち、まっすぐな材、もしくは腰部分で曲がった柱が使用される。この中柱周辺では、利休流と武家流では、材料や収まりに違いがみられる。

利休流では赤松皮付きのまっすぐな材が好まれる。一方、曲がった材料を使用した茶室も多い。これは古田織部《おりべ》（→46ページ）が考案したと伝えられ、「曲《ゆがみ》柱」といわれることもある。この曲がりは、客からみた点前座《てまえざ》の景色として大きな意味をもつが、他方、点前座《てまえざ》に着席した亭主と客との視線を合わせることを考慮したものともいわれている。

袖壁

大目構えの袖壁は、通常その下部が吹き抜けになっている。ただし千利休がつくった大坂屋敷の深三畳大目席（→220ページ）は、下部まで土が塗られていたというが、その後の茶室の展開からみると、これは例外的なものである。吹き抜け下部には、無目《むめ》敷居が設置される。その上部、つまり壁の下部には壁留が取り付けられる。およそ床面から2尺2寸程度上がったところである。利休流では通常竹が使用されるが、小間中（1尺5寸）の場合は削り木が用いられる。武家流では杉などの削り木が使用されることが多い。また壁留の少し上には袋釘が打たれる。利休流は兜巾《ときん》型で、武家流は折釘である。

二重棚

大目構えの袖壁の内側に二重棚が吊られる。利休流は、上下大きさをそろえ、下段のものが壁留の下に見えるように設置する。また武家流では雲雀《ひばり》棚と称し、上段が大きく下段が小さく、壁留の上に設置して、客から見えないようにしている。

藪内家燕庵点前

武家流の構成で、中柱は曲柱。

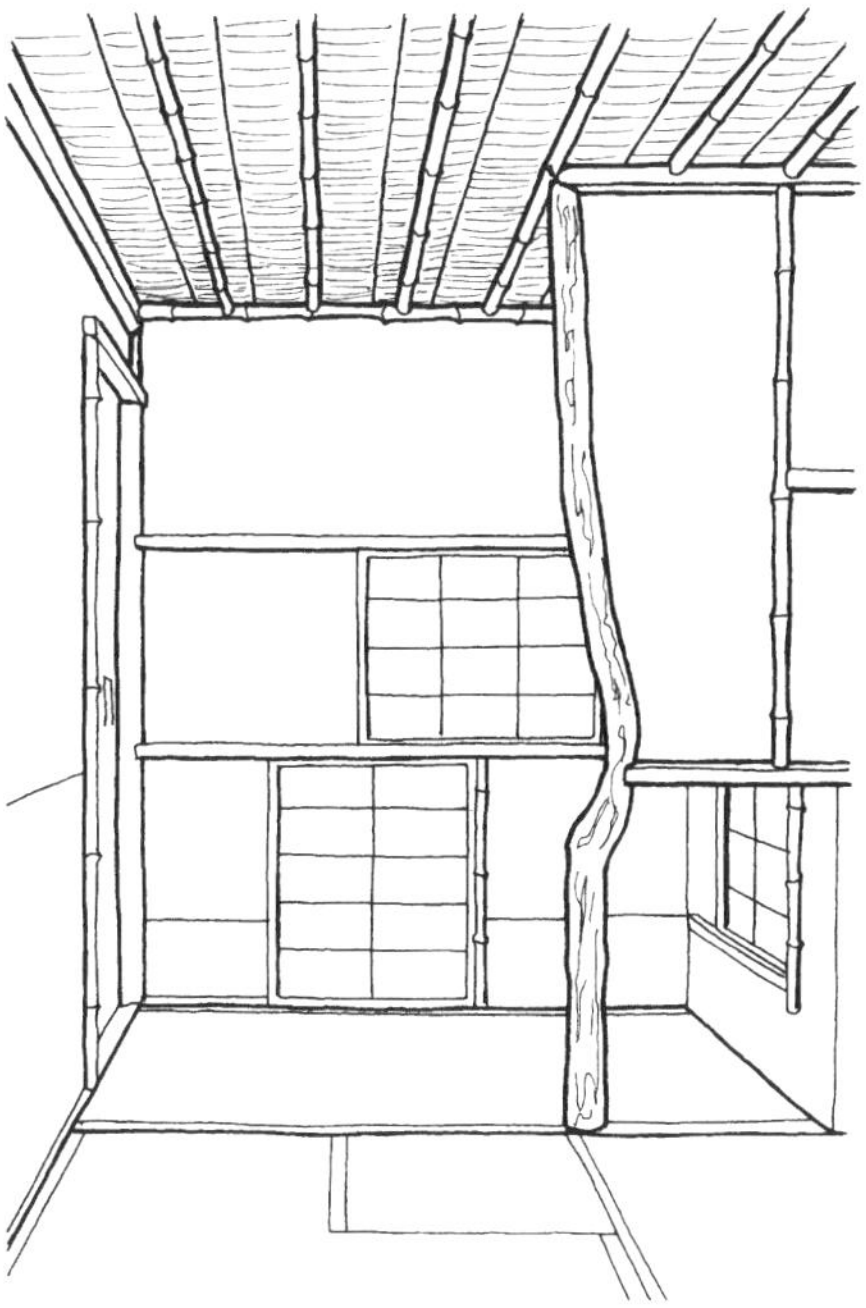

不審菴点前座

千家流の構成で、中柱はまっすぐで、二重棚の下段が見えている。

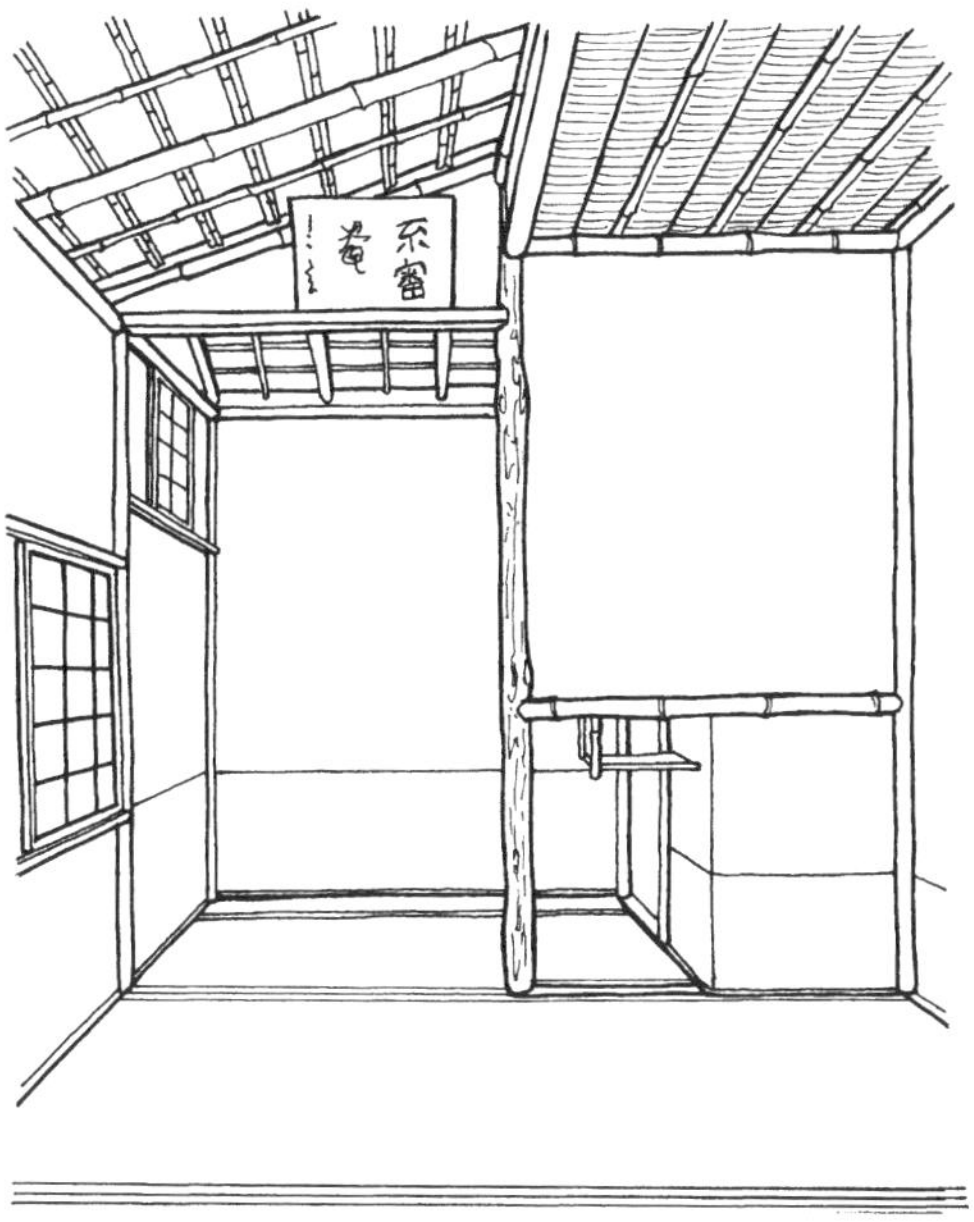

武家流

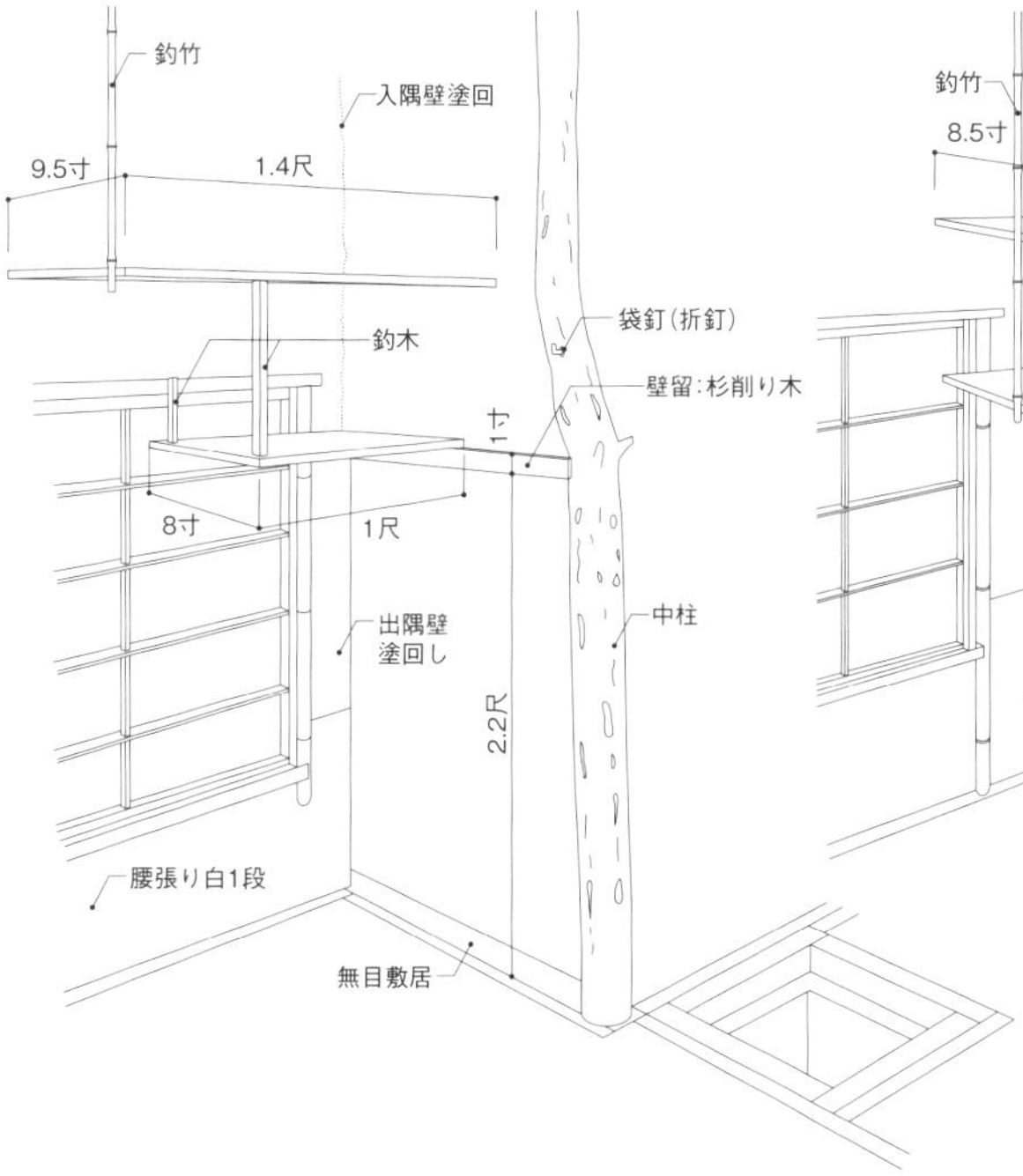

利休流

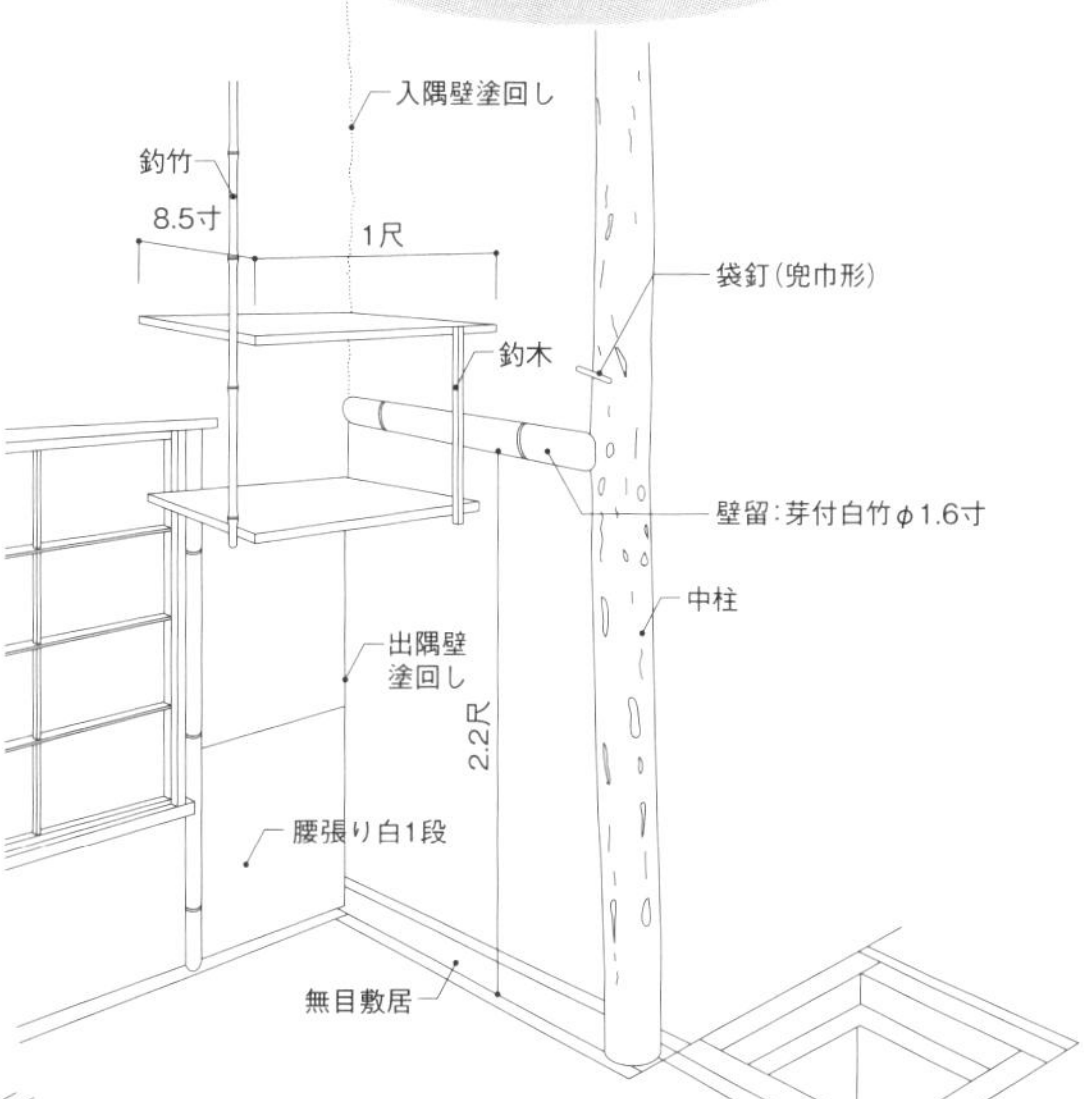

1尺=10寸=100分≒303mm

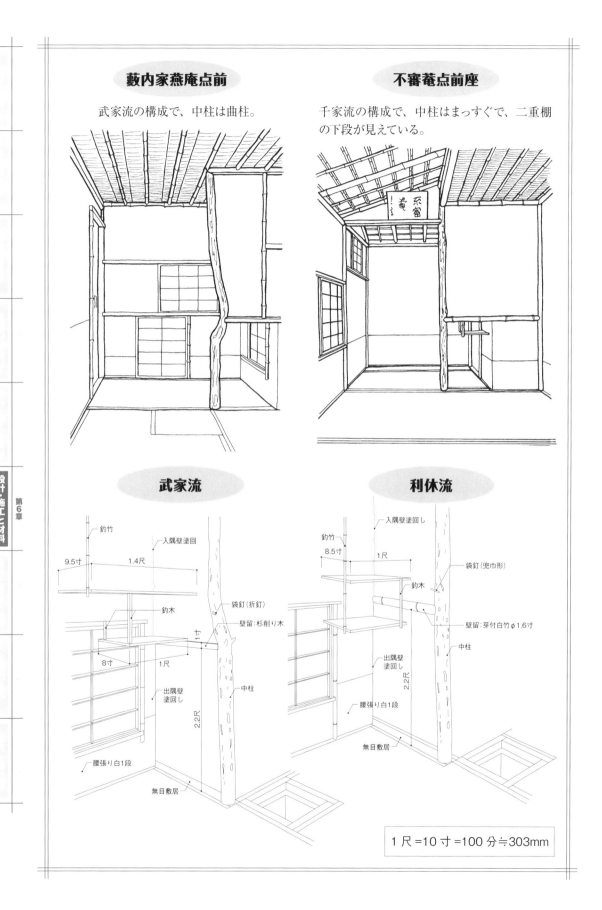

089 水屋とは

ポイント 現在のような水屋棚と流しがセットされての遺構としては、玉林院蓑庵（18世紀半ば）が古い例である

水屋のはじまり

現在のような水屋の起源は明らかではないが、会所などに設けられた茶湯《ちゃのゆ》の間は起源のひとつと考えられよう。そこでは、茶の湯棚が設けられ、その前に座って茶を点てて、客の集まる座敷に運んだ、というのである。

やがて座敷内で点前《てまえ》が行われるようになり、さらに運び点前《てまえ》がはじまると点前《てまえ》に必要な道具の準備をする場所が必要となり、水屋が誕生した。茶湯《ちゃのゆ》の間がのちの水屋とイコールではないが、座敷に対して低く位置づけられたものとしては、似た性格があった。

初期の水屋は、山上宗二の伝書にみられる武野紹鷗《じょうおう》の四畳半に「水ツカウハシリ」とあるように、水の準備をしたり道具を洗ったりするような、水を使う場所であった。おそらく竹の簀子《すのこ》が敷かれて、道具を置くところは設けられていたことだろう。やがてその空間に棚がつくり付けられるようになり、現在の水屋に近い形態が生まれたものと考えられる。水屋に棚が設置されるのは千利休の聚楽屋敷が早い例だと考えられる。棚板は框《かまち》をつけたもので、二重になっていたと記録されている。

古典の事例

先に挙げた水屋の古い例は、残念ながら現在では記録でしか残っていない。遺構としての古い例は以下のものが挙げられる。

西芳寺湘南亭では次の間に水屋流し、大炉、仮置棚、水張口などが設けられた形式である。曼殊院八窓席（→114ページ）の勝手にも水屋流しだけの簡素な水屋が設けられている。後水尾上皇好みの水無瀬《みなせ》神宮燈心亭《とうしんてい》（→228ページ）では、押入の中に水屋棚が設けられている。

また、現在のような水屋棚と流しがセットされての遺構としては、玉林院蓑庵《さあん》（→116ページ）の水屋が古い例である。

西芳寺湘南亭水屋

水屋流し、大炉、仮置棚、水張口などが備わる。

玉林院蓑庵《さあん》水屋

水屋流し、棚がセットされた現在の水屋と同形式のものである（右図）。

水無瀬《みなせ》神宮燈心亭《とうしんてい》水屋

押入の中に水屋棚が設けられている。見えないところであるが、凝ったデザインである（下図）。

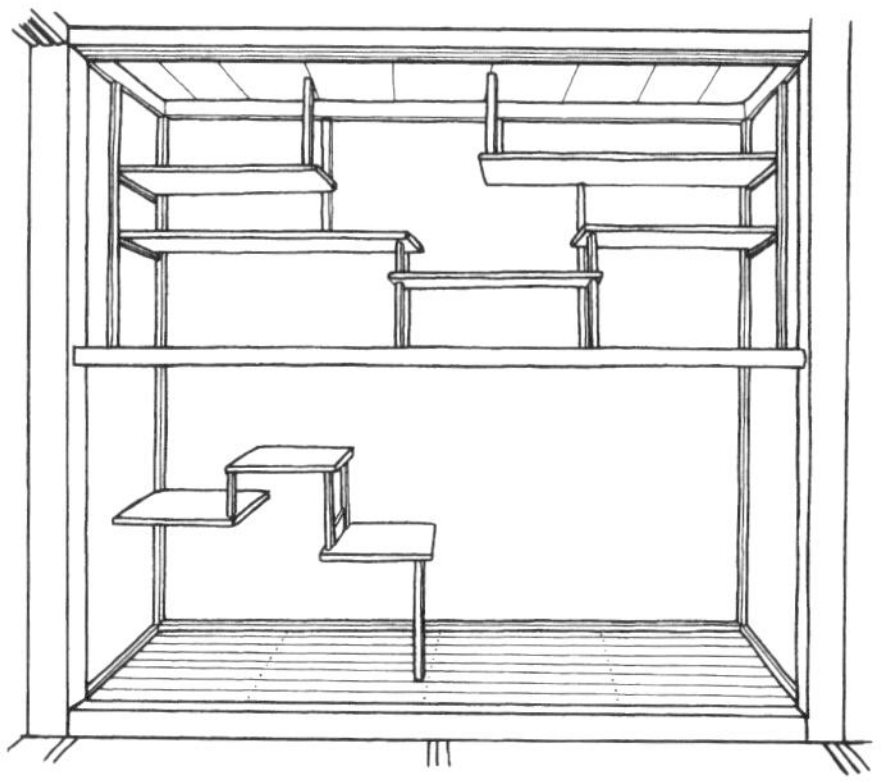

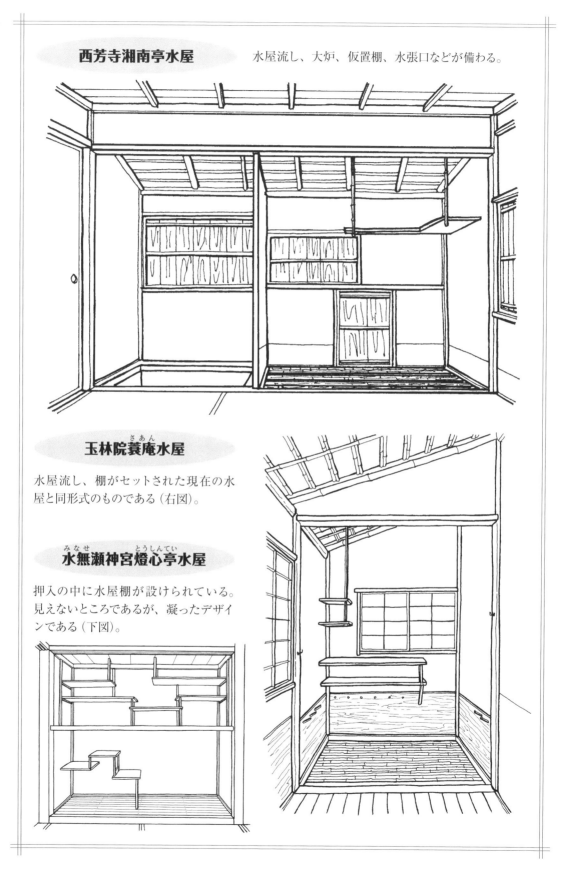

090 水屋の構成

ポイント 水屋は、下部に水屋流しがあり、その上部に簀子棚、通棚、そして隅に二重棚が釣られた形式が多い

水屋の要素

水屋は、茶の湯のための水を用意し道具を洗う水屋流し、濡れた茶碗や柄杓《ひしゃく》などを置く簀子《すのこ》棚、他の道具類を置く通棚、丸炉、炭入れ、物入れなどからなる。

水屋流し

水屋流しは、竹の簀子《すのこ》と、その下には落としと呼ばれる銅板でつくった流しおよび排水口がある。そして、簀子《すのこ》の上部には水のはねを受け止めるための腰板がはめられ、竹釘が打たれる。簀子《すのこ》は桟の上に竹を詰打にしたもので、釘は器物を傷めないように斜めから打つ。腰板には茶巾、茶筅《ちゃせん》、柄杓《ひしゃく》などの道具類が掛けられるので、竹釘が打たれる。

簀子《すのこ》には甕《かめ》が置かれ、そこには井戸から汲まれた水が湛《たた》えられる。もっとも現代では、井戸水が使用できないこともあるので、水道栓を設け、そこから甕《かめ》に水を注ぐ。

簀子棚

水屋棚の中で一番下に設けられる棚で、簀子《すのこ》状になったものである。框《かまち》を取り付け、水を切るために竹が並べられたものや、竹と幅の狭い板を組んだ形式のものが多い。幅は間口一杯のものもあるが、途中までのものもある。途中までの場合、力板が端部に取り付けられる。茶碗や柄杓《ひしゃく》など、濡れたものを飾る場所である。

通棚

間口一杯に通した棚で、一重、二重あるいは三重に設けられることもある。通常は、框《かまち》を前後に付け、上面に杉板を張った形式である。炭斗《すみとり》や香合、茶杓、茶入などが設置される。

二重棚

通棚が一重の場合、その上部入隅に二重棚が釣られることが多い。寸法は8寸7分（幅）に8寸2分（奥行き）、厚さは4分程度で、棚のアキは6寸程度である。

水屋の立面と断面

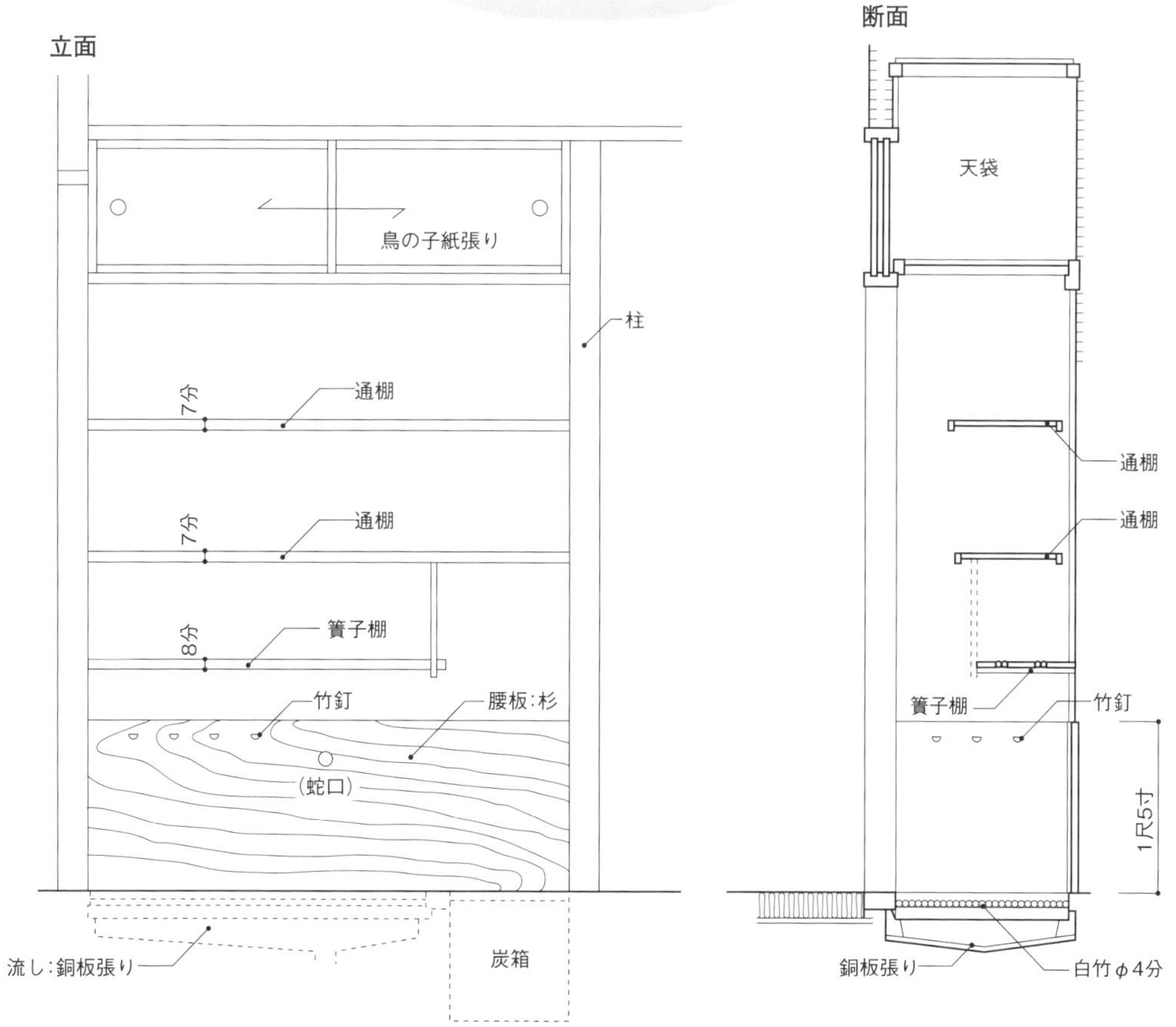

水屋棚の断面

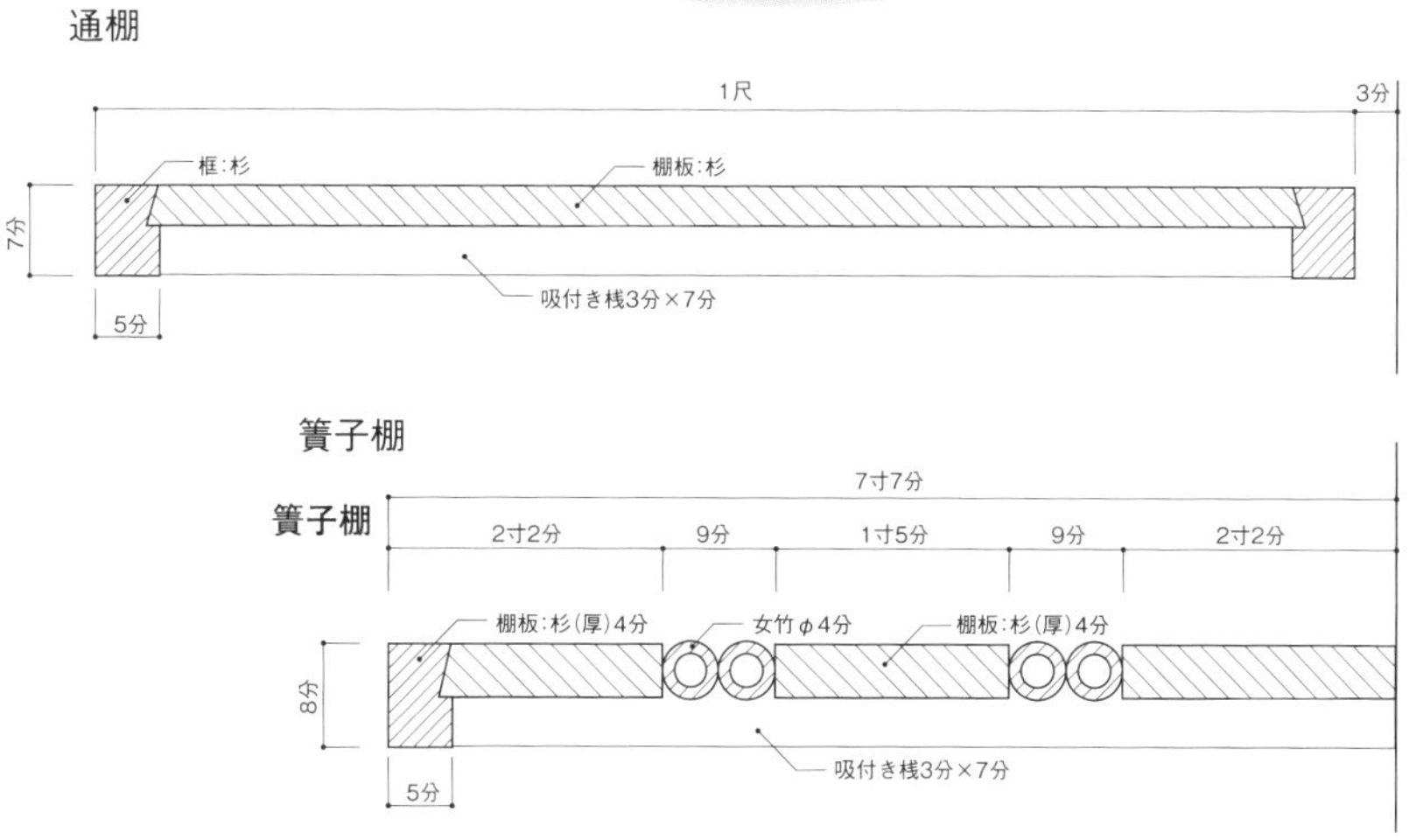

1尺=10寸=100分≒303mm

091 洞庫、丸炉、物入れ

ポイント 丸炉は水屋に設けられた円形平面の炉である。控釜であり、冬期には水屋の保温という側面もある

洞庫

洞庫《どうこ》には、置洞庫《どうこ》と水屋洞庫《どうこ》がある。置洞庫《どうこ》とは、点前座《てまえざ》の勝手付《かってつき》に付けられた箱形の洞庫《どうこ》であり、容易に移動できるものである。一方、水屋洞庫《どうこ》も同様の場所に設けられるが、固定され、下部が簀子《すのこ》流しとなっており、一重の棚が設けられ、外側からも道具の出し入れができるようになっている。

洞庫《どうこ》を使用することは、点前《てまえ》が終わったあとも客と同座することができるというメリットがある。現在では特に年配の人や足の不自由な人など、運び点前《でまえ》が不自由な場合、使用するという側面もある。

丸炉

水屋には丸炉《がんろ》が設けられる。丸い形の炉に釜が掛けられる。目的は、本席で湯が足りなくなったときのための控釜である。

また別に、湯を沸かすことによって、湯気が室内に拡がり、とりわけ冬期における水屋の保温という意味もある。

物入れ

水屋流しの脇には、半間程度の物入れが設けられることがある。上下2段になっていることが多く、上段は開き戸形式の襖が取り付けられるが、下段は慳貪《けんどん》形式の板戸のことが多い。

また棚の上部に、天袋形式の物入れを設ける場合がある。

仮置棚

水屋が遠い場合、茶道口《さどうぐち》の近くに、仮置棚を設ける場合がある。脇板に格狭間を設けた炮烙《ほうらく》棚の形式や、一重棚、三重棚などがある。

炭入れ

水屋流しの手前の板敷き部分に、板の下に炭入れが仕込まれている。板3枚分で幅1尺×7寸程度、深さが1尺程度である。開けるための手がかりとして、指を入れる穴をつくり、上げ蓋式にしている。

置洞庫

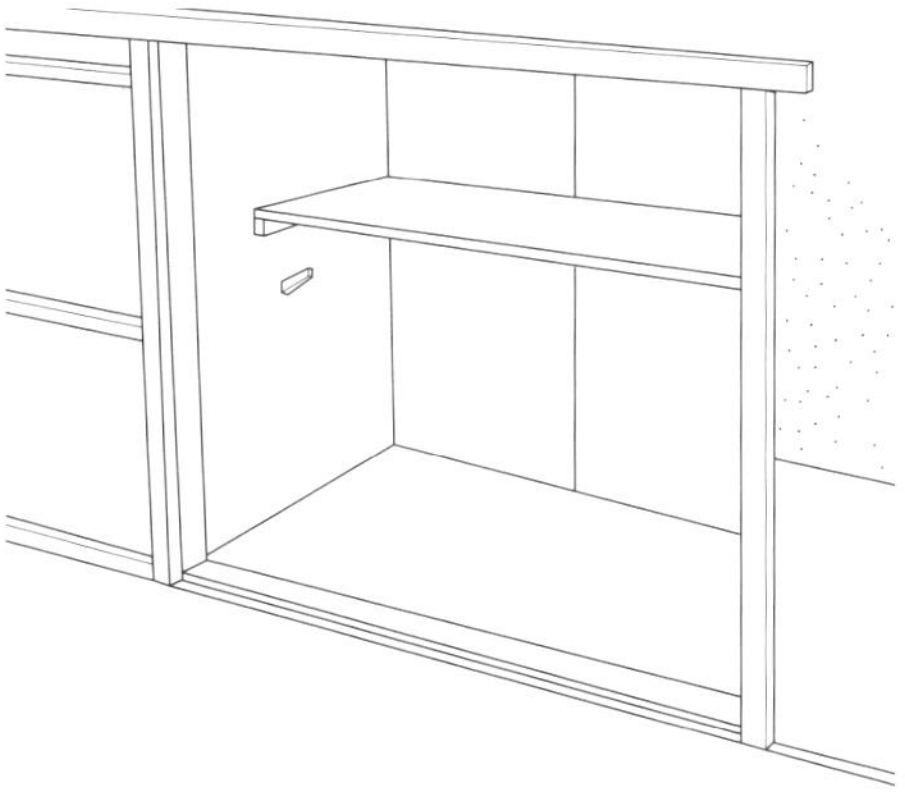

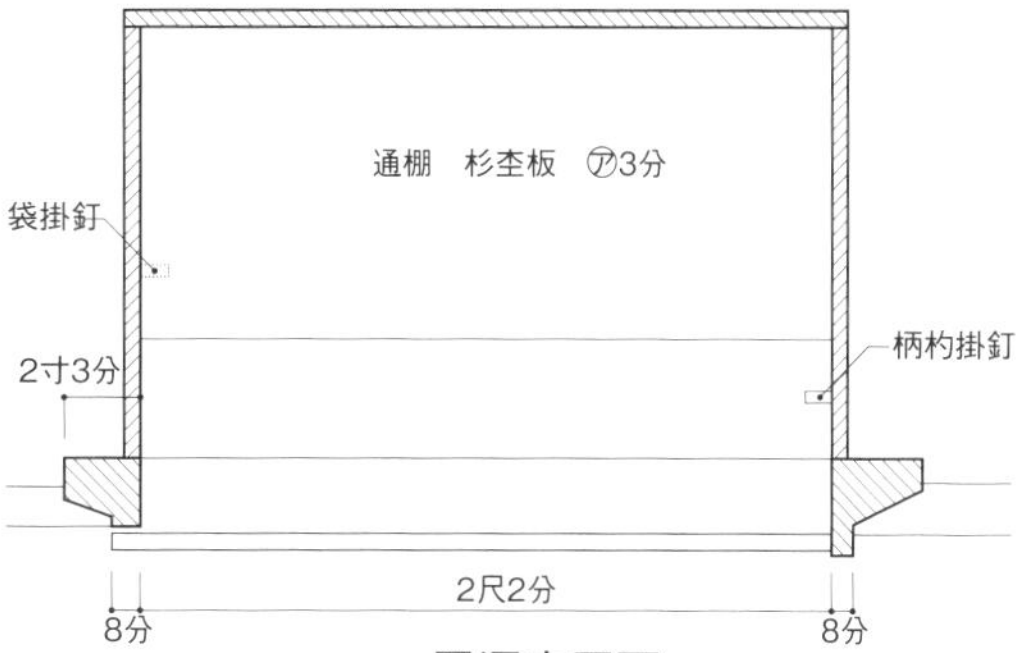

置洞庫平面

水屋洞庫

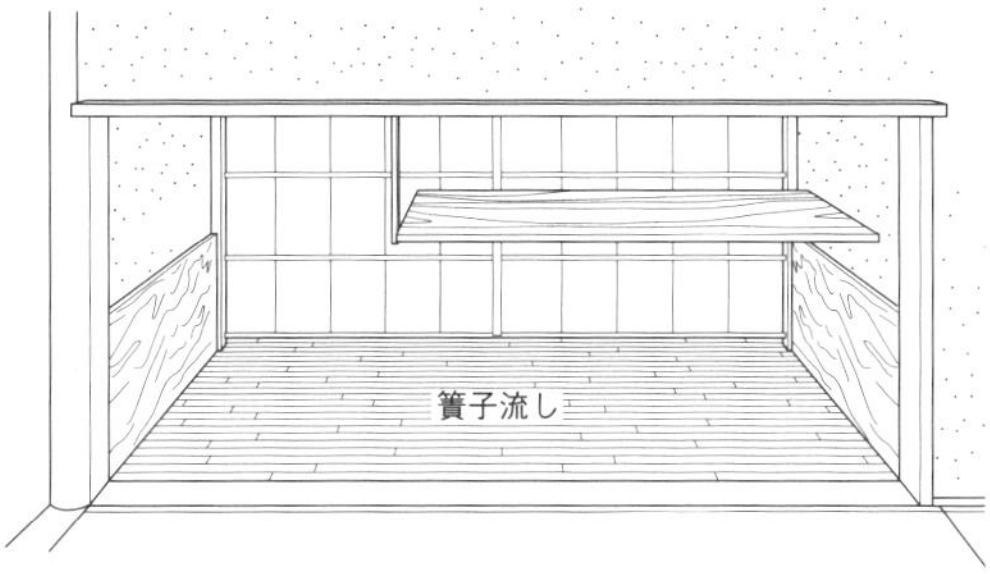

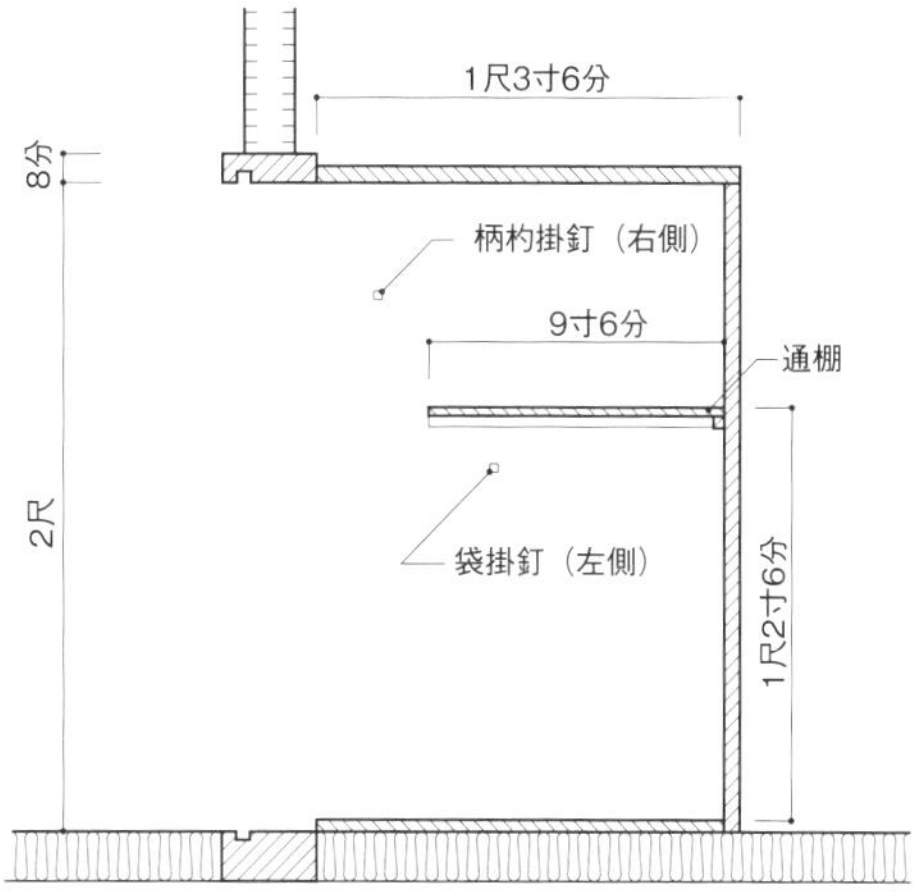

置洞庫断面

1 尺 =10 寸 =100 分≒303mm

炭入れ、内落し箱

炭入れの中に箱を入れることもある。

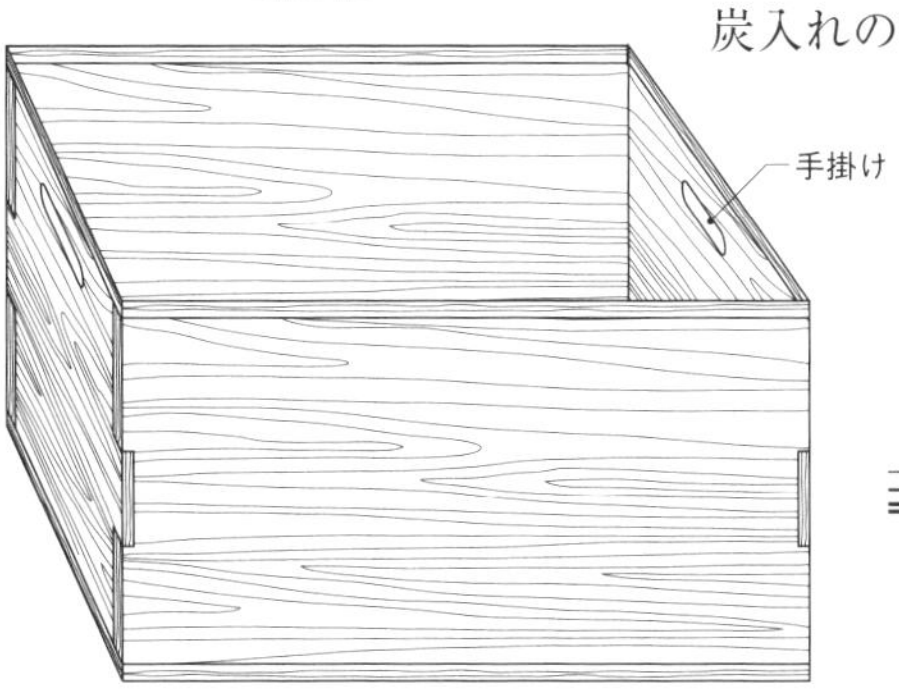

炭入　内落し箱

水屋流し・炭入れ・丸炉の配置例

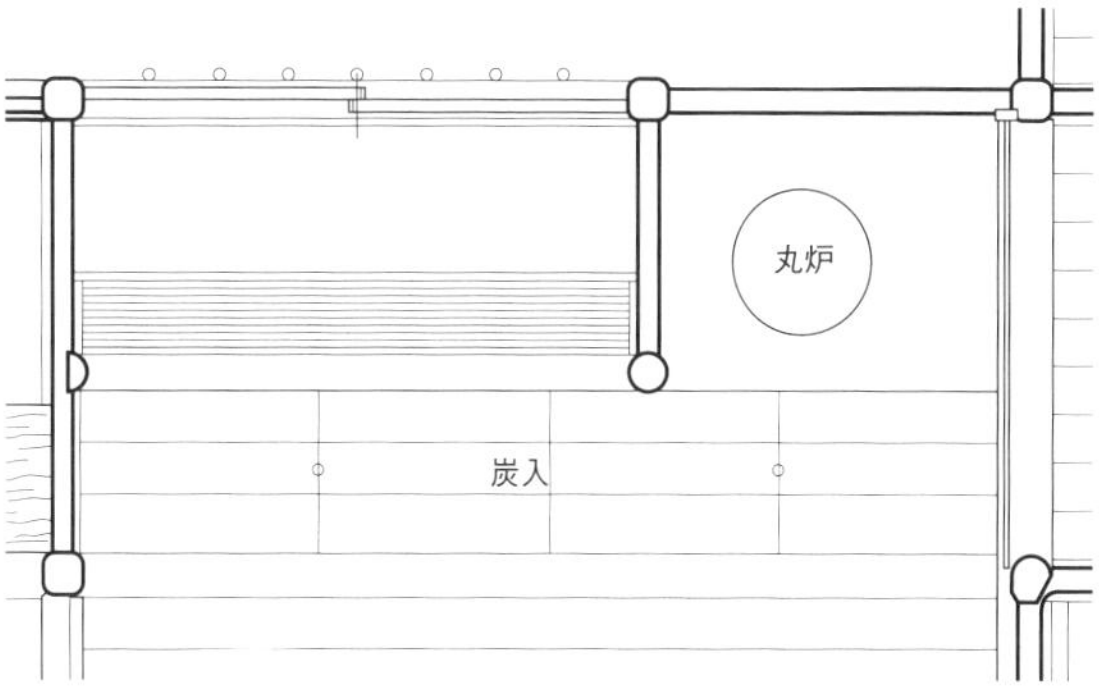

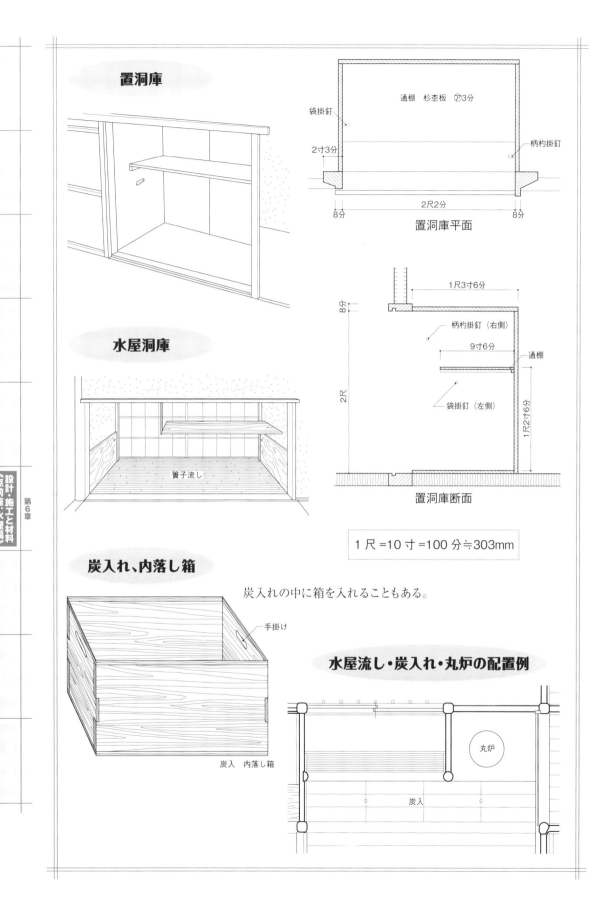

こらむ⑥

広い水屋と台所

元来、１人の客を１人の亭主が迎えることが茶事の理想である。しかし一般には、複数の客に対して、半東《はんとう》（→32ページ）と呼ばれる人を含め、数人で亭主のサポートを行うことも多い。

１つの茶事において、何人かの裏方となる人物がそれを補助することがある。その人たちは水屋を拠点とすることが多い。それに伴って、広い水屋が要求される。場合によっては水屋脇に控え室などを設け、水屋の予備空間として使用されることもある。

また大寄せの茶会が開かれる場合、大勢の客への対応が求められることがある。通常の半東《はんとう》以外に多くの手伝いが必要となる。水屋で点てた茶を客に出す方法を点出《たてだ》しというが、一度に多くの点出《たてだ》しの茶が振る舞われることもあり、そのスペースが必要となる。

台所は、茶事を行う場合、大変重要な役割を担う。茶事における初座は懐石料理が出されるが、その準備のため水屋の近くに台所が設けられることが多い。流し台、コンロ、食器棚が必要であるが、近年では、冷蔵庫の他、良いタイミングで料理を出すため電子レンジを使用することが多い。しかし、音が聞こえないよう、その位置（→104ページ）には注意が必要である。

台所には配膳台が設けられるが、テーブルが代用される。また、狭い場所の有効利用として、折りたたみ式の配膳棚が造り付けられる場合もある。

このような水屋、控え室、独立した台所などは、一般的な個人住宅では不可能な場合もあるが、公の施設などではあると便利である。不特定の利用が見込まれるときは、充実させる必要がある。

第7章
設計・施工と材料
《外観編》

092 屋根の形式

ポイント 茶室の外観、とりわけ屋根の形は露地の景色として大変重要である

山居の体《てい》

16世紀前半、市中の山居（→68ページ）といって、都市の喧噪から隔絶するかのように屋敷の奥に茶屋を設けて楽しむことが流行っていた。当時の人々はそこを深く思索する場として、また茶の湯を楽しむ場としていた。

市中の山居を表現するものとして露地が重要であり、また建物の外観は「山居の体《てい》（ようす）」を表現するものとして大きな意味をもった。とりわけ屋根は、日本建築において特に大きな面積を占めるものであり、茶室においてもその雰囲気を伝えるものとして重視される。

屋根の材料

茶室の屋根は一般に主屋根と庇からなる。主屋根は材料によって、茅葺、柿葺《こけらぶき》、瓦葺、銅板葺などがある。檜皮《ひわだ》葺が茶室に使われることはまれである。それは、通常檜という材料が材料としての位の高いものであり、草庵茶室では質朴を表現するためそれを避ける傾向があるからだ。また瓦葺きの場合は通常のものより小さい小瓦が用いられ、メンがとられ、表情を優しくしている。そして、瓦葺においても軒先部分を柿葺《こけらぶき》とする腰葺きの形式がある。屋根を軽くみせる工夫である。他に竹を組んで柿板《こけらいた》を抑えた大和葺というのもある。

屋根の形

屋根の形は、一般の住宅では、切妻造、寄棟造、入母屋造などが使用される。茶室の場合も同様であるが、やはり、入母屋造は位が高いと考えられるところから、使用頻度は高くなく、切妻造に庇を掛けて屋根の形に変化をつけることが多い。ただし、茅葺屋根の場合や広間の座敷においてはその限りではなく、入母屋造が用いられることも多い。それ以外に、主屋の庇部分に茶室が仕組まれたものや、片流れ屋根もある。

表千家不審菴の屋根と平面

不審菴の屋根（外観）は複雑であるが、平面は単純である。

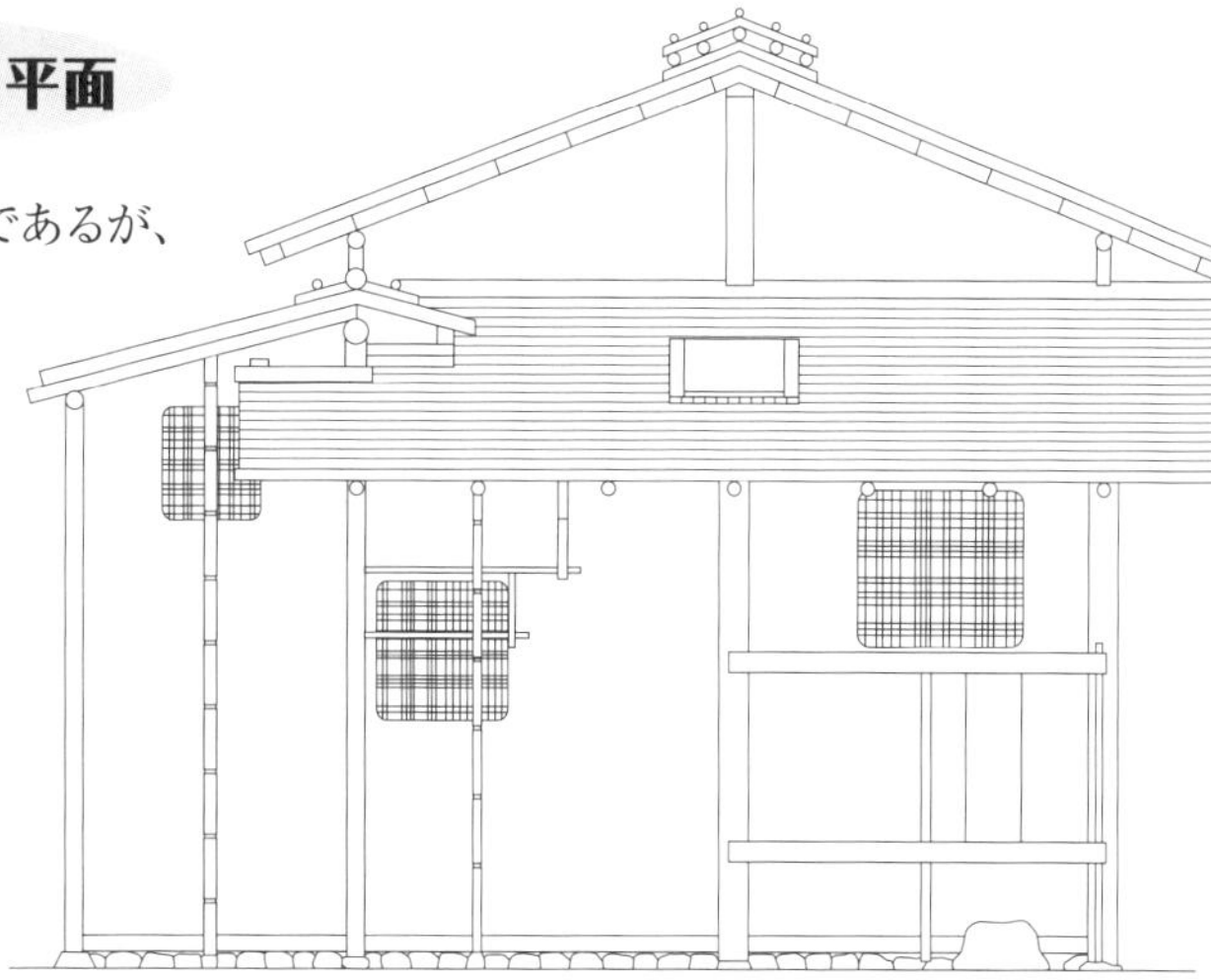

立面図

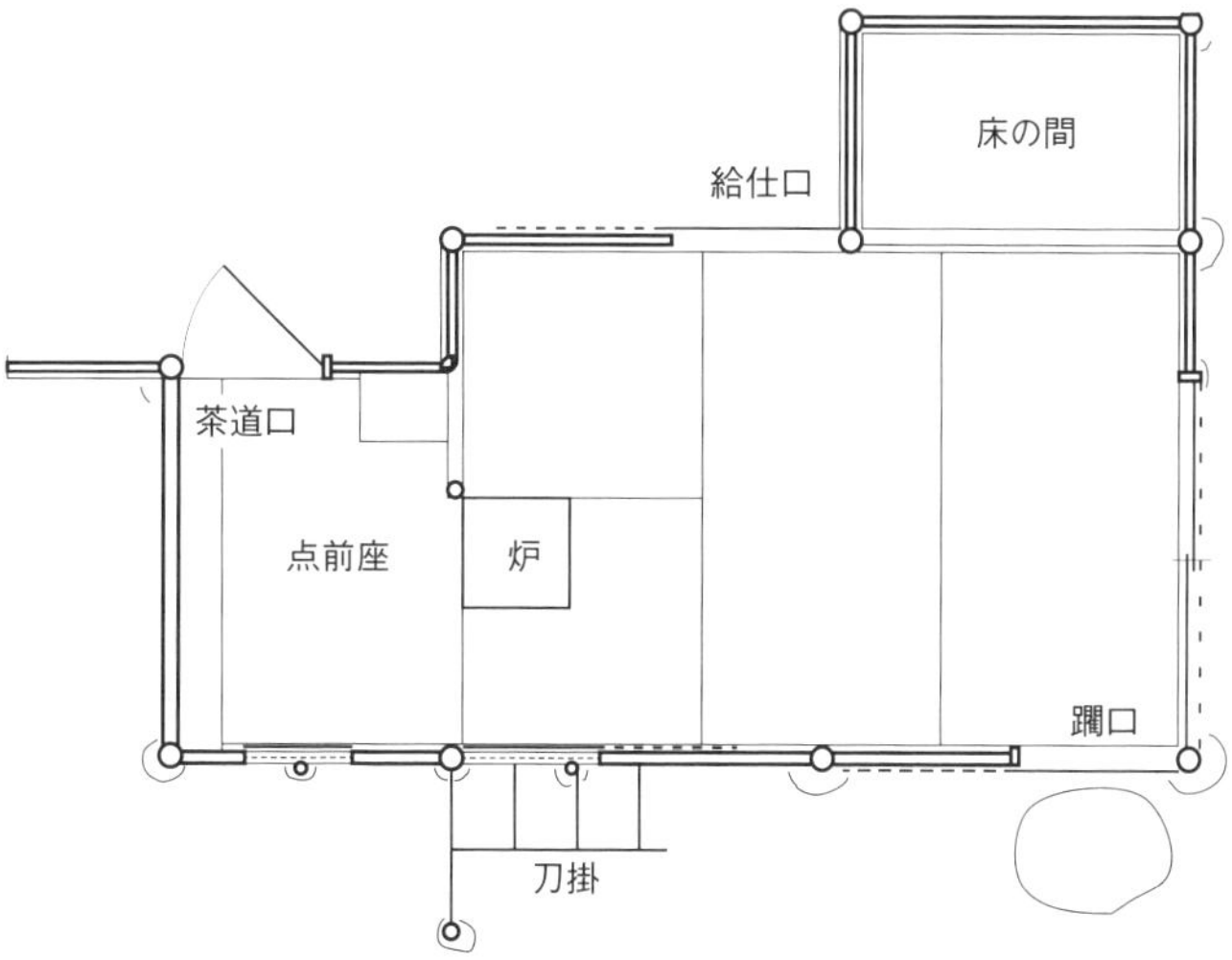

平面図

茶室によく使用される屋根の形

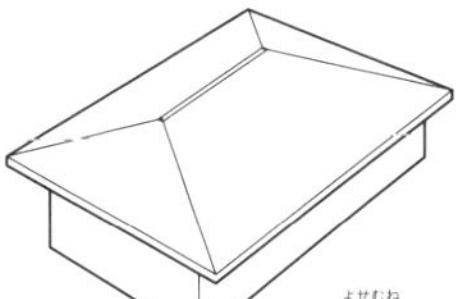

寄棟造《よせむね》

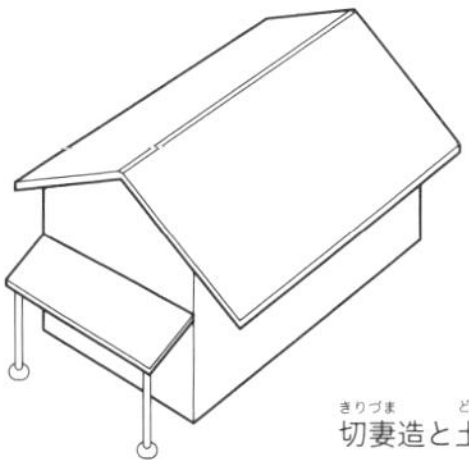

切妻《きりづま》造と土庇《どびさし》

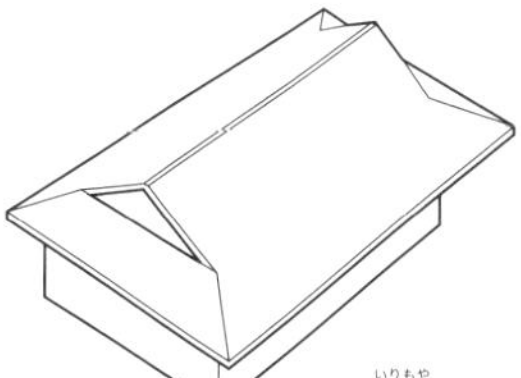

入母屋《いりもや》造

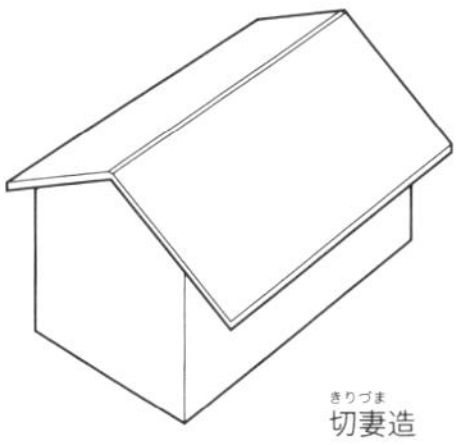

切妻《きりづま》造

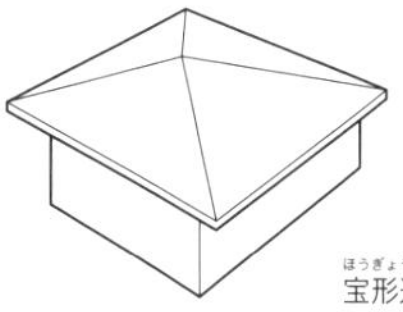

宝形《ほうぎょう》造

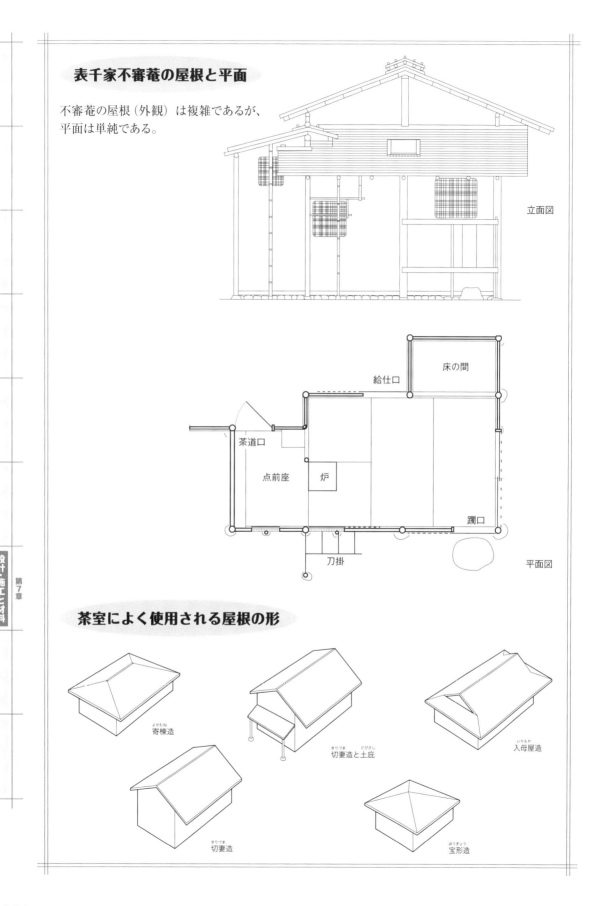

093 軒と庇の構成

ポイント 茶室の屋根は低く構えることが基本である。庇を応用して慎ましやかにみせることがある

茶室の庇

草庵の茶室は、簡素な表現として、屋根を極力低く抑える工夫が要求される。それはボリュームとして壁面の幅が小さいところから、バランスのためでもある。そこで重要なのは庇の存在である。庇は主屋根の前方に深くつくられ、ときに前面に土間庇を構えている。たとえば曼殊院八窓席（→114ページ）のように、高い主屋根に対して低く庇を設けることがある。外観に慎ましやかな姿を表現したものである。

前面に差し掛けられた庇は、通常、桁通りの壁面より半間程度奥から取り付けられる。その室内側裏面は化粧屋根裏天井となり、突上窓があけられることが多い。室外側において、入母屋造のように、両端が主屋根に結合し、さらに軒先を伸ばした形式を「すがる（縋）」といい、俗に、やっこども呼ぶ。あるいは片方で主屋根と結合しているものを片やっこと呼ぶ。

軒先とけらば

主屋根あるいは庇の先端部分を軒という。またその側面をけらばという。

草庵の茶室の場合、軒先は慎ましやかさや軽快さを表現するため、薄く仕上げられることが多い。柿葺《こけらぶき》の場合、垂木の上に広小舞が付き、その上に軒付けと呼ばれる化粧裏板と小軒板《このきいた》が取り付く。銅板葺の場合軒付けが一体化した淀《よど》と呼ぶ部材が付いて、その上に銅板を葺く。

けらばは、一般に破風《はふ》板を設け端部を整えることが多いが、茶室の場合、垂木際で仕舞う手法のほか、小舞けらばと呼ばれる手法が使用される。垂木間でそのまま切り落としたような形態である。したがって、端部には柿板《こけらいた》や裏板や小舞が断面のようにその姿を見せている。また、垂木は壁面より外側に1本取り付く。母屋や桁が出ているときは、その外側の垂木下付近で止める。化粧裏板はさらに前方に出る。

屋根の組み合わせ

右が茶室で瓦葺に銅板の庇、中および左が水屋と台所で、瓦と銅板を組み合わせた腰葺。

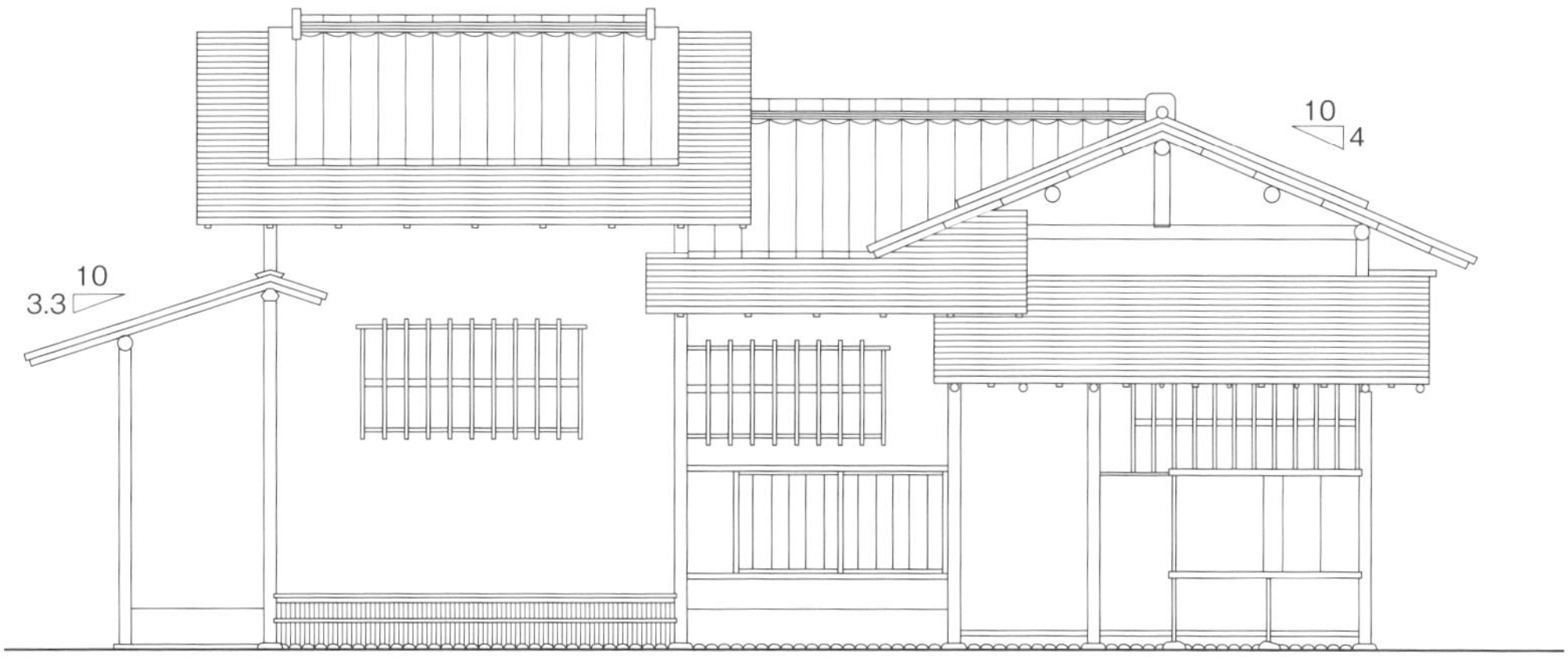

切妻屋根と庇の組み合わせ例

俗に「やっこ」「片やっこ」ともいう。

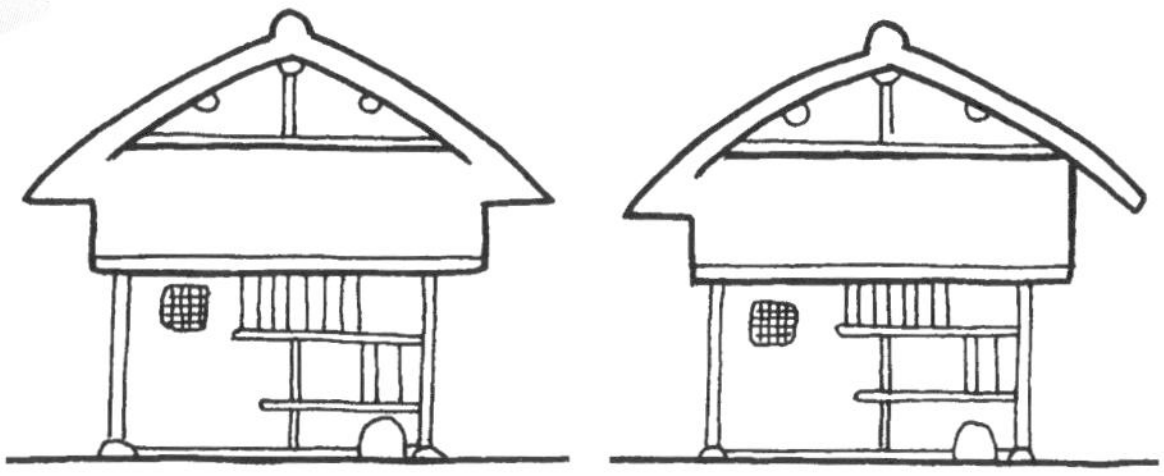

けらばと軒先

けらばは切り落としたような形態。「小舞けらば」あるいは「ばら軒」ともいう。

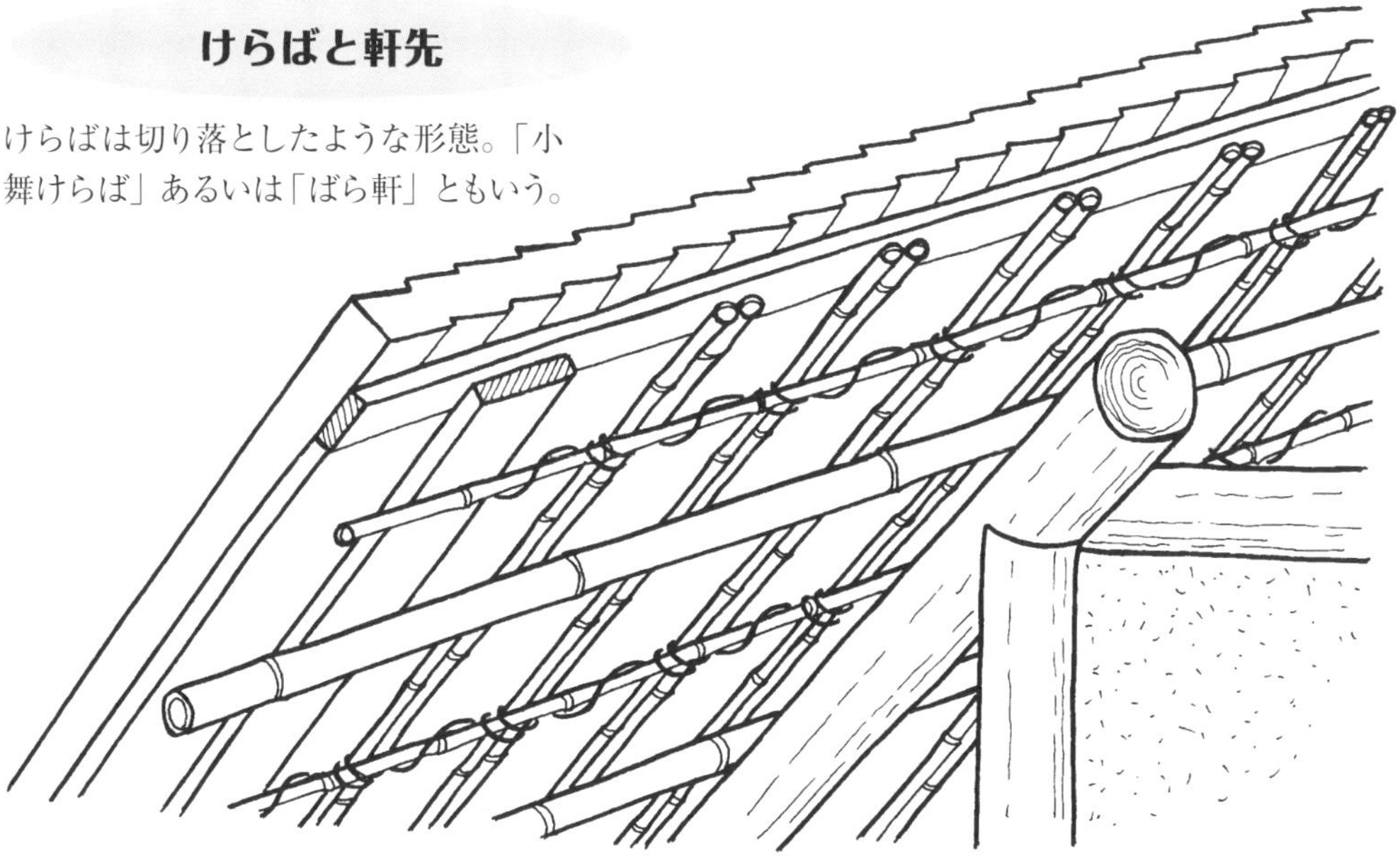

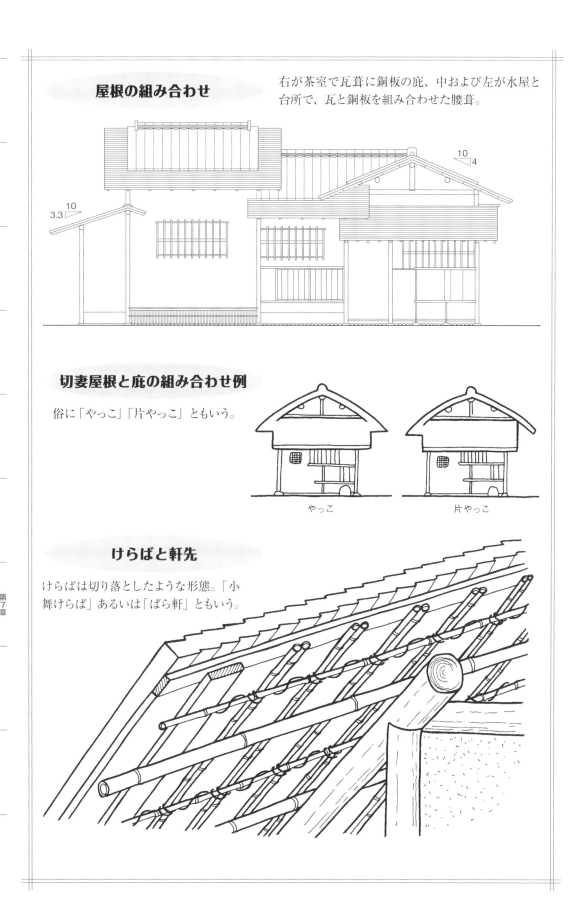

094 杮葺

ポイント 杮板は専用の包丁で割る。繊維を傷めず、雨水がしみこみにくい

杮葺

板を割って材料とした屋根の形式を板葺《いたぶき》というが、その厚みによって種類がある。3分から1寸程度の厚い板を使用したものを栩葺《とちぶき》といい、1分以上で3分程度までのものを木賊葺《とくさぶき》といい、1分程度のものを杮葺《こけらぶき》という。このうち茶室に使用されるのは、1分程度の杮葺《こけらぶき》である。

杮板《こけらいた》は、主として杉材または椹《さわら》材を薄く割ったものである。屋根に素朴な表情を見せるためには格好の屋根葺き材料である。勾配は4寸から4寸5分程度である。

通常、手作業で専用の包丁を使って板を割っていく。適当な厚さに均一に割るには、職人の技能が要求されるが、この方法だと、木の繊維を傷めず、したがって雨水がしみこみにくい。また重ねても空気の流通がはかられ、毛細管現象による雨水の逆流を防止することもできる。反対に鋸や機械で割ったとすると、簡単に一定の厚さには加工できるが、繊維を切って、雨水がしみこみ、寿命が短くなる。

また瓦屋根の下部、腰の部分のみ杮葺《こけらぶき》としたものは腰葺《こしぶき》とよばれている。軒先にかかる荷重を軽減するという役割と、デザインとしては、軽やかにみせ、変化を楽しむという側面がある。

なお杮葺《こけらぶき》の「杮《こけら》」という字は本来「柿《かき》」ではない。つくり部分の「市」の字の上下にある縦棒が1本につながっている。

杮板

杮板《こけらいた》の材料は昔は杉、今は椹が多い。材料は丸太を適当な長さに切ることからはじまる。これを玉切《たまぎ》り(小口切《こぐちぎ》り)という。それをミカン割りといって、6片か8片の放射線状に割って、白太をはずす。2寸程度の厚板にそろえ、1分程度の小割にして、杮板《こけらいた》がつくられる。

柿葺軒先の詳細例

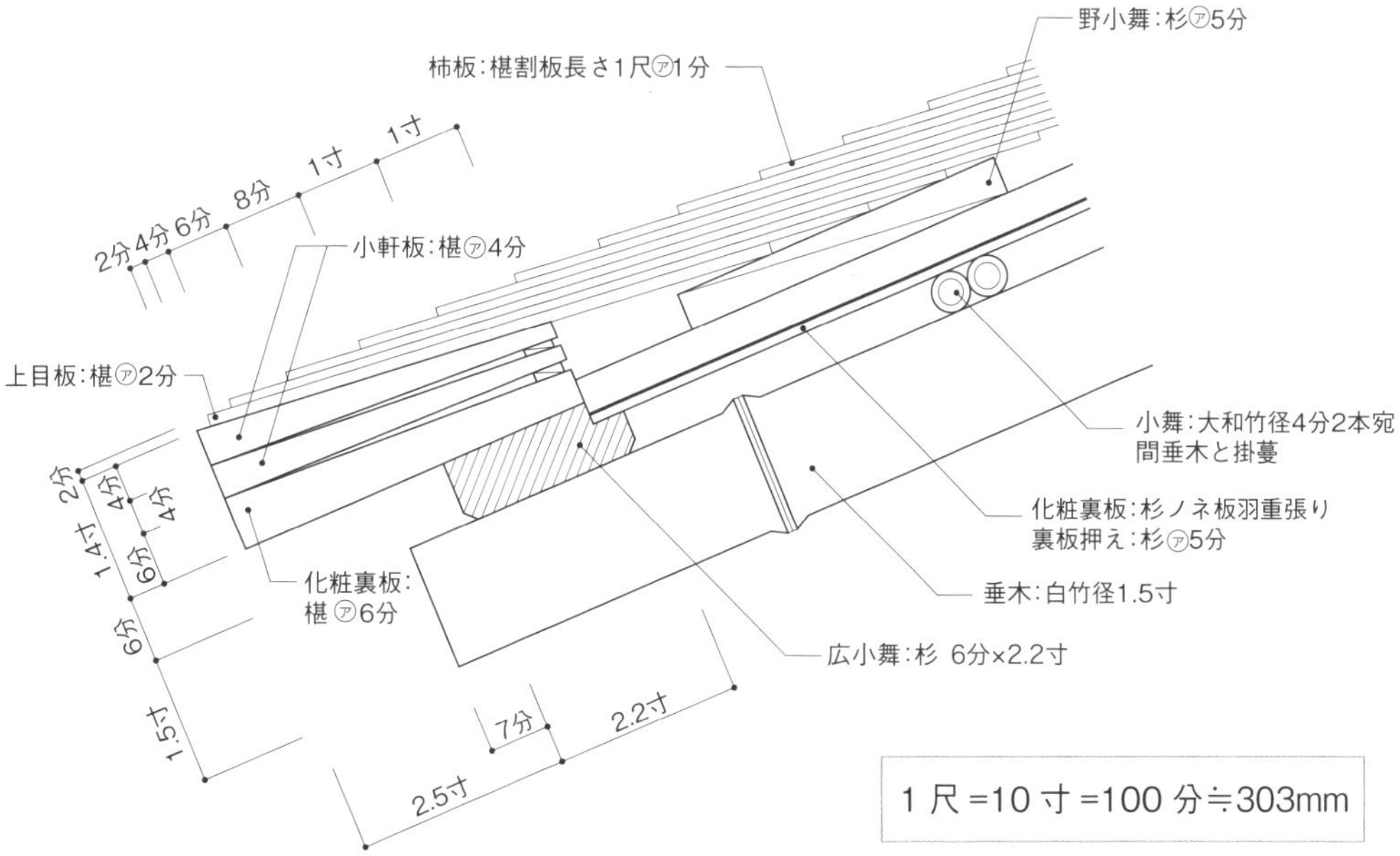

1尺=10寸=100分≒303mm

柿板の割り方

板は割ることによって繊維を傷めず、また重ねたときの通気性も良くしている。

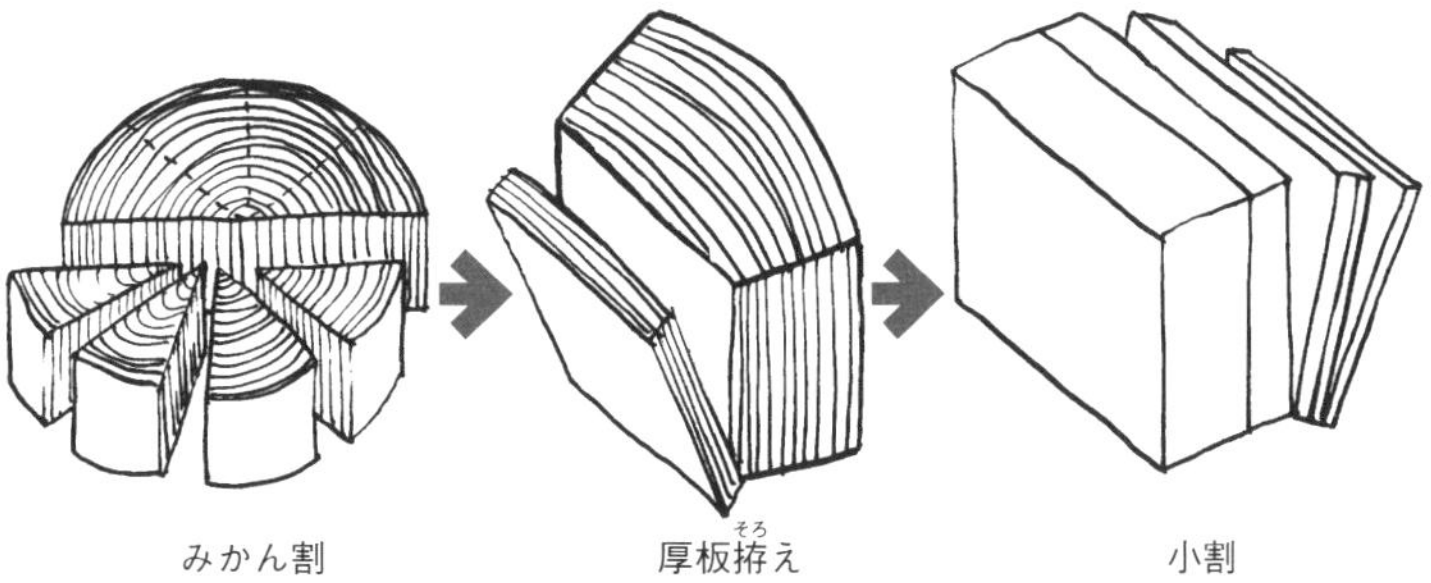

柿葺職人の道具

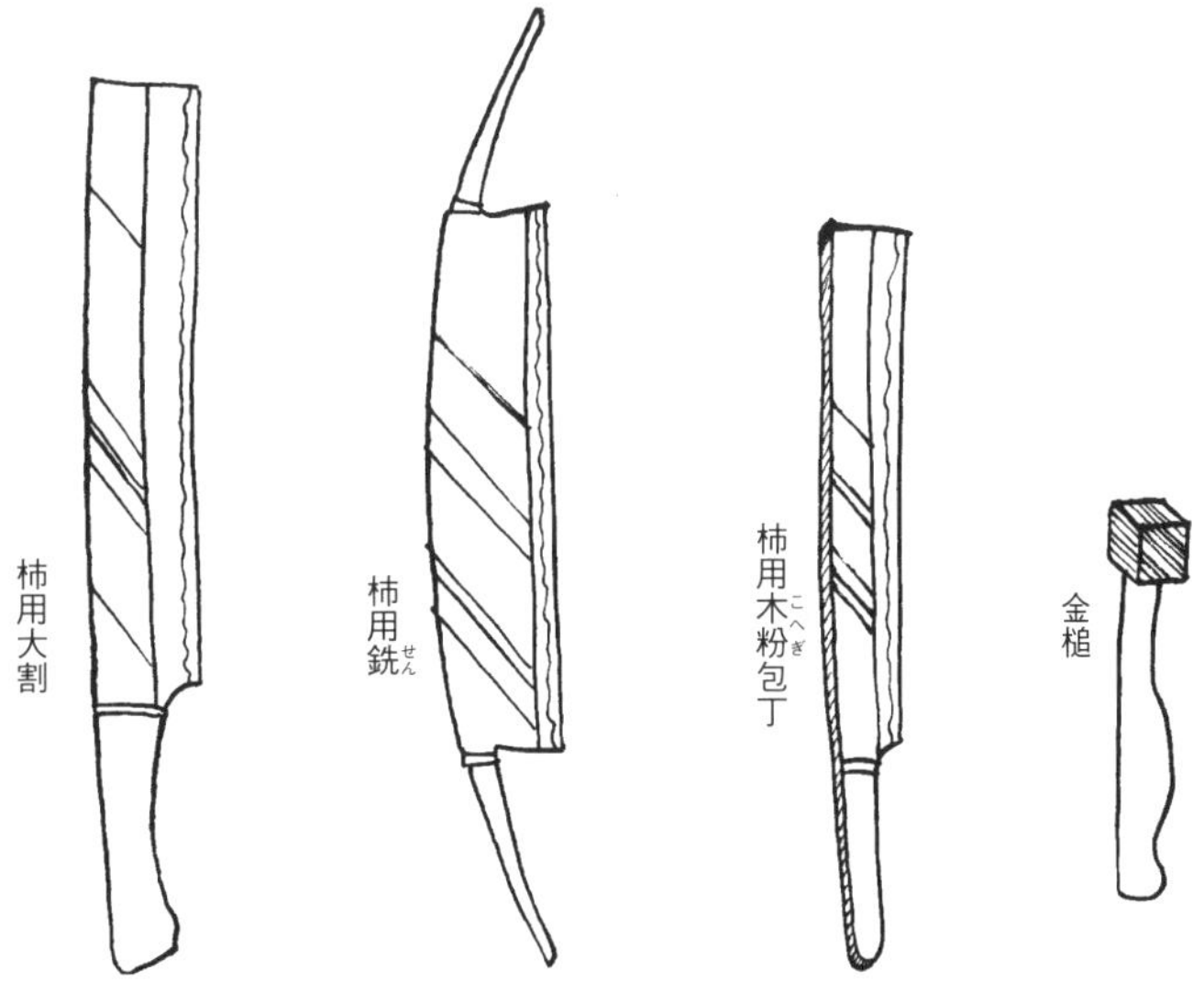

095 茅葺、檜皮葺、杉皮葺、大和葺

ポイント 茅葺は本来周辺の田畑でとれた稲藁や麦藁で葺いたものであるが、近年ではススキやヨシなどが使用される

茅葺

茅葺は、草葺、くずや葺ともいう。本来農家が手近にある材料で葺いたもので、麦藁や稲藁などで葺くことが多かった。茅で葺いたものは上等である。もっとも、茅という言葉もいくつかの種類の総称である。地域によって呼び名が違い、厳密とはいえない。

近年では稲藁などは使われなくなったが、茶室においてはススキ（山茅）、ヨシ（浜茅、湖茅《うみがや》）などが使用されている。この茅葺が茶室に使用された場合、田園地帯や山間部の農家を表現しており、「市中の山居」を体現する形態である。屋根勾配は矩勾配《かねこうばい》（10寸勾配、45度）程度である。

現在、茅葺師の仕事は、条件にもよるが、木舞から上の仕事である。かつては合掌を組むところから行ったという。まず軒裏の化粧を整えて、軒先から上に向かって葺いていく。通常は穂先を上に葺く。株が表に出た方が美しいからである。しかし逆に葺く逆葺という手法もある。

茅はタタキで形を整えながら、竹を使って縄で固定していく。棟の化粧を行い、そして鋏《はさみ》で刈り込みを行って、最後にもう一度タタキで形を整え、仕上げていく。

檜皮葺

檜皮《ひわだ》葺は檜の皮を使って葺いた屋根で、表情としては、きめが細かく見える。檜皮《ひわだ》は神社や御所の建築に使用されるもので、高級な位置づけである。そのような理由から草庵の茶室の屋根には用いないといわれることもあるが、使用不可ということではない。

2尺5寸程度の長さの檜皮《ひわだ》を、葺足3～5分程度で重ね、竹釘で留めたものである。勾配は5寸程度である。

杉皮葺・大和葺

杉皮葺は杉の皮を使用した屋根で、その屋根を竹で抑えたものを大和葺という。竹は蕨《わらび》縄で結わえられる。

茅葺屋根

棟飾りは地域によって形が違う。

大和葺　棟の収まり例

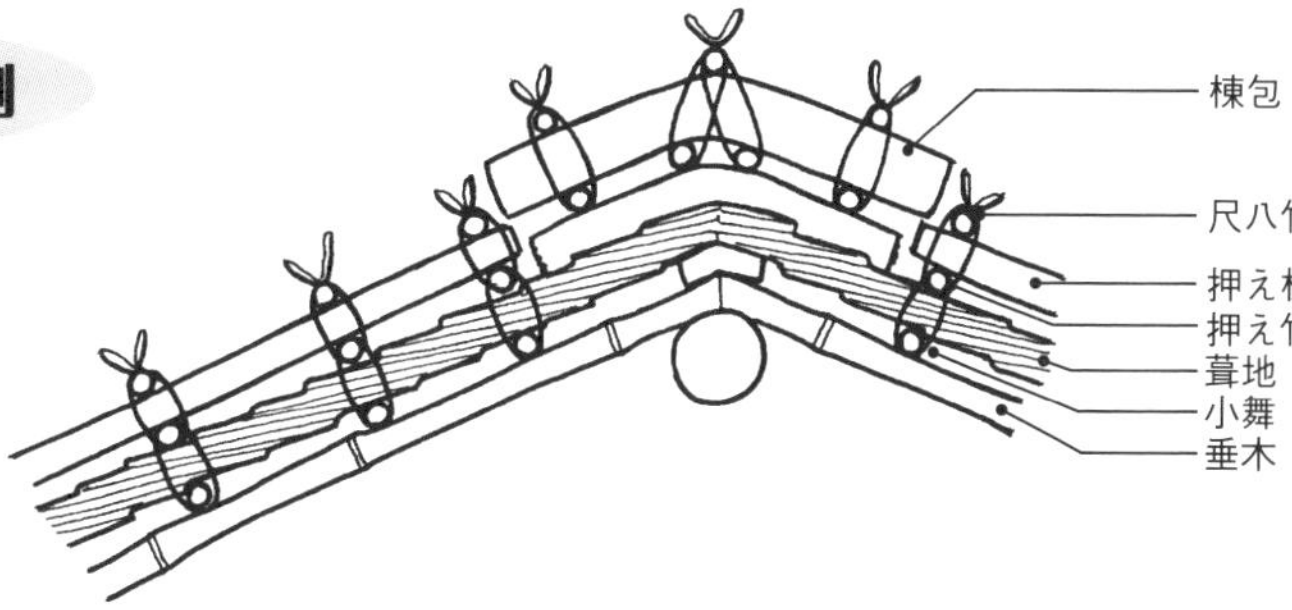

杉皮葺　軒先の収まり例

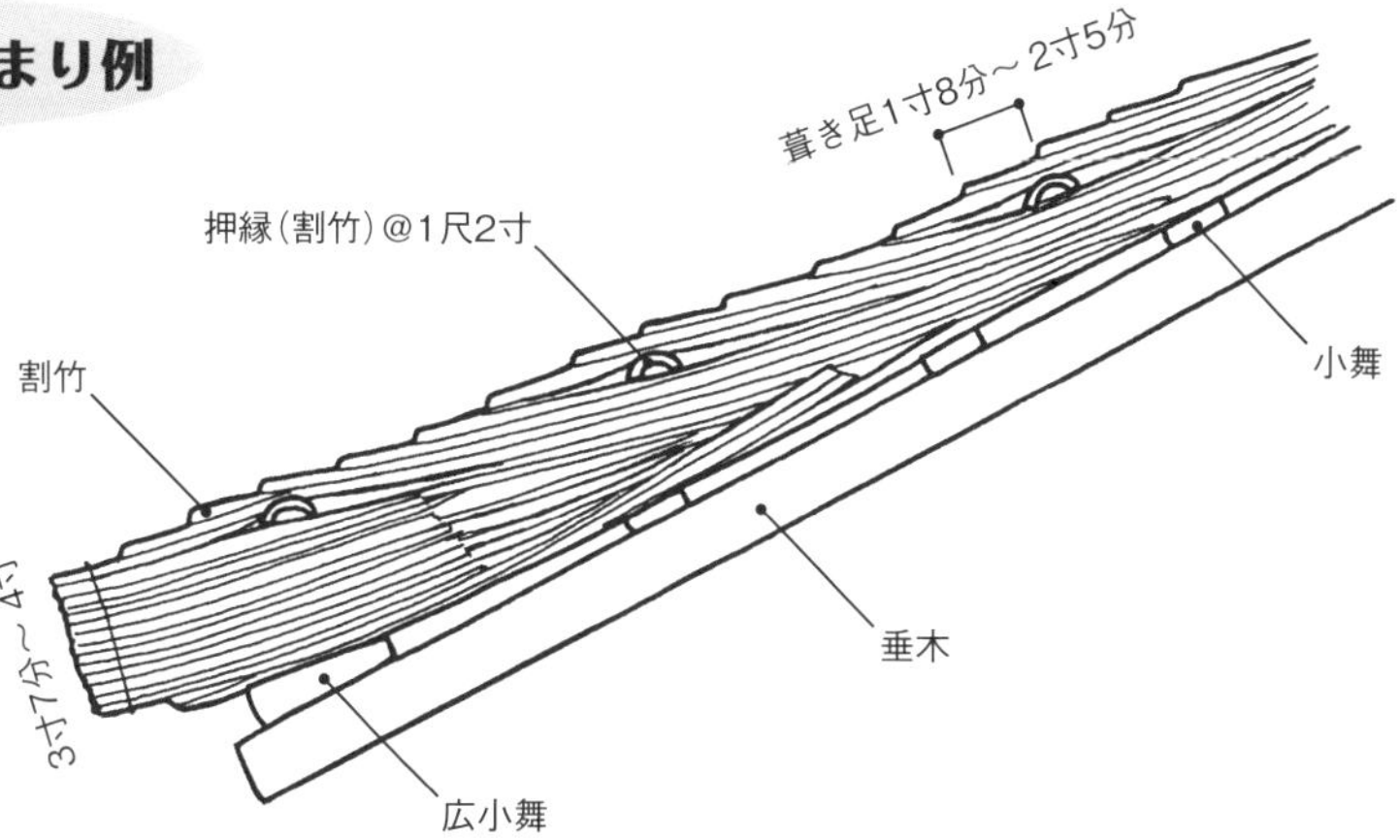

096 瓦葺、銅板葺

ポイント 茶室の瓦は通常よりも小さいものが使用される。銅板の表情は職人の加減で変化する

瓦葺

瓦は、仏教建築の伝来とともに日本に伝えられたものである。はじめは本瓦といって、丸瓦と平瓦からなる形式のものであった。その後、江戸時代になって、これらを一体化した桟瓦という形式が生まれ、主として町家などの住宅建築に急激に普及した。

通常、茶室に使われる瓦は、桟瓦であるが、とりわけ寸法をひと回り小さくした小瓦が使用される。一般の住宅建築では53枚ものや64枚もの（屋根面積1坪あたりの瓦の枚数）などが使用されるが、茶室では80枚ものや100枚ものなどが使用される。勾配は4寸から4寸5分程度である。

葺き方には土葺とから葺がある。土葺きの場合、瓦職人が土で加減しながら葺いていく。から葺の場合、大工の野地の仕上げが、直接屋根の線に反映される。近年敬遠されがちであるが、伝統的な土葺の方が断熱効果もあり、瓦の微妙な線が表現できる。

銅板葺

銅板葺は、一文字葺ともいい、一般には柿葺《こけらぶき》の擬態とみなされる。近年では、防火や経費の面において柿葺《こけらぶき》が困難になってきたので、その代わりに銅板葺にすることが多い。ただし、銅板の緑青をふいた表情をあえて好む場合もある。あるいは職人の技によってシャープさや、やわらかさの変化を見せることもできる。

銅板は、厚さ0・35〜0・4㎜くらいのものを使用するのが一般的である。それは仕事のしやすい厚さでもある。もともと柿《こけら》を摸してつくったものであるが、その表情は金属であるがために硬く、それをいかに柔らかく見せるかということが重要である。繋ぎのハゼ部分を、潰すかあるいは少し浮かすかによって表情を変える。

また近年では、チタンを使用した屋根も試みられている。

腰葺(瓦葺＋軒先が銅板葺)の例

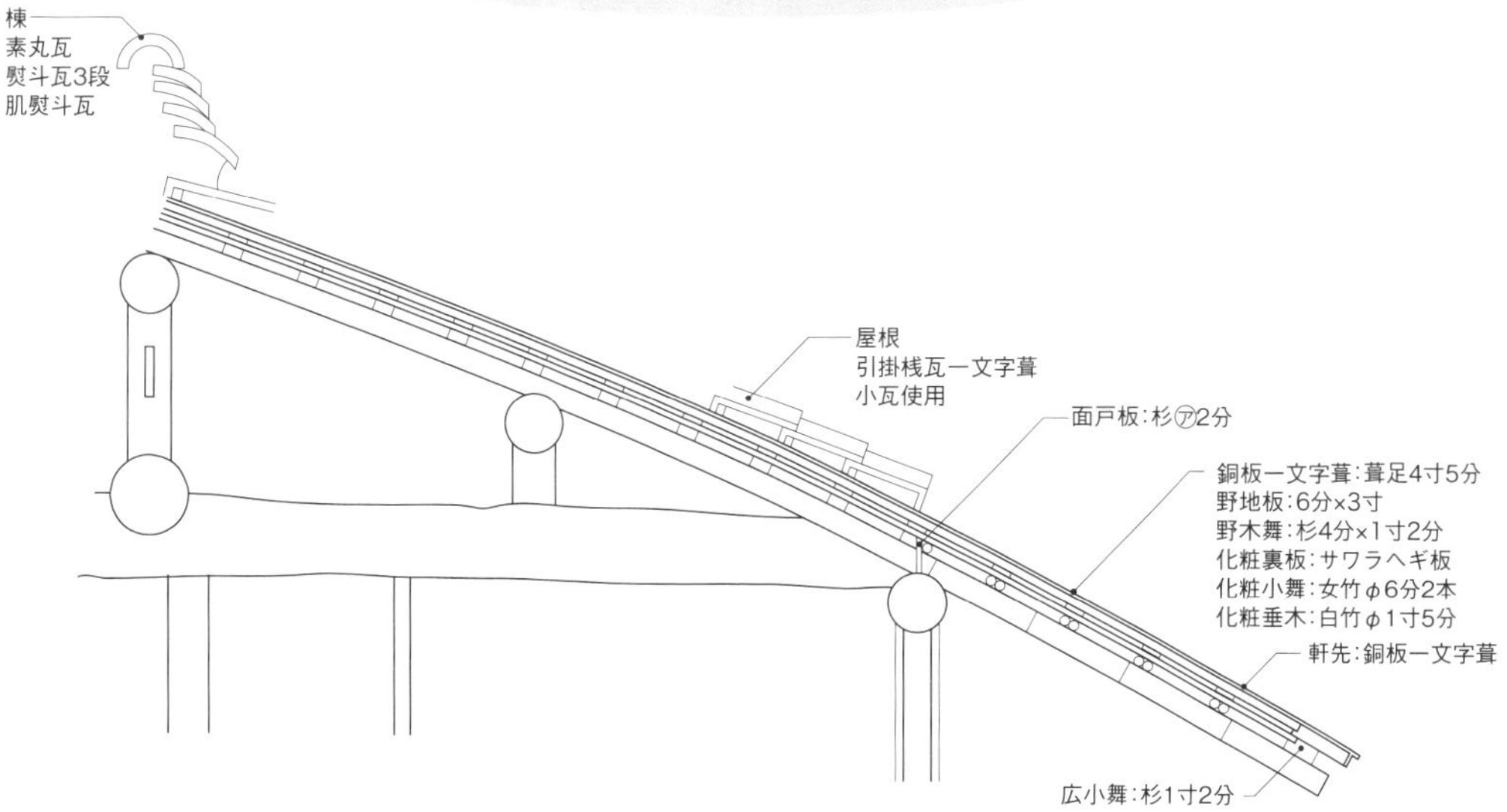

1 尺 =10 寸 =100 分≒303mm

棟の納め方の例

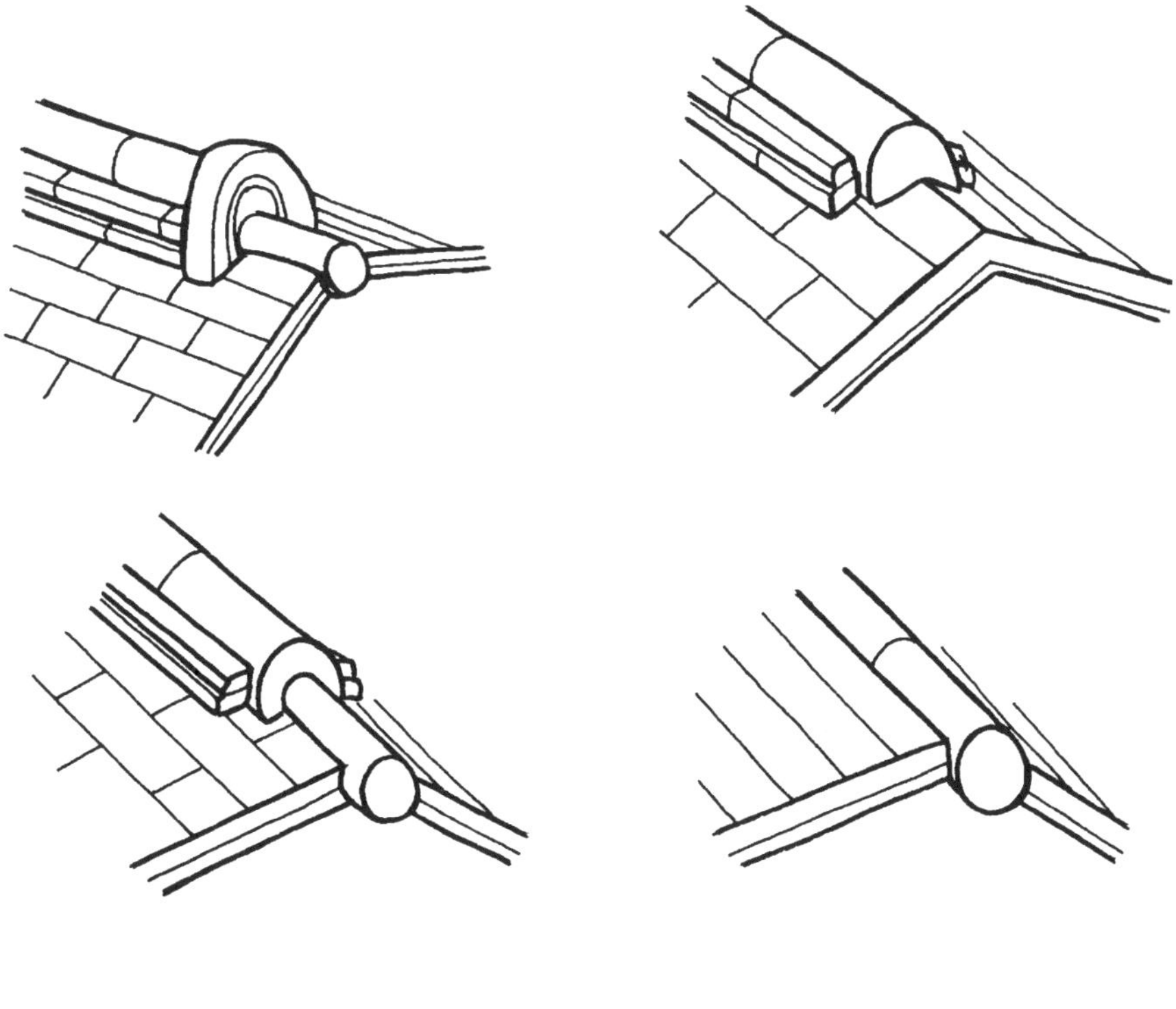

097 壁面と足元

ポイント 刀掛は平等を、蕨箒は清浄を象徴するもので、実用ではないが精神的意味をもつ

茶室の外壁面

茶室の外面は屋根と壁面、そしてその足元部分よりなり、露地における景色として重要である。外壁面には、土壁と柱、連子窓、下地窓、躙口《にじりぐち》によって構成されている。それに加えて刀掛が取り付けられ、蕨帚《わらびぼうき》が掛けられる。

刀掛

刀掛は刀を掛けるところである。武士であっても刀をここに掛けて躙口《にじりぐち》より入室するということ、すなわち茶室空間の平等を象徴したものである。

現代においては、刀掛は実用上不要ともいえるが、一方、精神的な意味において、平等を表現した造形であり、その意味を重視するならば設置することが望ましい。

また足元には飛石が続き、二段石が設置される。

蕨帚

蕨帚《わらびぼうき》は、蕨の根から澱粉質をとった繊維をなってつくられたもので、躙口《にじりぐち》の戸尻にある柱などに掛けられる。じっさいの箒として使用するものではなく、露地を掃き清めるということを象徴したものである。

茶室の足元

茶室の足元は現在の一般住宅とは違った構成となっている。柱は自然石の根石の上に立てられている。そして壁の下部には差し石を差し込み、壁の下部は差し石まで下ろす場合と、竹や削り木などの壁留を入れて、差し石との間に隙間をつくり、床下換気を意識したものもある。

一方、壁の下部に腰板を取り付けることもある。腰板は雨から壁面を保護する役割をもち、やはり、差し石との間を開けるものと、密着したものとがある。

壁留を用いるか腰板を用いるかは、趣味の問題ともいえるが、一般には広間の座敷下部には腰板、小座敷の場合は壁留が多いようである。

刀掛

厳密な決まりはないが、上下2段になって、上部が大きいものが多い。

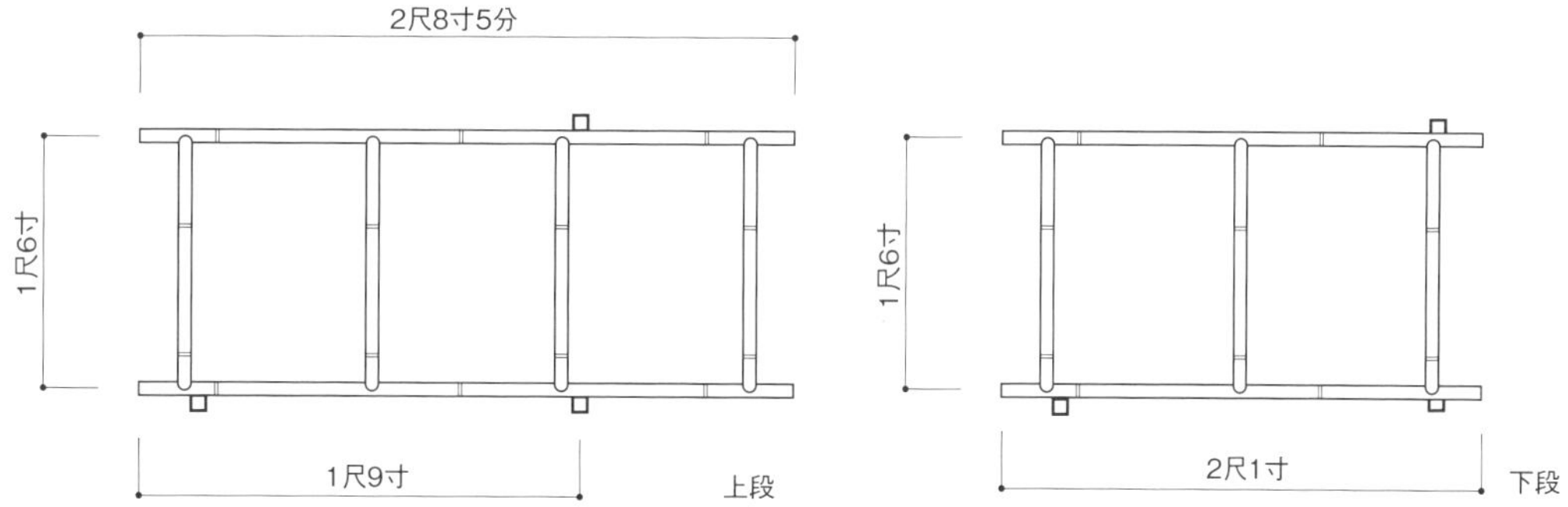

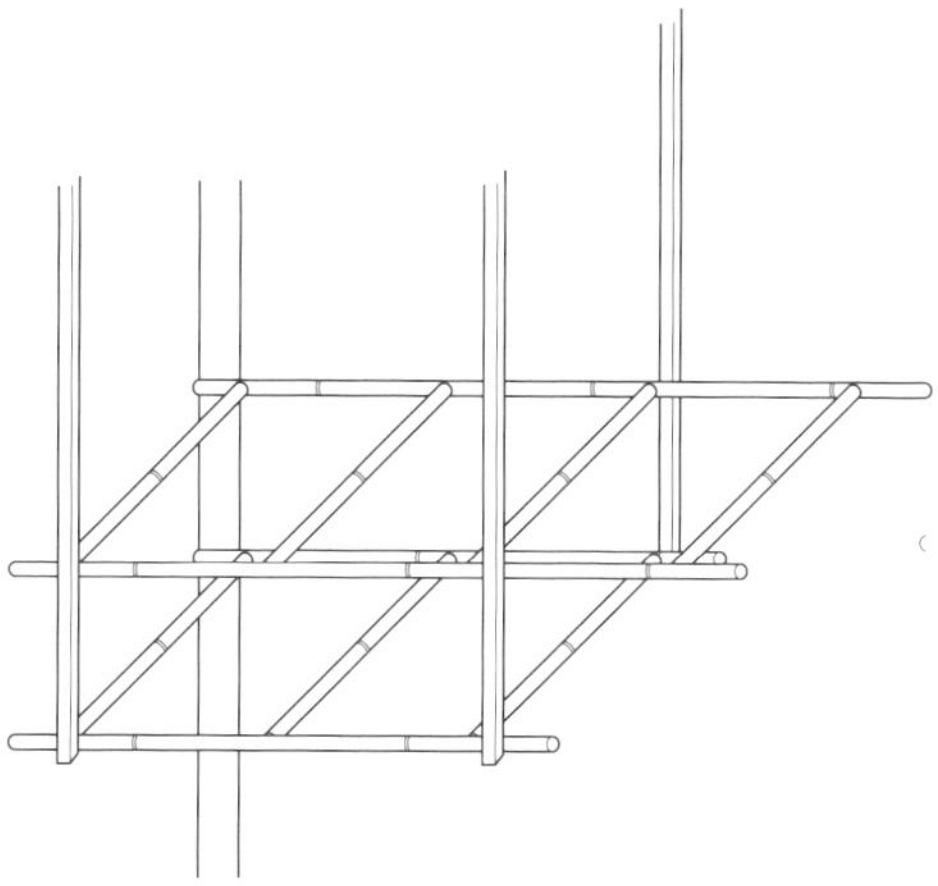

1 尺 =10 寸 =100 分≒303mm

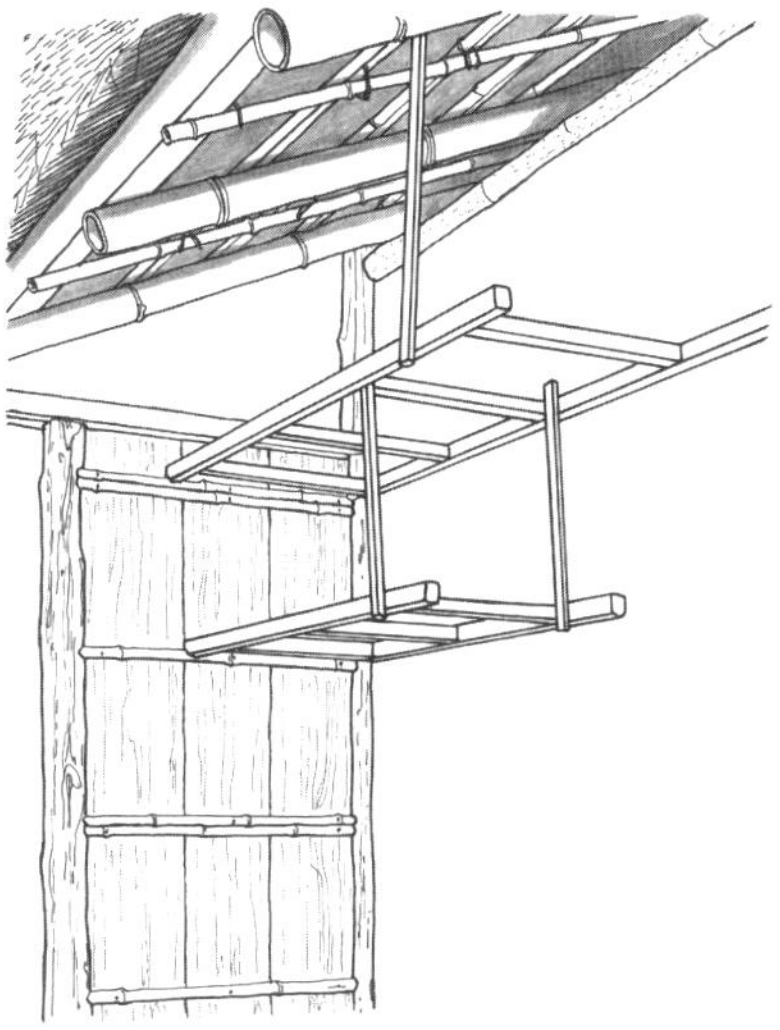

腰板を用いた足元の例

柱石の上は腰板がひかり付けられる。そして換気口が設けられる。

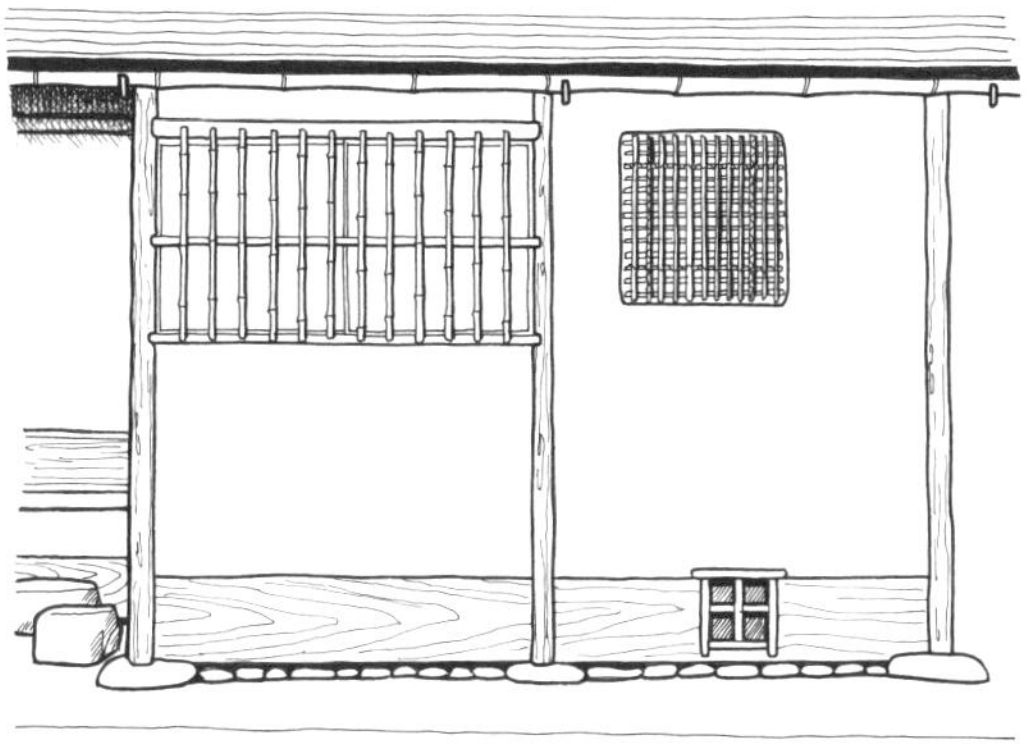

壁留を用いた足元の例

差し石の上に隙間をあけ、壁留を取り付ける。また蕨帚も柱に掛かる。

098 三和土と塵穴

ポイント 三和土は土を突き固めたものである。小石を散らし、意匠的に仕上げることもある。三和土に設けられた塵穴は清浄を象徴する

三和土

三和土《たたき》は土間床の仕上げの一種であり、花崗岩・安山岩などが風化した土に、消石灰（水酸化カルシウム、原料によって石灰《いしばい》あるいは貝灰《かいばい》ともいう）とニガリを混ぜ、水を加えて練り固め、土間床に塗り、叩き締めたものである。砂利を加える場合もある。

三和土《たたき》は産地による微妙な色合いの違いや、また砂利や粘土が混じっているものもある。古来より三州土（愛知県中部に産出する土）・深草土（京都市深草近郊より産出する土）などがよく知られている。

三和土の施工

地盤面を突き固め水締めを行い、むらのないようにする。このとき砂利地業を行う場合もある。その上に混練した材料を盛り、木づち・金づちや木版またはランマーなどを使用し、厚さが半分ほどになるまで叩き締める。この突きかためる作業を2ないし3回繰り返し、厚みを増す。

仕上げのとき、種石を散らし、意匠的に仕上げることもある。一つ二つ三つと散らしたものを一二三石《ひふみいし》という。粗面の仕上げをあらわすときは、叩き打って仕上げた後、1日ないし2日を経て上面を水で洗う。

塵穴

躙口《にじりぐち》回りには塵《ちり》穴が設けられることが多い。軒内に覗《のぞき》石と呼ばれる石が据えられ、丸や四角の穴があけられる。そこに青竹の塵箸《ちりばし》が添えられ、緑の葉などがあしらわれる。これも決して実用的なものとして使用するものではなく、露地を清める、というひとつの象徴的なものであり、精神的な意味合いが強い。

三和土《たたき》の内に収めるもの、三和土《たたき》に半掛りのもの、縁を付けるもの、付けないものなどがある。一般に小座敷の前に丸いもの、広間の座敷の前には四角いものが設けられる。

三和土《たたき》の施工に用いられる道具

面積によって使い分ける。

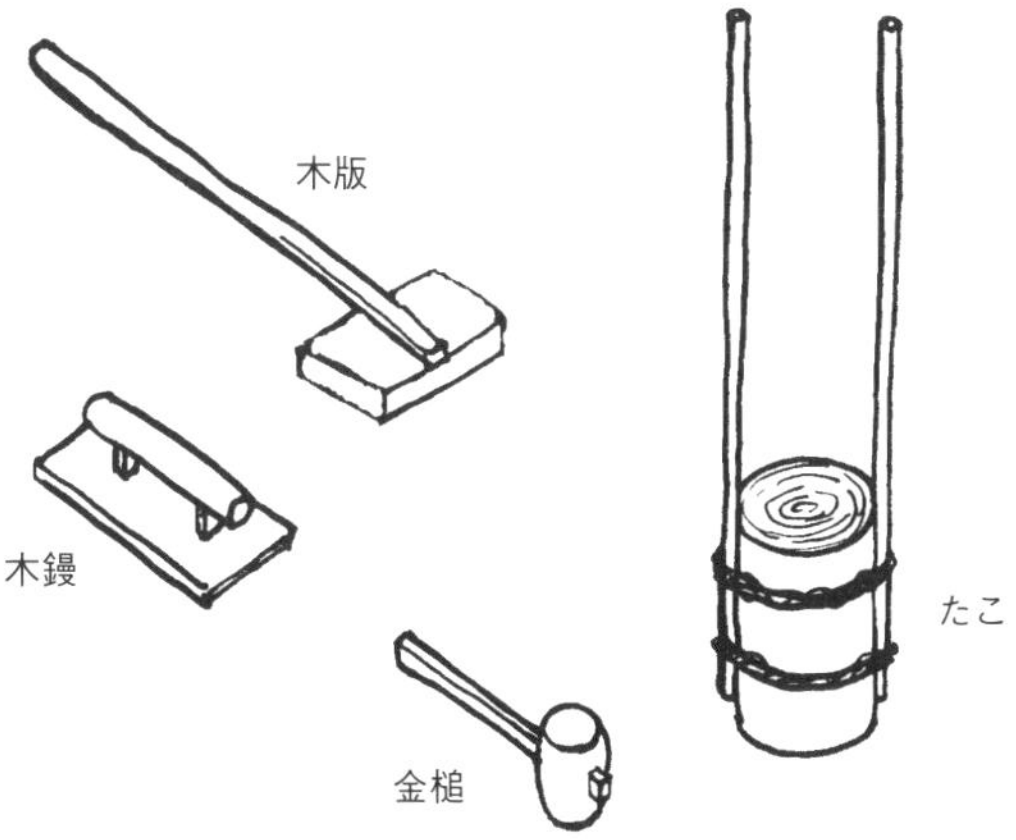

三和土《たたき》

軒内の例。

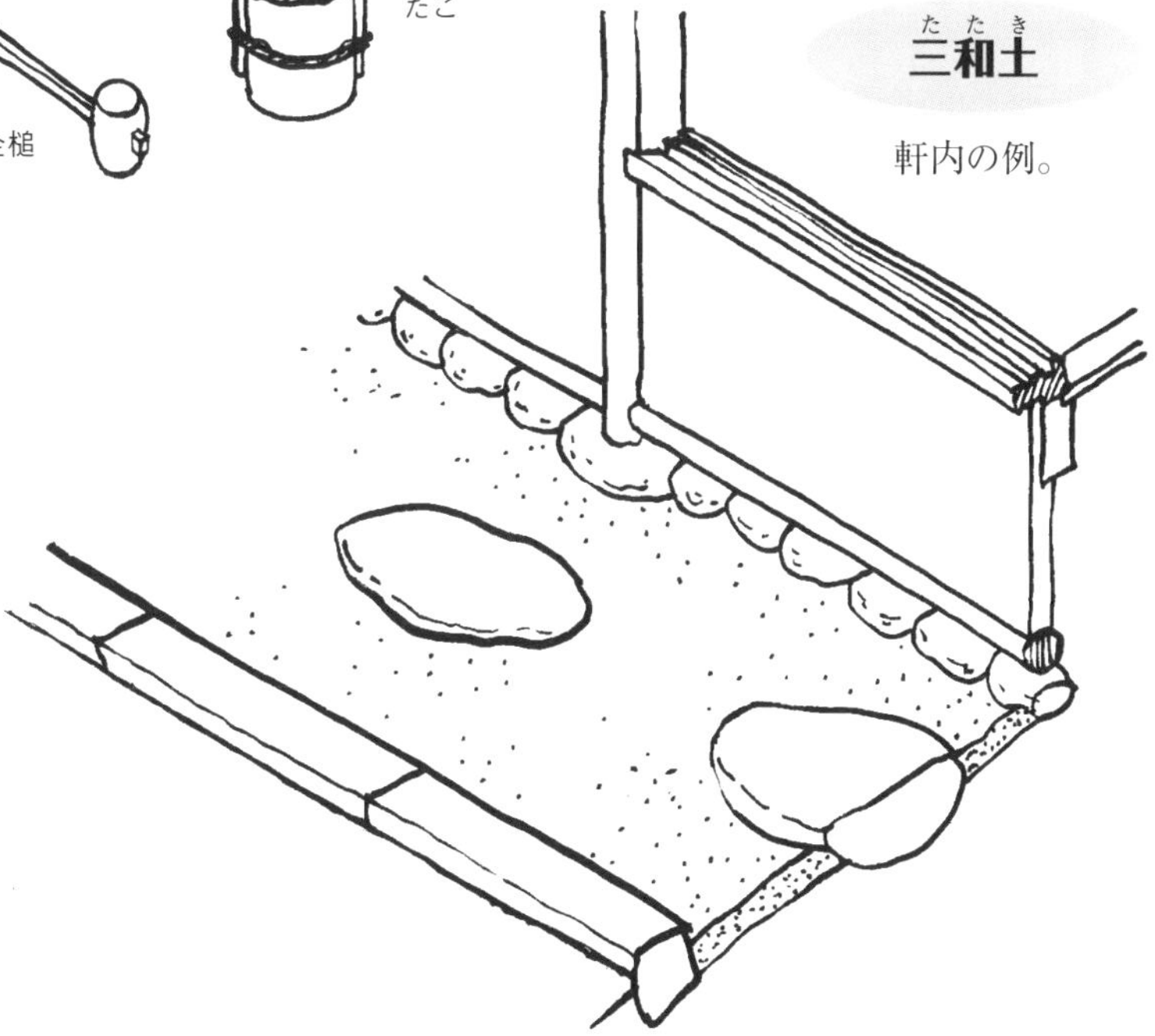

塵《ちり》穴《あな》

塵穴《ちりあな》には覗石《のぞきいし》が付属する。形は四角いものと丸いもの、位置は三和土《たたき》の内側と半掛りのものがある。

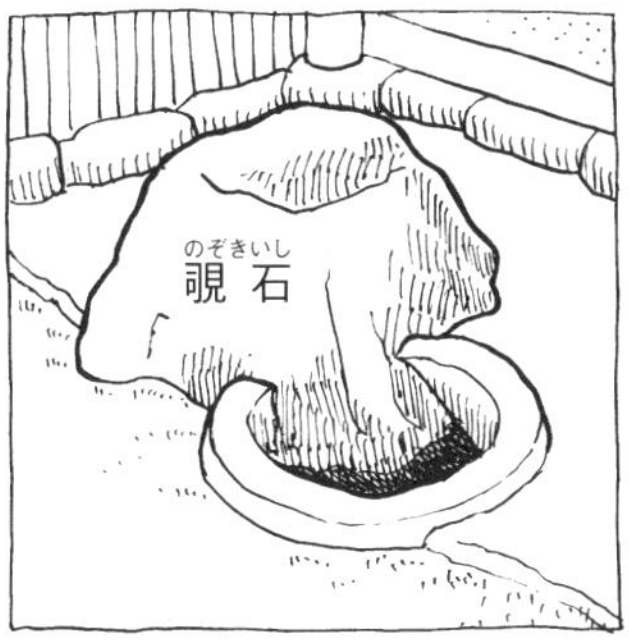

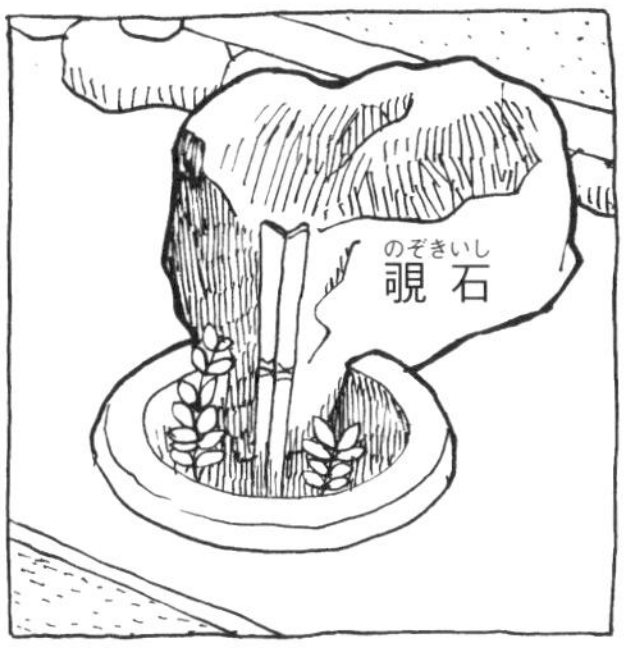

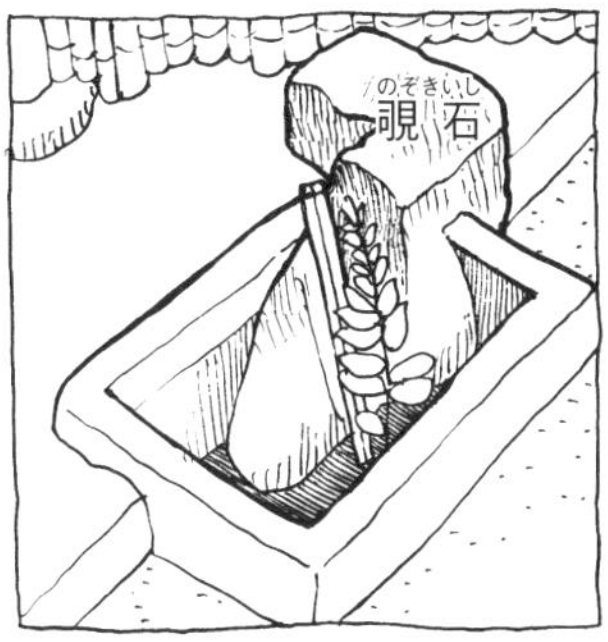

こらむ⑦

竹

いわゆる草庵茶室ができる前、室町から桃山時代初期の文化人たちは、竹亭あるいは竹丈庵と称して、竹でつくった建物を数寄空間として連歌や茶の湯に使用していた。建築用材としての竹はかつて、木材よりも格式が低いとみなされ、逆にそれは素朴さを表現する手段として適していた。

現在の茶室において、竹は、床柱、中柱、垂木、掛込天井（→178ページ）の壁留、連子窓の連子子《れんじこ》、下地窓の力竹など、さまざまな場所に使用されている。竹樋は、毎年年末に真新しく取り替えられる。これは新年をすがすがしく迎える工夫の１つである。

竹材は、直線的なイメージがあるが、実は微妙に曲がったものである。通常、それを茶室の材料として使用する場合、竹材店の職人によってまっすぐに矯正するのである。

建築の化粧材にする場合、火にかけて油抜きを行い、ある程度の矯正をあらかじめ行う。そして、ため木を使って竹の歪みをとる。熱を加えると、竹の繊維の間の樹脂が柔らかくなり、繊維が動きやすくなるのである。

ちなみに、民家を解体して出る煤竹《すすだけ》もこの作業を行う。民家では、自然のまま特に加工せずに使用した竹であるため、曲がりがあり、また油も含んでいる。

その後、２～３週間ほど天日で乾燥させる。このようにして晒《さら》された竹材が白竹や晒《さら》し竹と呼ばれる。最後にもう一度矯正して、製品としての竹ができあがる。

一方、建築の化粧材として使えないものを壁下地の小舞へ加工する。小舞竹は竹を割って加工する。茶室の壁は薄壁であり、竹を割ったうえ、節を削り取り、さらにそれを皮と身の部分の２枚に剥いで使用する。

第8章
古今の名作 幻の茶室

099 待庵

ポイント 二畳は四畳半の平面を一段階縮めた正方形の平面である

概要

待庵《たいあん》は室町時代に建てられた妙喜庵《みょうきあん》の書院に付属し、南面して建つ。外観は柿葺《こけらぶき》で切妻造の屋根をもち、南側の前面に庇を付け、深い土間庇を形成する。千利休の好みである。

内部は上座床をもつ二畳隅炉の席、その西側に接する一畳の次の間、そしてその北の一畳の勝手より構成されている。全体では、およそ一間半四方の正方形、すなわち方丈である。二畳は四畳半を一段階縮めた正方形の平面であることにも注目したい。

床の間は土壁を塗り廻し、柱を見せない室床《むろどこ》の形式で、床天井も低く抑えている。床柱は現在では杉の面皮《めんかわ》柱である。初めは桐であったとの説もあるが、不明である。床框《とこがまち》は桐の皮付きで、正面に３つの節を見せている。

躙口《にじりぐち》上部の窓は連子窓、そして客座側のふたつの窓は下地窓であり、割竹を組み込んだ手法は珍しい。また、内側に掛けられた障子の桟には竹を使用している。これは古い民家における手法と考えられている。点前座《てまえざ》の勝手付《かってつき》には引違いの太鼓《たいこ》襖が建てられ、次の間と接する。隅の柱は壁の塗り廻しによって消し去られ、点前座《てまえざ》を簡素に仕立て、角《かど》をぼかすことによって狭い奥行きをあいまいにし、広くみせている。

歴史

待庵《たいあん》の創建については謎が多い。大きくあけられた躙口《にじりぐち》や小さくつくられた炉、茶道口《さどうぐち》の引き違いの襖などの要素から草庵茶室の初期の形を示したものと考えられ、その発端となったものとみられる。

１５８２年の山崎の合戦ののち、早い時期につくられたものであろう。ただ、その後、建物は解体され、どこかで保存されていたとみられる。それが少庵の時代、会津での蟄居がとけて京に戻った１５９４年以後、この妙喜庵《みょうきあん》に再建されたものだと思われる。

妙喜庵待庵

床の間は室床《むろどこ》で隅の部分の柱を見せない手法である。
炉の隅も同様で、奥行きをあいまいにしている。

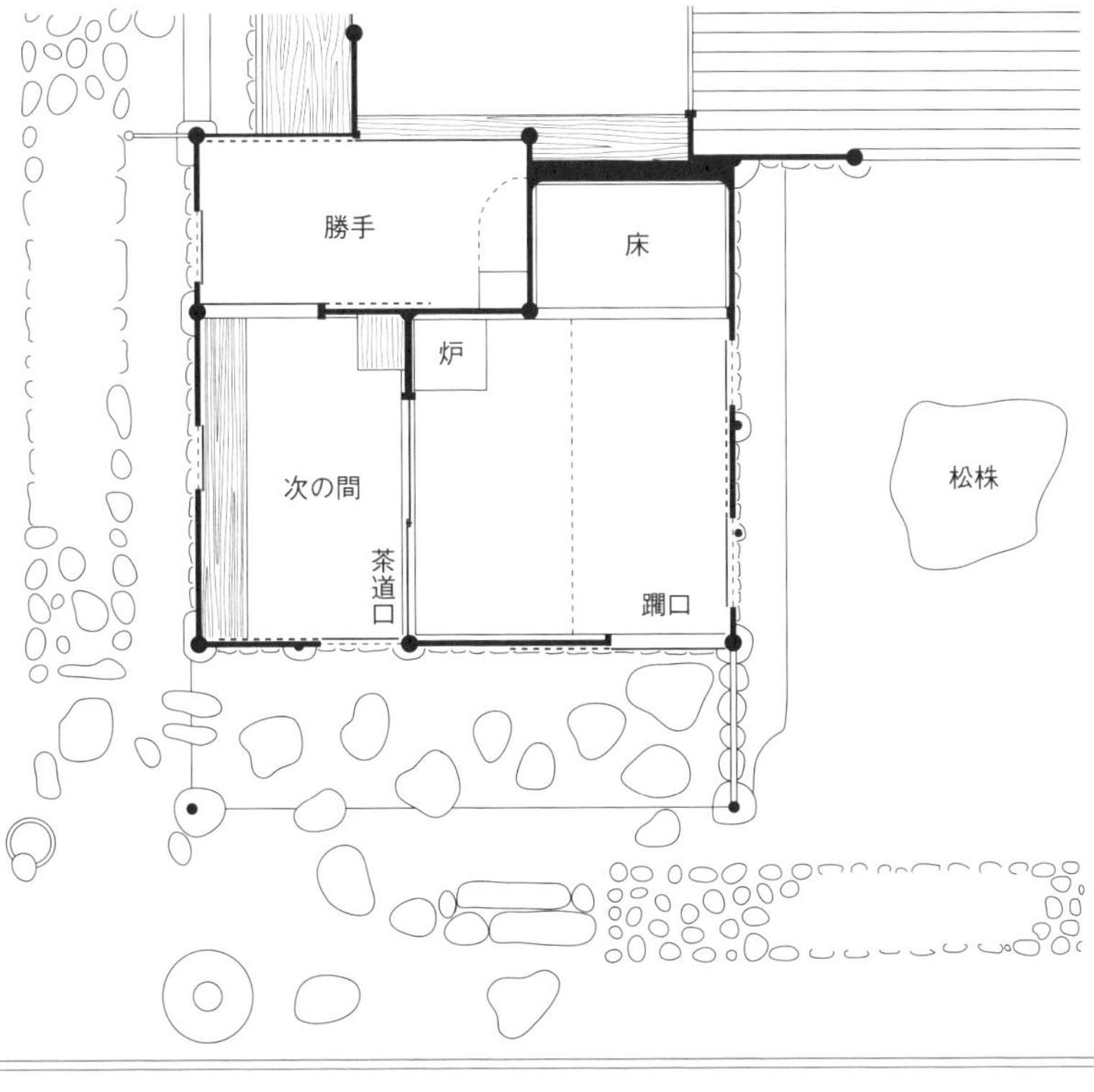

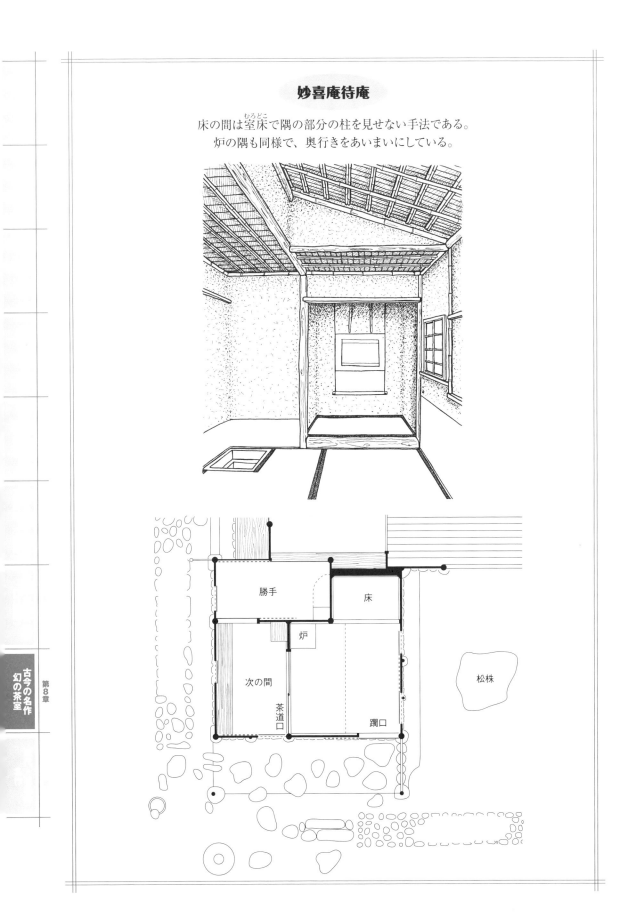

100 黄金の茶室

ポイント ほの暗い明かりの中での黄金は、寺院の本堂内での荘厳のように鈍く光を放つものである

概要

　１５８６年1月、豊臣秀吉は、禁裏小御所において、黄金の茶室を組み立て、正親町《おおぎまち》天皇に献茶を行った。前年10月の禁中茶会に続くもので、秀吉の関白就任の返礼として開かれたものである。このとき、千利休は居士号を賜り、隣の間に控えて後見したという。

　さて、この禁中茶会における黄金の平三畳の茶室は、金箔が押された壁面や柱で構成され、畳表は猩猩緋《しょうじょうひ》（黒みを帯びた鮮やかな深紅）、縁は萌黄《もえぎ》に金襴《きんらん》小紋、障子には赤の紋紗《もんしゃ》が張られたものであった。台子《だいす》や道具類も金箔を押したもので揃えられていた。この黄金の茶室、たびたび秀吉の黄金趣味と冷評されることもある。しかし歴史的にはしかるべき道理である。

黄金の意味

　時はさかのぼって１４３７年10月、足利義教の屋敷、室町殿に後花園天皇が行幸になる。その中の一室「御湯殿之うへ」には、金の道具をはじめ、銀や蒔絵《まきえ》を使用した豪奢な茶の什器類が設置されていた。もちろんその当時は、秀吉時代のような茶の湯の形式はなかったし、茶室は存在しなかった。しかし、金などを使用した派手な茶道具が並べられていたさまは、当時の記録に書き記されていた。利休がつくったと考えられる黄金の茶室はこの延長線上にある。

　そもそも大きな建築物の中、ほの暗い明かりの中での黄金は、寺院の本堂内での荘厳《しょうごん》のように鈍く光を放つもので、いわゆる成金趣味と混同するのはまちがいである。

　ただし、よくいわれるように、この茶室をめぐって秀吉と利休との対立があったとするならば、それはのちの北野大茶会、秀吉はこの茶室を民衆の前で披露したことによろう。利休はあくまでも天皇への献茶用として作成したものなのだから。

黄金の茶室

秀吉は1586年正月、京都小御所内に設置した黄金の茶室で正親町《おおぎまち》天皇に献茶を行った（MOA美術館での展示より）。

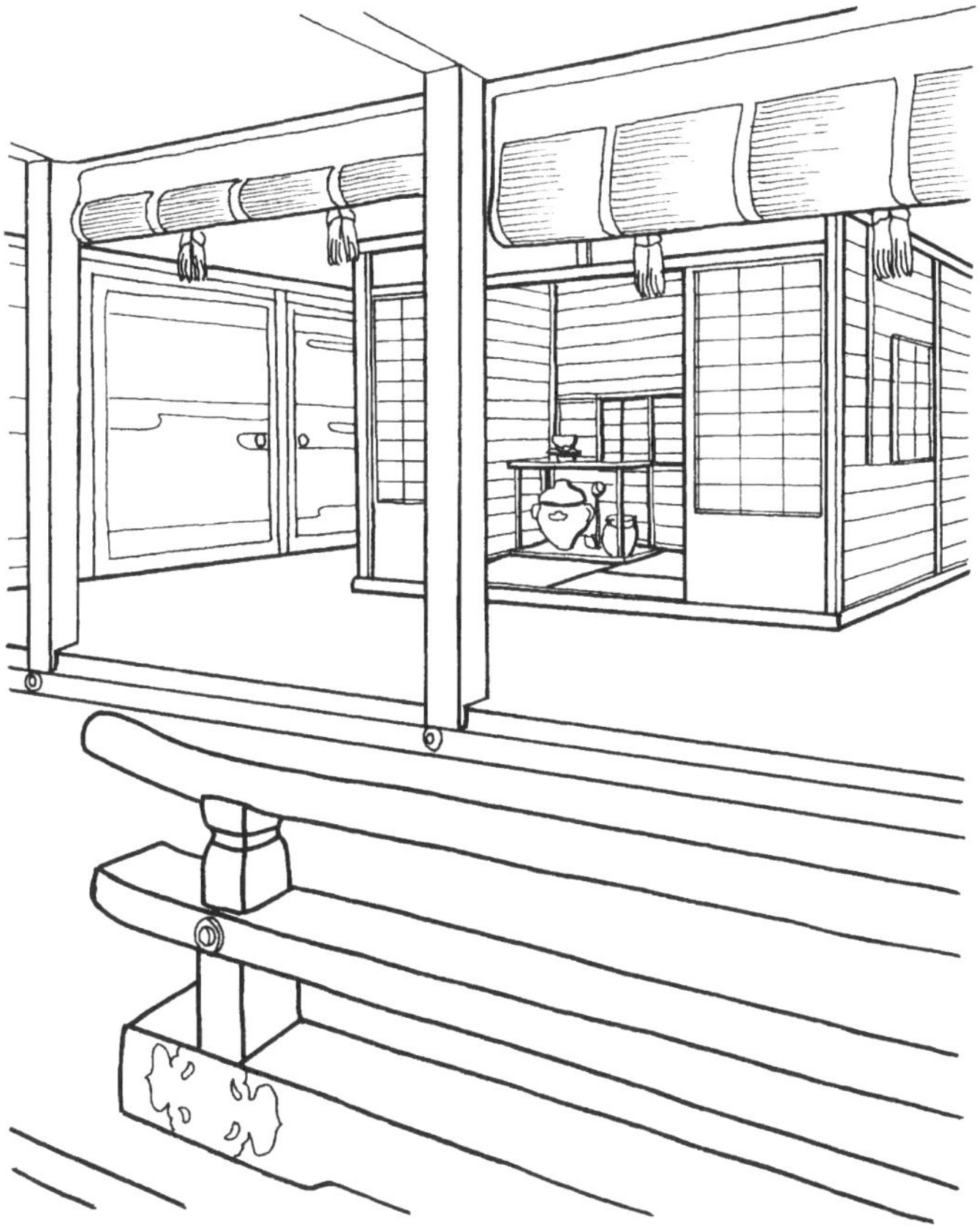

関白様御座敷

一方、秀吉は二畳敷きの簡素な座敷もつくっている。上記の黄金の茶室とは対極にあるものだ。

「山上宗二記」に記された「関白様御座敷」と称する茶室は、二畳隅炉の形式で次の間を備える。坪の内をもち、床の間の幅は5尺（1,500mm）ほどである。隅炉の角の柱は塗回しとしているが、床の間は柱が見えていて、待庵とは違いをみせる。

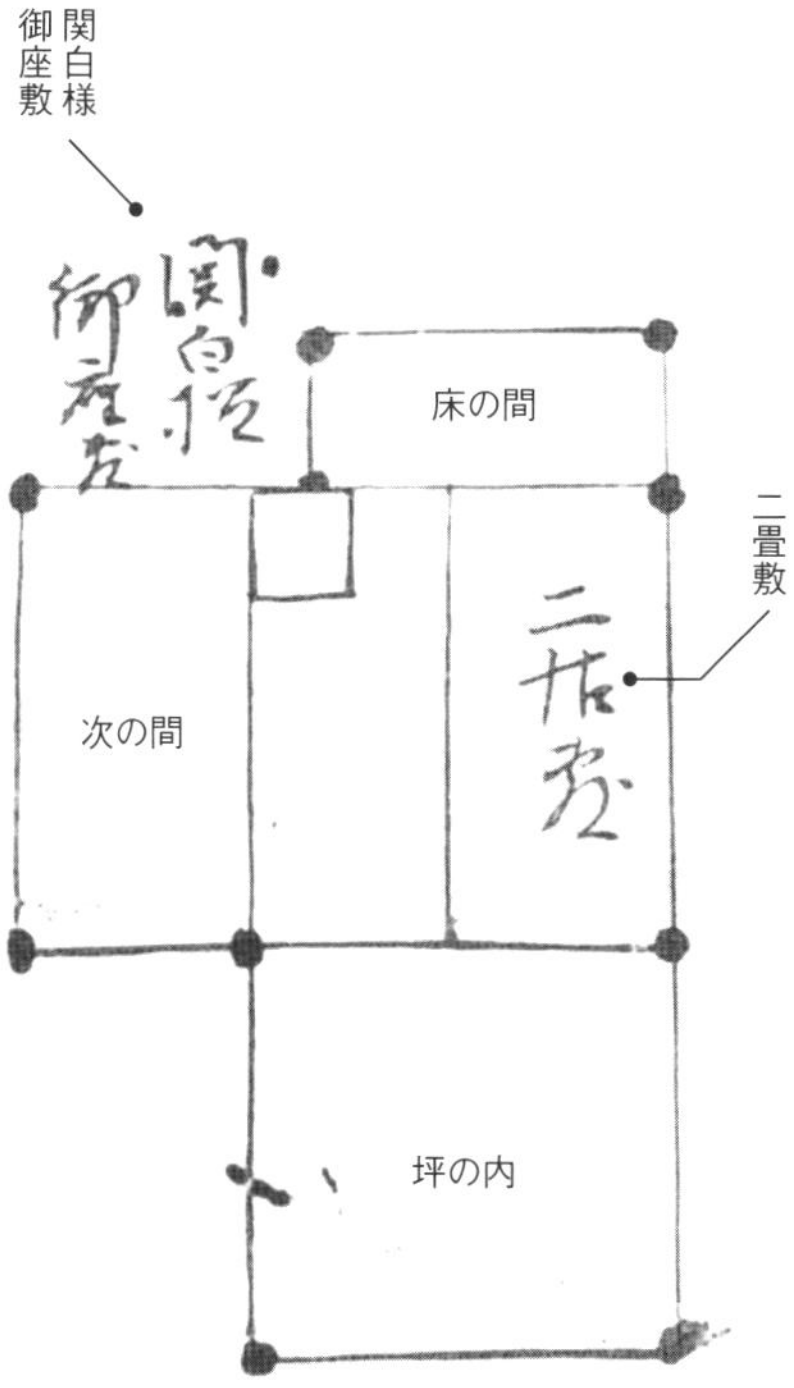

「山上宗二記」より

101 利休深三畳大目

ポイント 点前座を次の間のように扱い、客の側に格の高い要素を揃え、もてなしを表現する

概要

利休が大坂屋敷につくった深三畳大目、これがもてなしの造形、大目構えのはじまりである。細川三斎が大目構えは利休の創始と伝えるが、おそらくこの茶室のことであろう。残念ながら現存しないが、いくつかの資料から当時の様子が再現される。

この茶室は、『宗湛日記』や『山上宗二記』に記録されている。また、のちに少庵によって写しがつくられ、『松屋会記』に記録されている。

それらを総合すると、上座に構えられた床の間は、勝手の方に寄せた五尺床であり、床柱は杉の角柱、相手柱には花入れが掛けられ、床框《とこがまち》は真塗であった。炉は1尺4寸の大目切、袖壁は下まで壁土が塗られたものとなっている。したがって、点前座《てまえざ》は次の間のような扱いであり、茶道口《さどうぐち》は風炉先《ふろさき》に開けられており、いわゆる戻り点前《でまえ》が行われていたとみられる。

また躙口《にじりぐち》と片引きの貴人口が開けられて、外部には坪の内が設けられていた。

もてなしの空間

この茶室の性格は、もてなしの意識が強く表現されたものである。つまり全体として侘びた空間ではあるが、客の位置をより上位に設定するため、床の間には、丸太ではなく角の床柱、真塗りの床框《とこがまち》を用い、格の高い表現としている。また、亭主の謙譲の表現のため、袖壁を設けて、点前座《てまえざ》を次の間のように扱っている。とりわけこのときは、のちのものとは違い、袖壁を下まで塗りつめて、謙虚さをより強く表現したものとなっている。

この点前座《てまえざ》からはじまった形式、大目構えは、その後、下部に吹き放しを設け、曲《ゆがみ》柱を用いるなど洗練されてゆき、古田織部《おりべ》や小堀遠州、細川三斎らの茶室に応用され、大きな拡がりをみせた。

床正面

角の床柱、塗りの框などの仕様とし、床の間の格式を上げている。それは、その前に座る客をもてなす考え方である（中村昌生復元、堺市朝雲庵より）。

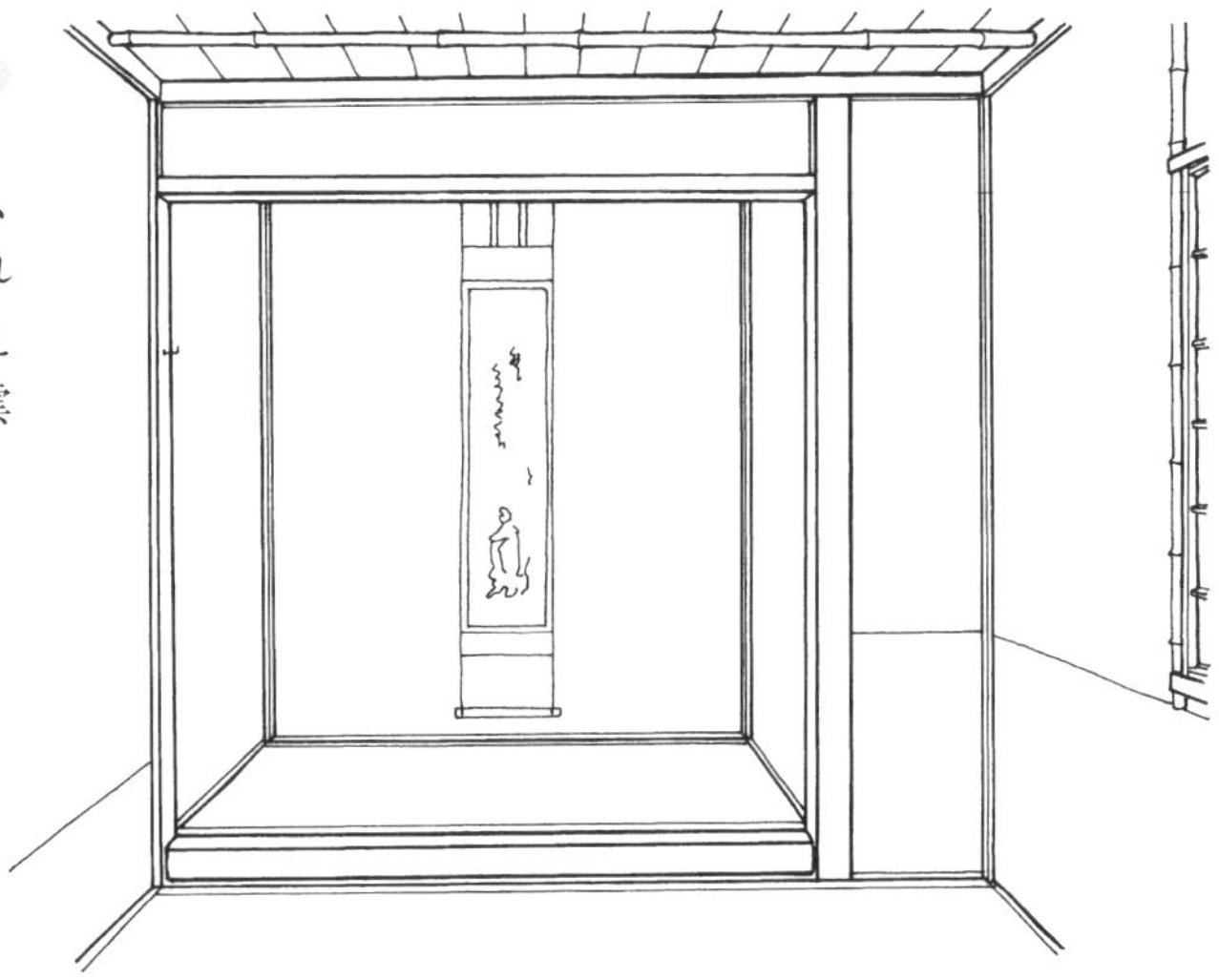

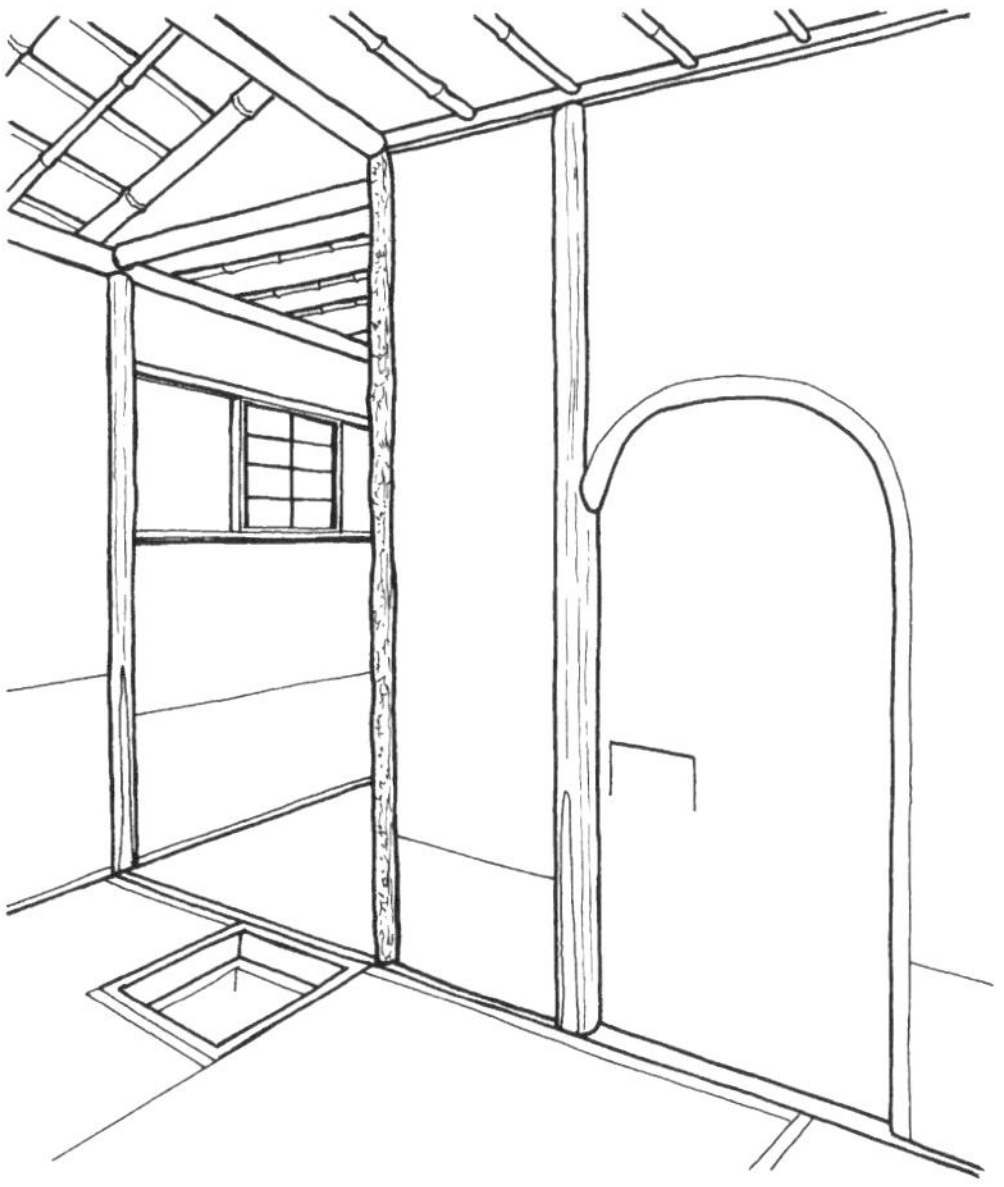

点前座

大目構えのはじまりと考えられる。中柱と袖壁によって、半分以上点前座が隠されている。のちの茶人たちは袖壁の下部を吹き放すなど、工夫した（中村昌生復元、堺市朝雲庵より）。

「細長イ三畳敷」

『山上宗二記』に記された深三畳大目。「五尺床」の床柱には角柱が記入されている。

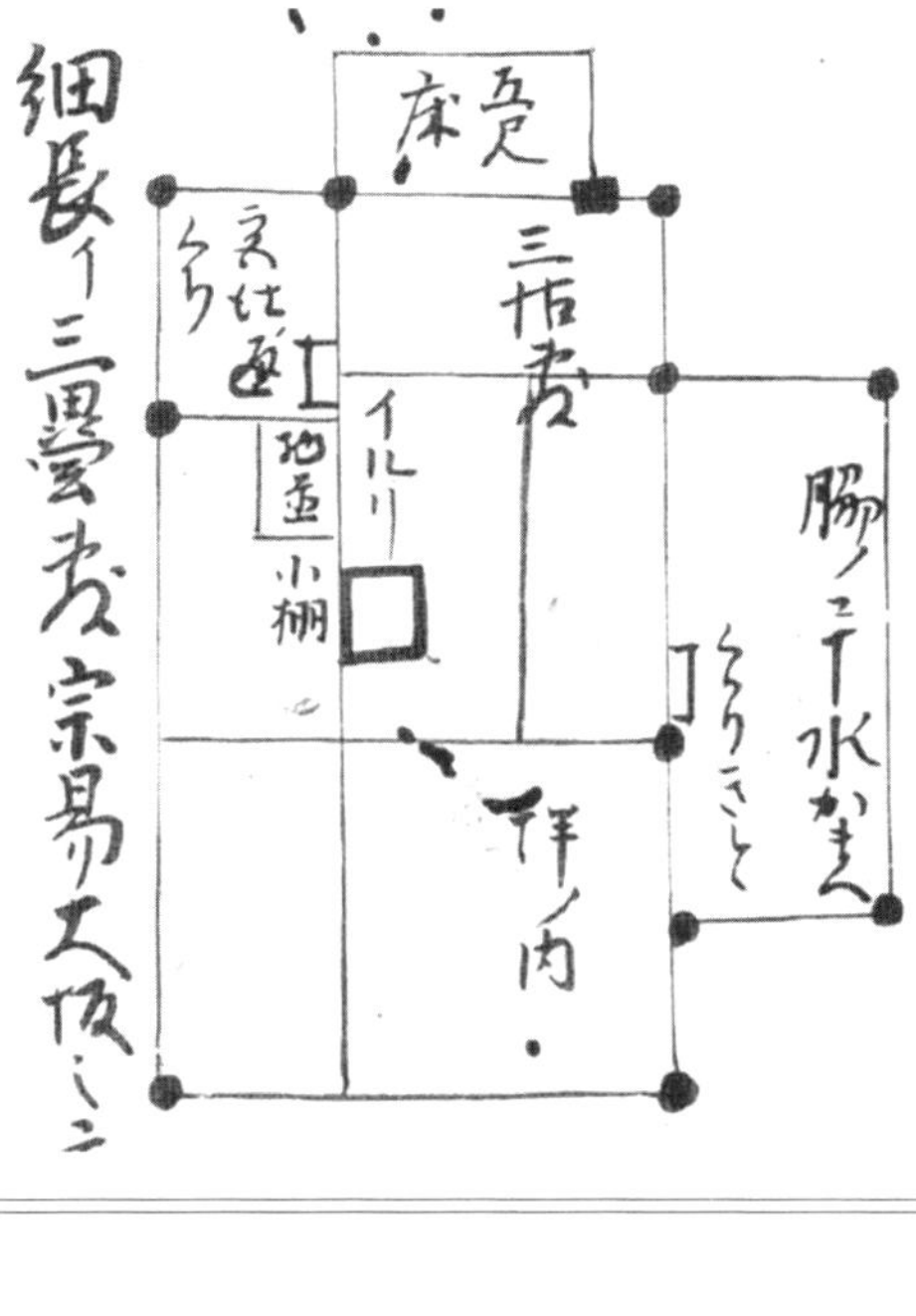

『山上宗二記』

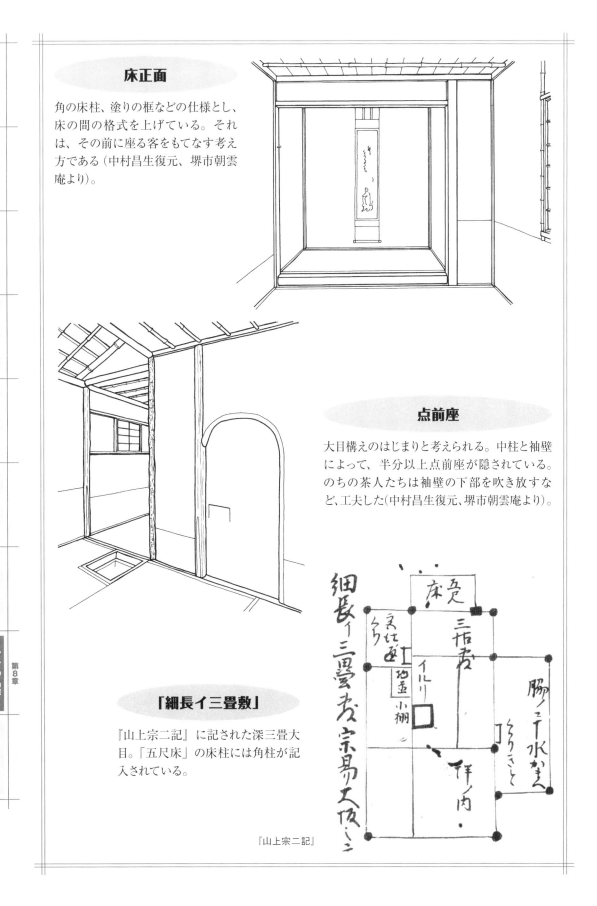

102 如庵

ポイント 多くの斬新な意匠を組み込んだ茶室で、のちに、いくつものすぐれた写しがつくられた

概要

国宝に指定されている如庵《じょあん》は、およそ一間半四方(方丈)の空間であり、豊かな技巧が組み込まれたものである。

これは、織田信長の弟、織田有楽《うらく》が、京都の建仁寺塔頭正伝院を1618年に再建した際、設けたものである。明治になって三井家の所有するところとなり、東京、さらに神奈川の大磯に移築された。現在は名古屋鉄道の所有となり、愛知県犬山の有楽《うらく》苑に移築されている。

優れた造形

如庵《じょあん》はその特異な形態より、有楽《うらく》囲、あるいは三角形の地板を用いたことから筋違《すじかい》の数寄屋、または壁の腰張として古い暦が使われていることから暦張《こよみばり》の席とも呼ばれていた。

屋根は切妻造の前面に庇を掛け、柿葺《こけらぶき》である。内部は二畳半大目に敷かれ下座床の形式である。点前座《てまえざ》は大目畳であるが通常のものより大きい。炉は向切に切られ、点前座《てまえざ》正面(風炉《ふろ》先《さき》)に火灯窓をあけた板壁が立てられている。この点前座《てまえざ》の勝手付《かってつき》には有楽《うらく》窓が設けられている。有楽《うらく》窓は外部に竹を詰め打ちしたもので、通常の窓の概念を根底から覆している。光を抑制しながら採り入れ、また障子に映る影の意匠を楽しむものである。

床脇に設けられた三角形の地板を鱗《うろこ》板という。この板畳の役割は、客への給仕の動線をスムーズにするためのものである。点前座《てまえざ》を少し下げて謙虚さを表現し、かつ三角という形は日本のデザインとしては大変珍しく、斬新な印象を与えている。

如庵《じょあん》の卓越した造形は江戸期より知られており、尾形光琳が写しをつくり、のちに仁和寺に移築され、遼廓亭《りょうかくてい》とよばれている。また近年では、村野藤吾がその造形に倣ったものをつくっている。古今の秀でたデザイナーが、この如庵《じょあん》に注目していたのである。

如 庵

床の間と点前座。下図中央に見える三角に板が鱗板。

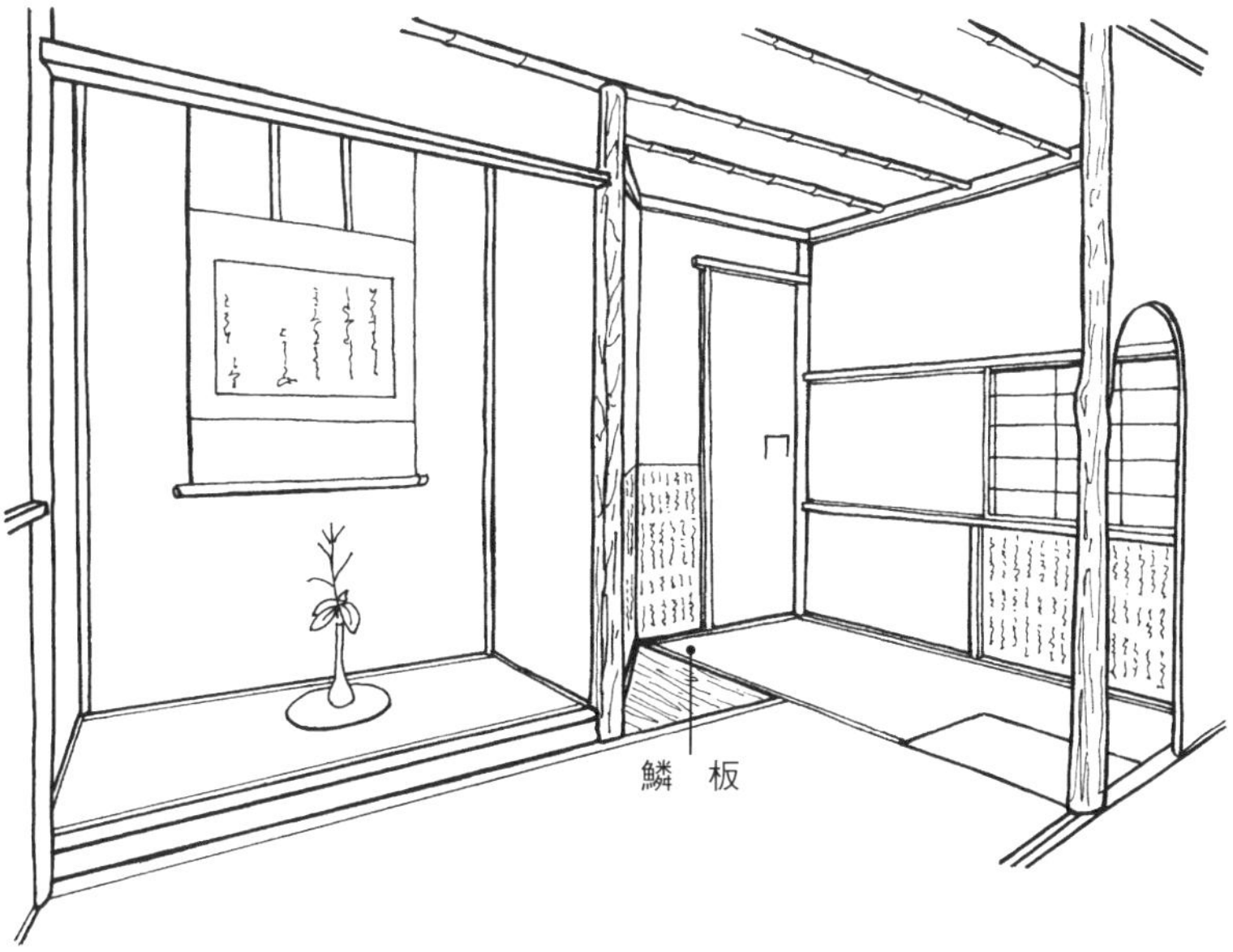

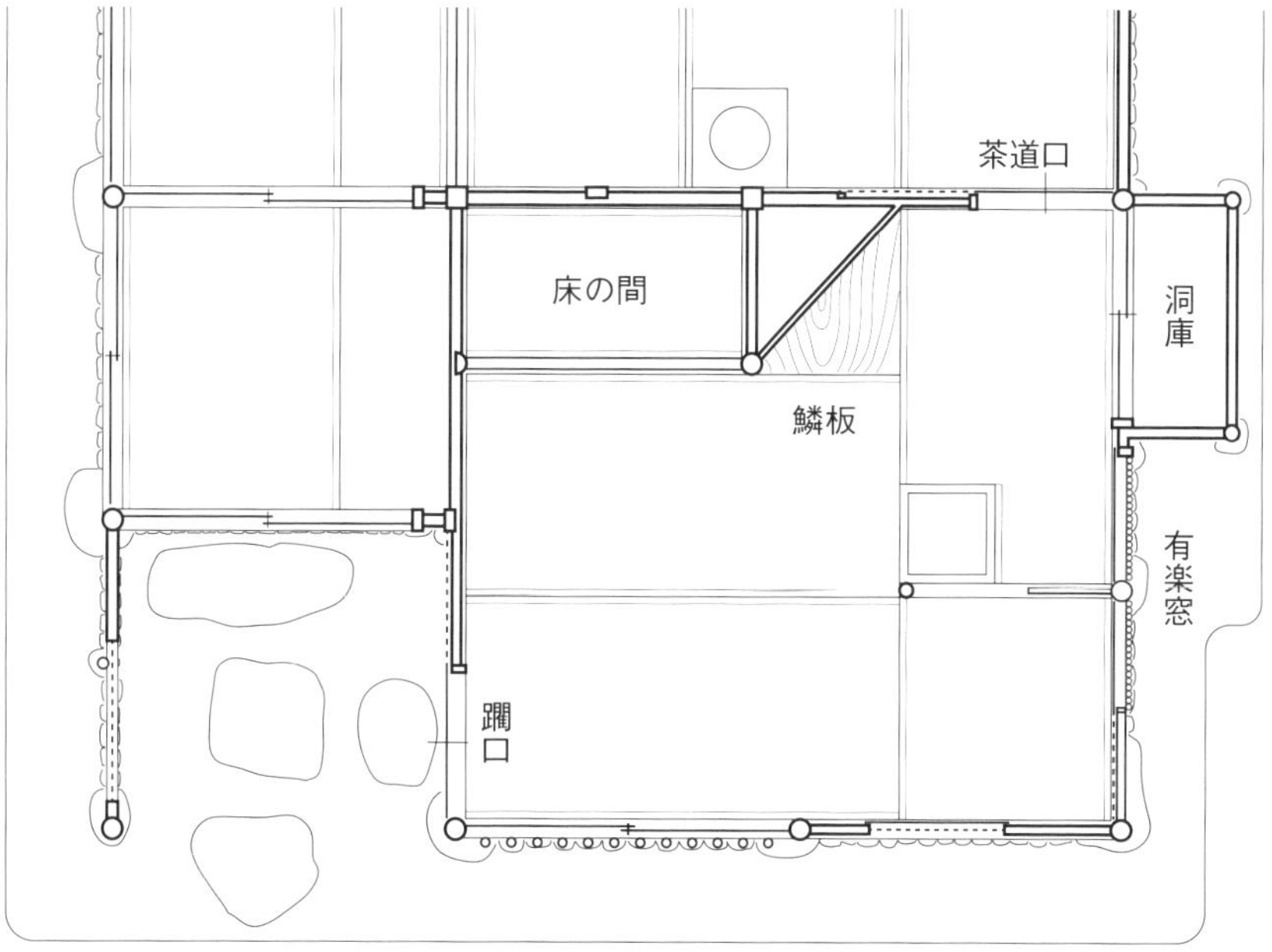

103 燕庵

ポイント 天井と袖壁の直交するさまは、モダニズム建築を彷彿とさせる

概要

藪内家《やぶのうち》にある茶室燕庵《えんなん》は、古田織部《おりべ》が大坂への出陣に際して、義弟にあたる藪内家《やぶのうち》の初代剣仲《けんちゅう》に与えたものと伝える。幕末の禁門の変で焼失するが、摂津有馬の武田家にあった忠実に写された茶室を1867年に移築したものが、現在の燕庵《えんなん》である。

入母屋造茅葺の屋根をもち、内部は三畳大目で炉は大目切本勝手、下座床の形式で、相伴席《しょうばんせき》を付加した平面となっている。

給仕口《きゅうじぐち》が相伴席《しょうばんせき》に付いており、初座の時は炉の前に正客が座り、後座の時には床の前に正客が座る、居替わりの席として知られている。

座敷の景

床の間は、手斧目《ちょうなめ》を施した杉の床柱に、床框《とこがまち》は真塗で格調をそなえる。床の脇の壁には下地窓があけられているが、通常の墨蹟《ぼくせき》窓ではない。障子は外側に掛けられ、下地に竹を混ぜ、花入れの折釘を打っており、花を見せることを主眼としたつくりになっている。これを花明窓《はなあかり》という。

点前《てまえ》座の構成も注目すべき部分である。茶道口《さどうぐち》の方立には竹が立てられ、風炉先《ふろさき》には雲雀棚が設けられている。そして大目構えとして中柱に曲柱《ゆがみばしら》が立てられ、袖壁がさらに奥へ続く壁と一体化しており、壁留がそのまま伸びて下地窓の敷居となっている。また天井も、一般によくみられる落天井の形式ではなく、点前座《てまえざ》の蒲天井がそのまま客座側の天井に繋がっている。そして、このふたつの面が直角に組み合わさっている。このような天井と壁の組み立てはモダニズム建築を彷彿とさせるシャープなデザインでもある。

点前座《てまえざ》の勝手付《かってつき》に色紙窓があけられている。上下2枚、形の違う窓の中心軸をずらして配置している。特に下の窓の敷居が床面の高さに揃っているのが、織部《おりべ》のデザインである。

燕庵の外観

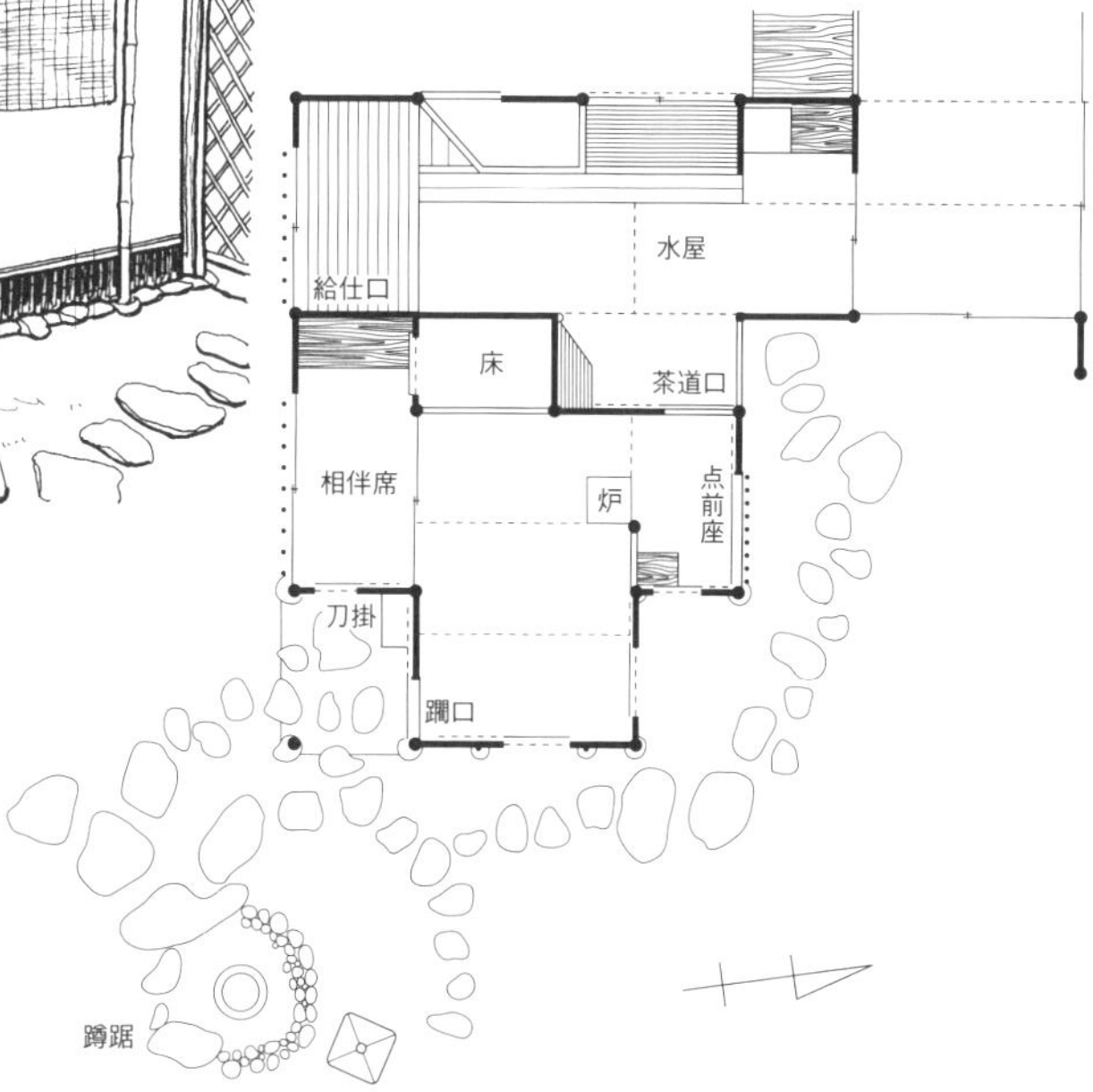

燕庵の内部

床の間と点前座（右）と相伴席（左）。
天井が左の床前から右の点前座へ連続している。

104 忘筌

ポイント 中敷居の上に障子を立て、下部を吹き放した手法は秀逸で、近代にも大きく注目された

概要

　大徳寺の塔頭孤篷庵《こほうあん》にある忘筌《ぼうせん》は、小堀遠州の好みによってつくられた十二畳の広間の茶室である。忘筌《ぼうせん》とは『荘子』の「魚を得て筌《うえ》（魚を捕る具）を忘る」からきた言葉である。

　はじめは津田宗及の子であった江月《こうげつ》宗玩《そうがん》を開基として龍光院内に孤篷庵《こほうあん》が創立された。のちの1643年に現地に移転し、建築や庭園も新しくしたが、このとき忘筌《ぼうせん》もつくられたと考えられる。しかし1793年に焼失し、その後、近衛家や松平不昧《ふまい》らの援助によって再建された。

書院と草庵

　忘筌《ぼうせん》の平面は八畳敷きに一畳の点前座《てまえざ》を付し、床の間を並べ、脇に三畳の相伴席《しょうばんせき》を加えた形式で、十二畳の広間である。面取りの角柱、長押《なげし》が廻り、壁は張付壁《はりつけかべ》で、書院の様式を備えている。しかし、天井の砂摺天井は草体化されたものとみることができる。炉は現在、四畳半切であるが、古図によると大目切であったという。床の間は風炉先《ふろさき》床に構えられ、点前座《てまえざ》との関係は小座敷の構成と類似した組み立てになっている。それは客座側からの鑑賞を意識したものとなっている。書院を基本としながらも、草庵的要素を組み込んだ形式である。

　この座敷で最も注目されるのは縁先の構成である。吹き抜けた縁先に中敷居《ちゅうじきい》が渡され上部に障子を立てる。障子は採光の目的があるが、目隠しでもある。一方、吹き放たれた中敷居《ちゅうじきい》下部は、通常の書院ならば広く庭を眺めるところ、限られた露地のみを見せている。生垣によって背後の庭と区切られ、その内側には灯籠と「露結《ろけつ》」と称する手水鉢《ちょうずばち》という茶庭の要素のみがある。限定された庭をみせる形態は、広間であって、しかし草庵にやつした空間として位置付けられる。そしてこの構成は、近代に大きく注目された。

忘筌の中敷居窓

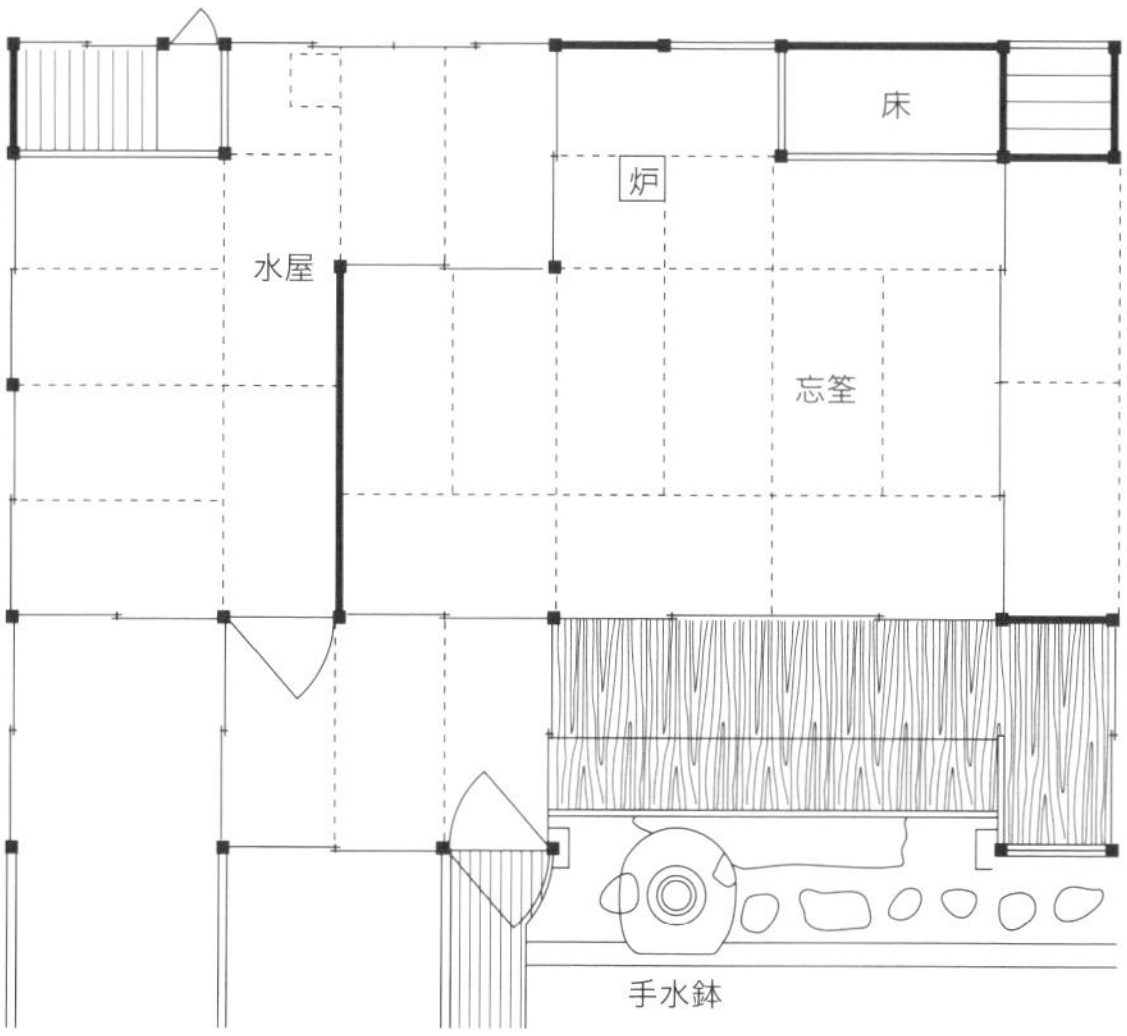

忘筌の点前座と床の間

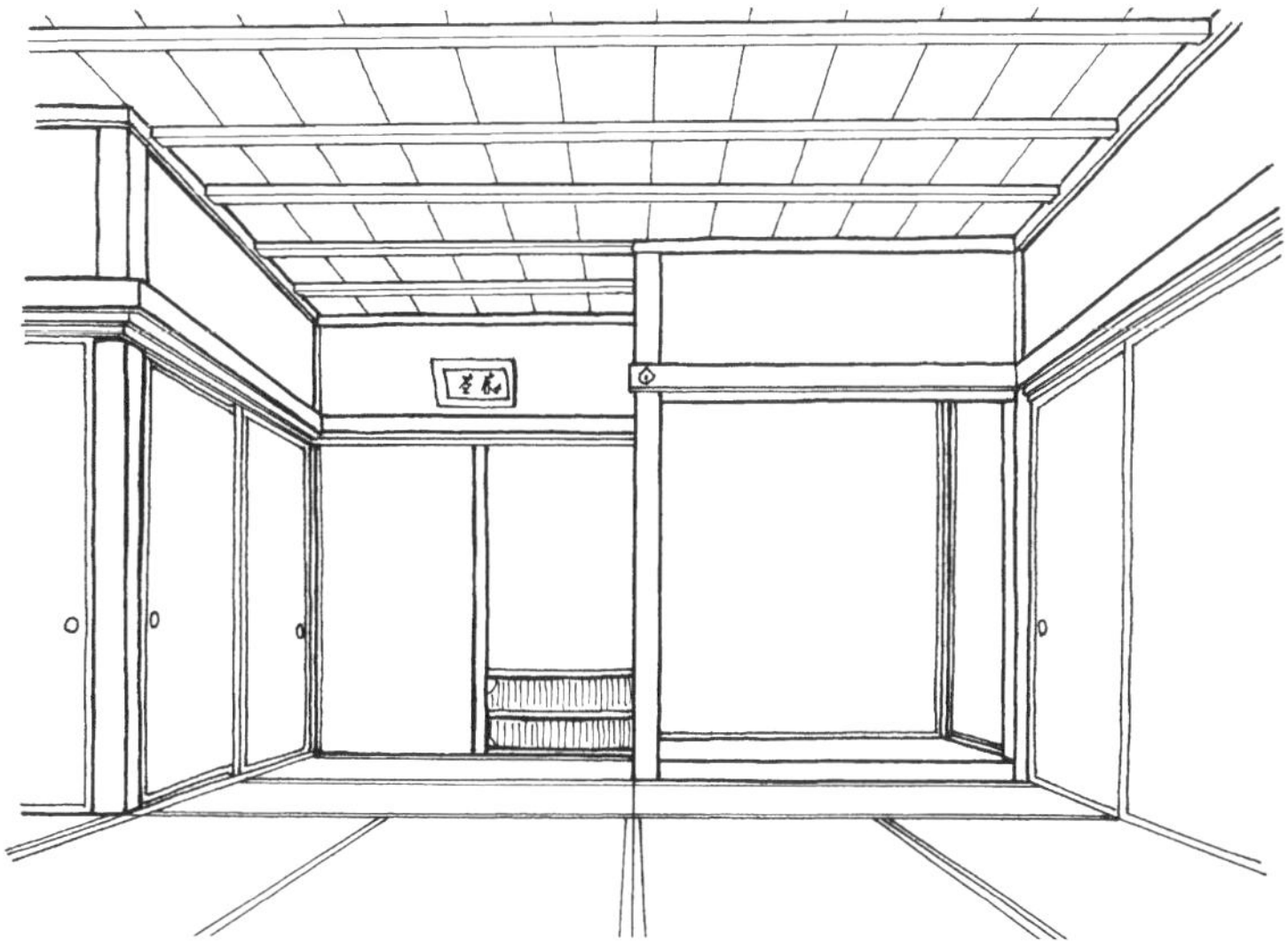

105 水無瀬神宮燈心亭

ポイント 田舎家風の外観に、一部御殿風の室内意匠が加わる。さまざまな要素のコントラストが面白い

概要

大阪島本町の水無瀬《みなせ》は後鳥羽上皇の離宮があった景勝の地である。重要文化財に指定されている茶室燈心亭《とうしんてい》は、後水尾上皇よりこの地の水無瀬《みなせ》家に下賜されたと伝えられる茶室で、1875年に水無瀬《みなせ》神宮に献納されたものである。

外観は入母屋造の茅葺屋根で、入側の外の建具を開け放つと開放的な空間となる。

内部は三畳大目の茶室と勝手水屋、入側などよりなる。三畳大目の席は大目切で下座床の形式である。床の間は蹴込床で、床柱は赤松皮付き、土壁の形式である。また床脇には違棚と袋戸棚が組まれて、張付壁《はりつけかべ》である。茶道口《さどうぐち》と給仕口《きゅうじぐち》が矩折れに配置し、出隅柱と併せて松竹梅の材料が使用されている。また躙口《にじりぐち》はなく、腰障子が2方向に立てられている。

勝手には簀子《すのこ》の間と呼ぶ大きな水屋流しが備えられ、また戸袋の中に違棚が組み込まれている。

風雅な系譜

燈心亭《とうしんてい》は茅葺の屋根で田舎家風の外観をもっているが、入側が廻り、床の間脇には違棚があり、反対側には平書院が付けられ、天井には格天井が張られるなど御殿風の組み立てが見られる。しかし天井の格間には葭《よし》、萩、木賊《とくさ》、寒竹、桐など11種類の材が美しい模様を形づくっている。これらが灯心に使用されることから席名が付いたという。障子の框《かまち》は春慶塗で腰板に籐の水引飾があしらわれており、また組子（桟）は吹寄せである。書院造の荘重さというより風雅な表現としてまとめられている。

興味深いのが壁の構成である。床の間も含め土壁が基本になっているが、違棚が張付壁《はりつけかべ》である。この部分は給仕口《きゅうじぐち》と茶道口《さどうぐち》の太鼓《たいこ》襖に呼応し、面白い組み合わせとなっている。

燈心亭の床の間と床脇

土壁と張付壁のコントラストが面白い。

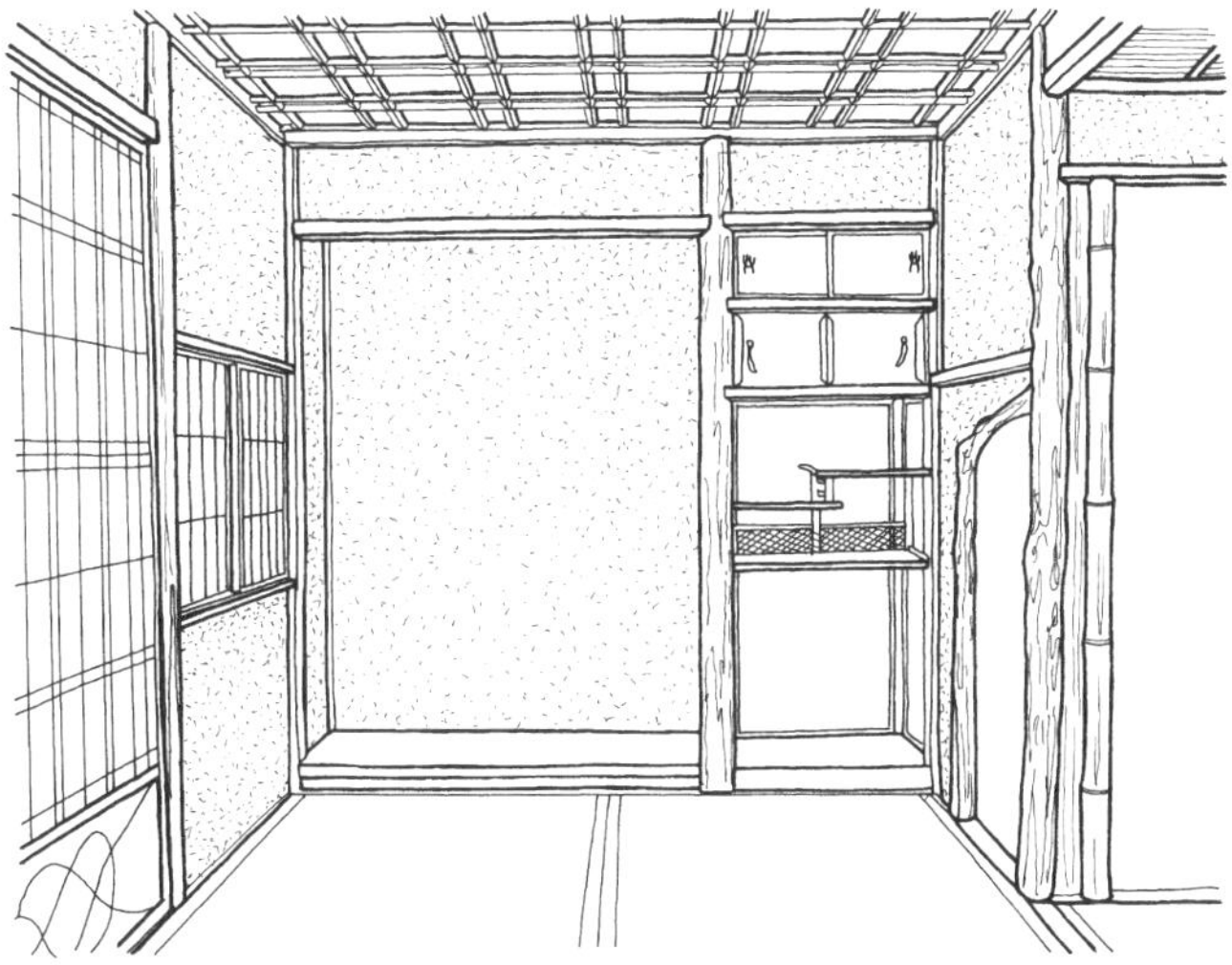

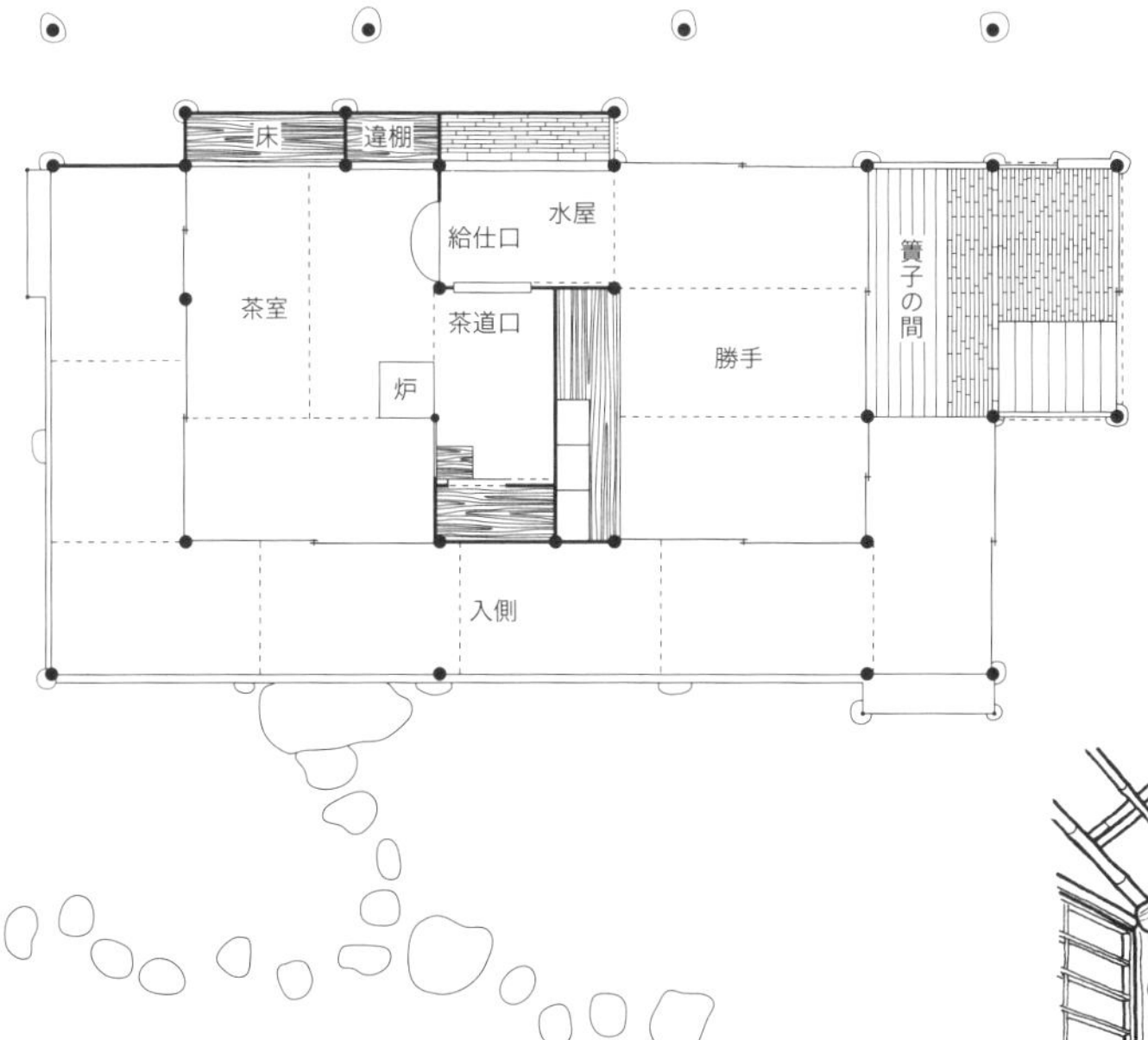

燈心亭の水屋

簀子《すのこ》の間とも呼ばれ、大きな流しが備わる。

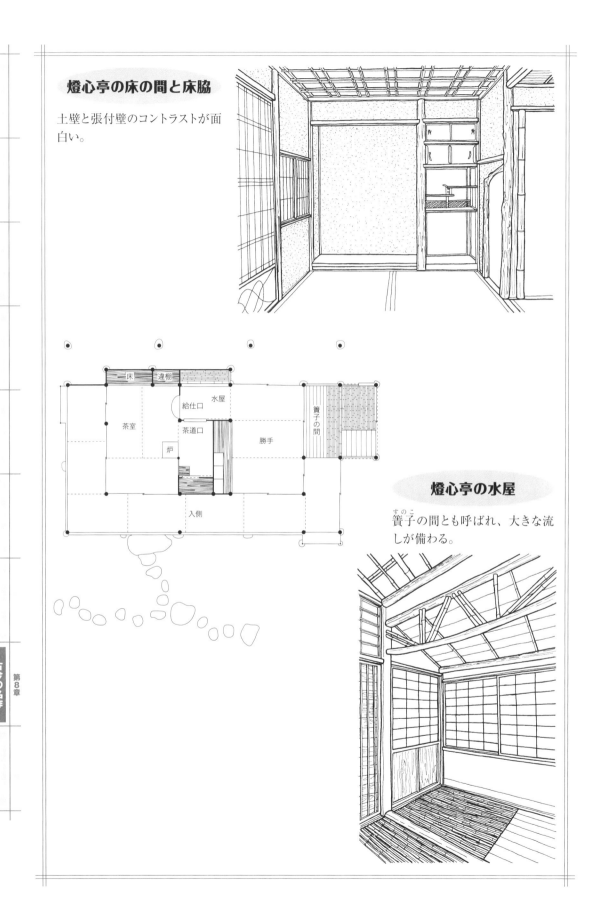

106 今日庵、又隠

ポイント 畳2枚は最小限の茶の湯空間である。ここでは点前座を大目畳として客をもてなす表現がなされている

今日庵《こんにちあん》

1646年、千宗旦《そうたん》は本法寺前の敷地を分け、南側を三男江岑《こうしん》に譲り、自らは北側の敷地に質素な家屋を建て、隠居を始めた。そこには二畳の茶室が設けられるのであるが、それがすなわち今日庵《こんにちあん》であった。

今日庵《こんにちあん》は、客座一畳、点前座《てまえざ》に大目畳を用いた一畳大目の席である。しかし向板《むこういた》が設けられ、大きさとしては二畳と同じで、方形平面である。二畳敷にしない理由は、亭主の謙虚さを表現するため、客よりも小さな畳にする必要があるからだと考えられる。

天井は片流れの化粧屋根裏天井である。向切の炉が設けられ、床の間は躙口《にじりぐち》正面、下座床で壁床の形式である。そして右隣には火灯型の茶道口《さどうぐち》があけられ、点前座勝手付《てまえざかってつき》きには水屋洞庫《どうこ》が備えられている。向板《むこういた》の脇にたてられた中柱と袖壁は客と亭主の領域を分けている。

又隠《ゆういん》

千宗旦《そうたん》は、1653年、76歳で隠居屋敷を仙叟《せんそう》に譲って、再び隠居を始める。この時建てられた四畳半が又隠《ゆういん》である。

茅葺で入母屋造の外観をもち、外部に刀掛を設ける。躙口《にじりぐち》の上部に下地窓があけられている。内部は四畳半切の炉に上座床の形式で、躙口《にじりぐち》と床が向かい合っている。茶道口《さどうぐち》には1本引の太鼓《たいこ》襖が建てられ、そして勝手付《かってつき》には洞庫《どうこ》が設けられている。天井は平天井に躙口《にじりぐち》側上部が化粧屋根裏天井となっており、突上窓をあける。

大きな特徴に、柱の上部だけを見せる楊子柱《ようじばしら》がある。北野大茶会に利休がつくった四畳半に見られる手法である。宗旦《そうたん》もそれを採用し、また点前座《てまえざ》勝手付《かってつき》の洞庫《どうこ》先の柱を省いた。客から見て亭主側の壁面が大きく扱われ、より簡潔な表現となっているところは注目されよう。

今日庵の外観

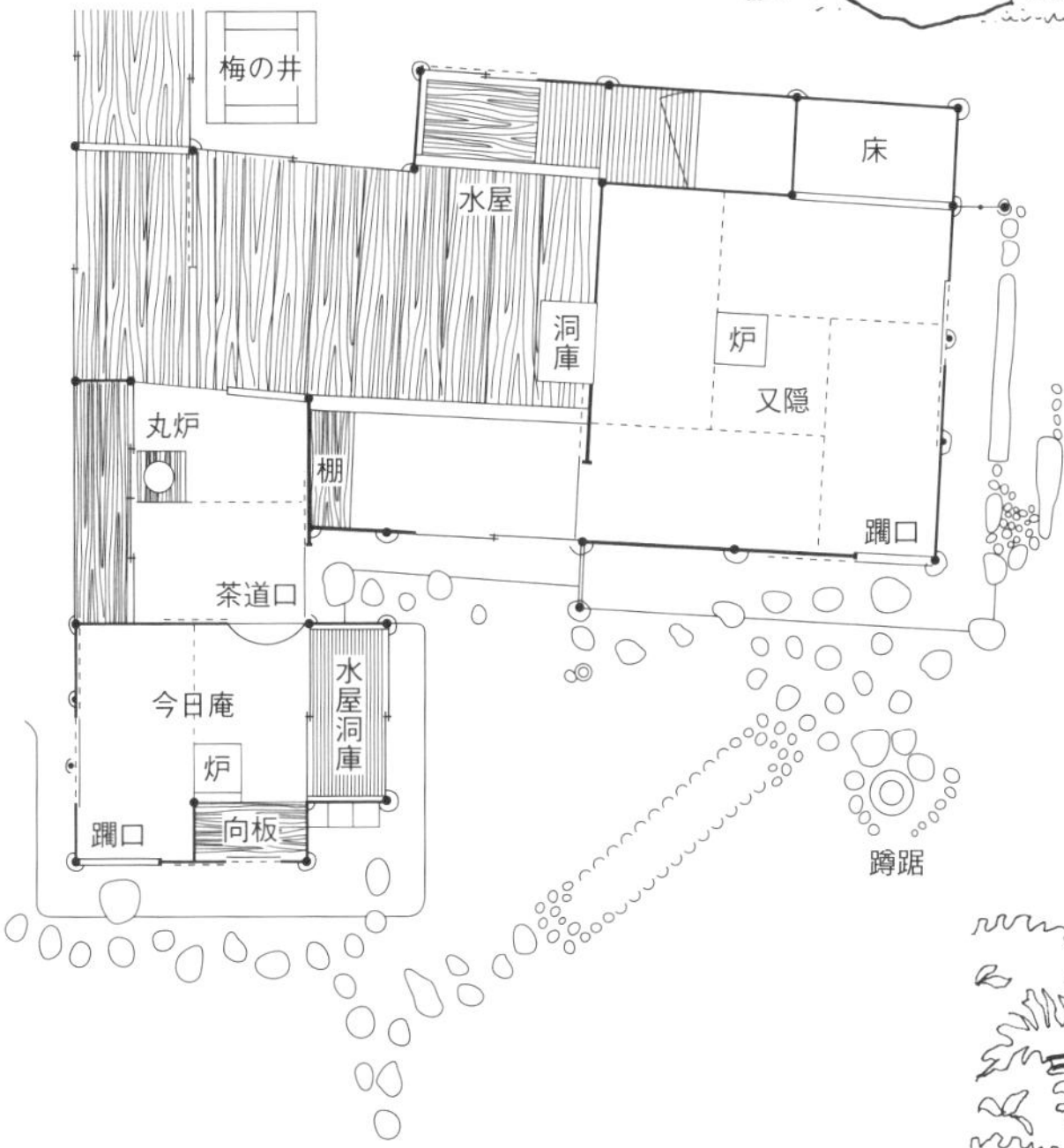

又隠の外観

107 不審菴

ポイント 点前座は茶室内部の空間であるが、袖壁で区切られ、一方水屋とのつながりも深い

概要

不審菴《ふしんあん》の名の歴史は少々複雑である。はじめは、千利休が大徳寺門前屋敷に好んだ四畳半に見られる。その後、この名は、少庵が本法寺前屋敷（現在の千家の敷地）に設けた深三畳大目（利休の大坂屋敷の席の写し）、あるいは宗旦《そうたん》の一畳大目にも号された。そして、現在の不審菴の原形となるものは、1648年頃に江岑《こうしん》が父宗旦《そうたん》との協力によって建てたものと考えられる。表千家にある現在のものは、幾度かの建て直しを経て、1913年に再建されたものである。

外観は柿葺《こけらぶき》の切妻造の前面に庇を付け、また直角に片流れの屋根を取り付け、変化に富んだものとなっている。内部は三畳敷の短辺に大目畳の点前座《てまえざ》を付した平三畳大目の平面で、上座床の形式である。床の間には赤松皮付の床柱、档《あて》丸太の相手柱、そして床框《とこがまち》に入節の北山丸太を用いるなど簡素な表現となっている。床の間脇の壁に火灯口形式の給仕口《きゅうじぐち》があけられている。点前座は勝手付《かってつき》に板畳が入れられ、茶道口《さどうぐち》が風炉先《ふろさき》にあけられた戻り点前《てまえ》の席となる。袖壁の入隅には二重棚が釣られている。天井は床前が蒲の平天井、躙口《にじりぐち》側が化粧屋根裏天井、点前座も化粧屋根裏天井という珍しい構成である。

点前座の表現

点前座は大目構えの形式で、まっすぐな赤松の中柱と下部の壁留に竹を使った袖壁、そして上部からの下がり壁によって客座と隔てられている。一方、風炉先の茶道口は、釣襖《つりぶすま》といって、開き戸形式の建具である。その欄間に相当する部分は吹き抜けており、隣の水屋と天井が一体化している。したがって、もちろん点前座は茶室の一部であるが、水屋と連続した空間ともなる。日本建築の空間の分節の概念のおもしろさをみせてくれる。

不審菴の点前座

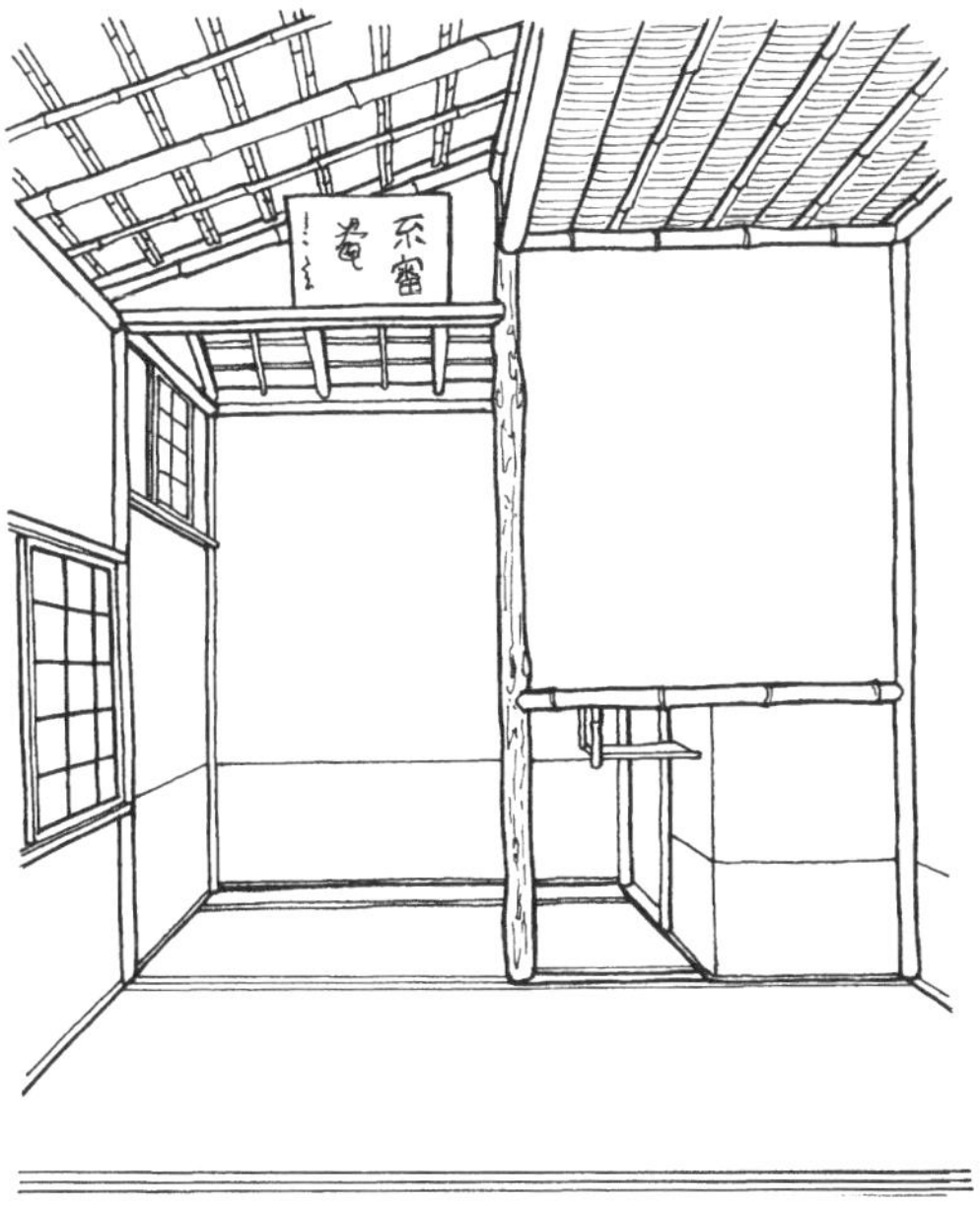

不審菴床の間と給仕口

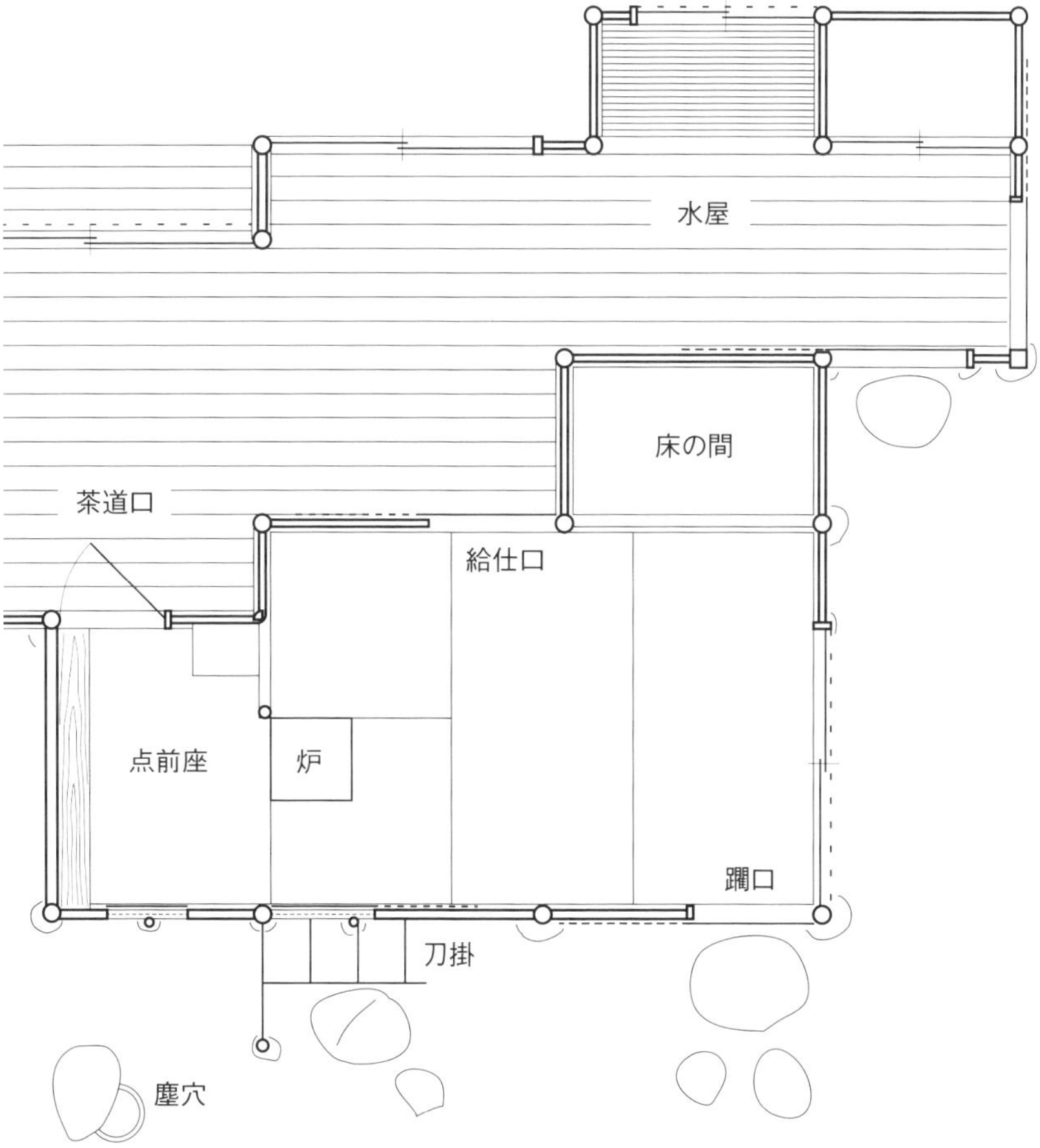

108 擁翠亭

ポイント　数奇な運命をたどった茶室・擁翠亭は、小堀遠州のつくった茶室で、13の窓を持つ。周囲の自然（庭園）と深くつながる

概要

小堀遠州が、加賀前田家三代の前田利常の求めで、加賀藩金工師の後藤勘兵衛のためにつくった茶室。数奇な運命をたどり、近年再現された。

もとは京都市内鞍馬口の後藤家の庭園・擁翠園に設けられていた。やがて丸太町の清蓮院に移築されたが、明治初年に寺域が縮小されるのに伴って、数寄屋大工の三代平井儀助が譲り受け、解体され保存されていた。それが近年発見され、松平定信収集の茶室起こし絵図に記録された「小堀遠州好後藤勘兵衛宅茶室」と確認され、太閤山荘に再現されたものである。

周囲の自然とのかかわり

この茶室の特徴は窓が13あることで、十三窓の席とも呼ばれる。小堀遠州は多くの窓を持つ茶室をつくっているが、伏見奉行屋敷の茶室が11窓であり、それより2つも多い。

平面は三畳大目、大目切本勝手に炉が切られている。躙口は通常壁面の端部にあけられることが多いが、ここでは壁面の中途にあけられる。小堀遠州がよく行う手法である。これは躙口の位置から上座、下座を分ける形式である。下座側は、化粧屋根裏天井で、上座側は平天井である。床の間は、赤松皮付きの柱と松のしゃれ木の二本柱の床柱、床框は杉丸太で、下座に構える。

屋根は7寸勾配という柿葺にしてはたいへん急な勾配をもち、躙口の外には土間庇が設けられている。

茶室は客座側（躙口側）に向けて、より多くの窓が設けられている。もとの擁翠園においては、そちらが池に向いていたので、庭園、すなわち周囲の自然と建物の内部が、より緊密にかかわるように考えられていたことが分かる。窓には障子が建てられた下地窓や連子窓のほか、小襖形式のものもある。

擁翠亭

「きれいさび」の空間
利休らの「侘数寄」を受け継ぐも、一方で窓を多くあけ、周囲の自然と一体化をはかる。

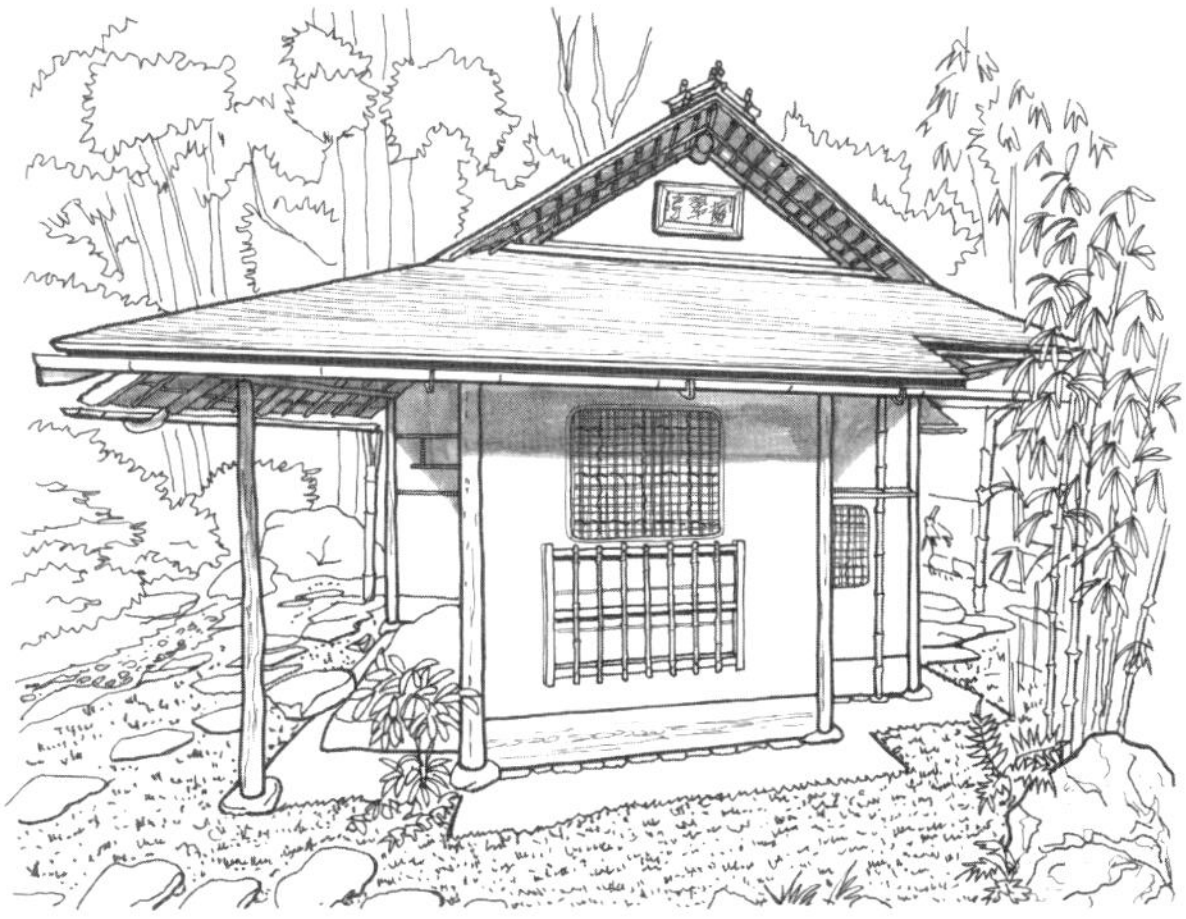

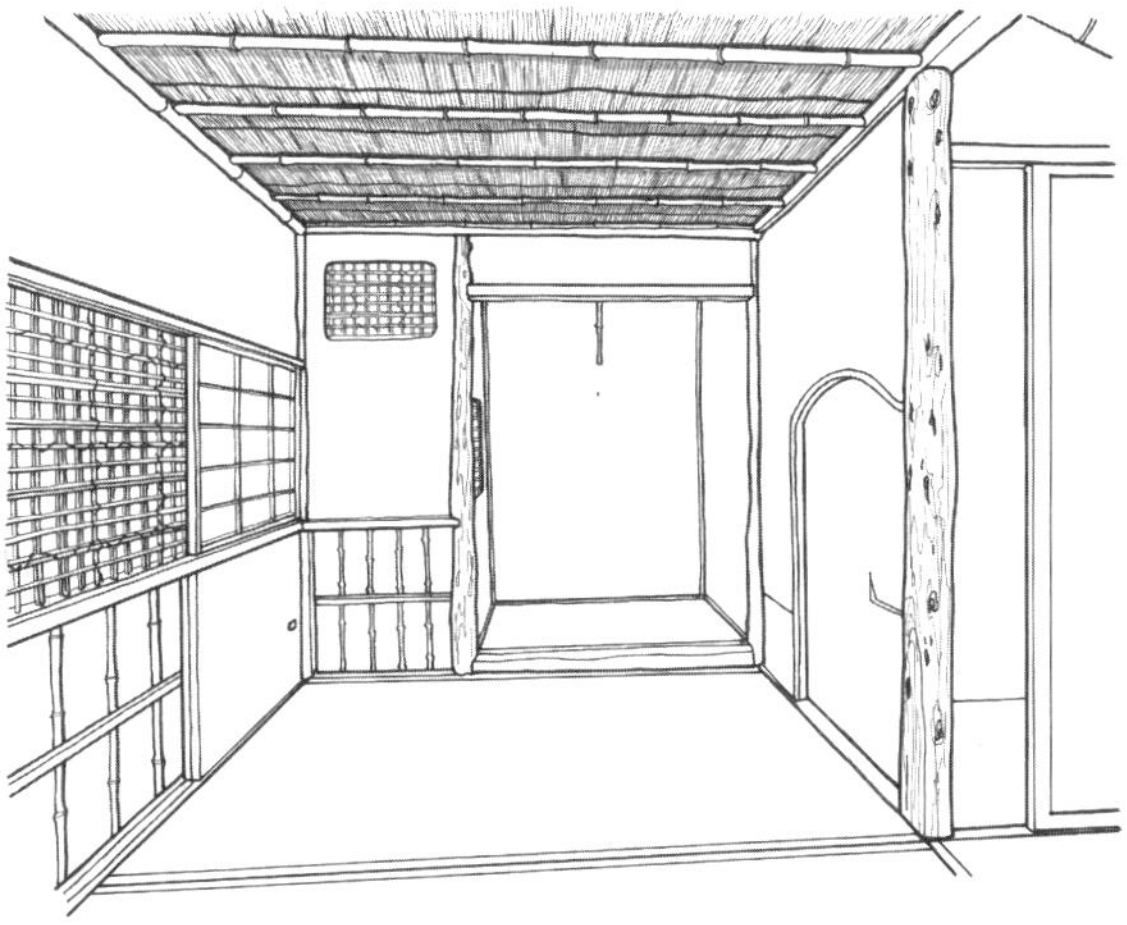

床の間は下座床、右の火炉口は給仕口、遠州らしい構成である。

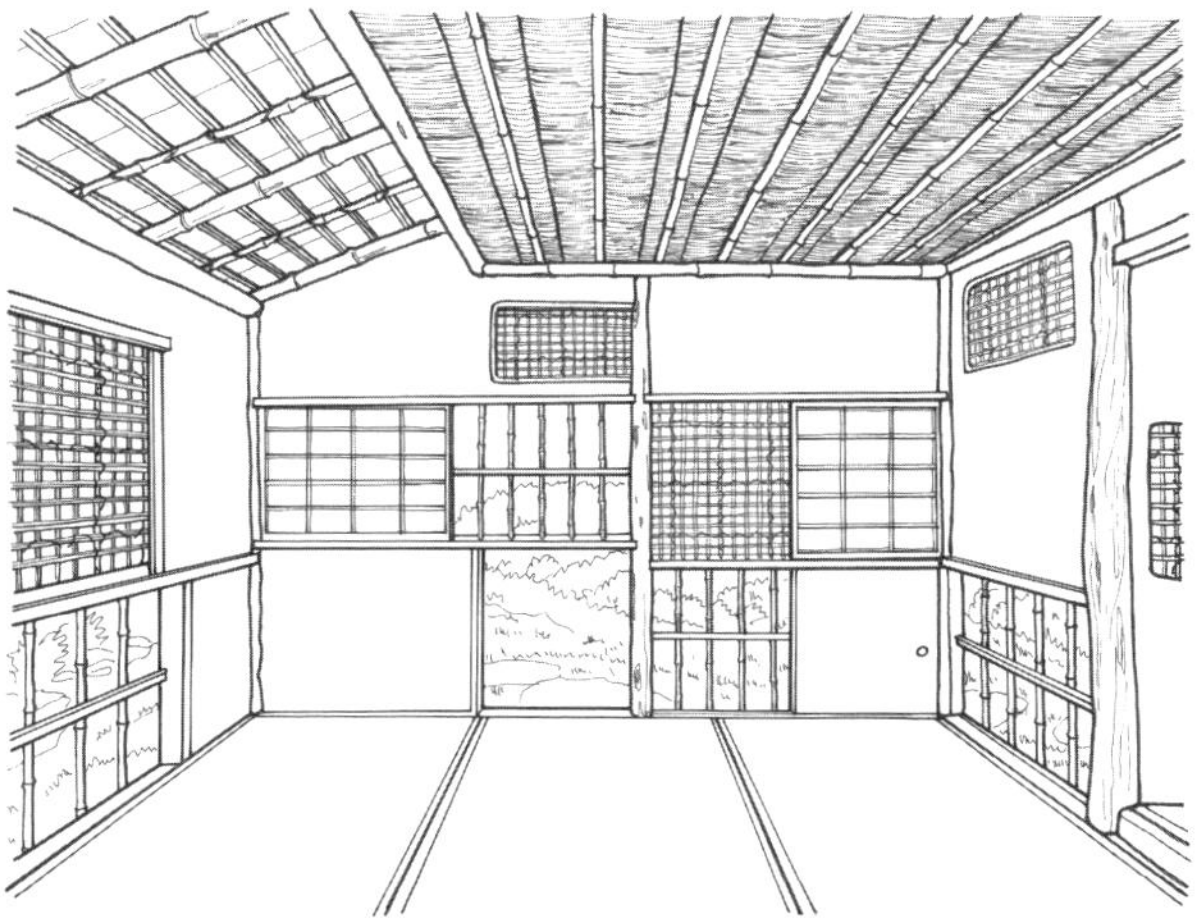

池や周囲の庭物に反射して室内に入る光や風を、土間庇と窓によってコントロールする。

109 大崎園と独楽庵

ポイント 松平不昧は深く利休に傾倒し、利休の茶室を移築し、新たな茶室を創造した

大崎園

1803年頃から、松平不昧《ふまい》は江戸品川の高台にあった下屋敷に茶苑の造営を始めた。およそ2万坪の広大な別業で、大崎園と呼ばれた。

園内には利休堂が設けられ、待庵《たいあん》や今日庵《こんにちあん》あるいは松花堂を模した茶室など、古典を重視した茶室が造営された。また一方では三角形の縁を付加したものなど、オリジナリティあふれる茶室もあったという。不昧《ふまい》は『南方録』を通じて、利休に深く傾倒した。そして創造の精神の影響を強く受け、この茶苑をつくったものと思われる。茶室の数は11を数えたという。

しかし江戸幕府の砲台建設により、茶苑は取り壊された。

独楽庵

大崎園の中の要ともいうべき茶室が独楽庵である。平面は一畳大目、向切、下座床である。これは利休が秀吉に請うて長柄の橋杭を譲り受け、それを柱として利用したと伝えられる茶室で、宇治田原につくられたという。のちには京、大坂と移築され、そして松平不昧《ふまい》が入手することとなった。

茶苑が取り壊されるとき、独楽庵は深川の下屋敷に移築されたのであるが、まもなく津波により、一部を除き流失した。

1925年、独楽庵は高橋箒庵《そうあん》の指導により、北鎌倉に興福寺や法隆寺の古材を組み込んで復元された。現在は八王子に移築されている。また1991年、新史料を元に、中村昌生により、出雲にも復元されている。

独楽庵には、船越伊予守好みの三畳大目と、泰叟《たいそう》宗安好みの四畳枡床《ますどこ》逆勝手の席が付属している。使い勝手からは不合理な点も見られるが、不昧《ふまい》の大崎園では、ほぼこのような構成となっていたようだ。不昧《ふまい》もそれを承知で、むしろその伝承を重視して、そのままの形で移築したものであろう。

独楽庵

松平不昧が大崎園に建てた茶室。現在は復元されたものが出雲（上のイラスト、中村昌生復元）と八王子に建つ。

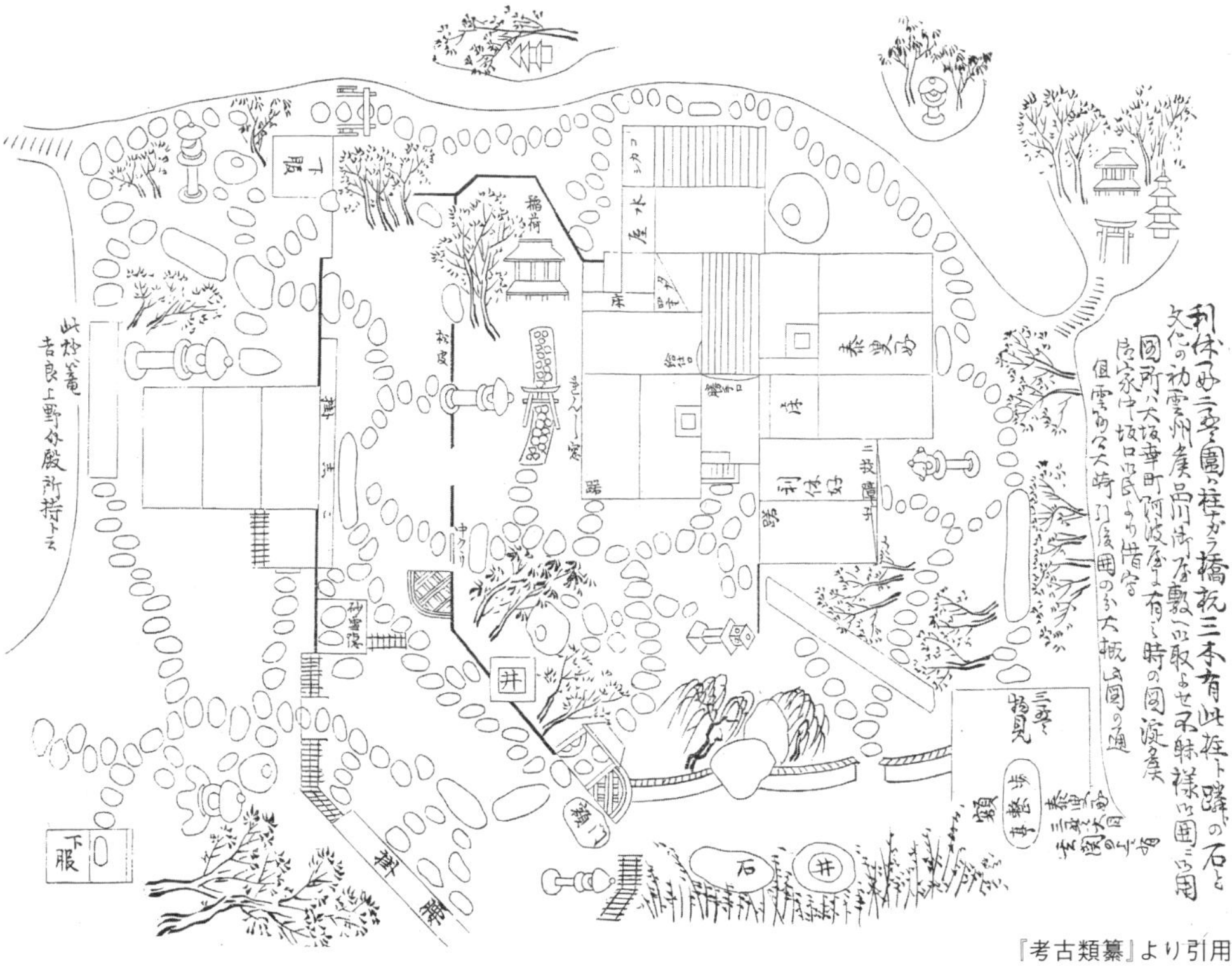

『考古類纂』より引用

こらむ⑧

窓の多い茶室

茶室の名前には六窓庵や八窓庵、九窓亭など、窓の多さをその名に付けているものが多い。

現代の茶の湯では窓をあけて外を見るということは基本的に無いが、それは家元制度が確立して、その後それぞれの流派で点前が規定されてからのことだと考えられる。逆にそれ以前の茶の湯では、点前が限定されず、今よりも自由な形で茶の湯を楽しんでいたものと考えられる。すなわち現代のように、通常、「外を見ることのない」茶の湯においては窓の多さは、障子を通して入ってくる光の明るさに関係するだけであるが、それ以前では、明らかに外に何が見えるかが重要な要素であったに違いない。

とりわけ、桃山から江戸初期の武将達は窓の多い茶室を好んだようだ。小堀遠州は松花堂昭乗の瀧本坊には空中に張りだし、躙口を含め11の窓をあけ、自身の伏見奉行屋敷には12の窓、後藤勘兵衛の屋敷の擁翠亭には13もの窓をあけたという。周囲の自然との関係を重視したいわゆる「きれいさび」の空間である。

一方、近代になってから、茶の湯に対して厳しい目が向けられることがあった。例えば、狭くて暗くて非衛生的である、などといわれたこともあった。そのような視点が、ことさら窓の多い茶室や開放的な茶室を意識させる結果となった。開放的な広縁をもつ西芳寺湘南亭などその好例である。また東京国立博物館の六窓庵、奈良国立博物館の八窓庵、三溪園の九窓亭など、窓の多さを誇る茶室が移築され注目されるようになった。

第9章
近代・現代の名作

110 星岡茶寮

ポイント 茶の湯を中心とした社交施設として、星岡茶寮は誕生した

概要

　1884年、東京は麹町公園に星岡茶寮《ほしがおかちゃりょう》が設置された。残念ながら第二次大戦で焼失してしまうが、戦前には北大路魯山人の料理店（星岡茶寮《さりょう》）として知られた存在であった。しかしこの施設は料理店として建てられたものではなく、もとは茶の湯を中心とした社交施設で、他に謡曲《ようきょく》や琴あるいは囲碁など、日本の伝統文化を楽しむことを考慮したものであった。そしてよく知られた料理店は、のちの姿である。

　麹町公園は日枝神社の元の境内地を1881年に東京府が整備した公園である。そこに禁裏御用商人の奥八郎兵衛と三井組の三野村利助、かつて小野組の小野善右衛門らが、茶寮《ちゃりょう》（明治の頃には料理店としての意味はない）、すなわち茶室を設けたのである。

　茶室は十二畳半の広間の他、小座敷として確認されるものでは、四畳半、二畳大目、一畳大目中板《なかいた》逆勝手、そして寄付《よりつき》として使用したのであろうか、玄関近くに四畳丸炉と二畳大目の席がある。また、2階建てであり、2階にも広間が確認される。このうち1階の四畳半は利休像を祀る茶室であり、茶の湯の精神性を表現した空間であった。

公園と茶室

　明治になって、大名の私的な庭園が公開されて公園となった。例えば兼六園などである。一方、茶室は寺院や個人の邸宅の奥まった所に位置することが多く、閉鎖的な側面をもっていた。

　星岡茶寮は会員制の社交施設として公園に設けられたもので、かつ会員外に対しても内部見学を許可している施設であった。つまり、ある程度の制限は付くものの、会費を納めれば誰でも施設を利用でき、一般に対しても見学を許可するなど、それまでの閉鎖的な茶の湯の環境に比べ、開放的で近代的な施設となった。

星岡茶寮

丸炉を備えた寄付、二畳、二畳大目、利休像を祀った四畳半、十二畳半などの茶室があり、広い調理場も備わる。

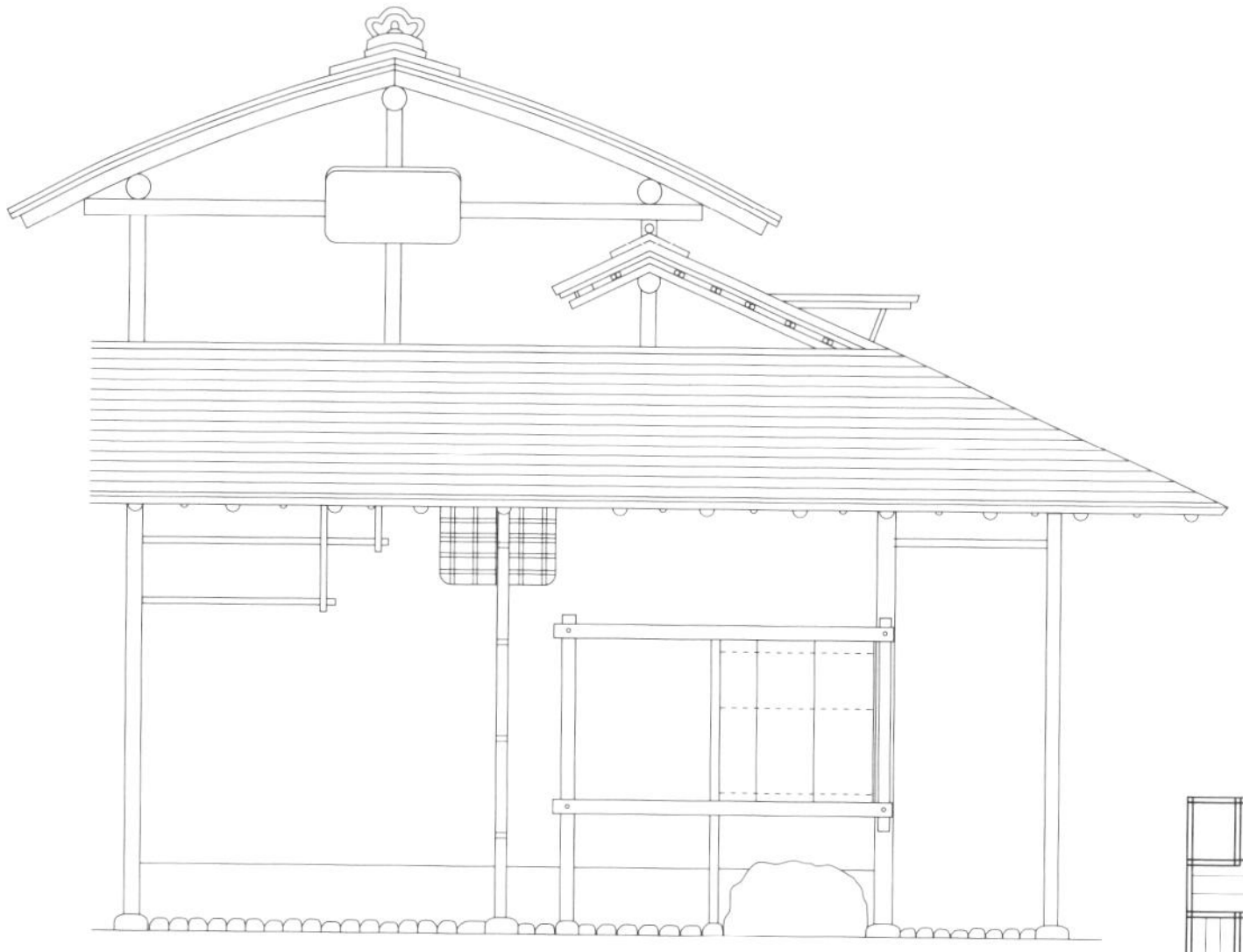

二畳大目立面（本多錦吉郎著『茶室構造法』より）

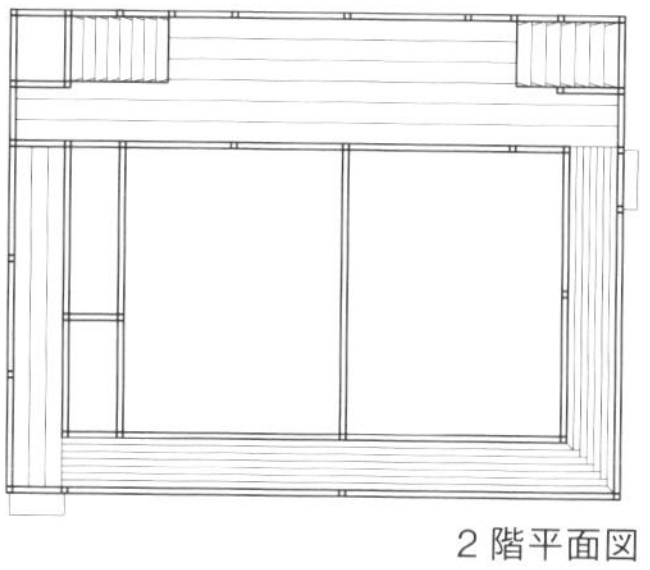

2階平面図

1階平面図

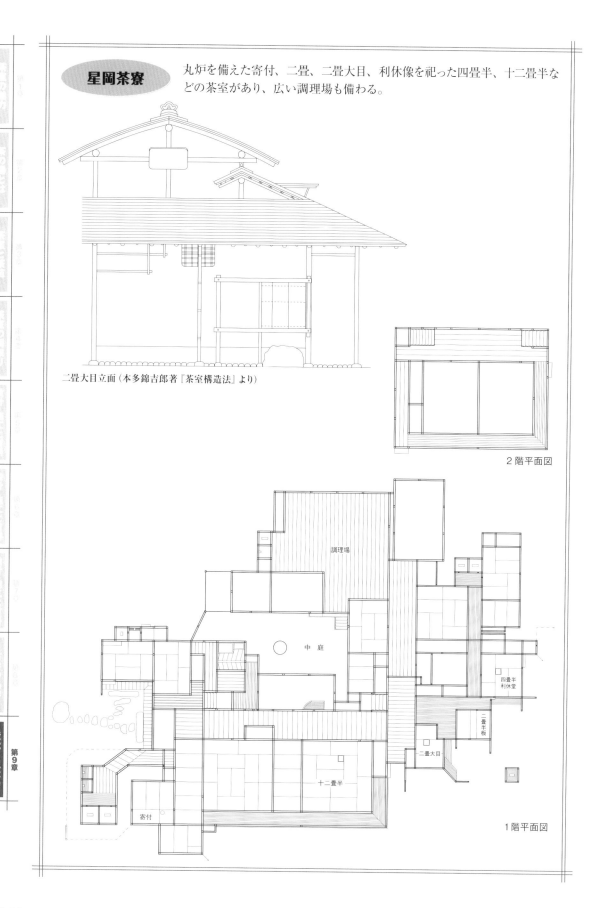

111 松殿山荘

ポイント 高谷宗範は、宇治の木幡に広大な敷地を求め、大正から昭和初期にかけて、数寄屋建築にさまざまなアイデアを試みた

概要

松殿山荘は、平安時代末期の関白・藤原基房の別業である「松殿」の跡地に建てられた。近代の茶人・高谷宗範が営んだもので、17の茶室を有する広大な茶苑である。

茶室には高谷宗範がかつて住んでいた大阪今橋の旧天王寺屋五兵衛邸から移築したもの、神戸の御影の別荘から移築したものなどに加え、数多くの自身の設計した茶室がある。宗範の設計した茶室は「心は円なるを要す、行いは正なるを要す」という、方円の考えに基づくもので、四角形や円形が多用されている。

高谷宗範（1851～1933）

高谷宗範（本名は恒太郎）は、明治政府の役人、そして法曹界で活躍した人物で、近代の関西を代表する茶人のひとりであった。

当時、茶人として活躍していた朝日新聞社を創設した村山龍平や菊正宗の嘉納治郎右衛門、大阪の実業家芝川又右衛門らと交流を深めていた。とりわけ宗範は建築について詳しくて、芝川邸の茶室や和館の設計、嘉納邸の設計などを行った。

世界を見据えた造形

松殿山荘は数寄屋建築としては、かなり奇抜な要素を備えている。ヴォールトの屋根、カラフルな天井など、西洋建築や近代建築を意識した建築となっている。宗範は特に建築を学んだということは確認されない。しかしながら、芝川邸の設計においては、洋館の設計を行った武田五一との交流があったことが十分にうかがえるし、村山龍平の屋敷が藤井厚二の設計によるものであって、いやが上にも当時の最先端の建築に触れる機会があったことと察せられる。建築については素人ながら、これからの日本建築、これからの茶室、ということに思いを馳せ、造り上げた建築が松殿山荘である。

松殿山荘

1918年から1934年にかけて造営、宇治市。

大玄関（右）と中玄関（左）、ヴォールトの屋根。

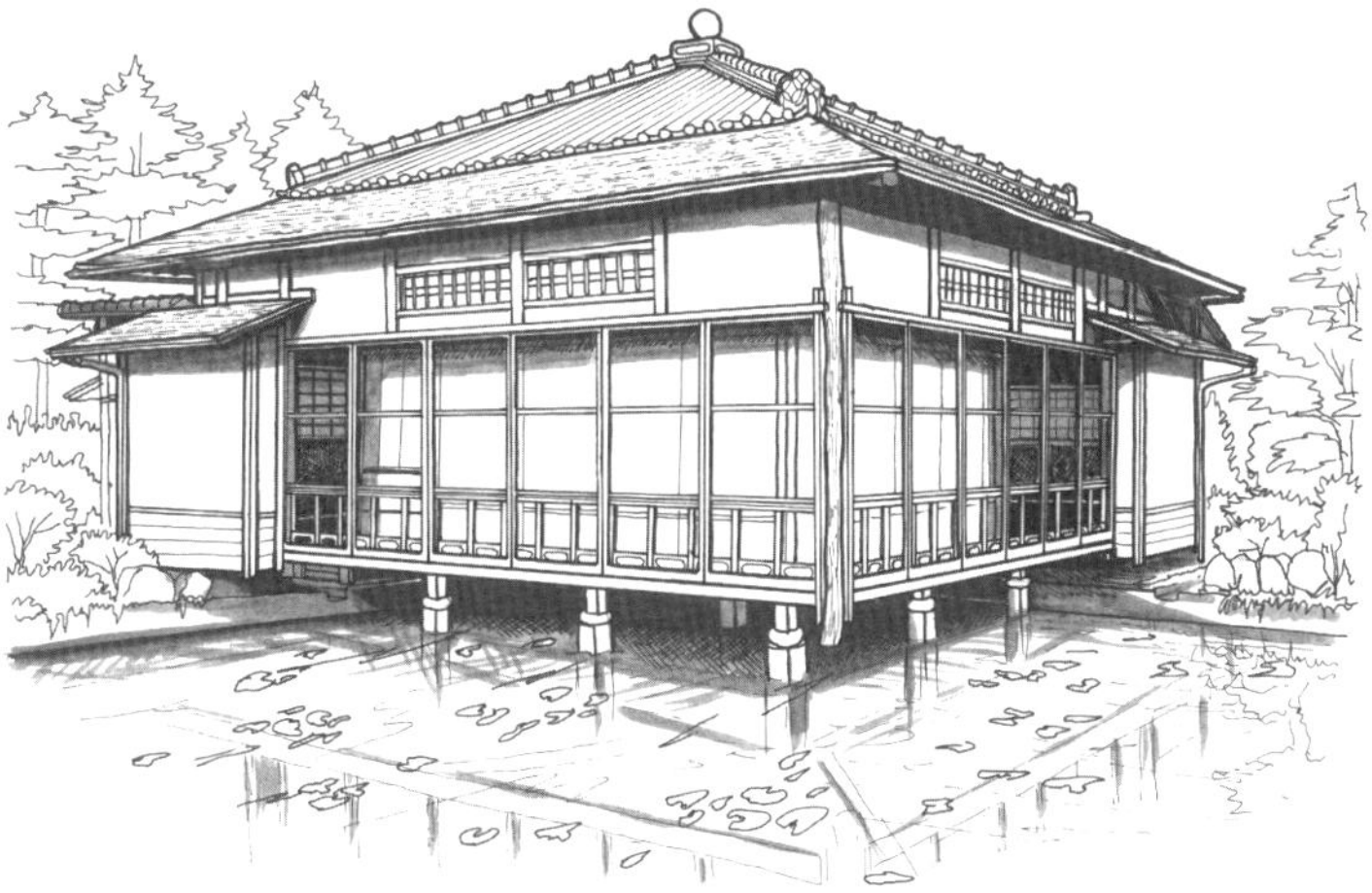

蓮斎　元は色とりどりの睡蓮が浮かぶ、丸い池の上に建っていた。

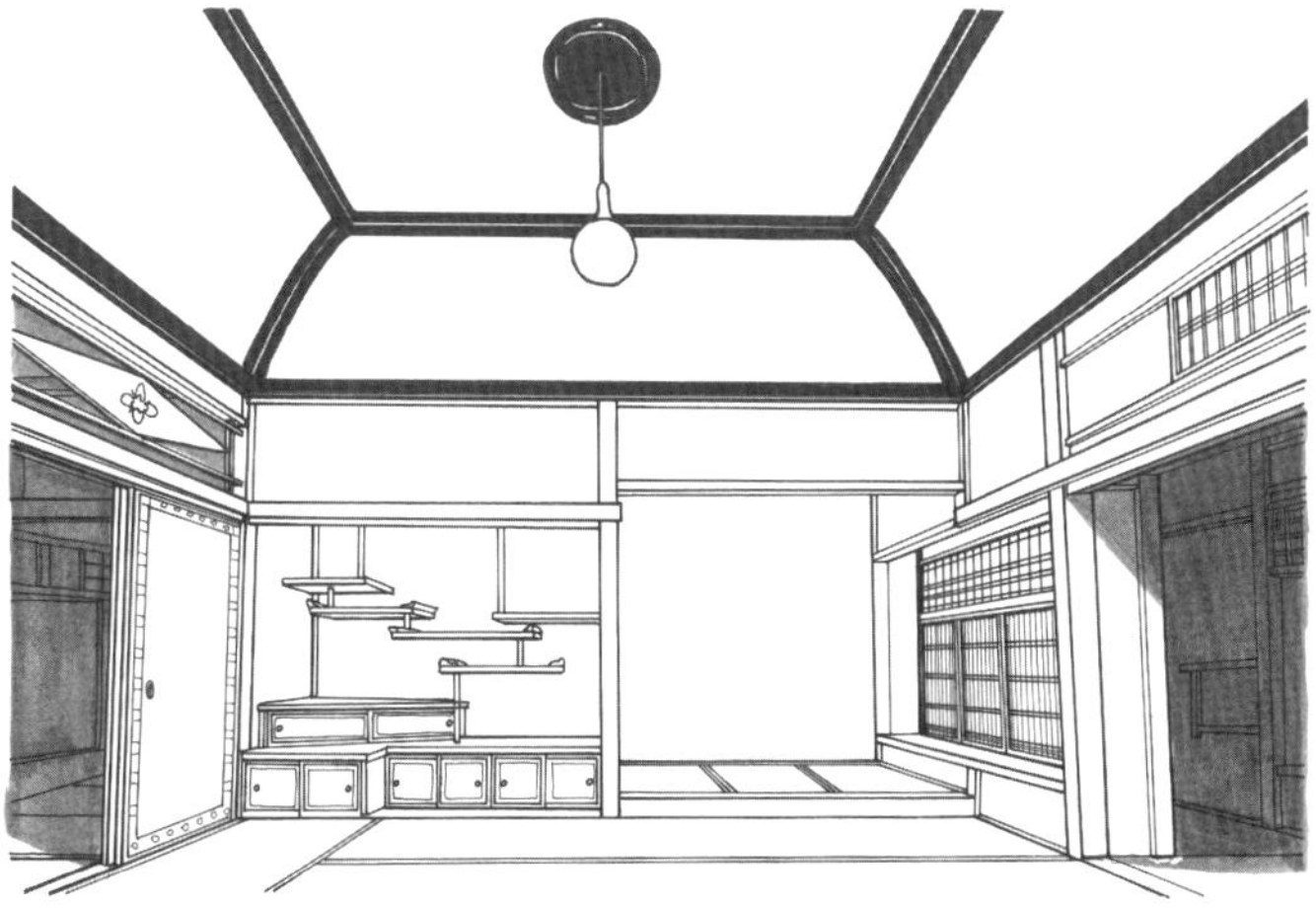

中書院　床脇は霞棚（修学院離宮・中の御茶屋）の写し。

112 四君子苑

ポイント 数寄屋師北村捨次郎がつくった数寄屋に建築家吉田五十八が増築した。近代が認めた日本建築を再構築したもの

概要

実業家で数寄者であった北村謹次郎が、東山の大文字を正面に見る鴨川べりの景勝地に、1944年、数寄屋の名工北村捨次郎に住宅をつくらせた。その後の1963年、建築家吉田五十八が増築した。

北村捨次郎の数寄屋

北村捨次郎がつくった部分は、寄付《よりつき》・立礼の棟、二畳大目の小座敷と八畳の広座敷などからなる棟と、それをつなぐ渡廊下で構成されている。小座敷西側は池に臨み、流れが組み込まれている。近代に特に好まれた自然と建築とが関わる構成がおもしろい。

ちなみに日本の住宅では、古代より水とのかかわりを深くしていた。西洋では1937年、フランク・ロイド・ライトの落水荘が脚光をあびる。

吉田五十八の数寄屋

五畳と大目二畳からなる仏間は、茶室として機能するように炉が切られたものであり、それに八畳間が連続した座敷となっている。正面の床柱は控え目に配置され、床の間と床脇が連続する。南側の障子はあら組の障子で、床から天井に至る大きなもので、欄間や小壁は設けていない。また両室を仕切る襖も大判で、さらには柱を工夫して、脇の壁に仕舞い込めるようになっている。部屋境を意識させないために、鴨居《かもい》も天井に組み込んだ溝として表現し、照明器具なども連続的に配されている。この構成など、まさにミース・ファン・デル・ローエの空間を彷彿とさせるものである。

座敷の北側には、居間兼食堂として使用された洋室がある。椅子と隣室の畳の上からの人の視点を考慮したものである。また正面に床の間を配置して、和風を意識している。そして大きな開口部から庭園の景色を採り入れている。景色を室内に取り込む形態は、日本建築の得意とするところである。

四君子苑

数寄屋棟梁の北村捨次郎がつくった部分。池に張り出し、立体的な組み立てとなっている。

建築家の吉田五十八がつくった部分。障子が天井まで達し、鴨居が天井に組み込まれている。開放感のある構成である。

113 近代の建築家と堀口捨己の茶室

ポイント 近代の建築家たちは茶室や数寄屋建築に近代建築を見た

武田五一の茶室研究

武田五一（1872〜1938）は、近代の建築家としておそらく一番はじめに茶室に着目した人物である。帝国大学の卒業論文に茶室建築を取り上げた。

現代の進んだ茶室研究からみると拙いものであるが、建築の近代化という視点でみると大変面白い論文である。武田は、茶室における無駄を省いた簡素な造形に着目する。すなわち千利休に近代をみていたのである。

藤井厚二と数寄屋

藤井厚二（1888〜1938）は、大山崎に次々と実験住宅を建築した。それらの建築はとりわけ数寄屋のデザインを重視し、椅子式の新しい生活の形態や近代の環境工学の考え方を組み込んだものである。従来の日本住宅のもつ伝統を基本に、科学の視点より時代に合わせた新しい住宅を試みたのである。

堀口捨己の茶室と数寄屋

堀口捨己（1895〜1984）は1920年、仲間の建築家たちと分離派宣言を行う。そこでは過去の建築からの分離を主張するとともに、茶室建築のような、当時多くの建築家たちからは無視されていたような建築に光をあてた。

他の建築家同様、堀口も若き日にヨーロッパを旅する。そこで興味を持ったのは、当時オランダあたりは流行っていた茅葺の民家を応用した建築である。表現主義と呼ばれるそれらの建築と同様の考え方は日本の建築にもみられる。それが茶室建築だ、と堀口は主張する。すなわち、当時のオランダでは都市近郊において田舎風の茅葺住宅を作っているというのであるが、日本では江戸期より都市の中心部で茅葺の茶室が造られていたのである。堀口は茶室建築に新しい時代の建築に通ずるものを見出したのであった。

聴竹居・藤井厚二

聴竹居上閑室、昭和3年（1928）、大山崎町
奥の畳敷の座敷と手前の椅子式の空間が組み合わされている。

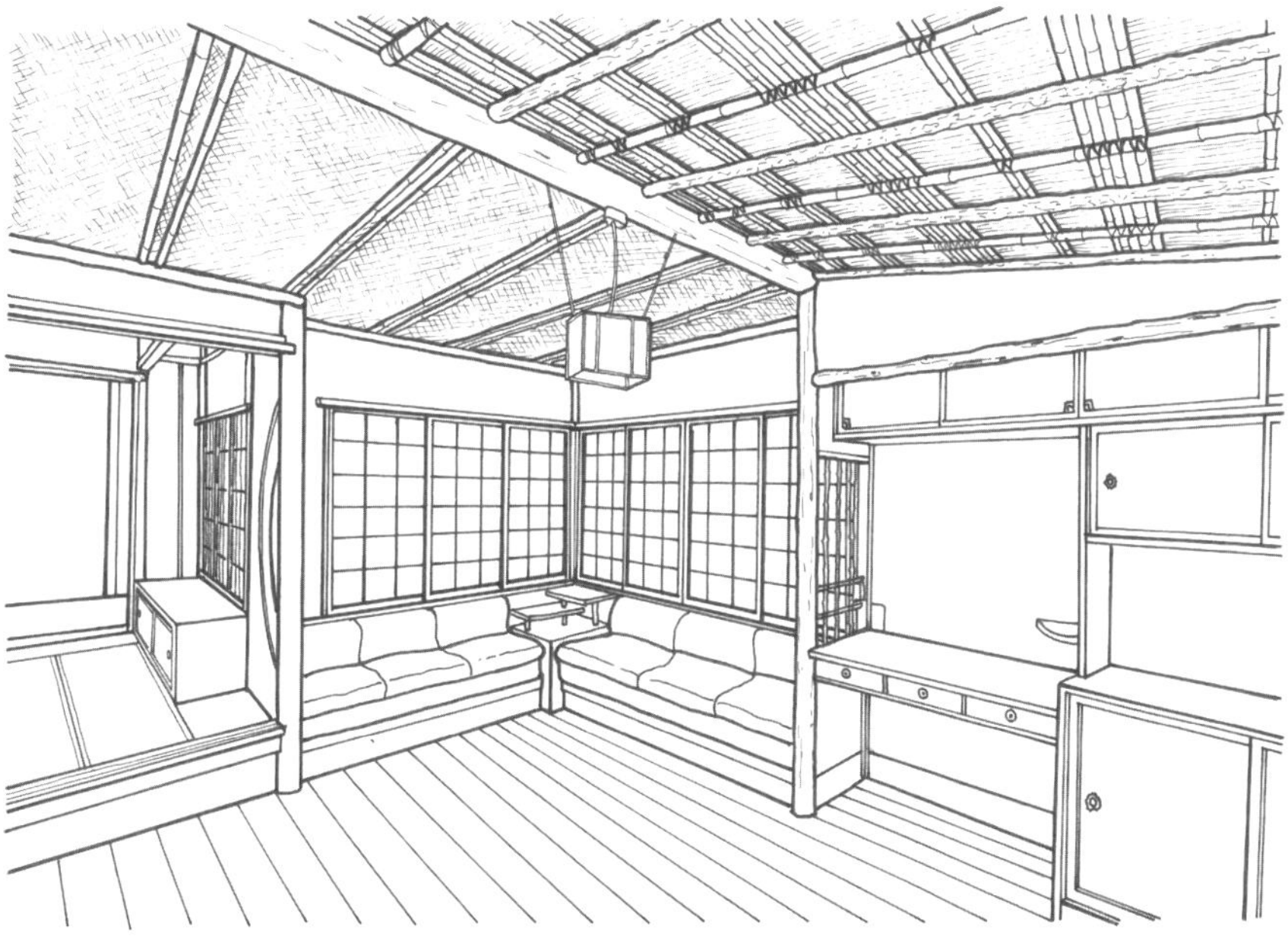

八勝館・堀口捨己

八勝館みゆきの間、昭和25年（1950）、名古屋市
天井までの欄間障子や、床の間と付書院の構成などが見どころ。
堀口は、モダニズムの作品を作っていた。一方で茶室の研究を続け、茶室や数寄屋の作品を生みだした。彼にとってはモダニズムも数寄屋も通底するものだと考えたのである。

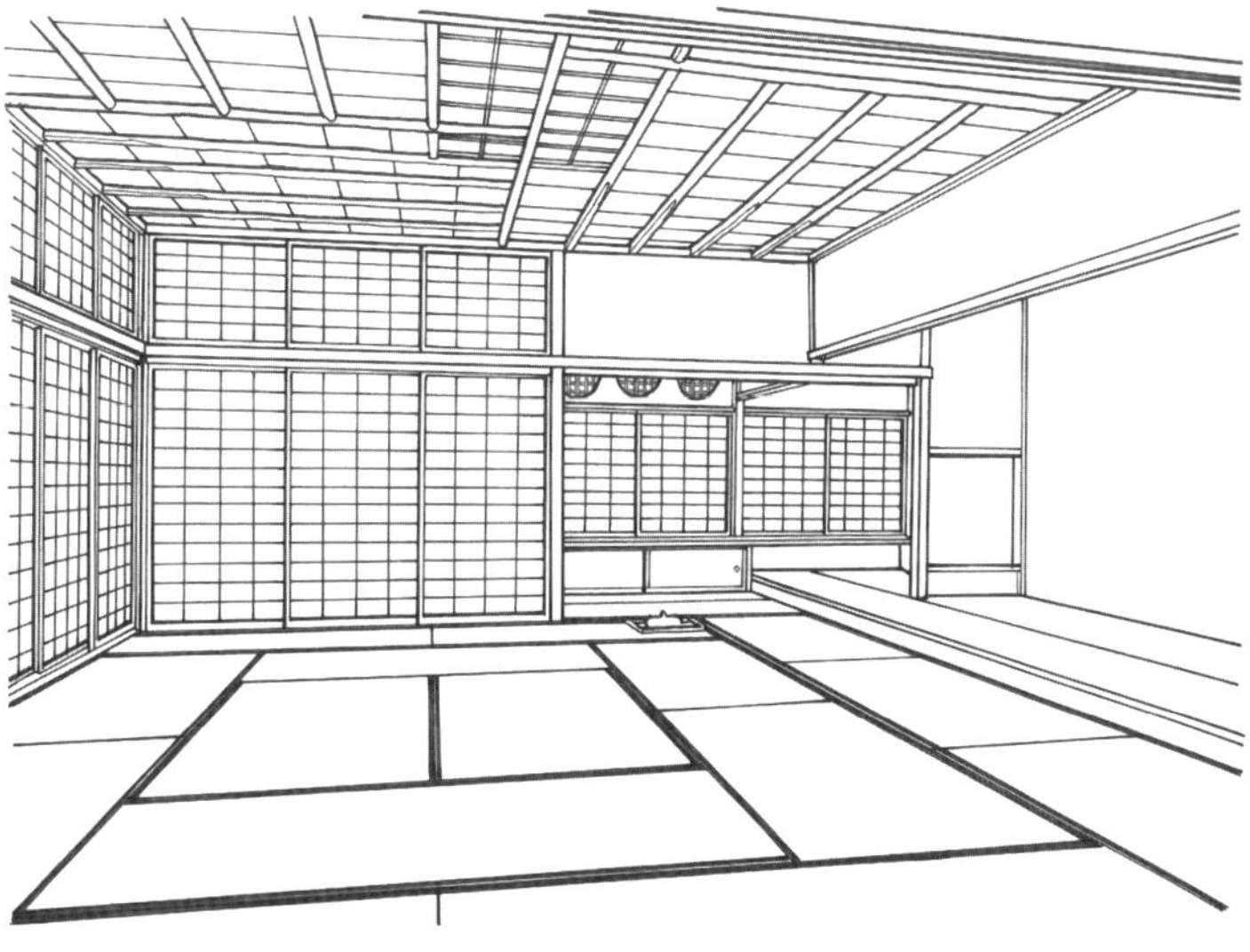

114 庭屋一如　中村昌生の茶室

ポイント 研究者として茶室に取り組み、その実践として設計活動を行った。緻密に考究された建築は、歴史の重みや面白さを伝える

研究と活動

中村昌生（1927〜2018）は、茶室をはじめとする和風建築や木造建築の顕彰と発展に取り組んだ、建築家であり建築史家であった。

学位論文「茶室の基礎的研究」は、後に『茶室の研究』として世に出される。桃山江戸期の茶人たちは、茶の湯の文化的側面だけではなく、建築についても深い理解をもっていた。そのような多才な茶人たちを中村は茶匠と呼び、彼らの茶室を深く掘り下げた。

一方、モダニズムの建築家であり茶室の研究者であった堀口捨己とは、『茶室おこし絵図集』の出版などを通じて深く関わりをもっていた。堀口が茶室を研究し、その形態がモダニズムの考え方に近いことを発見し、作品に応用していたが、中村の研究と実作の関係も堀口と通底するものである。

芸術院賞を受賞し、桂離宮の修理や京都迎賓館の建築に深くかかわった。また日本の木造建築技術の魅力を発信し続け、それは伝統構法のユネスコの無形文化遺産候補への道筋となった。

庭屋一如

中村は多くの茶室作品を遺した。大きく分類すると復元や再生茶室、そして公共茶室である。そこに貫かれているものは庭屋一如という言葉で表現されよう。建築が建築として独立してあるのではなく、周囲の庭園とともにある、という考え方である。とりわけ日本の庭園と建築は西洋のそれとは全く違った形式をもつ。西洋では自然と人工は対立した概念である。日本の庭園はより自然の形態を写したものである。その自然が茶室という建築と有機的に結びついている。

自然の一部が丸太という形で、あるいは土壁という形で、室内に入り込む。桃山時代に形成された自然と人工（建築）の関係を、再構築し、再び歴史に還元した。

中村昌生の茶室

庭屋一如、自然との関係を大切にした。近現代においては、新素材や新しい造形への誘惑があったに違いない。しかし、木と土、そして歴史にこだわった。

出羽遊心館
泉流庵
流れの上に濡縁が架かる。

救世神教　光風亭
偲元庵（三畳大目）（上・左）
自然の素材を人工的な構成として扱う。

深い土間庇が特徴。

115 現代の茶室

ポイント 茶の湯あるいは茶室に対して、旧態を守る人がいて、またそれを破り離れる人がいる。その両者によって大きな地平が拡がる

茶室の造形の幅

現代における茶室には、主として3つの方向性がみられる。

1．歴史的な形態の保守。
2．新しい材料による表現。
3．新しい形の追求。

もちろんそれぞれが組み合わさっている場合も多い。本書では主として1についての解説をしたが、それが基本である。しかし、2や3の立場も大切であって、さまざまな試みがこれからの茶室を牽引するものとなろう。

新素材での表現

近代から新素材の茶室は大きなテーマであった。堀口捨己のビニールの茶室の美似居《びじきょ》がその早い例である。その後、出江寛はペンキの数寄屋を提案し、コンクリートの茶室は安藤忠雄ら多くの建築家が提案している。ただし、新しい試みとして茶室の発展に少なからぬ影響を与えたが、一方で硬質の素材や吸湿性のない素材は、茶の湯の世界において繊細な茶道具との相性という点で必ずしも容易に受け入れられるものではなかった。佐川美術館に誕生した楽吉左衛門の茶室（2007年）は、まさに脆さを1つの美とする楽焼きのための空間である。葭《よし》が群生した水に囲われ、和紙や南洋産の木材が使用されるなど、自然との一体感を意識したもので、素朴でやわらかな表現がみられる。一方、コンクリートの躯体をみせ、金属やガラスも多用されている。これまで距離をもっていた茶道具と近代的素材との距離感を縮めた点において、大きな意味をもった。

新しい形の追求

藤森照信が細川邸につくった一夜亭（2003年）や信州の山中につくった高過庵《たかすぎあん》（2004年）は、従来の茶室の概念を打ち破り、離れたものとなっている。近代の数寄者たちが自由な数寄を楽しんでいたように、現代における自由な茶を楽しむ空間である。

美似居

堀口捨己設計のビニールを多用した立礼席。1951年に松坂屋で開催された「新日本茶道展覧会」に出展された。

佐川美術館茶室

楽吉左衛門設計の茶室。コンクリートの躯体。

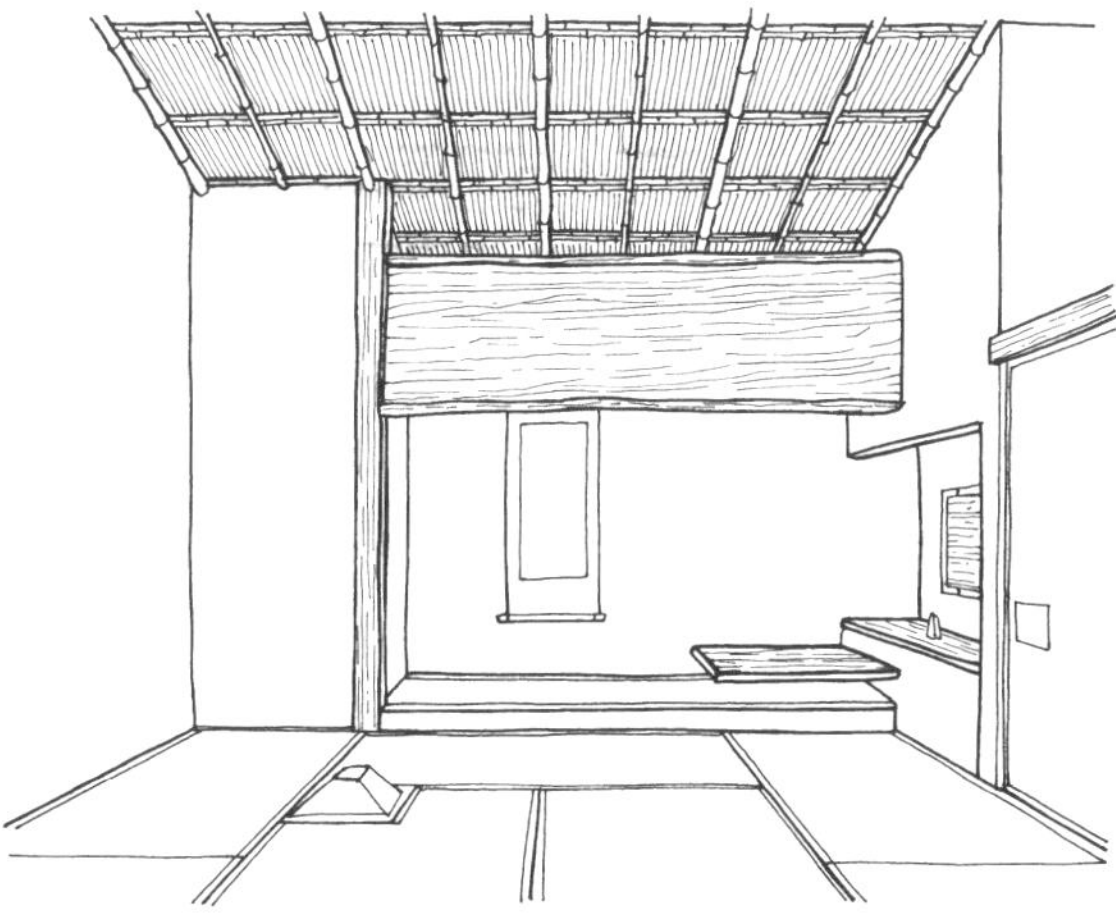

一夜亭

藤森照信が細川邸に設計。従来の茶室の形態からは離れたものとなっている。

こらむ⑨

茶の湯と茶室・露地のサイン

茶の湯にはさまざまなサインが仕組まれている。それを知ることが茶室を知ることにも繋がる。それを面倒だと感じる人も多いが、次のような例をだすとわかってもらえるかも知れない。

例えばラグビーは、野球やサッカーに比べてファンが少ないと言われていたが、そのルールや意味をテレビで解説することによって、純粋な力のぶつかり合いという魅力に加えて、興味が倍増し、2019年のワールドカップでは多くの人が釘付けになった。

この例えが良かったかどうかわからないが、茶の湯、そして茶室や露地にはさまざまなサインがあり、その意味が理解できれば興味が増すに違いない。本書はその役に立つように考えて作ったものであるが、加えていくつかの例を示しておきたい。

障子や襖などの建具は、手がかりとして、すこしあけているとそこは通っても良いが、閉まっていると通ってはいけない。これは室内のトイレの誘導などで使われることがある。庭に蕨縄を結んだ小石（関守石）が置かれていると、そこから先は行ってはいけない。また茶室に刀掛が設けられるのは、現代は不要と見るむきもあるが、社会的な身分を外に置いて入室するという意味を象徴するものである。茶会が終わって一旦外にでた後、再び礼をすることを送り礼というが、近年は量販店の店員が行うこともあり元の意味が薄れてしまった。しかし本来は本当に楽しかったとき、例えば小さな子供たちが遊んだ後、いつまでもバイバイとやるように、大人になって少々恥ずかしい純粋な気持ちを、形式として整えたものである。

あとがき

どこかの項目で書こうと思いつつ、結局最後の「あとがき」まで持ち越されてしまった。

茶の湯空間において、壁、窓、床の間、天井、畳、炉、躙口、露地などは重要な要素である。しかし、それは茶の湯を行うための「うつわ」の一部分である。つまり、茶の湯空間とは、それらに囲われたあるいはその周囲にある「なにもない」ところにその本質がある。「なにもない」ところを引き立てるのが、壁であり、床の間などの要素なのである。そして、茶の湯は客をもてなす一つの道理であり、人の心を「型」で表現したものである。その「なにもない」ところにあるものは、突き詰めると人の心である。

最初のキーワードに戻るが、楽しくつくり、使う人（亭主と客）が楽しく（心地よく）できれば、それは本質にかなったものとなる。そこで示したように、学生諸君あるいはまったくの素人がつくることもできるものである。茶室というとハードルが高く感じるかもしれない。もちろんそういうものもあるが、すべてがそうではない。北野大茶の湯のようにゴザの上でも茶は楽しめる。さらに、そこで少し先人たちの考えや技術に触れるなら、その世界はさらに大きく拡がることになろう。

この原稿を書いている間に、天命を知る年になった。しかし、この世界ではまだ若輩である私が、このようなものを書くのはおこがましい気もする。ただ、不十分ではあるが、茶室の設計計画に関することを多面的に書いたつもりである。少しでも多くの人に知っていただき、特に若い人にすばらしい茶室の世界に飛び込んでいただきたい。そしてそれを応用し、新しい境地を切り開いていただきたいと思うしだいである。

最後になったが、私の無理を聞いていただきイラストを作成してくれた野村彰氏、よしだれな氏、また辛抱強くわがままに付き合って下さったエクスナレッジの本間敦氏やスタッフの皆様に感謝申し上げる。

なお、本書の図面やイラストは、説明用として作成していただいた。一部において簡略化や変形があることを承知いただきたい。

桐浴　邦夫

再版あとがき

初版が世に出てから、すでに9年になる。この間、残念なことに恩師中村昌生先生が亡くなった。私がこのような本を書くことができるのも、中村先生のおかげである。学生の頃、先生の指導のもと、数寄屋建築の調査をずいぶん行った。現地での実測調査を行い、そして図面化をした。近世や近代の数寄屋の意匠や、名工たちの足跡を辿り大工技法の調査も行った。また桂離宮や裏千家住宅の調査などにも携わることもできた。ただ調査の意味が少しわかるようになったのは、つい最近のことである。さて、この9年という時間は、私自身をずいぶん成長させてくれた。多くの先学からのご指導があり、そのおかげもあって、２０１８年に刊行した『茶の湯空間の近代』は、茶道文化学術賞奨励賞を建築分野としてははじめて受賞した。また中村先生監修の『茶室露地大事典』の編集に関わらせていただいたことは、大きな宝となった。松殿山荘や擁翠亭、そして本書の監修をお願いした弘道館など、優れた数寄屋建築と関わることにもなった。サンフランシスコでの講演や、建築学会では和室の世界遺産的価値の調査委員会にも参加するようになった。

本書も台湾で翻訳本（中国語繁体字）が出版され、今では第2版にもなるという。本家も負けているわけにはいかない。今回、版をあらためるに際して、私ともどもキャラクターも成長した。着物を着て、亭主はより亭主らしく、客はより客らしくなった。そして新しい知見を随所に組み込んだ。「侘数寄」や「きれいさび」日本独自の文化としての茶の湯とその建築ということを意識した内容とした。そしてこれは、極東の小さな島国の出来事というだけでなく、世界的にも大きな意義を持つことも、少しであるが記すことができたかと思う。

最後になったが、初版に加えてあらためて図版を作成していただいた野村彰氏には、現在では水が抜けてしまった池に水を張った図など、無理難題をイラストにしていただいた。また有斐斎弘道館には茶の湯に関する監修をお願いしたが、特にチェコ出身クリスティーナ・チースレロヴァー氏には大変お世話になった。またエクスナレッジ編集部の佐藤美星氏には、お忙しい中何度も京都に足を運んでいただいた。あらためて皆様に感謝申し上げます。

桐浴　邦夫

主要参考文献

『茶室露地大事典』（中村昌生監修、淡交社）
『茶の湯空間の近代』（桐浴邦夫、思文閣出版）
『英文版現代の茶室』（講談社）
『角川茶道大事典』（角川書店）
『京の茶室』（岡田孝男著、学芸出版社）
『建築論叢』（堀口捨己著、鹿島出版会）
『国宝重文の茶室』（中村昌生・中村利則・池田俊彦著、世界文化社）
『古典に学ぶ茶室の設計』（中村昌生著、エクスナレッジ社）
『自慢できる茶室をつくるために』（根岸照彦著、淡交社）
『すぐわかる茶室の見かた』（前久夫、東京美術）
『図説茶庭のしくみ歴史と構造の基礎知識』（尼崎博正著、淡交社）
『図解木造建築事典』（学芸出版社）
『数寄の工匠京都』（中村昌生編、淡交社）
『数寄屋図解事典』（北尾春道、彰国社）
『淡交別冊茶室をつくる』（淡交社）
『茶室研究』（堀口捨己、鹿島出版会）
『茶室設計詳図とその実際』（千宗室・村田治郎・北村伝兵衛著、淡交社）
『茶室の研究新訂版』（中村昌生著、河原書店）
『茶道聚錦 7 巻・8 巻』（小学館）
『堀口捨己の「日本」』（彰国社）
『利休の茶室』（堀口捨己、鹿島出版会）
『和風建築シリーズ 3 茶室』（建築資料研究社）
『カーサブルータス』2009 年 4 月
『建築知識』1994 年 6 月
『コンフォルト』2008 年 2 月

協力者（五十音順、敬称略）

野村　彰（のむら　あきら）
よしだ　れな

写真提供（249 頁）

喜多　章（きた　あきら）

著　桐浴 邦夫（きりさこ くにお）
1960年、和歌山県生まれ。京都工芸繊維大学大学院修士課程で中村昌生先生に師事。東京大学博士（工学）。現職は、京都建築専門学校副校長。大学等で非常勤講師。専門は、建築歴史意匠、茶の湯文化、伝統建築保存活用。著書に、『茶の湯空間の近代』（思文閣出版、茶の湯文化学術賞奨励賞を建築分野で初受賞）、『近代の茶室と数寄屋』（淡交社）、『茶室露地大事典』（共著、淡交社）ほか。一級建築士。茶名宗邦。

監修　有斐斎弘道館（ゆうひさい こうどうかん）
江戸中期の京都を代表する儒者・皆川淇園（みながわきえん／1734-1807）の学問所跡に再興された現代の学問所。数寄屋建築ならびに庭園の保存と、茶の湯をはじめとする日本文化の研究とその発信を行っている。

世界で一番やさしい　茶室設計
最新版

2020年5月29日　初版第1刷発行

著　者　　桐浴 邦夫
発行者　　澤井 聖一
発行所　　株式会社エクスナレッジ
〒106－0032
東京都港区六本木7－2－26
http://www.xknowledge.co.jp/

問合せ先
●編集部　TEL：03-3403-1381（平日10:00~18:00 土日祝は電話受付なし）
FAX：03-3403-1345
info@xknowledge.co.jp
●販売部　TEL：03-3403-1321（平日10:00~18:00 土日祝は電話受付なし）
FAX：03-3403-1829
落丁・乱丁本は販売部にてお取り替えします。